中国证券投资基金业年报 2020

China Securities Investment Fund Fact Book

中国证券投资基金业协会 编著

责任编辑：马海敏　张黎黎
责任校对：张志文
责任印制：张也男

图书在版编目（CIP）数据

中国证券投资基金业年报.2020/中国证券投资基金业协会编著.—北京：中国金融出版社，2020.9
ISBN 978-7-5220-0789-2

Ⅰ.①中… Ⅱ.①中… Ⅲ.①证券投资—投资基金—中国—2020—年报 Ⅳ.①F832.51-54

中国版本图书馆CIP数据核字（2020）第167614号

中国证券投资基金业年报（2020）
ZHONGGUO ZHENGQUAN TOUZI JIJINYE NIANBAO（2020）

出版
发行　中国金融出版社
社址　北京市丰台区益泽路2号
市场开发部　（010）66024766，63805472，63439533（传真）
网上书店　http://www.chinafph.com
　　　　　（010）66024766，63372837（传真）
读者服务部　（010）66070833，62568380
邮编　100071
经销　新华书店
印刷　北京侨友印刷有限公司
尺寸　185毫米×260毫米
印张　20.25
字数　338千
版次　2020年9月第1版
印次　2020年9月第1次印刷
定价　80.00元
ISBN 978-7-5220-0789-2
如出现印装错误本社负责调换　联系电话（010）63263947

编委会

主　　编：何艳春

副 主 编：胡家夫　钟蓉萨　王　鲁　郑富仕　陈春艳
　　　　　黄丽萍

编委会委员（按姓氏拼音排序）：
　　　　　丁伯轩　董煜韬　关添天　韩　冰　黄筛成　贾丽丽
　　　　　蒋海军　黎　明　李　星　吕　娟　王　强　熊飞龙
　　　　　张　蓉　张宣传　张　勇　张宇华

编写组组长：师　潭

编写组成员——中国证券投资基金业协会（按姓氏拼音排序）：
　　　　　蔡恒培　陈　浩　陈硕夫　陈艺成　杜祖磊　胡刚伟
　　　　　贾少伟　李桂捷　刘亚琼　刘洋洋　罗　晨　强琪菁
　　　　　沈　宁　汤玥玥　王　鑫　王　艺　肖楚荷　徐　侃
　　　　　杨　哲　张　航　张珉康　张前营　周靖涵

编写组成员——资产管理行业机构：
　　中国银河证券股份有限公司基金研究中心：
　　　　　胡立峰　李　兰
　　上海证券基金评价研究中心：
　　　　　刘亦千　赵　威　李　颖　江牧原　谢　忆　杨　晗

前　言

2019年，是新中国成立70周年，也是中国基金行业发生深刻变革的一年。过去一年里，全球经济持续低迷，逆全球化趋势升温，新一轮科技革命与产业变革竞争加剧；国内供给侧结构性改革深化，全面对外开放步伐加快，中国经济进入高质量发展的关键阶段。在错综复杂的国际国内环境下，中国基金业迎来新的发展机遇与挑战。过去一年，备受瞩目的科创板正式开市并试点注册制，给中国资本市场注入新的活力。资管新规及配套规则落地，统一监管深入推进。中国证监会发布《公开募集证券投资基金信息披露管理办法》，公募基金信息披露机制进一步优化；中国银保监会发布《商业银行理财子公司净资本管理办法（试行）》，与理财子公司业务模式和风险特征相适应的净资本管理制度不断建立健全；中国人民银行、中国银保监会、中国证监会和国家外汇管理局联合发布《关于进一步规范金融营销宣传行为的通知》，继续强化"卖者尽责"责任、打破刚性兑付。全国人大常委会通过修订后的《证券法》，将资产支持证券和资产管理产品写入新《证券法》，为资产管理行业统一监管、消除监管套利奠定法理基础。国家发展改革委、商务部联合发布《市场准入负面清单（2019年版）》，首次将私募基金纳入全国统一的市场准入制度体系，私募基金自律监管迎来新的发展阶段。中国证券投资基金业协会发布《私募股权、创业投资基金管理人会员信用信息报告工作规则（试行）》，会员信用信息报告制度扩展至私募全行业；新版《私募投资基金备案须知》发布，私募基金外延边界进一步明晰，并针对不同类型基金提出差异化备案要求，行业优胜劣汰深入推进。

在严监管、防风险的同时，行业文化建设提上日程，行业发展空间不断拓展，核心竞争力和专业能力稳固提升。中国证监会发布《关于做好公开募集证券投资基金投资顾问业务试点工作的通知》，公募基金投资顾问业务试点正式启动；《证券期货经营机构管理人中管理人（MOM）产品指引（试行）》发布，规范MOM运作，满足中长期资金多样化的资产配置需求。证券基金行业文化建设动员大会召开，提出"合规、诚信、专业、稳健"八字方针，夯实行业发展文化软实力和内涵根基。对外开放方面，金融业全面对外开放步伐加快，国家金融稳定发展委员会将原定于2021年取消证券公司、基金管理公司和期货公司外资股比限制的时点提前到2020年。通过营造良好的市场生态和营商环境，促进行业提升服务水平与国际竞争力。

2019年，资产管理行业在变革与发展中出现了一些新特征、新趋势。为客观认识基金行业现状，把握未来发展方向，中国证券投资基金业协会编辑撰写了《中国证券投资基金业年报（2020）》（以下简称《年报》）。在前期工作基础上，我们对《年报》作了进一步完善与内容扩充，以客观数据为支撑，围绕机构、产品、人员等角度，从不同维度全景式勾勒行业发展现状与特征，增强《年报》的可读性和时效性。

由于编写时间紧迫，难免有疏漏之处，望业内同仁和广大读者指正。

中国证券投资基金业协会
2020年7月

目 录

第一篇　行业发展篇

第一章　资产管理业概览 ··· 3
　　第一节　资产管理业规模及结构 ··· 3
　　第二节　公开募集证券投资基金概览 ··· 5
　　第三节　证券期货经营机构私募资产管理业务 ································ 7
　　第四节　私募投资基金概览 ··· 8
　　第五节　养老金概览 ·· 10

第二章　公开募集证券投资基金 ··· 13
　　第一节　公募基金行业整体情况 ·· 14
　　第二节　专业化投资能力 ·· 25
　　第三节　各类型基金 ·· 29
　　第四节　公募基金销售及基金费率 ··· 81

第三章　我国境内养老金投资管理 ··· 102
　　第一节　我国养老金投资运营情况概览 ·· 102
　　第二节　公募基金行业管理养老金情况 ·· 107

第四章　证券期货经营机构私募资产管理业务 ································ 112
　　第一节　总体情况 ·· 112
　　第二节　基金管理公司私募资产管理业务 ····································· 116
　　第三节　基金子公司私募资产管理业务 ·· 119
　　第四节　证券公司私募资产管理业务 ·· 123
　　第五节　证券公司私募子公司私募基金业务 ·································· 127
　　第六节　期货公司私募资产管理业务 ·· 129
　　第七节　资产证券化业务 ··· 131

第五章　私募投资基金 ·· 136
第一节　私募投资基金总览 ·· 136
第二节　私募证券投资基金 ·· 139
第三节　私募股权、创业投资基金 ································ 156

第六章　公募基金管理机构 ·· 197
第一节　公募基金管理机构股东情况 ······························ 197
第二节　公募基金管理机构股权结构 ······························ 201
第三节　公募基金管理机构人力资本情况 ·························· 205

第七章　私募基金管理人 ·· 213
第一节　全部私募基金管理人 ······································ 213
第二节　私募证券投资基金管理人 ·································· 222
第三节　私募股权、创业投资基金管理人 ·························· 236

第八章　基金托管机构 ·· 252
第一节　托管机构登记情况 ·· 252
第二节　托管业务发展情况 ·· 253

第九章　基金服务机构 ·· 257
第一节　基金服务业务发展历程 ···································· 257
第二节　基金服务机构登记情况 ···································· 258
第三节　基金服务业务开展情况 ···································· 259

第二篇　行业数据篇

一、公开募集证券投资基金数据 ·· 267
二、证券期货经营机构私募资产管理业务数据 ·························· 272
三、私募投资基金数据 ·· 274
四、托管与基金服务机构名录 ·· 292
五、全球开放式基金数据 ·· 296

附录　基金行业发展进程 ·· 307
后记 ·· 315

第一篇
行业发展篇

第一章

资产管理业概览

第一节　资产管理业规模及结构

从资产管理的外延来看，我国资产管理业务涉及银行、保险、证券、基金、信托、期货等行业机构。从资产管理的本质特征出发，可以将我国资产管理行业的外延从机构类型和业务两个维度作出如下界定，具体见表1-1。

表1-1　我国资产管理行业外延

机构类型	资产管理业务
基金管理公司及子公司	公募基金和各类非公募资产管理计划
私募机构	私募证券投资基金、私募股权投资基金、创业投资基金、私募资产配置基金等
信托公司	单一资金信托、集合资金信托
证券公司及其子公司	集合资产管理计划、单一资产管理计划、私募股权及创投类基金（直投，含FOF）
期货公司及其子公司	期货资产管理业务
保险公司、保险资产管理公司	万能险、投连险、管理企业年金、养老保障及其他委托管理资产
商业银行	非保本银行理财产品、私人银行业务

注：中国证券投资基金业协会整理。

我国资产管理行业构成大致如下：截至2019年末，中国（除港澳台地区）共有公募基金14.77万亿元[①]，证券期货经营机构私募资产管理业务（包

[①] 本书涉及数据，包括采用的原始数据以及根据原始数据整理的结果，由于数值较大，均以约数表示。

括基金管理公司及其子公司私募资产管理业务、证券公司及其子公司私募资产管理业务、期货公司及其子公司资产管理计划）19.51万亿元，基金管理公司管理境内全国社保和企业年金等养老金规模2.41万亿元，企业资产支持证券1.65万亿元，私募投资基金（包括私募证券投资基金、私募股权投资基金、创业投资基金、私募资产配置基金及其他私募投资基金）14.08万亿元，商业银行非保本理财产品规模23.40万亿元①，信托公司资金信托计划17.94万亿元②，保险公司万能险、投连险资管产品3.75万亿元③，保险公司管理的企业年金、养老保障产品及其他委托管理资产0.82万亿元④，全社会资管规模合计98.33万亿元⑤。

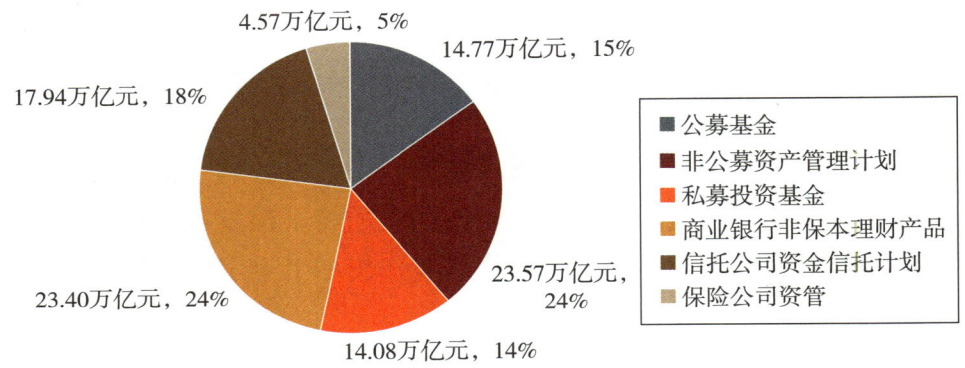

图1-1 资产管理行业规模构成

注：非公募资产管理计划指上文证券期货经营机构私募资管业务、基金管理公司管理境内养老金、企业资产支持证券规模合计。

（资料来源：中国证券投资基金业协会整理）

中国证券投资基金业协会持续统计监测包括公募基金、私募投资基金、证券期货经营机构私募资产管理计划在内的资产管理业务资金来源情况。2019年全年，来源于养老金、社会基金及保险资金⑥的规模稳步上升，银行、信托委托资金⑦持续下降，养老金、社会基金及保险资金等长期资金的持续注入与通道业务的压缩，不断优化上述资管业务资金来源结构。整体

---

① 数据来源于银行业理财登记托管中心《中国银行业理财市场报告（2019年）》。
② 数据来源于中国信托业协会2019年第四季度末信托公司主要业务数据。
③ 数据来源于Wind保险公司财务数据（2019年年报）。
④ 数据来源于中国银保监会2018年养老保险公司管理数据，此处2019年末数据未公开，采用2018年末数据。
⑤ 根据前述列示的各类资管业务规模简单加总，未剔除重复计算部分。
⑥ 除基本养老金、企业（职业）年金和全国社保基金直接投资于公募基金、私募基金、持牌机构资管之外，主要为上述养老金委托基金公司管理的规模。
⑦ 包括银行、信托公司的自有资金以及商业银行理财、信托计划。

上看，2019年末，来源于银行、信托的资金规模合计15.17万亿元，占上述资管业务总受托规模的29.2%，规模同比减少3.05万亿元，减幅16.7%；来源于上述长期资金规模合计3.36万亿元，占上述资管业务总受托规模的6.5%，较2018年末提升近2个百分点，长期资金规模较2018年末增加9 005亿元，增幅36.6%。分业务类型来看，公募基金来源于银行、信托资金共4.61万亿元，占其受托规模的31.2%；来源于居民部门规模为7.10万亿元，占其受托规模的48.0%，公募基金普惠金融作用凸显。证券期货经营机构资产管理计划来源于银行、信托资金共13.91万亿元，占其受托规模的63.5%。在近年金融"去杠杆"背景下，银行、信托委外资金持续压缩，2019年全年下降2.95万亿元；来源于长期资金的规模为2.85万亿元，占其总受托规模的13.0%。私募投资基金来源于银行、信托资金共1.26万亿元，占其受托规模9.1%；来源于长期资金规模共5 127亿元，占其受托规模的3.7%，私募基金已成为我国直接融资体系中的重要有生力量，但由于长期资金来源不足，制约着私募基金服务实体经济作用的发挥。

第二节　公开募集证券投资基金概览

一、公募基金的发展

截至2019年末，证监会公示公募基金管理人143家，其中，基金管理公司128家，取得公募基金管理资格的证券公司或证券公司资管子公司共13家，取得公募基金管理资格的保险资管公司2家。公募基金共计6 544只，较2018年末增长16.32%；公募基金资产规模为14.77万亿元，较2018年末增长13.29%。

二、在宏观经济金融中的地位

公募基金是宏观经济、金融和资本市场的重要组成部分。截至2019年末，公募基金资产规模为14.77万亿元，相当于当年GDP总量的14.91%，年末社会融资规模存量的5.87%，当年M_2总量的7.44%，年末金融机构存款余额的7.45%，年末股市流通市值的30.55%，年末债券市场余额的14.92%。详见表1-2。

表1-2 公募基金在宏观经济金融部门中的规模占比

年份	项目	公募基金	宏观经济		货币金融		资本市场	
			GDP	社会融资规模存量	M_2	金融机构存款余额	股市流通市值	债券余额
2018	资产（万亿元）	13.03	90.03	200.75	182.67	178.12	35.38	85.98
	占比（%）	100.00	14.47	6.49	7.13	7.32	36.83	15.15
2019	资产（万亿元）	14.77	99.09	251.41	198.65	198.16	48.35	99.00
	占比（%）	100.00	14.91	5.87	7.44	7.45	30.55	14.92

资料来源：中国证券投资基金业协会整理。

三、在全球共同基金中的地位

根据美国投资公司协会（ICI）发布的全球开放式基金（不含FOF）统计数据（全球47个国家和地区），2019年末，我国开放式基金（共同基金）资产规模排在全球第8位，占全球共同基金总规模的比重为3.44%，较2018末下降0.4个百分点；占亚太地区共同基金规模的比重为26.05%，较2018年末下降1.5个百分点。美国共同基金资产规模占到全球总规模的46.80%，卢森堡共同基金资产规模占到全球总规模的9.66%。与我国世界第二的经济总量相比，我国共同基金发展仍处于较低水平，发展潜力巨大。

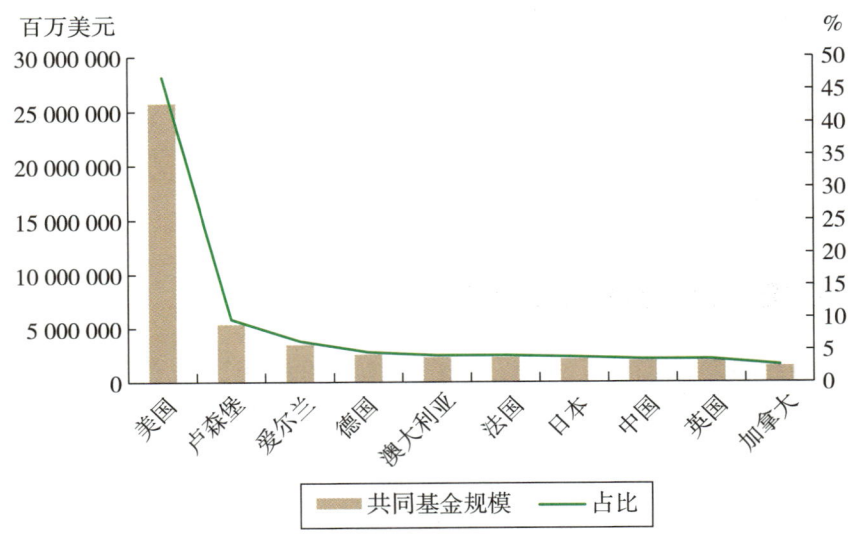

图1-2 2019年共同基金资产规模全球排名前十位的国家

[资料来源：美国投资公司协会（ICI）]

第三节 证券期货经营机构私募资产管理业务[①]

一、规模及构成

截至2019年末,证券期货经营机构私募资产管理业务总规模约19.51万亿元。其中,117家基金管理公司开展私募资产管理业务,管理资产规模4.34万亿元;基金管理公司从事特定客户资产管理业务子公司78家,管理资产规模4.19万亿元;私募资产管理业务的证券公司及其子公司管理资产规模10.84万亿元;私募资产管理业务的期货公司及其子公司管理资产规模1 428.62亿元。

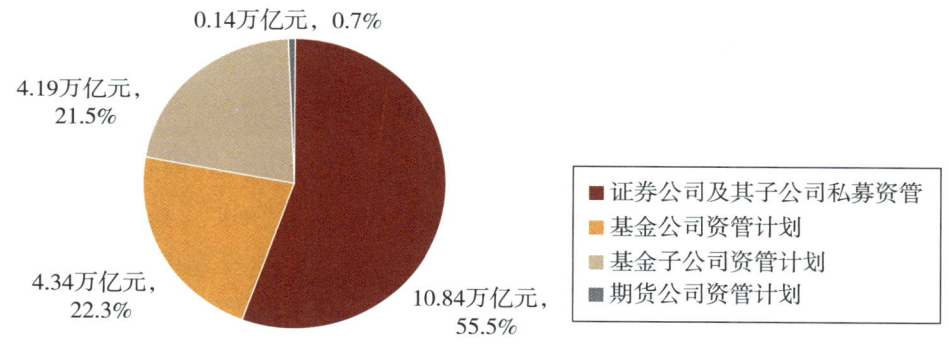

图1-3 证券期货经营机构私募资产管理业务规模构成

(资料来源:中国证券投资基金业协会)

二、在宏观经济金融中的地位

2012年以来,各类证券期货经营机构私募资产管理业务发展迅猛、结构优化,已经成为资产配置和实体经济发展的重要支持性力量。截至2019年末,证券期货经营机构私募资产管理业务规模19.51万亿元,相当于当年GDP总量的19.69%,年末社会融资规模存量的7.76%,当年M_2总量的9.82%,年末金融机构存款余额的9.85%,年末股市流通市值的40.35%,年末债券余额的19.71%。

[①] 指基金公司及其子公司、证券公司及其子公司、期货公司及其子公司私募资产管理业务,不含基金公司管理养老金、资产支持证券。

表1-3 证券期货经营机构私募资产管理业务在宏观经济金融部门中的规模占比

年份	项目	证券期货经营机构私募资产管理业务	宏观经济		货币金融		资本市场	
			GDP	社会融资规模存量	M_2	金融机构存款余额	股市流通市值	债券余额
2018	资产（万亿元）	23.1	90.03	200.75	182.67	178.12	35.38	85.98
	占比（%）	100	25.66	11.51	12.65	12.97	65.29	26.87
2019	资产（万亿元）	19.51	99.09	251.41	198.65	198.16	48.35	99.00
	占比（%）	100	19.69	7.76	9.82	9.85	40.35	19.71

资料来源：中国证券投资基金业协会整理。

第四节 私募投资基金概览

一、规模及构成

截至2019年末，已在中国证券投资基金业协会完成登记的私募投资基金管理人24 471家，备案私募投资基金81 710只，管理资产规模14.08万亿元。

从登记的私募投资基金管理人类型来看，私募证券投资基金管理人8 857家，私募股权、创业投资基金管理人14 882家，其他私募投资基金管理人727家，私募资产配置类管理人5家。从备案的私募投资基金类型来看，私募证券投资基金41 392只、资产规模2.56万亿元，私募股权投资基金28 477只、资产规模8.87万亿元，创业投资基金7 978只、资产规模1.21万亿元，私募资产配置基金5只、资产规模5.48亿元，其他私募投资基金3 858只、资产规模1.44万亿元。

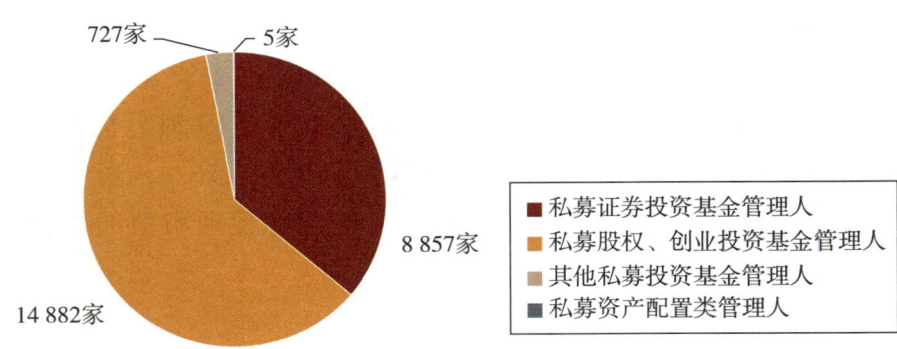

图1-4 私募投资基金管理人规模及构成

（资料来源：中国证券投资基金业协会）

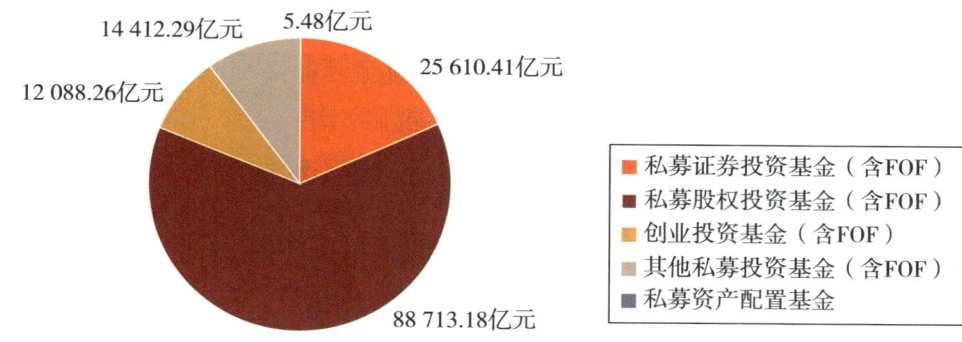

图1-5 私募投资基金规模及构成

（资料来源：中国证券投资基金业协会）

二、在宏观经济金融中的地位

自2013年6月《中华人民共和国证券投资基金法》（以下简称《基金法》）将私募基金纳入统一规范、2014年2月中国证券投资基金业协会实施登记备案以来，我国私募基金活力迸发，已经成为创新资本形成的重要载体。截至2019年末，私募投资基金规模14.08万亿元，相当于当年GDP总量的14.21%，年末社会融资规模存量的5.60%，当年M_2总量的7.09%，年末金融机构存款余额的7.11%，年末股市流通市值的29.12%，年末债券余额的14.22%。

私募基金已成为我国直接融资体系中的重要有生力量，在支持实体经济发展中发挥着重要的作用。截至2019年第四季度末，各类私募基金累计投资于境内未上市未挂牌企业股权、新三板企业股权和再融资项目数量达11.71万个，为实体经济形成股权资本金6.89万亿元。在投项目9.43万个，在投企业数量（剔重）约4.80万个，在投本金7.60万亿元；其中，在投中小企业项目6.15万个，在投本金2.06万亿元；在投高新技术企业3.26万个，在投本金1.40万亿元。互联网等计算机运用、机械制造等工业资本品、原材料、医药生物、医疗器械与服务、半导体等产业升级及新经济代表领域成为私募股权与创业投资基金布局重点，在投项目6.16万个，在投本金3.29万亿元。2019年全年，私募基金投向境内未上市未挂牌企业股权的本金新增7 392亿元，相当于同期新增社会融资规模的2.9%，有力推动了供给侧结构性改革与创新增长。

表1-4　私募投资基金在宏观经济金融部门中的规模占比

年份	项目	投资基金	宏观经济		货币金融		资本市场	
			GDP	社会融资规模存量	M_2	金融机构存款余额	股市流通市值	债券余额
2018	资产（万亿元）	12.71	90.03	200.75	182.67	178.12	35.38	85.98
	占比（%）	100	14.12	6.33	6.96	7.14	35.92	14.78
2019	资产（万亿元）	14.08	99.09	251.41	198.65	198.16	48.35	99.00
	占比（%）	100	14.21	5.60	7.09	7.11	29.12	14.22

资料来源：中国证券投资基金业协会整理。

第五节　养老金概览

一、我国养老金体系现状

截至2018年末，我国第一支柱基本养老保险参与人数94 300万人，结余规模5.82万亿元；第二支柱企业年金参与人数2 388万人，总规模1.48万亿元，职业年金参与人数2 977万人，总规模4 930亿元；截至2019年9月末，第三支柱个人养老金[①]参与人数4.5万人，总规模1.8亿元。从参与人数和规模均可看出，我国养老金体系一、二、三支柱之间发展不均衡，严重依赖第一支柱基本养老保险，我国养老金第二、三支柱仍然存在较大的发展空间。

表1-5　我国养老金三支柱体系

	战略储备	第一支柱	第二支柱		第三支柱
	全国社会保障基金	基本养老保险	企业年金	职业年金	个人养老金
制度模式	无短期支付压力、集中投资运营	现收现付+个人账户积累制	个人账户积累制	个人账户积累制	个人账户积累制（试点）
资金来源	财政资金拨款、国有资本划转	单位缴费、个人缴费、财政资金补贴	企业和个人缴费	机关事业单位和公务员缴费	个人缴费

[①] 2018年4月，财政部、税务总局、人力资源和社会保障部、银保监会、证监会联合发布《关于开展个人税收递延型商业养老保险试点的通知》（财税〔2018〕22号），被业界视为我国个人养老金制度的探索与实践。

续表

	战略储备	第一支柱	第二支柱		第三支柱
	全国社会保障基金	基本养老保险	企业年金	职业年金	个人养老金
2018年末参与人数（万人）	—	94 300	2 388	2 977	4.5[①]
2018年末总规模/结余规模（亿元）	18 105[②]	58 152	14 770	4 930	1.8[③]
2018年末投资规模（亿元）	18 105[④]	6 239[⑤]	14 502	—	1.8[⑥]

资料来源：人力资源和社会保障部官网、全国社会保障基金理事会官网、《中国银行保险报》、《新中国社会保障发展史》，中国证券投资基金业协会整理。

注：全国社保基金、第一支柱、第二支柱数据截至2018年末，第三支柱由于缺少2018年末的公开数据，仅从《中国银行保险报》上摘录到截至2019年9月的数据。

①该数据截至2019年9月，摘自《中国银行保险报》。
②作为战略储备的社保基金规模应为可支配的实际金额，故此处引用的是《全国社会保障基金理事会社保基金年度报告（2018年度）》中"2018年末社保基金权益"这一数据口径，即"社保基金资产总额"扣除"社保基金负债余额"后，再减去"个人账户基金权益"与"地方委托资金权益"。
③该数据截至2019年9月，摘自《中国银行保险报》。
④同批注②。
⑤此处引用的是《全国社会保障基金理事会基本养老保险基金受托运营年度报告（2018年度）》中"2018年末基本养老保险基金权益总额"这一数据口径，即"基本养老保险基金资产总额"扣除"基本养老保险基金负债余额"。
⑥该数据截至2019年9月，摘自《中国银行保险报》。

二、基金行业管理养老金规模

全国社会保障基金、基本养老保险基金和企业年金等养老金的投资管理，通常分为直接投资和委托投资两部分。包括基金行业在内的资产管理业受托管理的养老金属于委托投资这一部分。

截至2018年末，全国社会保障基金（以下称社保基金）委托投资规模为12 438亿元[①]，基本养老保险基金委托投资规模为4 577亿元[②]，企业年金

---

①《全国社会保障基金理事会社保基金年度报告（2018年度）》中仅披露了"社保基金资产总额"（包含负债）口径下的"直接投资资产规模"和"委托投资资产规模"，未披露"社保基金权益总额"（不含负债）口径下的"直接投资规模"和"委托投资规模"；受限于数据可获取性，此处数据直接引用了年报中"委托投资资产规模"这一数字。
②《全国社会保障基金理事会基本养老保险基金受托运营年度报告（2018年度）》中仅披露了"基本养老保险基金资产总额"（包含负债）口径下的"直接投资资产规模"和"委托投资资产规模"，未披露"基本养老保险基金权益总额"（不含负债）口径下的"直接投资规模"和"委托投资规模"；受限于数据可获取性，此处数据直接引用了受托运营年报中"委托投资资产规模"这一数字。

委托投资规模为14 230亿元。上述三类养老金委托投资规模合计为31 245亿元，其中基金行业受托管理的养老金规模为17 151亿元[①]，占我国养老金委托投资总规模的55%。

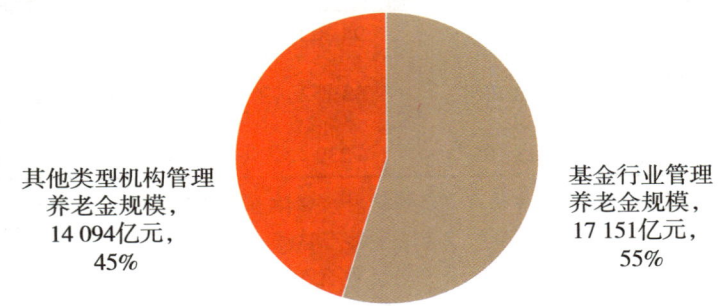

图1-6　2018年末基金行业管理养老金规模占比

（资料来源：人力资源和社会保障部官网、全国社会保障基金理事会官网、中国证券投资基金业协会）

[①] 含社保基金理事会投资私募基金规模。

第二章

公开募集证券投资基金

　　我国公募基金起步于1998年。与其他金融行业相比，公募基金自开始即大量吸收成熟市场行之有效的制度经验，并持续改进，为行业长治久安奠定了法治基础。1997年11月，国务院证券委员会颁布《证券投资基金管理暂行办法》，确立了集合投资、受托管理、独立托管和利益共享、风险共担等基金基本原则。1998年3月，经中国证监会批准，南方基金管理公司和国泰基金管理公司分别发起设立两只封闭式基金——基金开元和基金金泰，拉开了我国证券投资基金发展序幕。1998年和1999年，分别有5家基金管理公司设立，俗称"老十家"。2000年10月，中国证监会发布并实施《开放式证券投资基金试点办法》。2001年9月，我国第一只开放式公募基金——华安创新诞生，揭开公募基金发展新篇章。2002年，首家中外合资基金管理公司成立。2003年6月，《基金法》颁布，系统地规范了基金当事人的权利义务，尤其是受托人信义义务，为行业规范运作奠定坚实的基础。中国证监会陆续颁布《证券投资基金管理公司管理办法》等六个部门规章。"一法六规"为公募基金和基金管理公司规范运作奠定了制度基础。2005年，基金管理公司外资持股比例上限提高至49%，一大批中外合资基金管理公司成立或获得外资增股。2007年，行业规模超过万亿元。2012年，中国证券投资基金业协会成立。2013年6月，《基金法》完成重大修订并正式实施。修订后的《基金法》全面落实信义义务要求，进一步优化行政监管，强化行业自律，全面加强基金持有人权益保护。

　　在不断完善的法治环境下，基金业市场化、国际化不断推进，并相互促进。公募基金市场交易机制透明，风险收益归属清晰，业绩竞争较为充分，在资产管理领域率先建立了最先进、最完善的制度体系，确立了基金财产独立制度、强制托管制度、风险自担的产品设计和销售规范、每日估值制度、信息披露制度、公平交易制度以及严格的监管执法，是信托关系落实最为充分的资产管理行业。20余年间未发生系统性金融风险，成为财富管理行业的标杆，是大众理财的理想工具。2019年末，公募基金管理机构发展到144家，管理资产规模达到14.77万亿元。

第一节　公募基金行业整体情况

一、总体情况

公募基金规模在经历2010年、2011年连续两年下降后，以年均26.93%的速度连续7年快速增长，至2019年末已突破14万亿元。中国经济同期年均增速9.68%，公募基金为日益增长的居民财富提供了财富保值增值的投资渠道。同时，良好的流动性使公募基金也成为企业资产配置的重要选择。自可追溯资金流动性数据的2011年以来，投资者对公募基金的投资依赖性总体趋强，持续9年资金净流入，平均每年净流入金额接近万亿元。

随着公募基金投资者对资金流动性需求的增强，传统封闭式基金逐步退出历史舞台，开放式基金越来越受到投资者青睐。下文所述封闭式基金指截至统计时点处于封闭期的基金。

图2-1　公募基金数量与规模

（资料来源：中国证监会、中国证券投资基金业协会）

二、基金类型

近10余年，在总规模持续增长的同时，开放式公募基金内部结构不断调整。权益型基金（股票基金与混合基金）与货币基金资产净值在总计中的占比此消彼长。继权益型基金占比从2008年的64.1%降至最低点2018年的16.8%后，2019年权益型基金的占比略有回升，达到21.6%。而货币基金占比从2008年的20.1%增至2019年的48.2%；债券基金占比波动上升，从2008年的9.7%增至2019年的18.7%；QDII基金占比下降明显，2008年占总资产净值的2.7%，至2019年仅占0.6%。

表2-1 开放式公募基金投资类型资产净值

单位：亿元

年份	股票基金	混合基金	货币基金	债券基金	QDII
2008	7 243	5 193	3 892	1 880	522
2009	13 703	7 478	2 581	839	742
2010	13 215	7 301	1 533	1 450	736
2011	10 248	5 707	2 949	1 204	576
2012	11 477	5 647	5 717	3 777	632
2013	10 958	5 627	7 476	3 225	584
2014	13 142	6 025	20 862	3 473	487
2015	7 657	22 287	44 443	6 974	663
2016	7 059	20 090	42 841	14 239	1 024
2017	7 602	19 378	67 357	14 647	914
2018	8 245	13 604	76 178	22 629	706
2019	12 993	18 893	71 171	27 661	931

资料来源：中国证监会、中国证券投资基金业协会。

表2-2 开放式公募基金投资类型资产净值占比

单位：%

年份	权益型基金占比	货币基金占比	债券基金占比	QDII占比
2008	64.1	20.1	9.7	2.7
2009	81.4	9.9	3.2	2.9
2010	81.9	6.1	5.8	2.9
2011	72.8	13.5	5.5	2.6
2012	59.7	19.9	13.2	2.2
2013	55.2	24.9	10.7	1.9
2014	42.3	46.0	7.7	1.1
2015	35.7	52.9	8.3	0.8
2016	29.6	46.8	15.5	1.1
2017	23.3	58.1	12.6	0.8
2018	16.8	58.4	17.4	0.5
2019	21.6	48.2	18.7	0.6

资料来源：中国证监会、中国证券投资基金业协会。

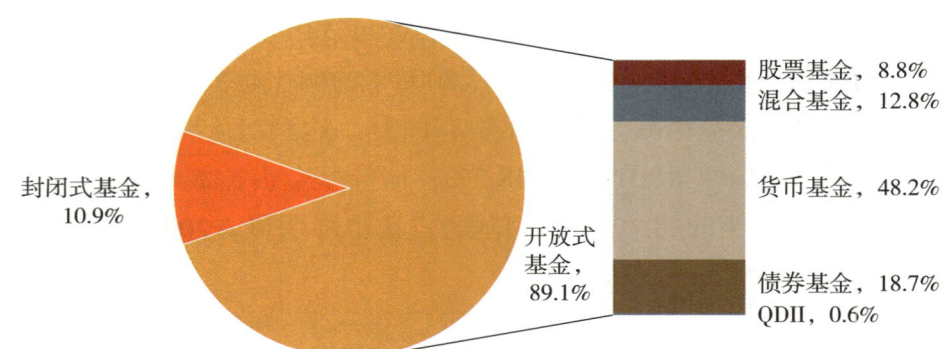

图2-2 2019年末公募基金各类型资产净值占比

(资料来源：中国证监会、中国证券投资基金业协会)

整体来看，2019年，公募基金管理规模集中度较2018年有所下降。前20家、15家、10家、5家的集中度分别从2018年的69.5%、61.1%、48.1%、29.7%下降至65.58%、55.62%、43.19%、25.65%。从各类型基金管理规模集中度来看，股票基金集中度最高，截至2019年末，前5家管理规模占全部股票基金规模的40.14%，前10家占比为61.76%；而集中度较低的为债券基金，前20家管理规模合计占全部债券基金规模的61.71%。

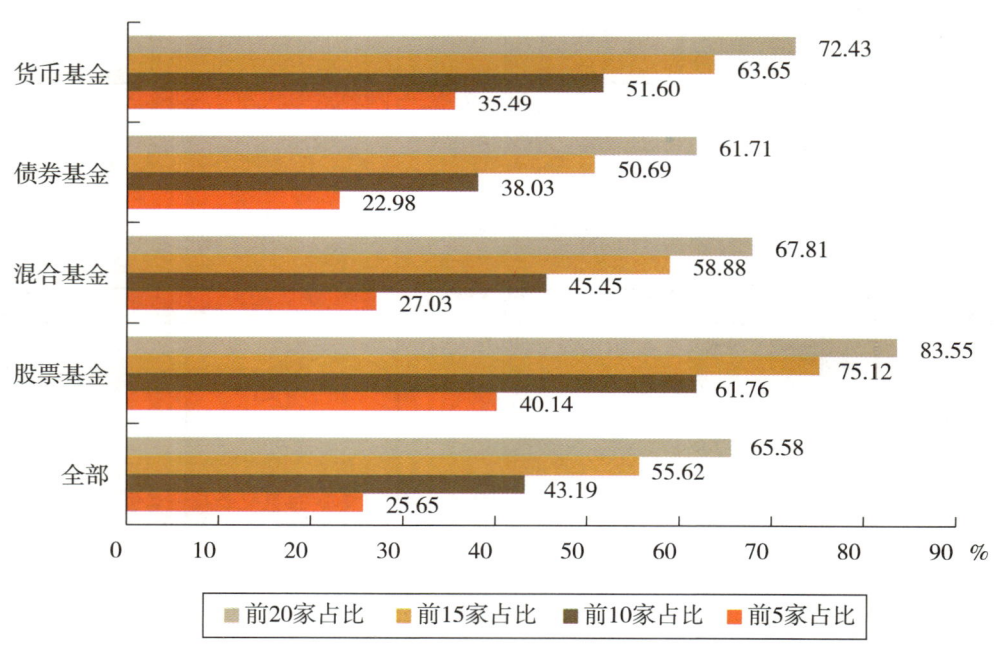

图2-3 2019年末公募基金主要类型集中度（管理人维度）

(资料来源：中国证监会、中国证券投资基金业协会)

三、基金账户[①]

截至2019年末，公募基金有效账户（指截至统计时点持有基金份额的账户）数为7.93亿户，接近8亿户。其中仅25.22万户为机构账户，大部分为个人账户，近10余年来一直保持这一结构特点。从持有基金资产情况来看，机构投资者持有公募基金的比例越来越高，从2012年末的29%增至2019年末的51%。从账户平均持有基金规模来看，个人账户平均持有基金规模持续下降，从2012年末的2.56万元/户降至2019年末的0.84万元/户；与此同时，机构账户平均持有基金规模从2012年末的1 407万元/户升至2019年末的2 728万元/户。

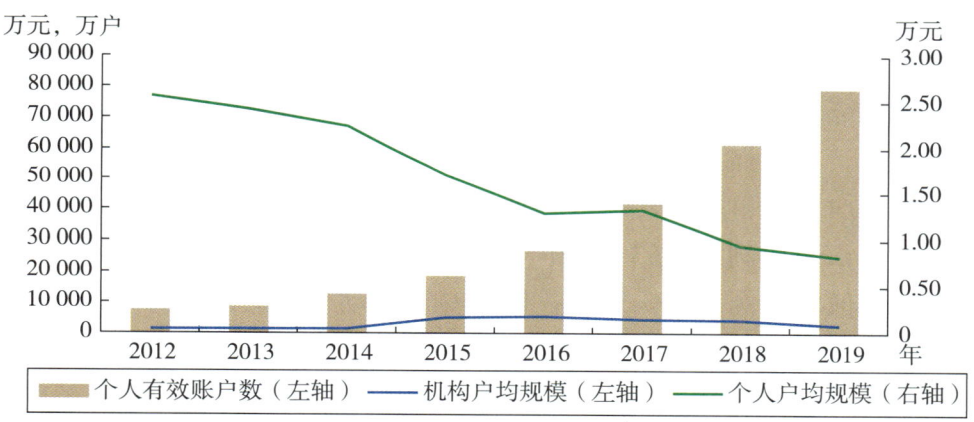

图2-4　公募基金账户情况

（资料来源：中国证监会）

四、资产配置

截至2019年末，在公募基金约16万亿元的总资产中，现金类资产6.29万亿元，占总资产的39.19%，较2018年有所下降；债券类资产4.86万亿元，占总资产的30.25%；买入反售资产、应收利息、资产支持证券等收益权类资产合计2.09万亿元，占总资产的13.02%；股票资产2.47万亿元，占总资产的15.37%。得益于2019年股票市场较好的走势，以及权益类基金的较快发展，2019年公募基金持有股票资产规模出现较大幅度的上升，较2018年末增长72.50%。

---

① 公募基金账户数为场外账户数，不包括场内账户数。

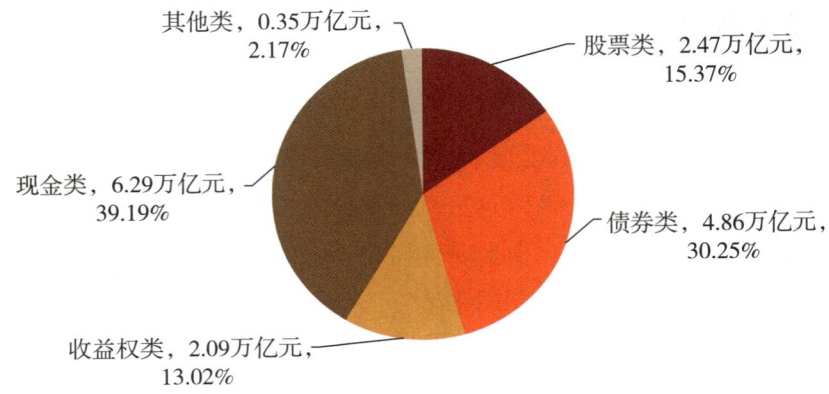

图2-5　2019年末公募基金资产配置

（资料来源：中国证券投资基金业协会）

近年来，由于公募基金向指数化、工具化方向演进，基金主动持有的股票市值占比逐渐下降，从2017年末的77%下降到2018年末的67%，但在2019年略有回升，占比提升至72%。从沪深两市分布来看，2019年末全部公募基金持有上交所股票市值的比例较2018年末略有回落，为51%。但是主动投资基金持有的市值比例只有33%，相对2018年基本持平。全部公募基金持有深交所股票市值的比例为49%，小幅上升4%，主动持有的比例为39%，较2018年末提升了5个百分点。

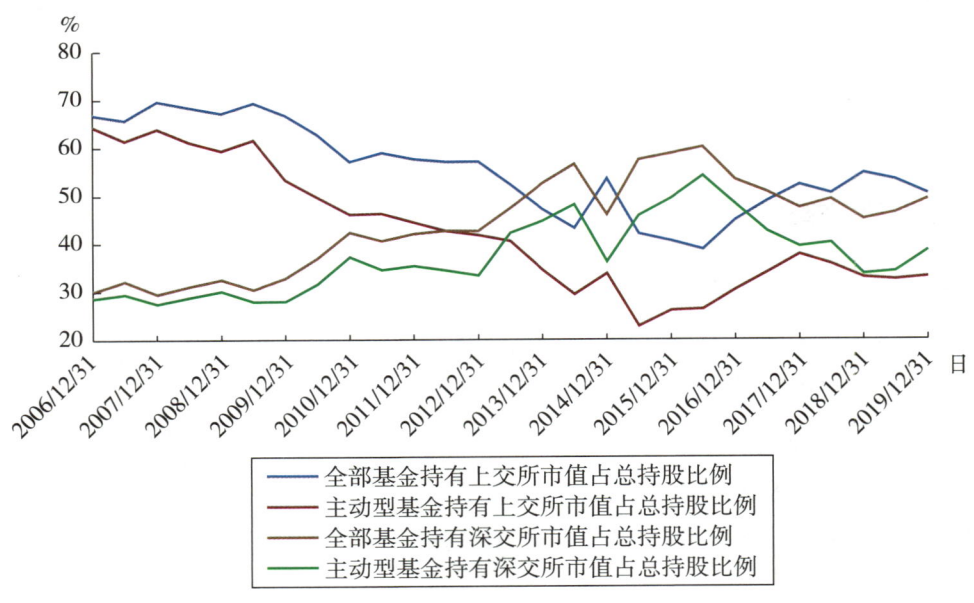

图2-6　按市场类别的股票资产配置比例变化

（资料来源：中国银河证券基金研究中心）

2019年末，全部公募基金持有中小板市值占总持股市值的比例从2017年末的21%降至18%，其中，主动型基金持有中小板市值占总持股比例为15%；全部公募基金持有创业板市值占总持股比例为14%，其中，主动型基金持有创业板市值占总持股比例为11%。

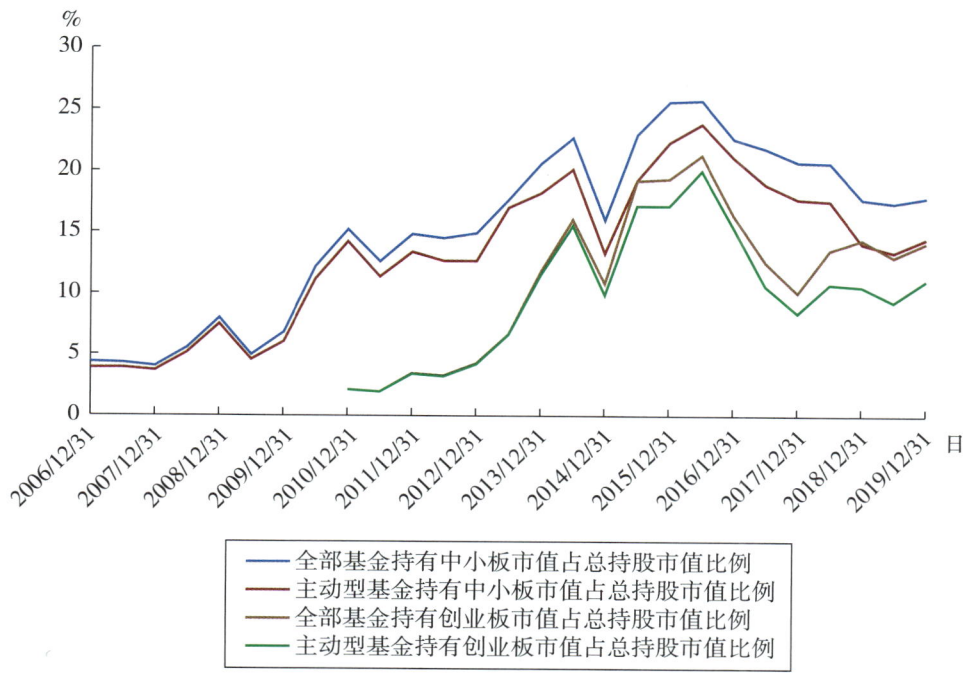

图2-7　按市场类别的资产配置比例变化（中小板及创业板）

（资料来源：中国银河证券基金研究中心）

在行业持股方面，截至2019年末，全部基金持有市值超千亿元的行业分别是制造业、金融业、信息技术业和房地产业。四大行业分别持有市值13 825亿元、3 842亿元、1 653亿元和1 121亿元，合计市值2.04万亿元。基金对这四大行业的偏好度[①]分别为125%、67%、145%和108%，对制造业和信息技术业略有超配，房地产业标配，金融业低配。

在流通市值超过万亿元的九大行业中，基金仅对制造业和信息技术业略有超配，房地产业标配，对金融业、采掘业、交通运输业、电力业、批发零

---

① 行业偏好度的计算方式：如某行业的流通市值占市场总流通市值比为5%，而公募基金投资该行业的市值占基金股票投资市值的10%，表明公募基金将更大比例的资金投向该行业，此时该行业偏好度为200%。将行业偏好度在80 %~120%的视为标配，高于120%的视为超配，值越高，偏好越强；低于80%的视为低配，值越低，偏好越弱。

售业和建筑业等六个行业均为低配，行业配好度在30%到70%之间。

小市值的十个行业中，除了水利业、综合与居民服务业三个行业外，其他七个行业基金均为超配，特别是科学研究业、教育业和卫生业三个行业显著超配。

2019年末，主动投资基金持有的A股股票市值1.66万亿元，持有市值居前的行业分别是制造业、金融业、信息技术业和房地产业。四大行业分别持有市值10 220亿元、1 785亿元、1 213亿元和840亿元，合计市值1.41万亿元，占主动投资基金全部持股市值的85%。主动管理基金对这四大行业的偏好度分别为136%、46%、155%和119%。

与全部公募基金的行业配置对比来看，基金持有的金融行业市值的一半以上为指数基金持有，主动投资基金对金融行业的偏好度更低。主动投资基金对制造业和信息技术业的偏好度相对更高。

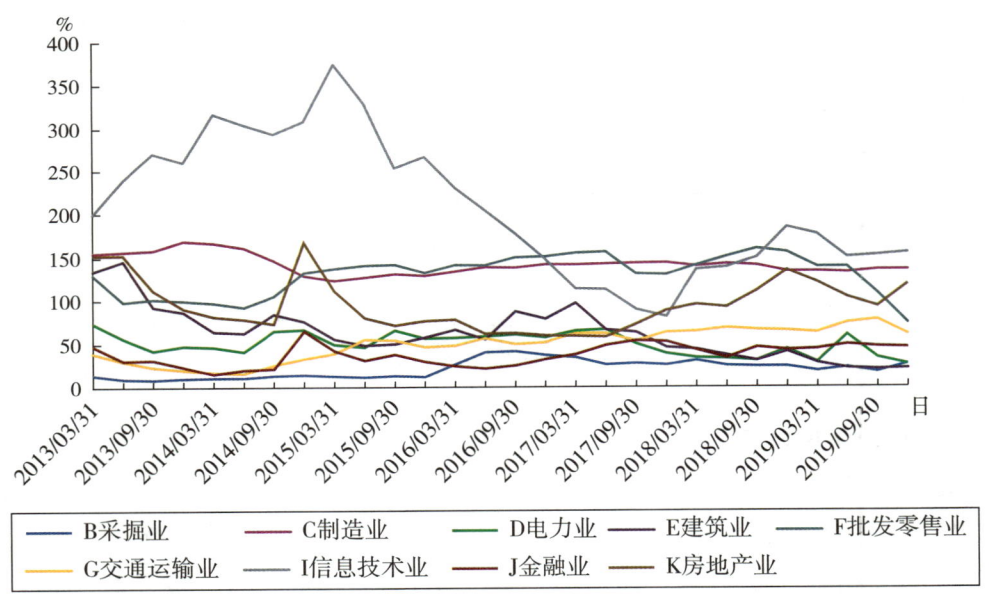

图2-8　2013—2019年基金对前九大行业的配置偏好度

（资料来源：中国银河证券基金研究中心）

五、资金来源与流动情况

（一）资金来源

截至2019年末，公募基金中来源于个人投资者的资金占比为48.31%，来源于养老金（基本养老、企业年金和社保基金）的资金占比为0.78%，来源于境外资金的占比为0.27%，来源于其他各类机构投资者的资金占比为50.64%。

机构投资者（除养老金外）中，来源于银行的资金（含自有资金及其发行的资管产品）最多，占整个公募基金资金来源的30.55%。其次为保险资金（含自有资金及其发行的资管产品），占整个公募基金资金来源的6.31%。机构投资者主要为机构发行的资管产品，其中大部分仍是个人投资者资金的集合。因此，穿透来看，公募基金还是主要服务于个人投资者。

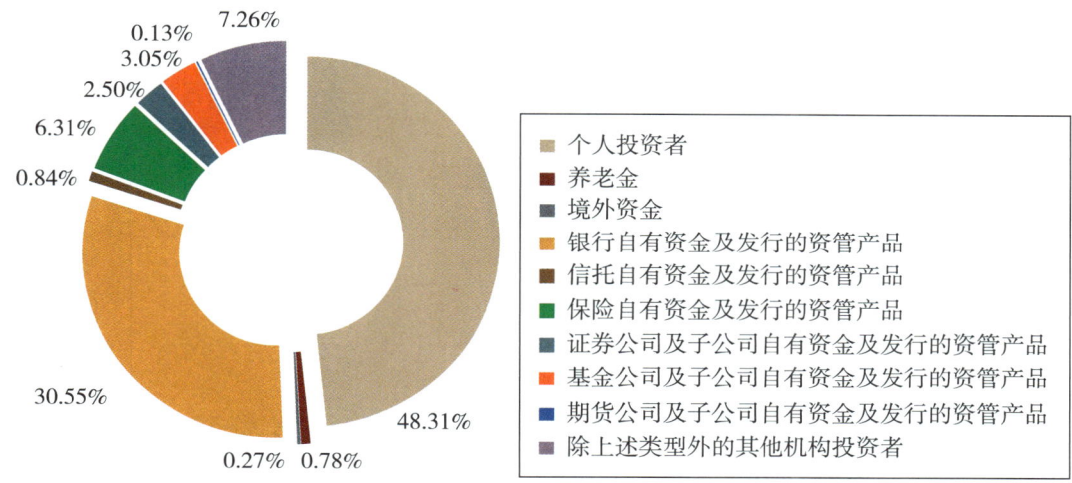

图2-9　2019年末公募基金资金来源情况

（资料来源：中国证券投资基金业协会）

（二）资金净流动①

2019年，公募基金呈现资金净流入状态，延续了2018年资金净流入的态势，2019年全年净流入资金约为2018年的2.21倍。货币基金在收益下滑、监管政策控制等多重因素的影响下资金流出加剧，而非货币基金资金流入增幅较大。

---

① 资金净流动＝认购金额＋申购金额－赎回金额，不考虑分红，仅考虑投资者的申购赎回带来的资金流动，资金净流动为正表示净流入，资金净流动为负表示净流出。本部分数据来自中国证监会和公募基金年报，成立时间较短未公布年报的基金仅将首发认购规模纳入计算，成立后年内的申购赎回未纳入。

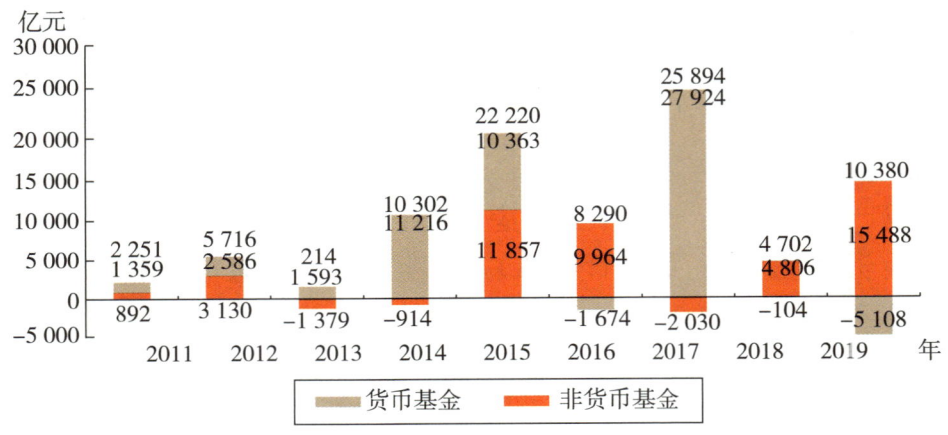

图2-10　公募基金资金净流动情况

［资料来源：中国证监会（2018年及以前），公募基金年报数据（2019年）］

从具体各类型基金的资金净流入情况看，2019年，股票基金净流入1 735亿元，债券基金净流入12 177亿元，混合基金净流入1 205亿元，货币基金净流出5 108亿元，QDII基金净流入53亿元。

六、新设情况

与2018年相比，2019年共成立1 059只基金，合计募集资金1.44万亿份，新成立基金数量和募集规模分别同比增加26%和60%。其中，股票基金216只，募集份额2 397亿份；混合基金312只，募集份额2 758亿份；债券基金506只，募集份额9 064亿份。此外，2019年，有6只浮动净值型货币基金成立，募集份额75亿份；另有3只商品基金成立，募集份额11亿份。

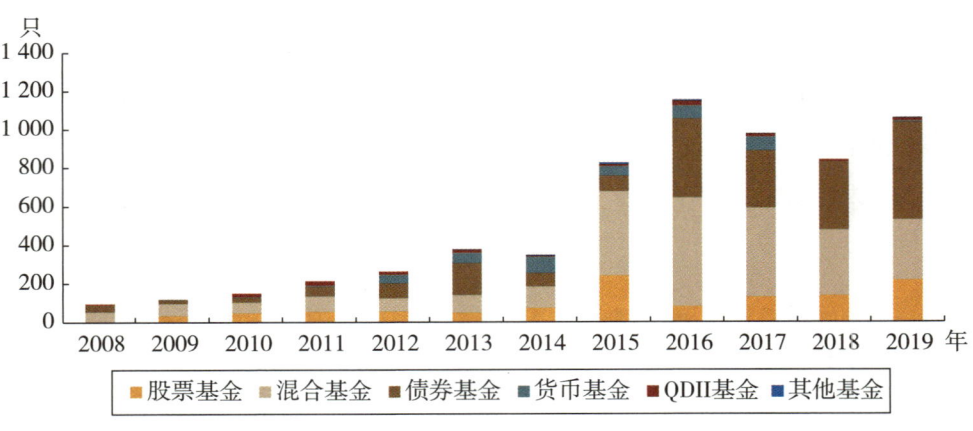

图2-11　2008—2019年各类型基金新设立数量

（资料来源：Wind）

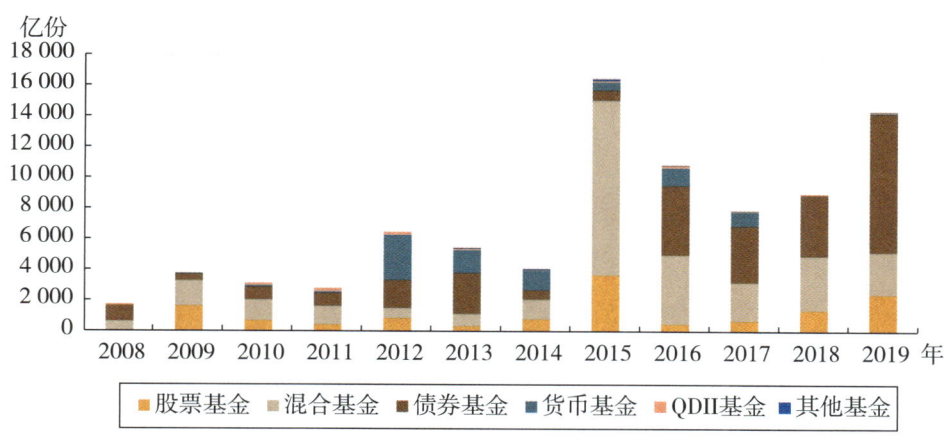

图2-12 2008—2019年各类型基金新发行份额

（资料来源：Wind）

从平均募集份额来看，2019年，全部公募基金平均募集份额为13.56亿份。其中，股票基金平均募集份额11.10亿份，混合基金平均募集份额8.84亿份，债券基金平均募集份额17.91亿份，货币基金平均募集份额12.57亿份，QDII平均募集份额3.47亿份。

整体来看，2019年，公募基金募集数量和规模较2018年都有大幅提升，平均募集规模较2018年也略有增加，其中股票基金募集数量和规模出现显著增长，同比分别上涨60%和76%。债券基金占据了新发基金市场的主要部分，募集规模占全年募集规模的63%。在股票和债券基金发行提速的情况下，混合基金的发行数量和规模略有回落。此外，2019年各类创新型基金产品不断发行，中日互通ETF、浮动净值型货币基金、商品ETF等新产品纷纷进入市场。

（一）中日ETF互通产品

2019年5月，证监会完成首批4只中日ETF互通产品注册，分别为易方达日兴资管日经225ETF、华夏野村日经225ETF、华安三菱日联日经ETF和南方顶峰TOPIX ETF。中日ETF互通产品有利于丰富跨境公募基金产品体系，便利两国投资者参与到对方资本市场投资中。

（二）科创主题基金

2019年4月，证监会完成首批7只科创主题基金注册，帮助投资者分享科技创新型企业成长红利，壮大科创板市场机构投资者队伍。根据Wind统计，2019年全年共成立科创主题基金18只。

表2-3　2019年科创主题基金发行情况

基金简称	基金成立日	发行总份额（亿份）
易方达科技创新	2019-04-29	9.89
华夏科技创新	2019-05-06	9.88
工银科技创新3年	2019-05-06	9.89
南方科技创新	2019-05-06	9.88
汇添富科技创新	2019-05-06	9.92
富国科技创新	2019-05-06	9.88
嘉实科技创新	2019-05-07	9.89
鹏华科创主题3年封闭运作	2019-06-10	9.89
富国科创主题3年	2019-06-11	9.89
广发科创主题3年封闭运作	2019-06-11	9.89
华安科创主题3年	2019-06-11	9.89
万家科创主题3年	2019-06-12	9.66
博时科创主题3年封闭运作	2019-06-27	9.97
中欧科创主题3年封闭运作	2019-06-28	9.89
银华科创主题3年封闭运作	2019-07-05	9.90
中金科创主题3年封闭运作	2019-07-11	9.91
财通科创主题3年封闭运作	2019-07-11	7.76
大成科创主题3年封闭运作	2019-07-18	8.63

资料来源：Wind，上海证券基金评价研究中心。

（三）国企一带一路ETF

2019年7月，证监会完成首批3只国企一带一路ETF注册，支持公募行业服务国家一带一路战略。这3只国企一带一路ETF分别为易方达中证国企一带一路ETF、富国中证国企一带一路ETF、汇添富中证国企一带一路ETF。一带一路ETF首次募集规模合计205.29亿份。

（四）逐笔计提业绩报酬权益类基金

2019年11月，证监会完成首批6只逐笔计提业绩报酬权益类基金注册，提高管理人与投资者利益一致性，改善投资者体验。华安基金、华泰柏瑞基金、兴全基金、中欧基金、富国基金和国泰基金6家公司拔得头筹。

（五）商品期货ETF

2019年8月，证监会完成首批3只商品期货ETF注册，为华夏饲料豆粕期货ETF、建信易盛郑商所能源化工期货ETF、大成有色金属期货ETF。上述三个商品期货ETF分别跟踪大商所豆粕期货价格指数、易盛郑商所能源化工指数A、上期所有色金属期货指数。

（六）浮动净值型货币基金

2019年7月，证监会完成首批6只浮动净值型货币基金注册，分别为嘉实融享浮动净值型发起式货币基金、中银瑞福浮动净值型发起式货币基金、华安现金润利浮动净值型发起式货币基金、华宝浮动净值型发起式货币基金、鹏华浮动净值型发起式货币基金、汇添富汇鑫浮动净值型货币基金，推动公募产品净值化管理。

第二节　专业化投资能力

一、基金的主动投资管理能力

公募基金是个人投资者低成本参与资本市场，间接分享经济发展成果的重要渠道。以主动管理股票型基金为代表，基金的专业化管理能力体现为在波动市场中的主动管理能力，在市场景气时期能够获得与市场一致的投资回报，在市场不景气时期能够有效地管理市场下行风险。

通过5年滚动年化收益率[①]来衡量基金的主动投资管理能力，我们发现该指标在2019年拐头向上再次拉开了差距。这意味着，2004年以来的任一时点上，投资者持有主动管理股票型基金5年以上，通常可以实现好于同期市场指数的平均年化收益率。

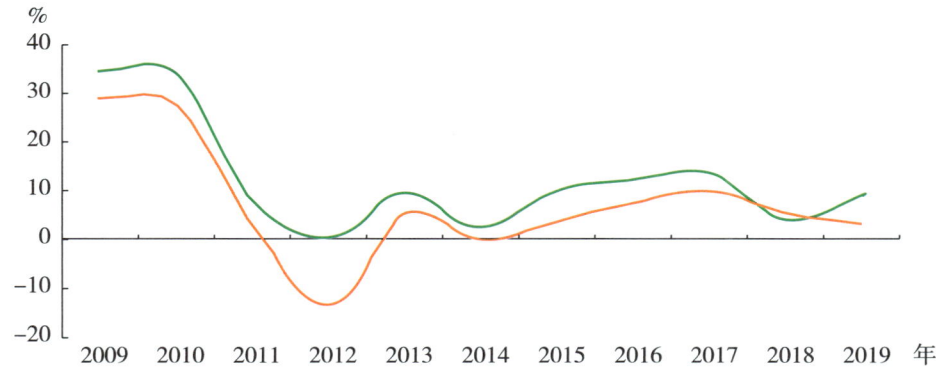

图2-13　主动管理股票型基金和沪深300指数5年滚动年化收益（2009—2019年）

注：图中绿色代表主动管理股票型基金，橙色代表沪深300指数。

（资料来源：上海证券基金评价研究中心）

---

① 指在任一时点上计算的过去5年平均年化收益率。

分年度和从5年滚动收益率来看,各类型主动管理基金均表现出较好的管理能力,在多数情况下能够给长期投资者带来优于市场基准的业绩表现。2019年,资本市场的回暖也给主动投资管理人带来了更大的施展空间,主动管理股票型基金的表现非常优异,全年股基指数收益超越了中证全指约7.2个百分点,扭转了其5年滚动收益率的下滑态势。主动管理混合型基金的收益率表现说明混合型基金的资产持有比例,没有趋于股债平衡配置的倾向,股票市场的参与度明显高于债券市场。主动管理混合型基金近年来细分类型更为多样化,为投资者提供了更丰富的选择。自2014年以来,主动管理混合型基金5年滚动收益超越基准的剪刀差逐年扩大,2019年与股票型基金类似,也取得了较好的超额收益。主动管理债券型基金虽然近年来饱受标的资产风险释放之忧,但长期来看,其依然为投资者在低风险资产领域提供了良好的投资机会,在绝大多数情况下收益率要高于同期业绩比较基准。

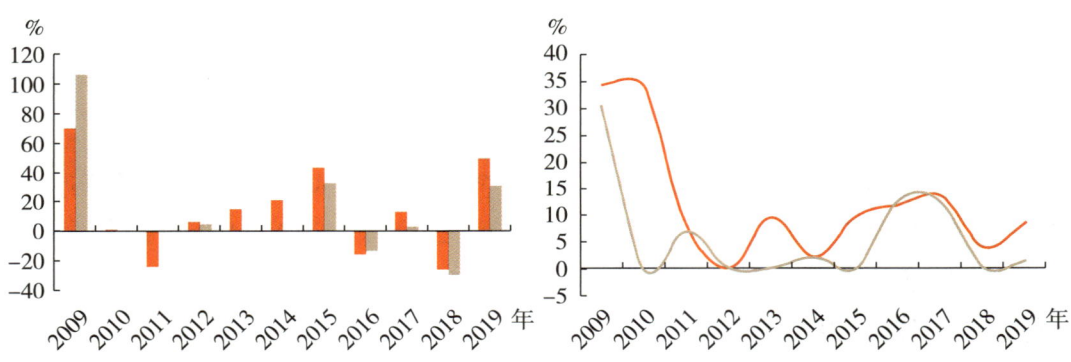

注:图中橙色代表主动管理股票型基金,棕色代表中证全指。

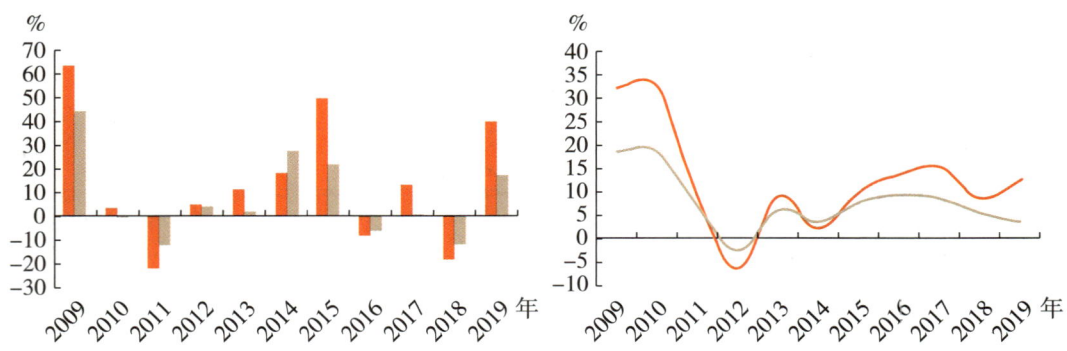

注:图中橙色代表主动管理混合型基金,棕色代表50%中证全指+50%中债总财富。

**图2-14 各类开放式主动管理基金指数和基准指数分年度及
5年滚动收益率情况(2009—2019年)**

(资料来源:上海证券基金评价研究中心)

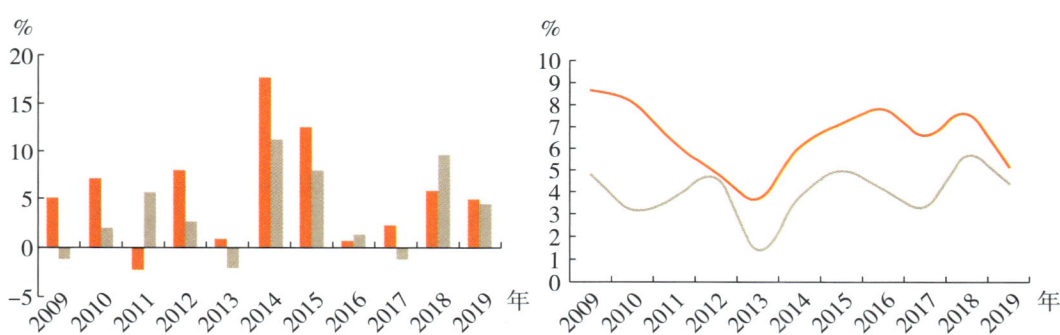

注：图中橙色代表主动管理债券型基金，棕色代表中债总财富。

图2-14　各类开放式主动管理基金指数和基准指数分年度及
5年滚动收益率情况（2009—2019年）（续）

（资料来源：上海证券基金评价研究中心）

二、基金与个人投资者的投资能力比较

对于个人投资者而言，基金可以实现高效率的分散化投资，降低个人投资者因为信息不足和非理性投资而导致的资源浪费，有效实现社会分工。因此，基金是个人投资者低成本参与资本市场、分享经济增长的理想途径。2017年至2019年，个人投资者与基金投资收益率的分布数据显示出，基金比个人投资者表现出了更强的投资管理能力。

2017年，沪深300指数上涨了21.78%，近85%的股票型基金实现正收益，40%以上的产品获利超过20%，亏损最多的产品下跌幅度也不超过20%。反观个人投资者，仅3成实现了净收益，亏损幅度在20%至50%之间的个人投资者占到所有投资者的四分之一，更有超过13%的投资者亏损50%以上。

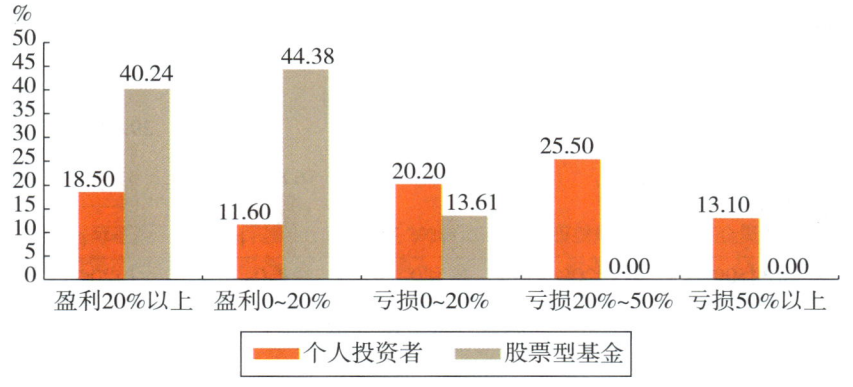

图2-15　2017年基金与个人投资者投资能力对比

（资料来源：2017年度新浪投资者调查问卷，上海证券基金评价研究中心整理）

2018年，资本市场表现较为低迷，上证指数全年下跌24.59%，仅次于2008年。3成股票型基金亏损控制在20%以内，逾7成亏损在20%以上。个人投资者方面，除了1成投资者表示获取正收益，有一半的投资者亏损在20%以上。另外，调查口径下有11.6%的个人投资者表示2018年空仓，而股票型基金显然是无法将股票仓位调整到80%以下的。所以，整体上来看股票型基金的表现基本符合预期。

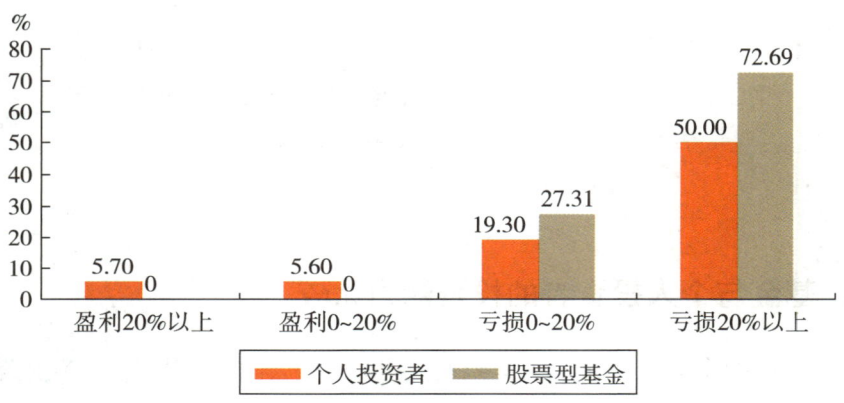

图2-16 2018年基金与个人投资者投资能力对比

（资料来源：2018年度东方财富网投资者调查问卷，上海证券基金评价研究中心整理）

2019年，资本市场全面回暖，沪深300指数取得了36.07%的上涨。股票型基金表现出了卓越的收益创造能力，4成以上的产品盈利超过了50%，且无一亏损。个人投资者方面，盈利超过20%的则不到调查样本的3成，仅有不到1成投资者表示其当年盈利超过50%。有接近一半的投资者并没有实现盈利，其中更有3成的投资者表示其亏损超过了20%。

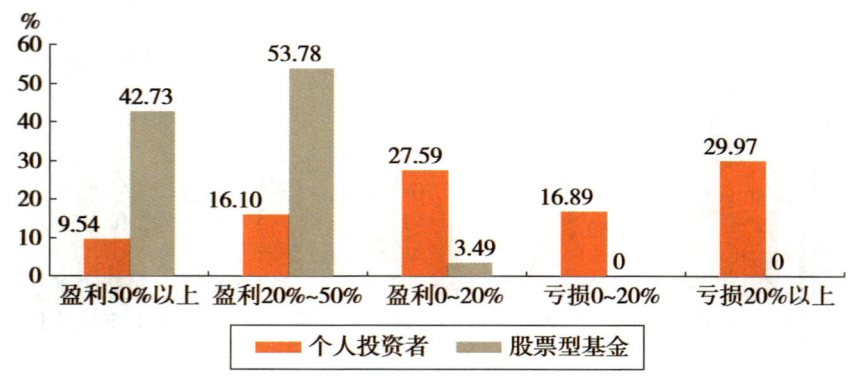

图2-17 2019年基金与个人投资者投资能力对比

（资料来源：2019年度东方财富网投资者调查问卷，上海证券基金评价研究中心整理）

第三节　各类型基金

一、股票基金

（一）股票基金的数量与规模

从股票基金的历史发展来看，2015年以前，60%以上投资于股票资产的基金即为股票基金。2014年，《公开募集证券投资基金运作管理办法》实施后，股票基金需要80%以上的资产投资于股票，并设置了1年过渡期。2015年，正常运作的三百多只股票基金陆续更名为混合基金。受此影响，2015年末的股票基金，无论数量还是资产规模均有大幅的下滑，事实上是由于统计口径的变化导致的。此外，更名转为混合基金的基本上都是主动管理的股票基金，因此主动管理的股票基金占比大幅下降，被动指数基金占比大幅提升。从基金数量占比来看，截至2019年末，主动管理股票基金、标准指数基金、增强指数基金、股票ETF及其联接基金的数量占比分比为31.1%、24.7%、9.6%和34.5%。从资产规模占比来看，截至2019年末，主动管理的股票基金、标准指数、增强指数基金、股票ETF及其联接基金的规模占比分别为21.9%、14.4%、7.7%和56.0%。被动投资的指数基金合计占比达到了78%。

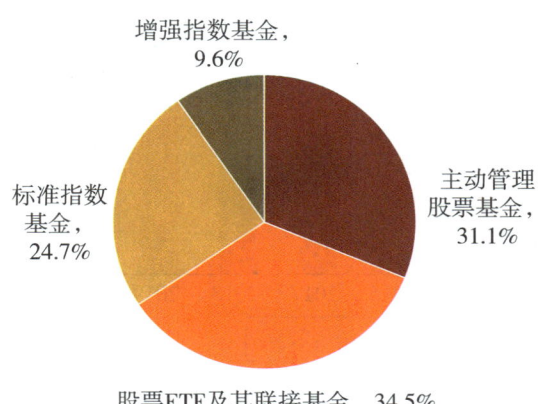

图2-18　2019年末各类型股票基金数量占比

（资料来源：中国银河证券基金研究中心）

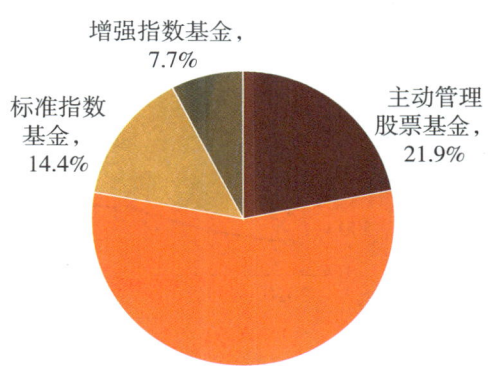

图2-19　2019年末各类型股票基金资产规模占比

（资料来源：中国银河证券基金研究中心）

《公开募集证券投资基金运作管理办法》实施以来，主动管理的股票基金数量大幅增加,管理的资产规模相对平稳,基金份额相对稳定。基金资产规模跟随股市行情波动,在股市行情较好的2015年、2017年和2019年,规模上升,在股市行情低迷的2016年和2018年,规模下降。①

图2-20　2010—2019年主动管理股票基金的数量、资产净值与份额规模

(资料来源:中国银河证券基金研究中心)

标准指数基金的资产规模在经过连续几年的下降之后,2019年开始回升。从图2-21中可以看出,标准指数基金在2014年和2015年有一段快速发展阶段,主要是大量的指数分级产品成立和规模剧增所致,随着分级产品的降温,标准指数基金的资产规模开始回落,产品数量增长平缓,直至2019年略有回升。

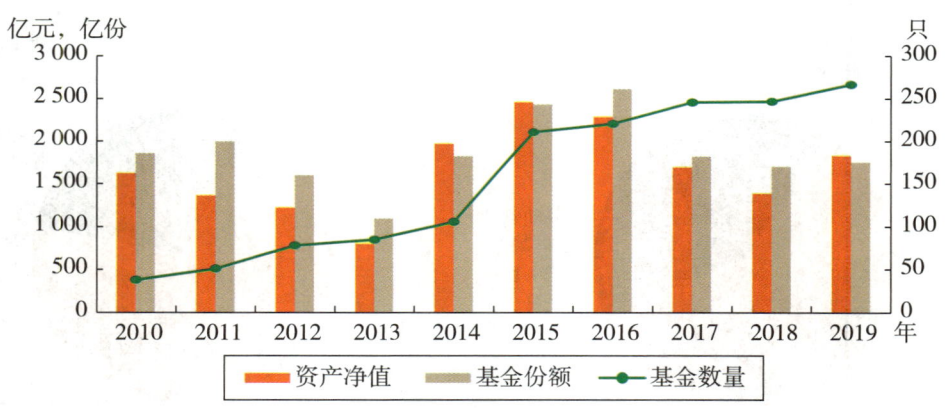

图2-21　2010—2019年标准指数基金的数量、资产净值与份额规模

(资料来源:中国银河证券基金研究中心)

---

① 2015年更名为混合基金的原股票基金按照混合基金进行历史追溯调整,纳入混合基金统计,不纳入股票基金统计,本节各项统计均采用这一口径。

增强指数基金自2015年规模大幅萎缩后，2017—2018年有所恢复，并于2019年迎来快速发展。资产规模排名前十的基金产品管理资产占比75%，集中度非常高，头部效应显著。

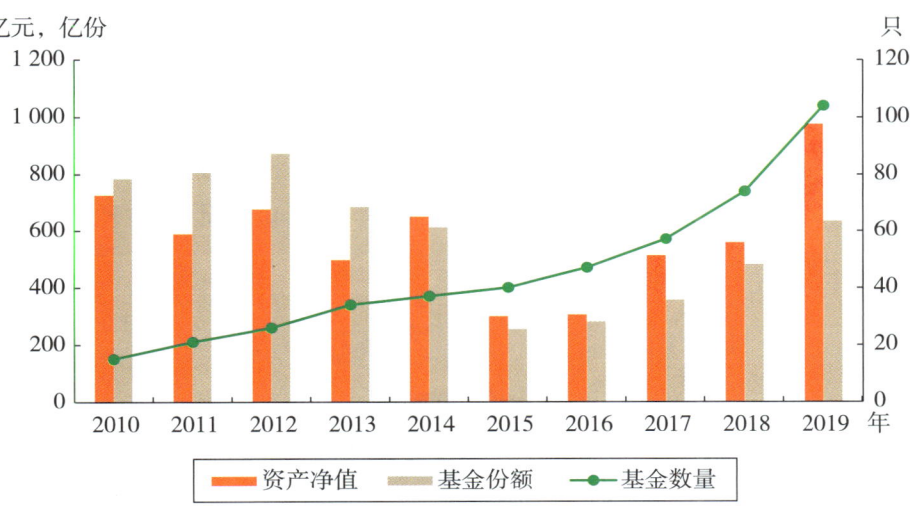

图2-22　2010—2019年增强指数基金的数量、资产净值与份额规模

（资料来源：中国银河证券基金研究中心）

从2004年首只ETF华夏上证50ETF成立以来，股票ETF基金稳步发展，最近两年进入加速发展阶段。2018年，股票ETF资产净值逆市大幅增长，2019年顺势井喷，大量的行业和主题股票ETF成立，与规模ETF相得益彰，成为投资者资产配置的重要工具。

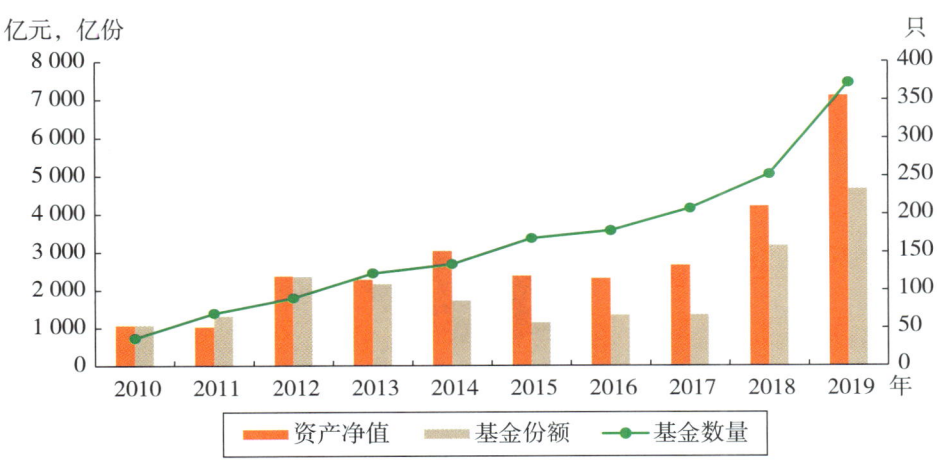

图2-23　2010—2019年股票ETF及其联接基金的数量、资产净值与份额规模

（资料来源：中国银河证券基金研究中心）

（二）股票基金的资产配置

截至2019年末，股票基金的股票投资[①]10 083亿元，占比83.1%；基金投资（全部为ETF联接基金投资对应的ETF）1284亿元，占比10.6%；银行存款549亿元，占比4.5%。固定收益和其他资产共221亿元，占比1.8%。考虑到基金投资的ETF持有的几乎都是股票市值，穿透计算，股票基金持有股票市值的占比高达94%。

主动管理股票基金资产总值2 713亿元，其中股票投资2 356亿元，占比86.8%；银行存款243亿元，占比9.0%；债券市值47亿元，占比1.7%；其他资产占比2.5%。

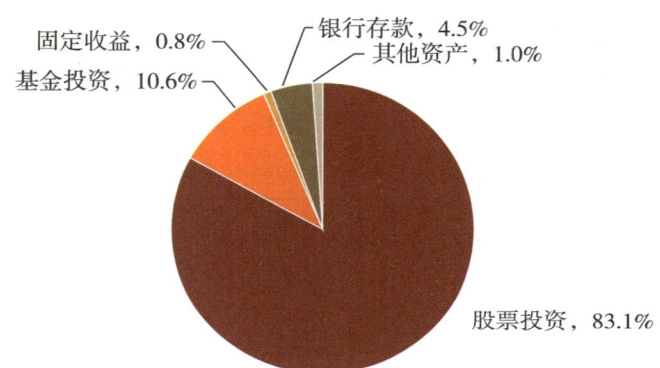

图2-24　2019年末股票基金资产配置

（资料来源：中国银河证券基金研究中心）

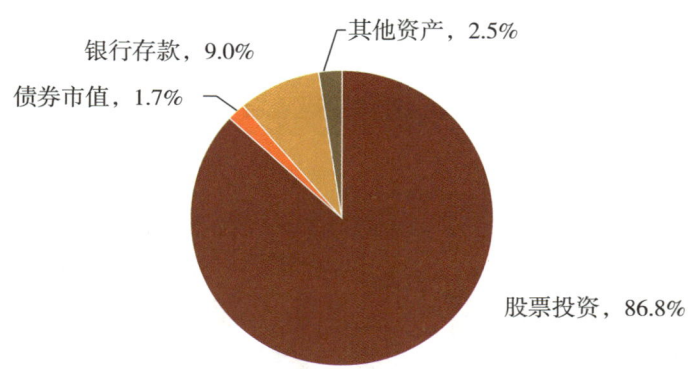

图2-25　2019年末主动管理股票基金资产配置

（资料来源：中国银河证券基金研究中心）

---

① 各类型基金的资产配置数据根据基金季报整理得出，其中部分新成立基金未披露季报，故未纳入计算，下同。

近五年来,股票基金的资产配置相对比较稳定,持有的股票市值占总资产的比例保持在84%上下,基金投资(ETF联接基金)保持在10%左右,银行存款占比5%左右。

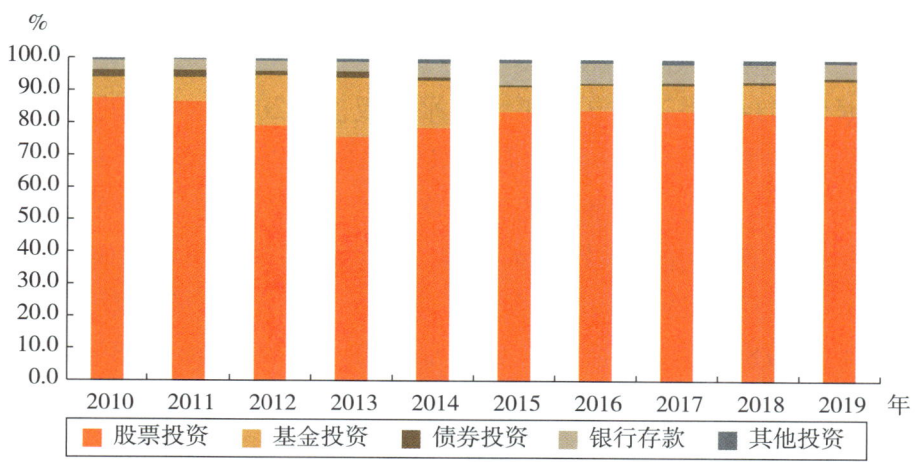

图2-26　2010—2019年股票基金的资产配置

(资料来源:中国银河证券基金研究中心)

2015—2018年,股票基金持有的股票市值保持在6000亿元上下。2018年,尽管股市大幅下跌,但由于股票ETF基金规模的大幅增长,股票基金持有的股票市值逆市上涨到6 618亿元。2019年,在资金净流入和股市大涨的背景下,股票基金持有的股票市值增长了52%,突破一万亿元。

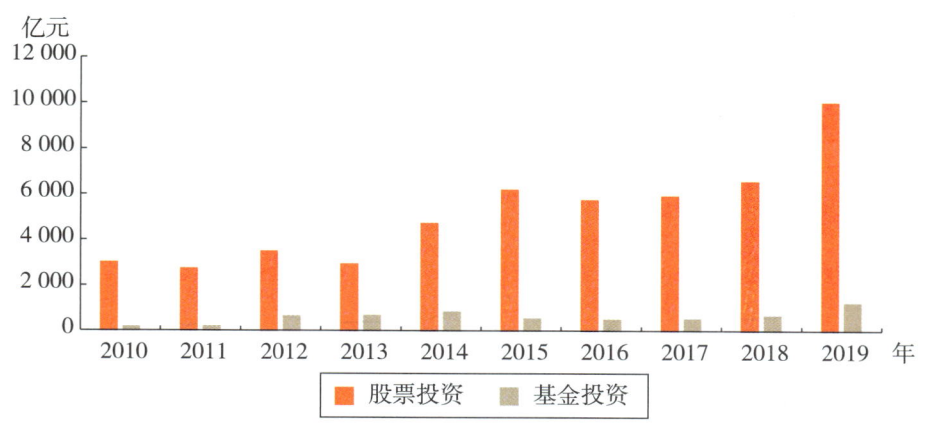

图2-27　2010—2019年股票基金持有的股票市值和基金投资

(资料来源:中国银河证券基金研究中心)

细分类别来看,《公开募集证券投资基金运作管理办法》实施以后,股票基金投资股票的比例下限变成80%，主动管理股票基金的加权股票投资比例一直保持在较高的水平。数据显示，2015年以来，剔除处于建仓期的新基金，正常运作的主动管理股票基金加权股票投资比例常年保持在85%以上，波动较小，最高接近93%，平均88.83%。即便在2015年第三季度和2018年第四季度，该数据出现相对低点，但分别也达到85.75%和86.96%。2019年末，该数据为90.00%，高于历史平均水平，仅次于2015上半年的高点。

被动投资的股票指数基金投资股票的比例一直保持在90%以上。ETF最高，接近100%满仓，标准指数基金次之，因必须保留至少5%的现金，也接近95%的满仓，增强指数基金略低一些。数据显示，2010年以来，增强指数基金的加权股票投资比例在90%~95%之间波动，平均值是92.68%，2019年末是93.78%；标准指数基金的加权股票投资比例在93%~95%之间波动，平均值是93.75%，2019年末是94.12%。ETF的加权股票投资比例在97.5%~99.5%之间波动，平均值是98.82%，2019年末是98.92%。

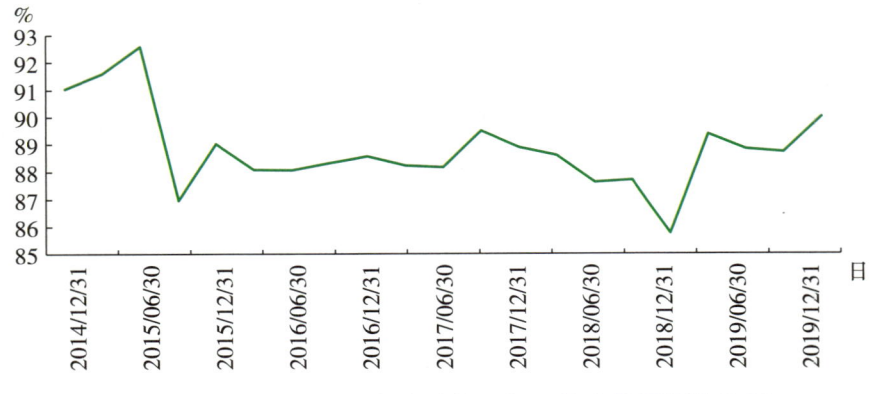

图2-28　2015—2019年主动管理股票基金股票投资比例

（资料来源：中国银河证券基金研究中心）

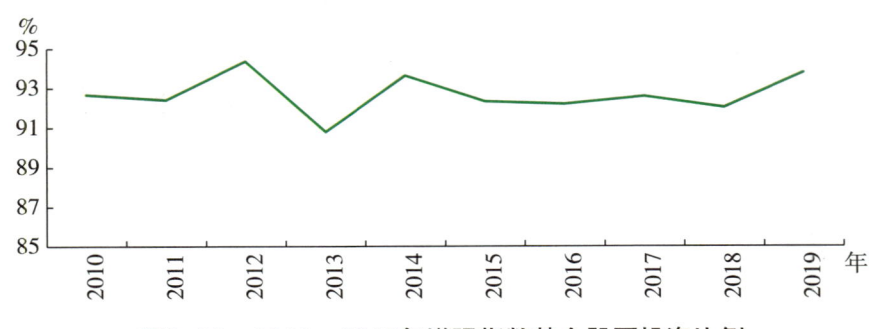

图2-29　2010—2019年增强指数基金股票投资比例

（资料来源：中国银河证券基金研究中心）

图2-30 2010—2019年ETF股票投资比例

（资料来源：中国银河证券基金研究中心）

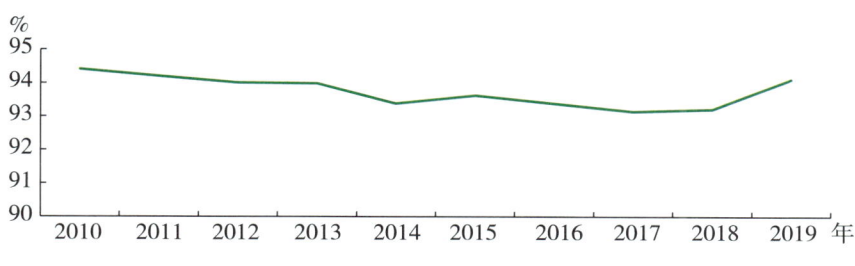

图2-31 2010—2019年标准指数基金股票投资比例

（资料来源：中国银河证券基金研究中心）

（三）股票基金的周转率

2019年，投资者持有股票基金的年度周转率为116%（加权平均），其中股票ETF略高，为128%，主动管理股票基金较低，为72%。近十年的数据显示，股票基金持有人的周转率与股市行情、基金业绩密切相关。股市行情好的时候，周转率显著上升。同时，与基金产品特征也显著相关，股票ETF作为工具型配置型产品，周转率显著高于主动管理股票基金。

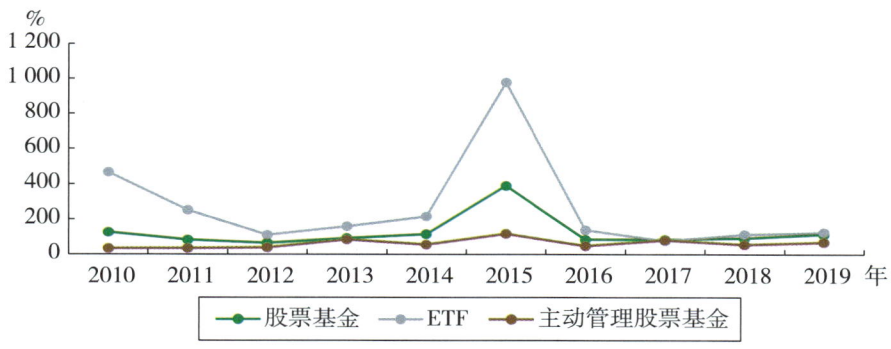

图2-32 2010—2019年投资者持有股票基金的年度周转率

（资料来源：中国银河证券基金研究中心）

注：加权平均持有人周转率＝[（期间申购金额+期间赎回金额）/2]/[（期初所有者权益+期末所有者权益）/2]。

（四）股票基金的持有人结构[①]

截至2019年末，股票基金中个人持有资产占比为50.57%，机构持有资产占比为49.43%，大致相当。2010年以来的历史数据显示，个人持有股票基金占比总体趋于下降趋势，2015年短暂回升至61%之后，继续波动中下行。而机构持有比例的走势正好相反。

从持有的股票基金资产规模来看，个人投资者在股市行情较好的2015年、2017年和2019年，持有的资产规模增加，在股市行情下跌的2016年和2018年，持有的资产规模减少。而机构投资者持有的规模与市场行情的相关性不高，甚至在股市行情下跌的2016年和2018年，持有的资产规模反而逆市增加。2019年个人和机构持有的股票基金规模均大幅增加，达到近10年来的新高。

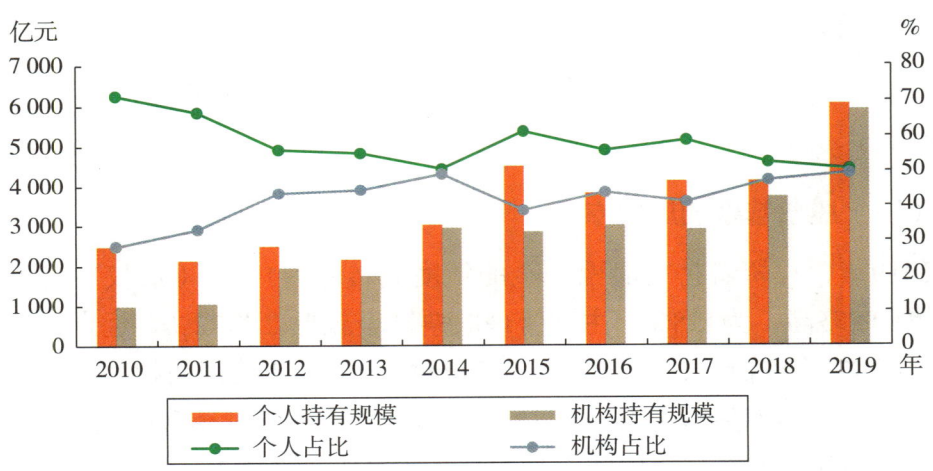

图2-33　2010—2019年股票基金的持有人结构

（资料来源：中国银河证券基金研究中心）

2015年至2019年，股票基金的持有人户数逐年大幅攀升，从1 713万户上升到4 389万户，增长了156%，年均复合增长率为27%。

[①] 本部分数据来自公募基金年报，由于部分新成立基金未公布年报，故持有人数据统计未纳入该部分基金。

图2-34 2010—2019年股票基金持有人户数与户均资产

（资料来源：中国银河证券基金研究中心）

分具体类别来看，个人投资者通常持有较高比例的主动管理的股票基金，且较为稳定。近五年来，个人投资者持有的主动管理股票基金最高在2015年曾占比达到最高点88%，后期逐年略有下降，平均占比是83%，2019年末占比79%，低于平均水平。个人投资者持有的资产规模随着股市行情起伏，2019年突破2 000亿元，创出新高。

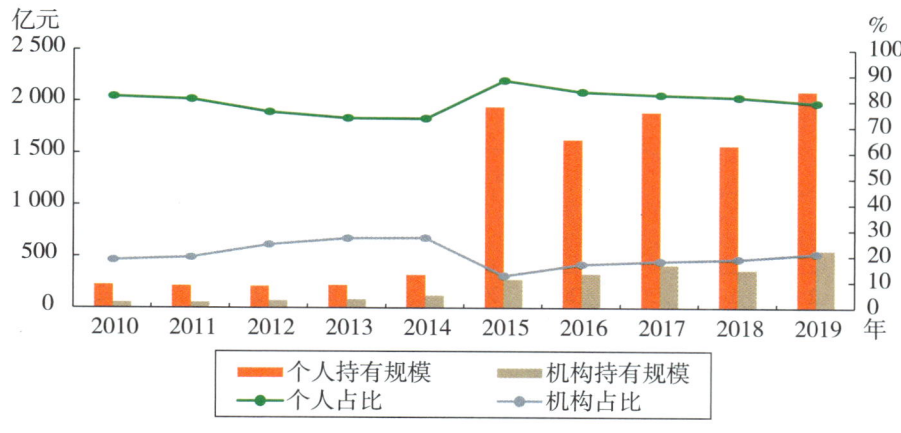

图2-35 2010—2019年主动管理股票基金的持有人结构

（资料来源：中国银河证券基金研究中心）

主动管理的股票基金的持有人户数从2015年末的533万户上升到2019年末的1 099万户，增长了106%，年均复合增长20%。

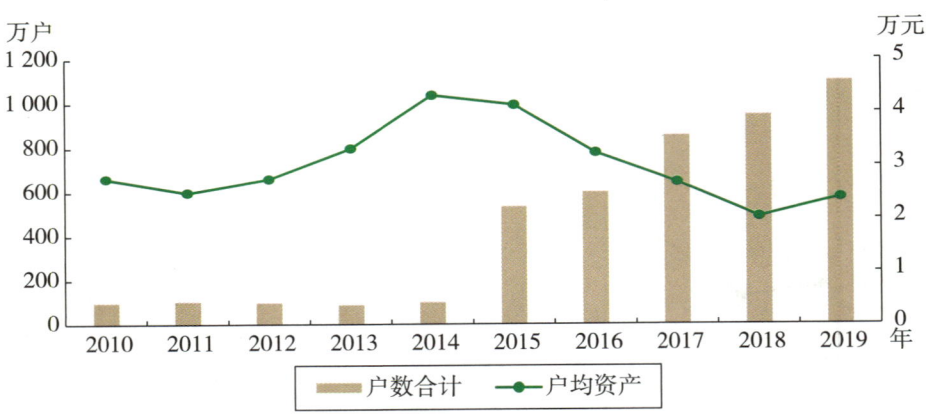

图2-36　2010—2019年主动管理股票基金持有人户数与户均资产

（资料来源：中国银河证券基金研究中心）

被动投资的标准指数股票型基金（不含ETF及其联接基金），也是个人投资者持有比例高，占比七成左右。2019年末，个人投资者持有占比77%，是近十年的最高值。从个人投资者持有的资产规模来看，与股票市场大的周期较为吻合。近十年的数据显示，2010年至2013年，个人投资者持有的资产规模下降了50%以上，2014年、2015年大幅反弹，2016年至2018年继续下降，直到2019年开始回升。

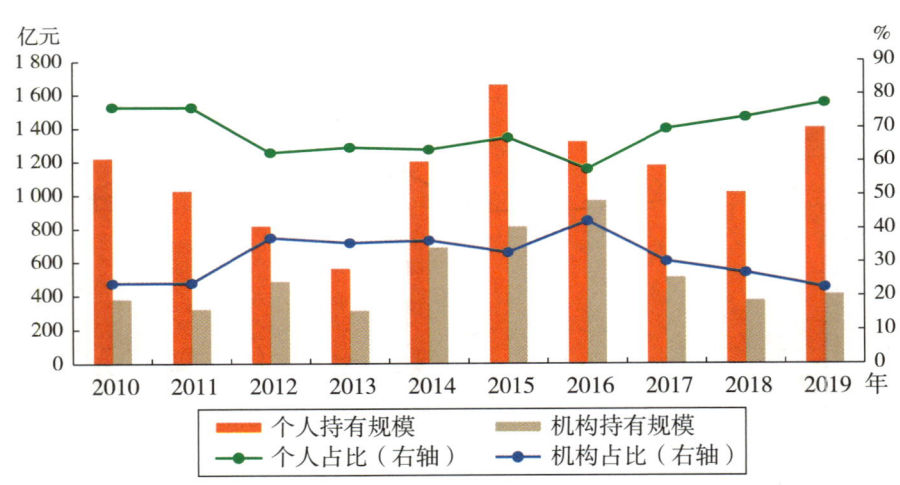

图2-37　2010—2019年标准指数股票型基金的持有人结构

（资料来源：中国银河证券基金研究中心）

标准指数股票型基金的持有人户数自2010年起经历了一轮下降，2013年见底，仅有271万户，此后持续上升。截至2019年末，达到1 516万户，而户均持有规模则一路下降。

第二章　公开募集证券投资基金

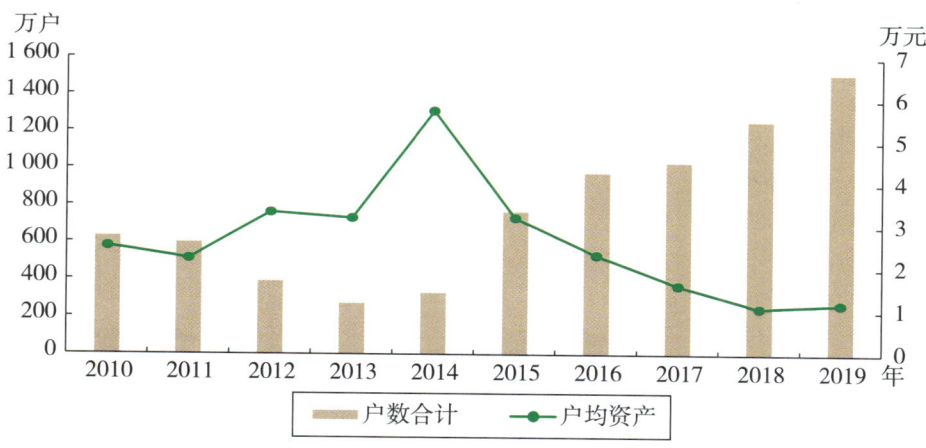

图2-38　2010—2019年标准指数股票型基金持有人户数与户均资产

（资料来源：中国银河证券基金研究中心）

增强指数股票基金也主要是由个人投资者持有，但是在2017年出现显著下降，从之前的80%以上，下降到70%以下。这主要是因为机构持有资产规模在2017年大幅上升，导致个人持有资产规模占比被动下降。最近三年个人投资者持有占比基本维持不变，2019年末为67%。

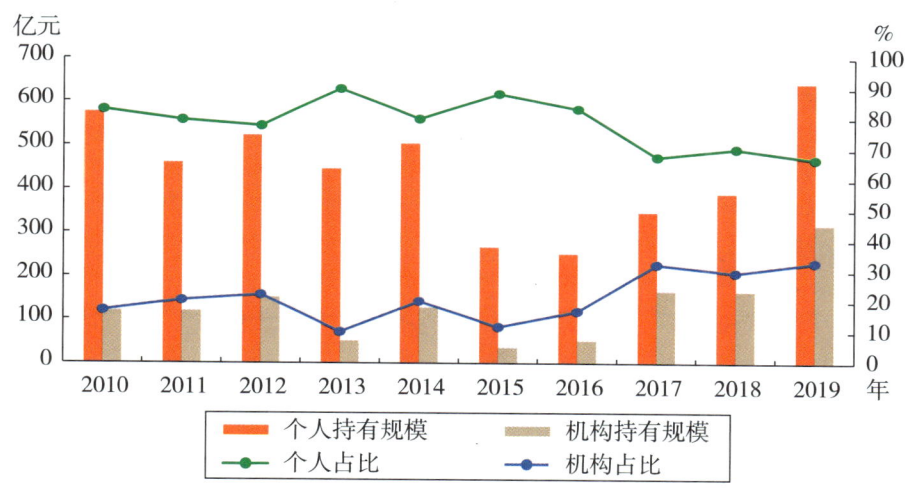

图2-39　2010—2019年增强指数股票型基金的持有人结构

（资料来源：中国银河证券基金研究中心）

在股票基金的细分类别中，仅ETF基金是机构占主导地位的，占比最高时接近90%。截至2019年末，机构持有ETF规模占比为79%，个人持有占比为21%。由于ETF的规模在股票基金占比超过一半，所以全部股票基金中机构的持有比例与个人持有比例基本相当。

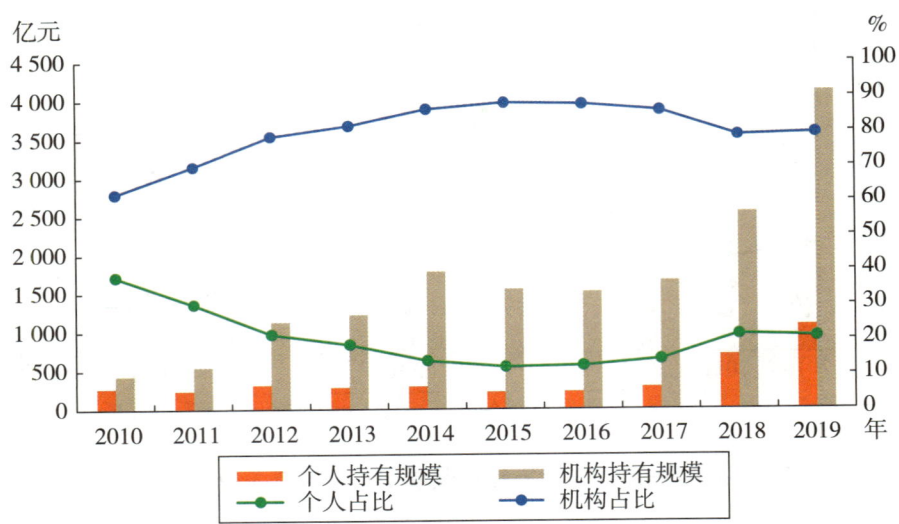

图2-40　2010—2019年股票ETF基金的持有人结构

（资料来源：中国银河证券基金研究中心）

股票ETF份额中有一部分是ETF联接基金持有的，虽实际统计时是被机构持有，但穿透来看，其实相当一部分还是个人持有的。按穿透计算，2014年以前，ETF也是个人持有占主导，只有不到4成为机构持有，2014年机构持有的ETF规模追平个人，2015年大幅超越个人，接下来几年基本维持在略超6成的状态。2019年末，机构实际持有股票ETF占比为63%，个人持有占比为37%。

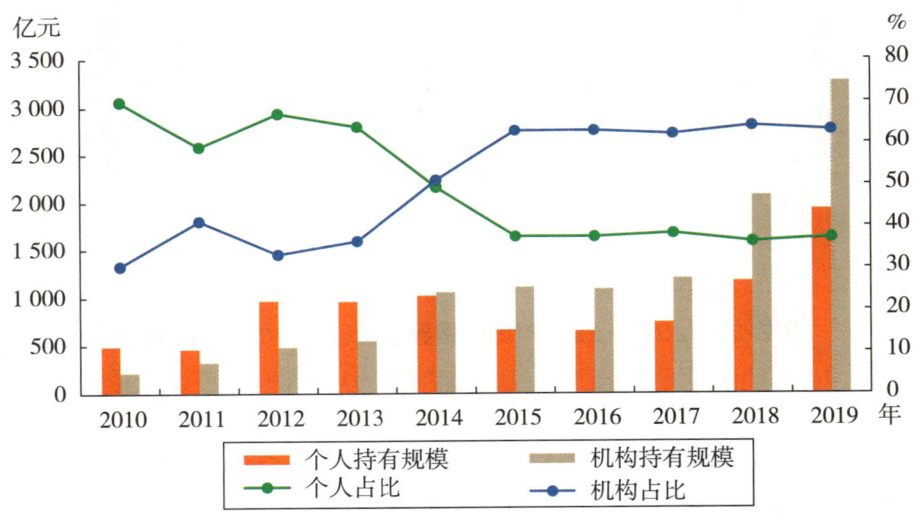

图2-41　2010—2019年股票ETF基金的持有人结构（ETF联接基金穿透计算）

（资料来源：中国银河证券基金研究中心）

2010—2017年，股票ETF基金的持有人户数平稳中略有下降，保持在50万~70万户。2018年，伴随着股票ETF资产规模的逆市增长，持有人户数大幅上升至161万户，2019年继续攀升到222万户。

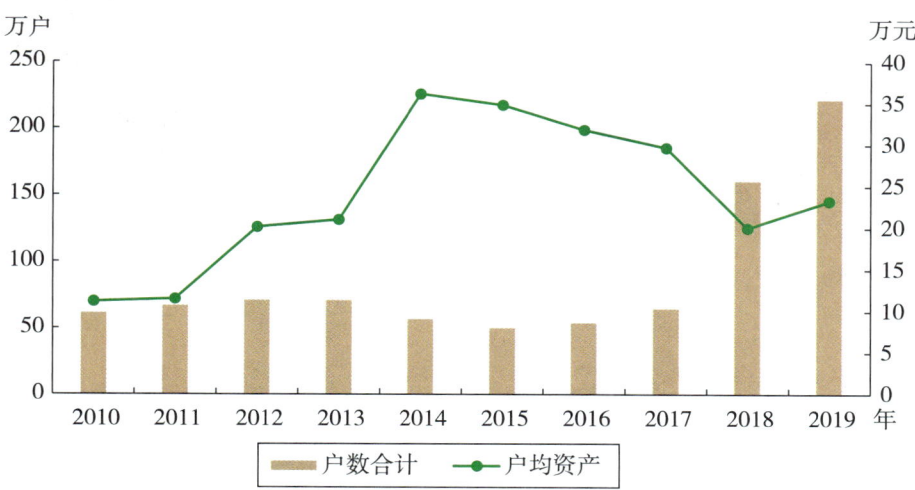

图2-42 2010—2019年股票ETF基金持有人户数与户均资产

（资料来源：中国银河证券基金研究中心）

二、债券基金

（一）债券基金的数量与规模

从债券基金的发展历史来看，随着我国债券市场发展的不断深化，近几年来债券基金规模也持续增长。尤其是近些年机构投资者对债券基金的认可度增加，银行、保险等机构增大了对固定收益类产品的配置，导致债券基金受到追捧。自2016年以来，债券基金规模显著增加，2019年规模仍保持较快增速。从基金数量占比来看，纯债基金、普通债券基金（部分可投转债和二级市场股票的基金）、指数债券基金、短期理财债券基金、可转债基金的数量占比分比为57.3%、33.7%、5.3%、1.9%和1.9%。从基金规模占比来看，纯债基金、普通债券基金（部分可投转债和二级市场股票的基金）、指数债券基金、短期理财债券基金、可转债基金的规模占比分比为63.2%、20.0%、8.5%、7.8%和0.4%。

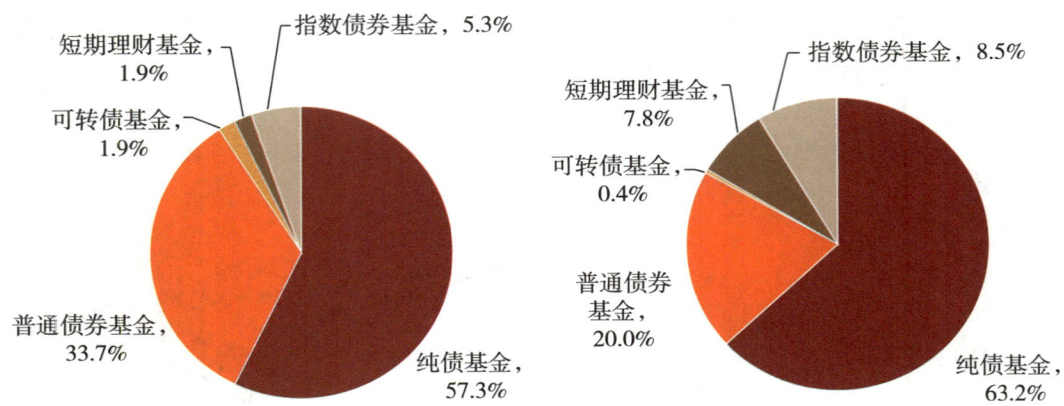

图2-43 2019年末各类型债券基金数量占比　图2-44 2019年末各类型债券基金规模占比

（资料来源：中国银河证券基金研究中心）　　　（资料来源：中国银河证券基金研究中心）

近十年来，债券基金的发展主要体现为始于2012年纯债基金的兴起和大发展。在此之前，纯债基金数量仅有两三只，规模也可以忽略不计。2012年之后，纯债基金实现了跨越式发展，数量超过千只，规模超过2万亿元，无论是数量还是规模都占据债券基金的一半以上。

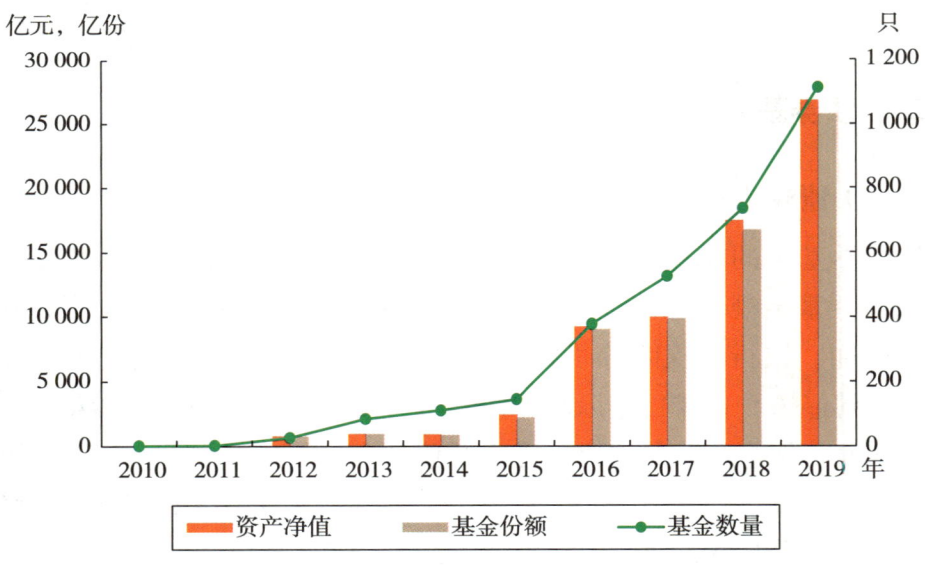

图2-45 2010—2019年纯债基金的数量与规模

（资料来源：中国银河证券基金研究中心）

2015年之前，普通债券基金一直是债券基金最主要的类别。近几年来，普通债券基金发展相对缓慢，2019年规模较上年度有显著上升，与2016年的历史高点基本持平。

第二章　公开募集证券投资基金　43

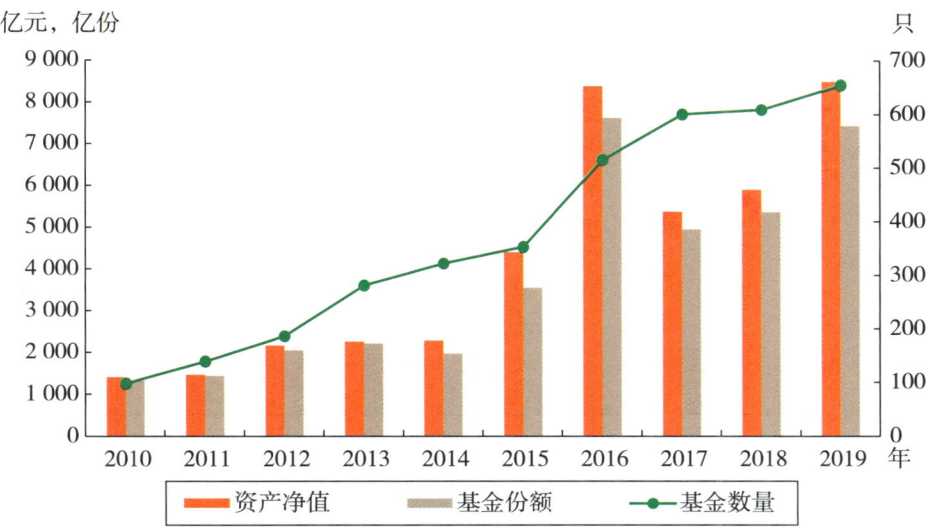

图2-46　2010—2019年普通债券基金的数量与规模

（资料来源：中国银河证券基金研究中心）

指数债券基金在2018年和2019年迎来井喷式增长，基金数量和规模均大幅提升。具体来看，新增部分主要是各种不同期限的国家开发银行、农业发展银行等政策性金融债指数。

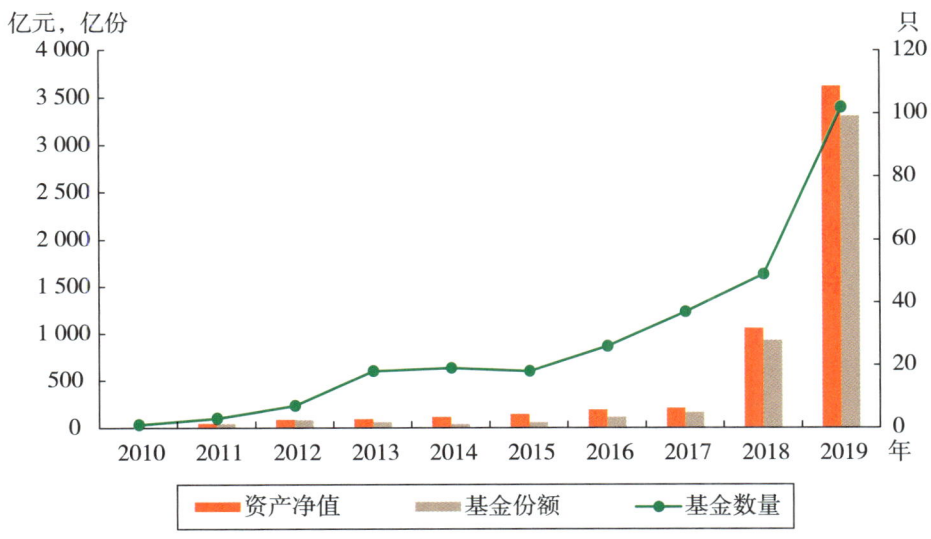

图2-47　2010—2019年指数债券基金的数量与规模

（资料来源：中国银河证券基金研究中心）

2019年，短期理财债券基金无论是基金数量还是资产规模均有较大的下滑，部分基金转型成其他类型的基金，部分基金清盘退出。

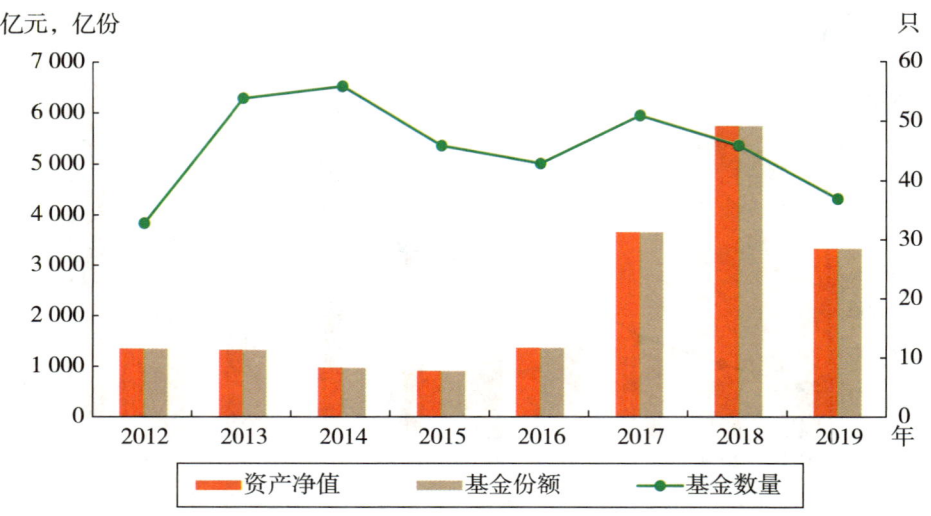

图2-48 2012—2019年短期理财债券基金的数量与规模

（资料来源：中国银河证券基金研究中心）

可转债债券基金中80%以上的基金资产投资于可转债。2015年以后，由于可转债市场的萎缩，连续4年时间，可转债债券基金的资产规模不足50亿元。伴随着可转债市场的复苏，2019年可转债债券基金开始恢复性增长，基金数量显著增加，资产规模也逆势增长。

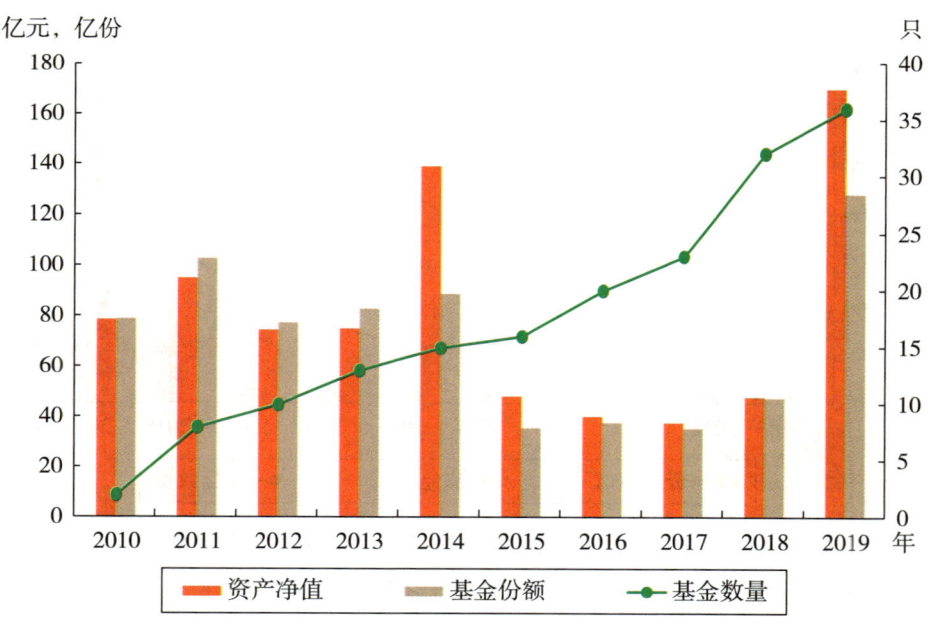

图2-49 2010—2019年可转债债券基金的数量与规模

（资料来源：中国银河证券基金研究中心）

（二）债券基金的资产配置

1. 债券基金的大类资产配置

2019年末，债券基金固定收益投资38 378亿元，占总资产的90.4%；银行存款1 640亿元，占总资产的3.7%；权益类投资348亿元，占总资产的0.4%；其他资产2 258亿元，占总资产的5.1%。

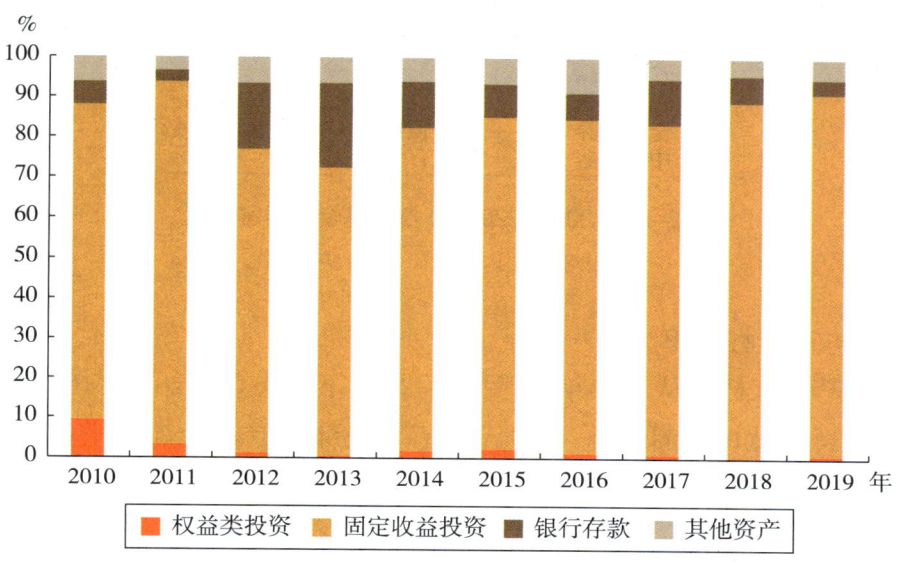

图2-50　2010—2019年债券基金的资产配置

（资料来源：中国银河证券基金研究中心）

2. 债券基金的券种配置

在债券类资产配置方面，2019年末，金融债券、中期票据、企业债券、企业短期融资券和同业存单是公募基金债券类资产的主要配置品种，上述各债券品种占债券资产比例分别为45%、21%、18%、8%和4%，合计占比96%。国债、地方政府债、可转债和其他债券的占比均非常低。

从债券基金对债券资产配置历史数据来看，2008年至2013年，国债与央行票据配置合计占比从41%下滑至3.5%，此后不再成为主要配置债券品种。企业债券曾是债券基金配置比例最高的券种，尤其是在2014年第二季度，配置比例高达63.1%，之后在2015年和2016年配置比例连续大幅下滑，最近两年亦处于持续下滑中，其主要原因在于企业债的信用风险升高，债券违约事件频现。与此同时，债券基金对以政策性金融债为主的金融债券配置比例持续上升，2018年反超企业债券，成为配置比例最高券种。2019年金融债券的占比继续攀升，企业债券和企业短融债券的占比继续下滑。

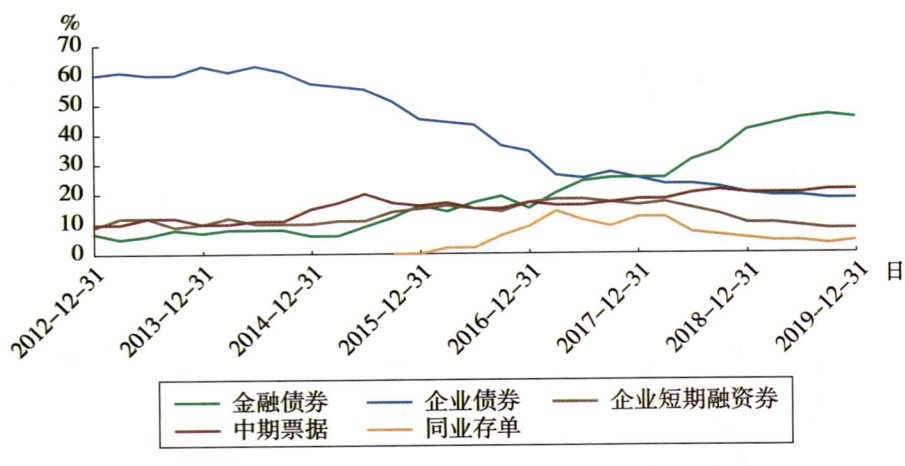

图2-51　2012—2019年债券基金的券种配置

（资料来源：中国银河证券基金研究中心）

3.债券基金杠杆率

债券基金杠杆率从2014年6月见顶后持续下降，直到2017年6月触底，之后一直维持较低的杠杆水平。2019年末，全部债券基金加权平均杠杆率为1.16，较2018年末的1.20小幅下降。其中，纯债基金杠杆率最低，仅有1.15，较2018年末的1.17所有下降；定期开放纯债基金杠杆率最高，为1.20，较2018年末的1.24持续下降。各类型债券基金杠杆率差异不大，2019年杠杆率下降的趋势基本同步。

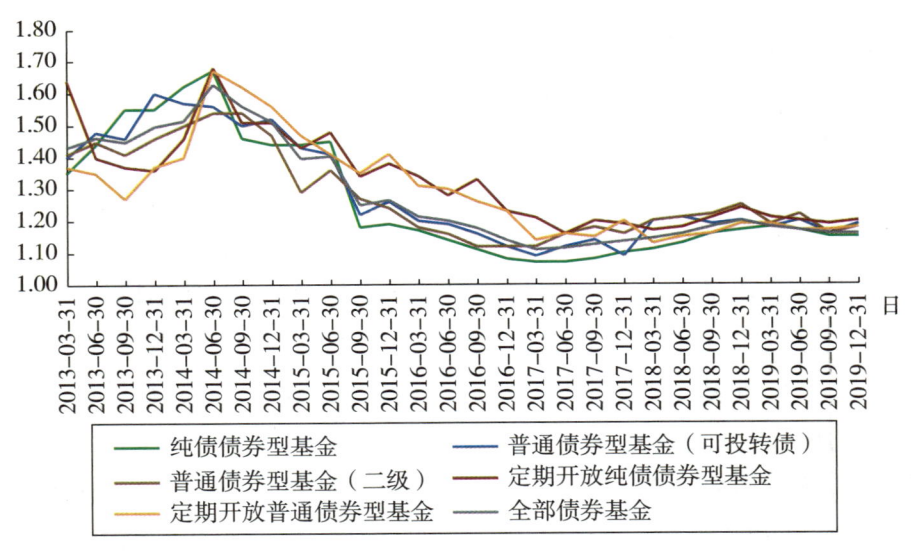

图2-52　2013—2019年债券基金的杠杆率

（资料来源：中国银河证券基金研究中心）

（三）债券基金的周转率

2019年，投资者持有债券基金的年度周转率为62%，创近十年来的新低。2015年以来，伴随着债券基金机构持有占比大幅上升，投资者持有债券基金的周转率不断下降，表明机构的持有时间相对较长，换手较低。

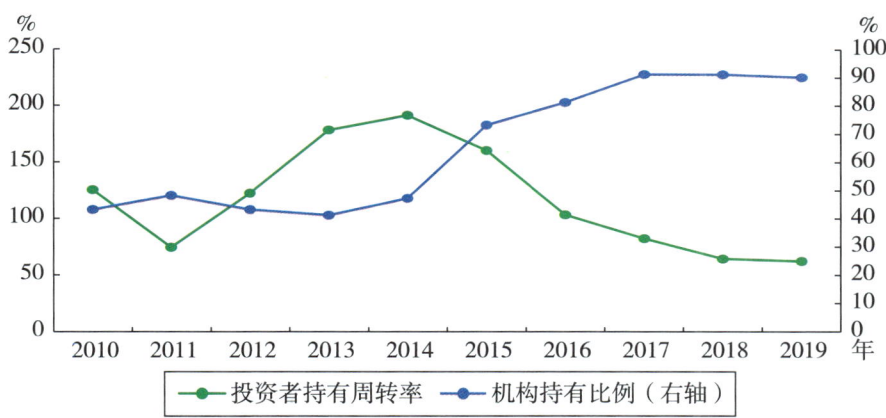

图2-53　2010—2019年投资者持有债券基金的年度周转率

（资料来源：中国银河证券基金研究中心）

（四）债券基金的持有人结构

2019年末，机构投资者持有债券基金资产规模占比为90%，个人投资者占比为10%。近5年来，机构持有的债券基金规模从2 000亿元出头快速攀升至30 000亿元以上，持有比例逐渐占据绝对优势。2018年和2019年，个人持有的债券基金规模也有大幅增加。

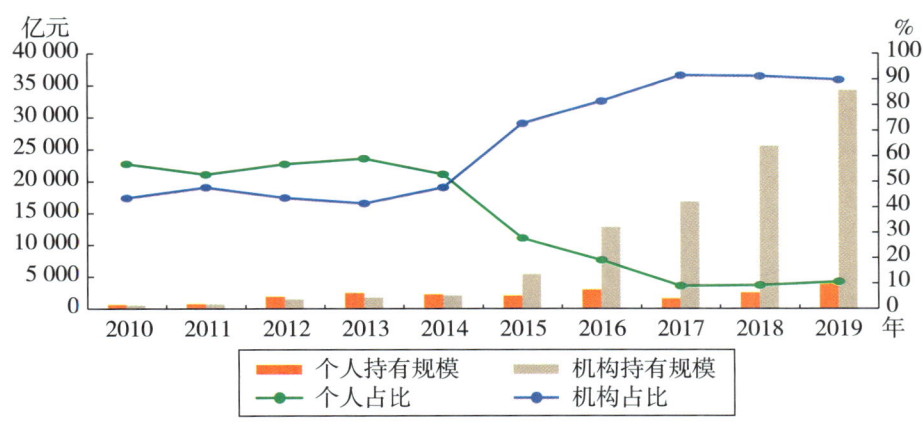

图2-54　2010—2019年债券基金的持有人结构

（资料来源：中国银河证券基金研究中心）

2018—2019年，债券基金总的持有户数大幅增加，从2017年末的688万户，增加2019年末到2 294万户。

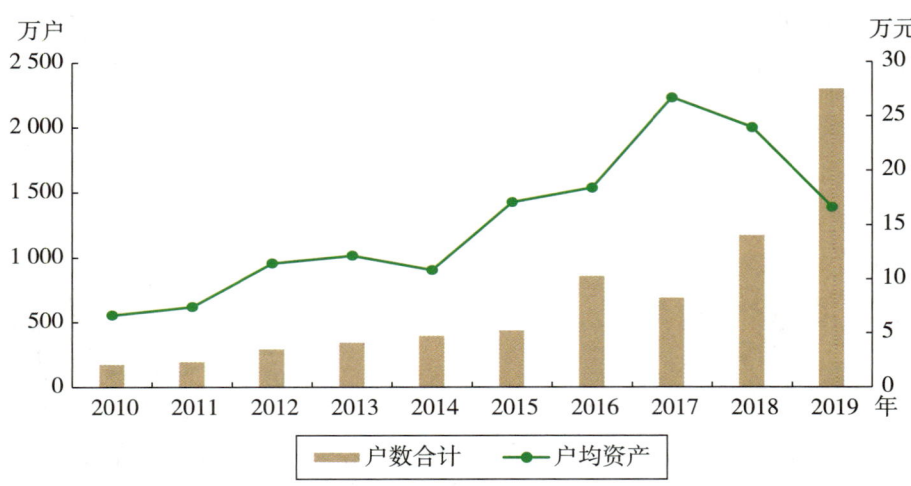

图2-55 2010—2019年债券基金持有人户数及户均资产

（资料来源：中国银河证券基金研究中心）

从细分类别来看，纯债基金机构投资者持有资产规模占比为91%，个人投资者持有资产规模占比为9%。机构投资者占比在2017年最高曾达95%，这两年随着个人投资者持有规模的大幅增加，机构投资者占比略有下滑，仍在90%以上。

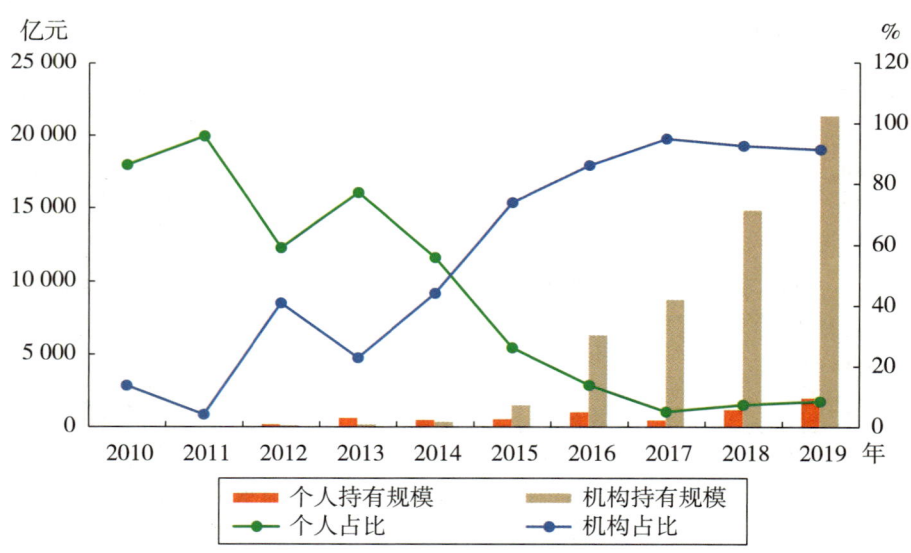

图2-56 2010—2019年纯债基金的持有人结构

（资料来源：中国银河证券基金研究中心）

2019年末,纯债基金持有人户数合计1 318万户,较上年度增加895万户,增幅212%。

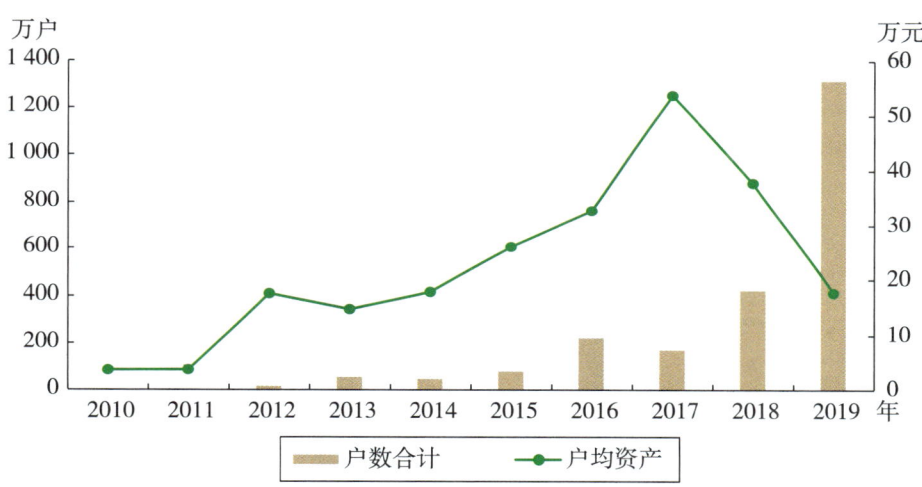

图2-57　2010—2019年纯债基金持有人户数及户均资产

(资料来源：中国银河证券基金研究中心)

2019年末,普通债券基金机构投资者持有资产规模占比为80%,个人投资者持有资产规模占比为20%。普通债券基金的个人投资者的占比在债券基金中仅次于可转债债券基金。

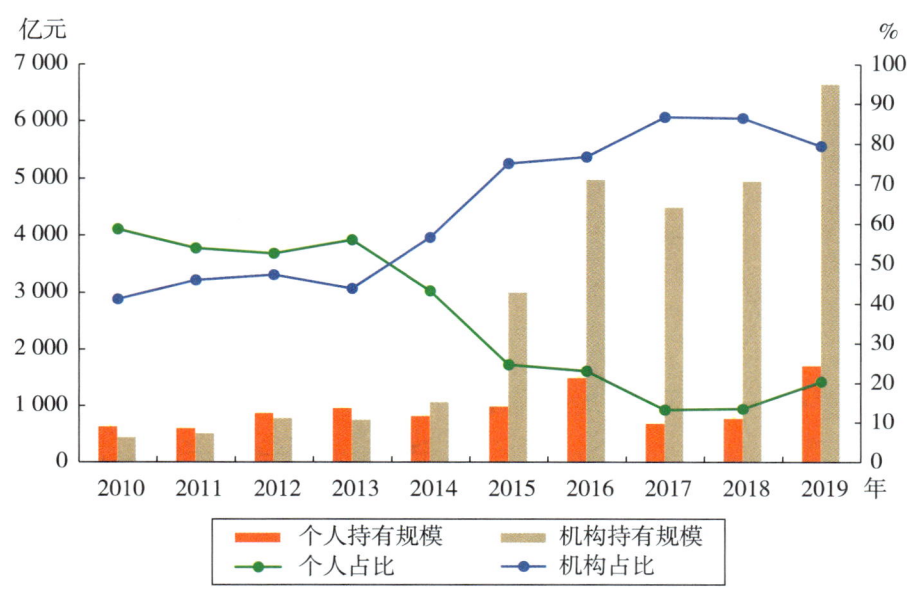

图2-58　2010—2019年普通债券基金的持有人结构

(资料来源：中国银河证券基金研究中心)

2019年末，普通债券基金持有人户数合计821万户，较上年度增加336万户，增幅为69%。

图2-59 2010—2019年普通债券基金持有人户数及户均资产

（资料来源：中国银河证券基金研究中心）

2019年末，指数债券基金机构投资者持有资产规模占比为99.4%，个人投资者持有资产规模占比为0.6%。由于指数债券基金具有明确的工具属性，指数债券基金这两年得到了快速发展，成为机构投资者配置的重要选择。

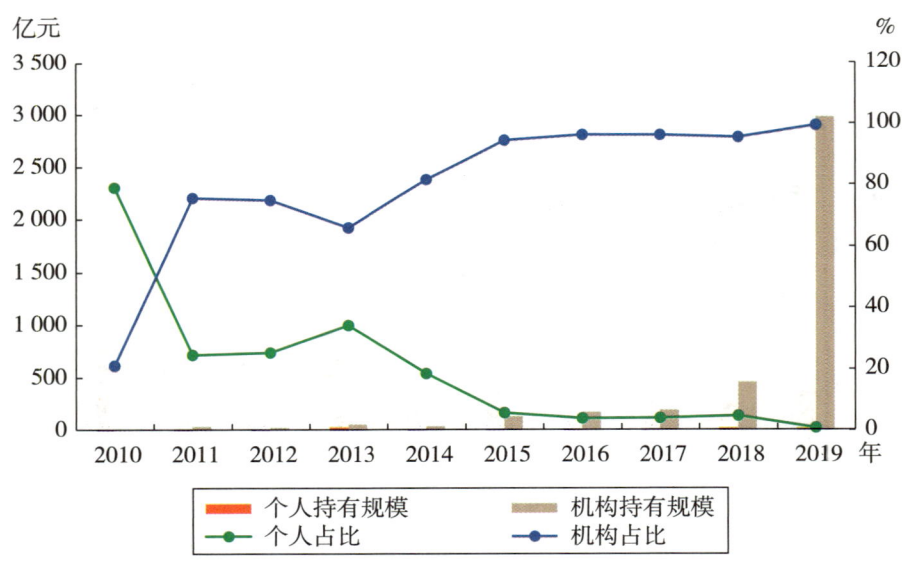

图2-60 2010—2019年指数债券基金的持有人结构

（资料来源：中国银河证券基金研究中心）

2019年末,指数债券基金持有人户数合计13万户,较上年度增加2万户,增幅18%。

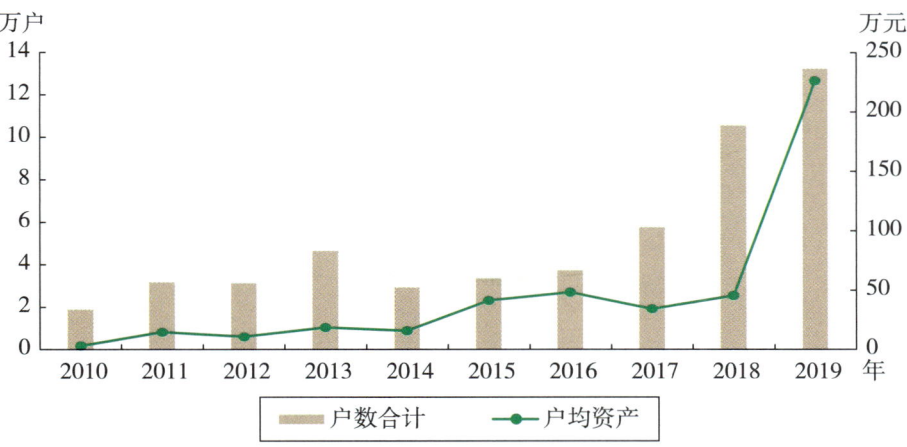

图2-61 2010—2019年指数债券基金持有人户数及户均资产

(资料来源:中国银河证券基金研究中心)

2019年末,短期理财债券基金机构投资者持有资产规模占比为94%,个人投资者持有资产规模占比为6%。短期理财债券基金在2012年起步之初,主要是个人投资者持有,2016年以后机构持有的规模大幅增加,占比迅速上升。2019年,短期理财债券基金整体规模大幅下降,个人投资者以更快的速度退出。

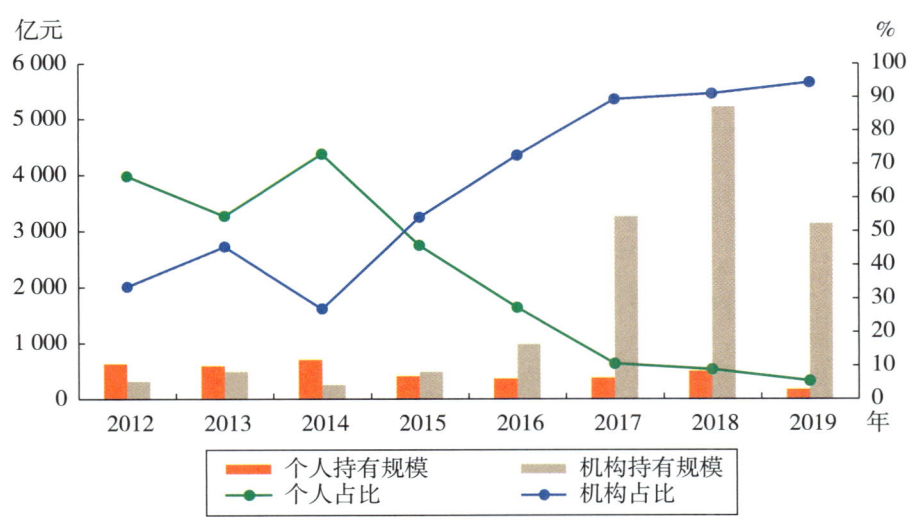

图2-62 2012—2019年短期理财债券基金持有人结构

(资料来源:中国银河证券基金研究中心)

2019年末，短期理财债券基金持有人户数合计101万户，较上年度减少133万户，下降57%，是所有债券基金类别中，唯一户数下降的基金品种。

图2-63　2012—2019年短期理财债券基金持有人户数及户均资产

（资料来源：中国银河证券基金研究中心）

2019年末，可转债债券基金机构投资者持有资产规模占比为66%，个人投资者持有资产规模占比为34%。可转债基金在持续几年低迷之后，2018年由机构投资者率先增持，2019年继续大幅增长。2019年，个人投资者持有可转债债券基金的规模也大幅增加，但不及机构投资者。2019年也是十年来机构投资者持有的可转债基金比例首次超过个人投资者的持有比例。

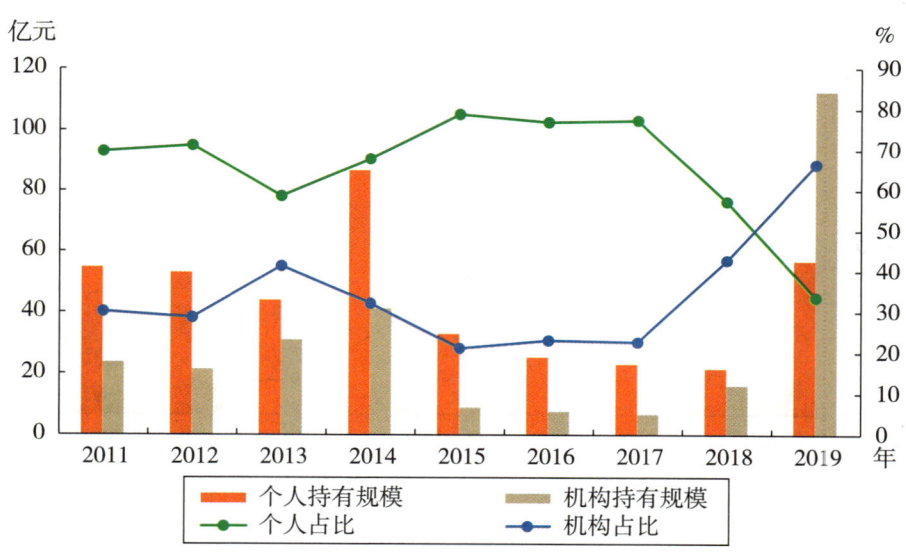

图2-64　2011—2019年可转债债券基金持有人结构

（资料来源：中国银河证券基金研究中心）

2019年末，可转债债券基金持有人户数合计39万户，较上年度增加24万户，增幅165%。

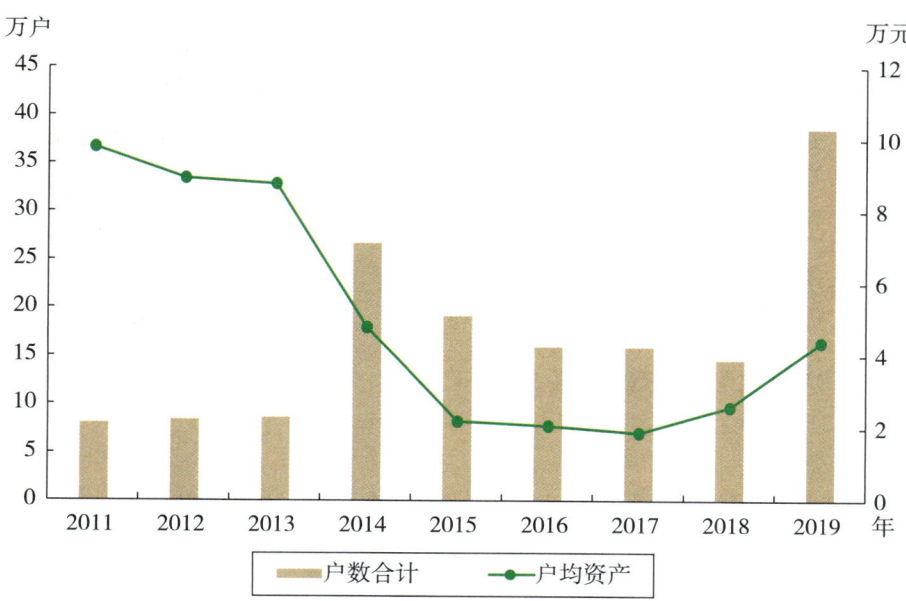

图2-65 2011—2019年可转债债券基金持有人户数及户均资产

（资料来源：中国银河证券基金研究中心）

三、混合基金

（一）混合基金的数量与规模

2019年，混合基金在基金份额没有大幅增长的情况下，基金规模出现一定程度的提升，扭转了2018年份额、规模双下降的趋势。混合基金资产净值的增幅显著高于基金份额和基金数量的增幅，主要是存量资产的投资增值所致。从基金数量占比来看，2019年末，混合偏股基金、灵活配置基金、股债平衡基金、混合偏债基金、绝对收益目标基金、其他混合基金的数量占比分别为34.7%、48.9%、1.2%、8.1%、6.8%和0.3%。从基金规模占比来看，2019年末，混合偏股基金、灵活配置基金、股债平衡基金、混合偏债基金、绝对收益目标基金、其他混合基金的规模占比分别为53.1%、34.9%、0.8%、5.3%、5.4%和0.4%。

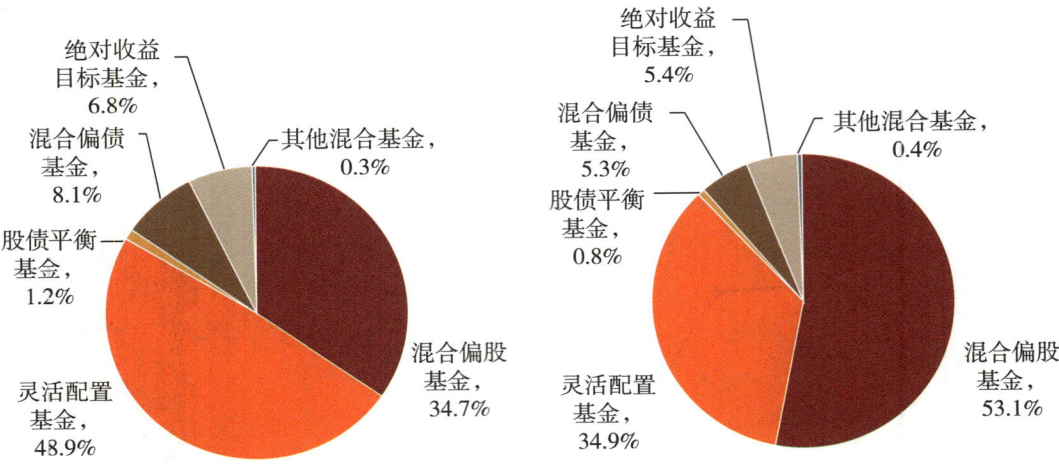

图2-66 2019年各类型混合基金数量占比　　图2-67 2019年各类型混合基金资产净值占比

（资料来源：中国银河证券基金研究中心）　　（资料来源：中国银河证券基金研究中心）

从过去十年的发展来看，2010—2015年，混合偏股基金的数量增幅平缓，资产净值与份额规模持续下降，2016—2018年，处于低位盘整阶段，2019年迎来显著的恢复增长。

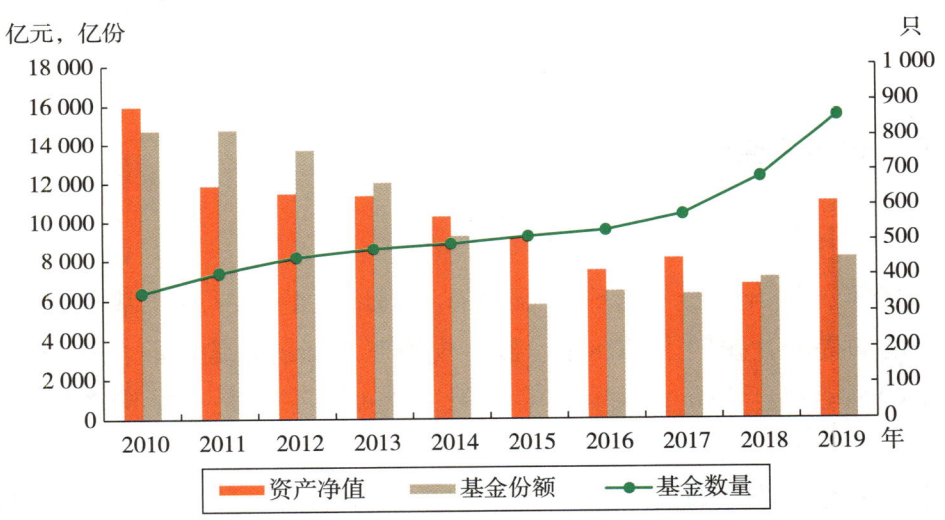

图2-68　2010—2019年混合偏股基金的数量、资产净值与份额规模

（资料来源：中国银河证券基金研究中心）

2010—2013年，灵活配置基金数量、资产净值与份额规模都较为稳定，在混合基金中占比很低。2014年，灵活配置基金开始迎来大发展，2015年发展更是迅猛，基金发行数量和募集规模井喷。2017年以来，灵活配置基金份额规模不断下降，资产净值随股市行情起伏。

第二章 公开募集证券投资基金 55

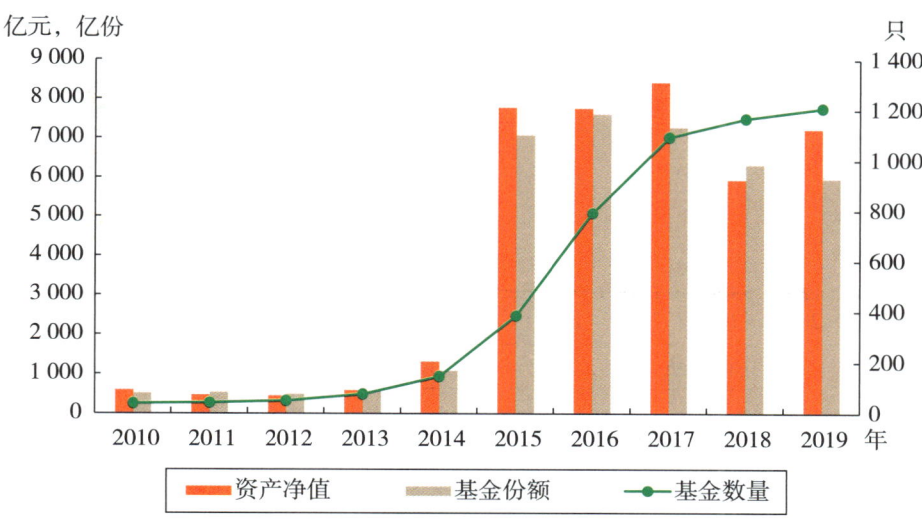

图2-69 2010—2019年灵活配置基金的数量、资产净值与份额规模

（资料来源：中国银河证券基金研究中心）

从过去十年的发展来看，股债平衡型基金的数量增幅远远落后于基金行业的整体增幅，而资产净值与份额规模基本上处于一路下滑萎缩的趋势中。

图2-70 2010—2019年股债平衡基金的数量、资产净值与份额规模

（资料来源：中国银河证券基金研究中心）

混合偏债基金的资产规模于2015年迎来突破性上升，2016年、2017年持续大幅增长，在2018年短暂下滑后，2019年成为增幅最快的混合基金类型。近五年，混合偏债基金已逐渐成长为混合基金中的一个重要类型。

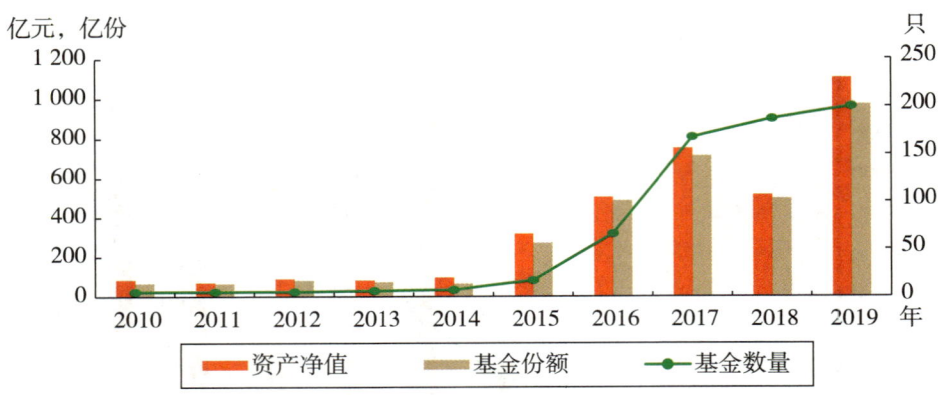

图2-71　2010—2019年混合偏债基金的数量、资产净值与份额规模

（资料来源：中国银河证券基金研究中心）

从过去十年的发展来看，2015年是绝对收益目标基金发展的大年，此后在数量与规模上处于收缩下降的趋势中。

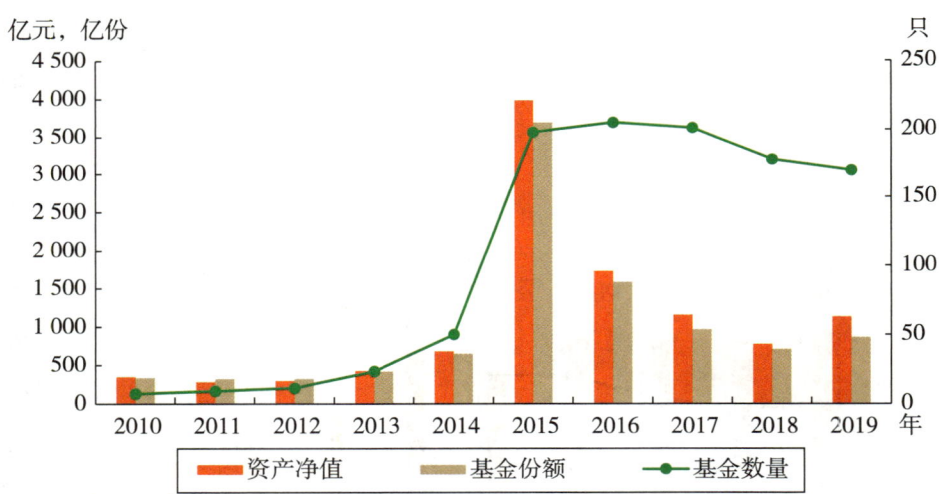

图2-72　2010—2019年绝对收益目标基金的数量、资产净值与份额规模

（资料来源：中国银河证券基金研究中心）

（二）混合基金的资产配置

2019年末，混合基金持有的权益投资市值14 549亿元，占总资产比例为69.7%，固定收益投资市值3 910亿元，占总资产比例为18.7%，银行存款1 587亿元，占总资产比例为7.6%，其他资产841亿元，占总资产比例为4.0%。与上年度相比，2019年混合基金的权益投资占比大幅上升15.7个百分点，固定收益投资占比大幅下降9.2个百分点。

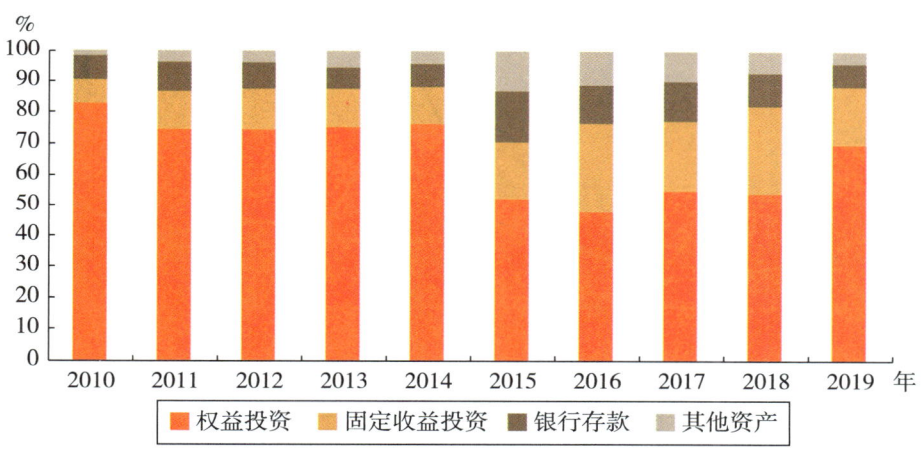

图2-73 2010—2019年混合基金的资产配置

（资料来源：中国银河证券基金研究中心）

2019年末，混合基金持有的权益投资市值较上年度增加6 105亿元，增幅72%。混合基金持有权益投资市值由2010年的14 382亿元大幅下降至2011年10 052亿元，持续多年保持在万亿元左右，2018年降至8 444亿元，为近十年来最低，2019年大幅上涨，回升至2010年的水平。

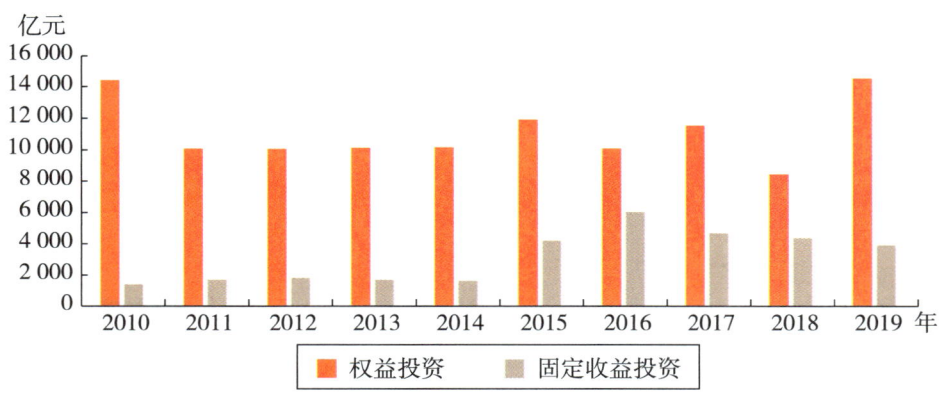

图2-74 2010—2019年混合基金的权益投资市值和固定收益投资市值

（资料来源：中国银河证券基金研究中心）

（三）混合基金的周转率

2019年，混合基金投资者持有基金的年度周转率为65%，较2018年的44%有显著上升，但仍然大大低于2015年的151%。近十年的数据显示，混合基金投资者持有基金的年度周转率与股市行情、基金业绩高度相关，混合基金整体业绩越好，投资者的周转率越高。

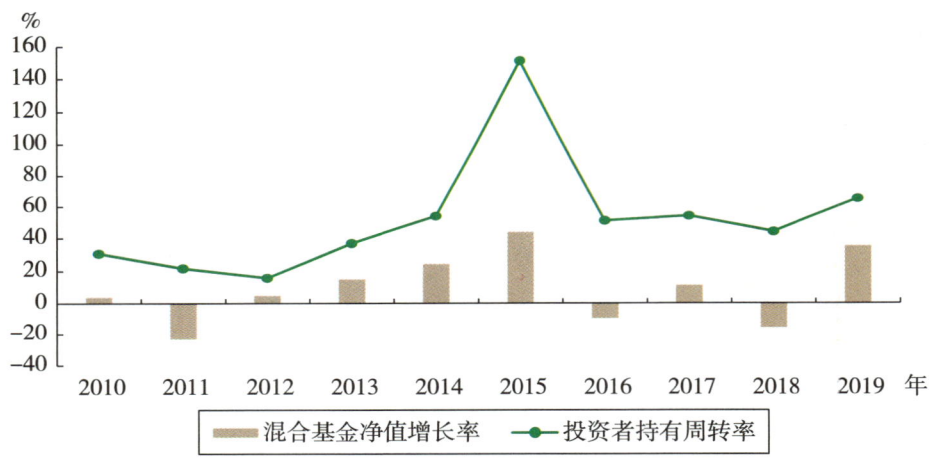

图2-75 2010—2019年投资者持有混合基金的年度周转率

（资料来源：中国银河证券基金研究中心）

（四）混合基金的持有人结构

混合基金整体上是以个人持有为主。2019年末，个人投资者持有混合基金规模占比74%，机构投资者占比26%。近十年的数据显示，个人投资者持有的混合基金规模一直比较平稳，在1万亿元至1.5万亿元之间摆动，投资比例的变化主要由机构持有规模的大幅变动导致的。机构投资者持有的混合基金规模在2015年井喷，从常年的2 000亿元左右，突破到1万亿元，持有比例也从不到20%上升到46%，此后机构持有的规模不断下降，占比也同步下滑。

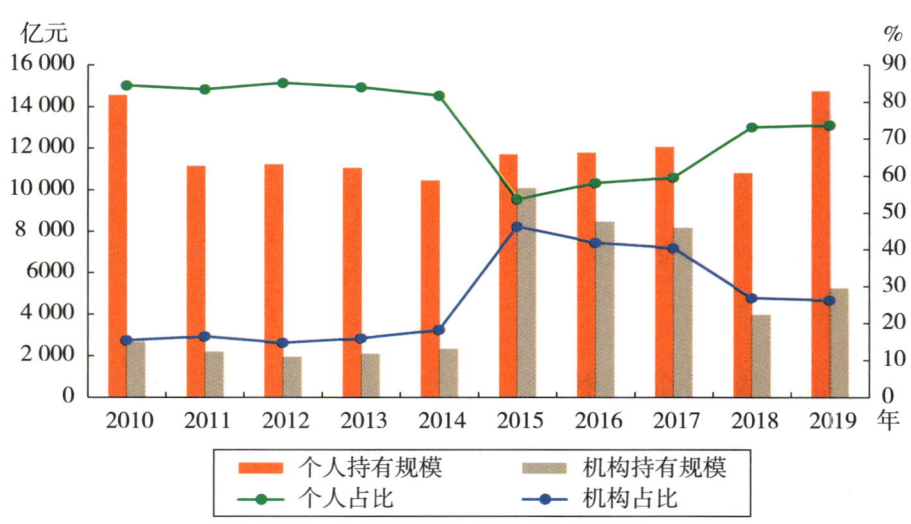

图2-76 2010—2019年混合基金的持有人结构

（资料来源：中国银河证券基金研究中心）

2019年末，混合基金持有人户数7 541万户，较上年度增加950万户，增幅14%。2010年以来的数据显示，混合基金持有人户数经过了先降后升的V型走势，于2015年见末，2019年回升到2010年的水平。

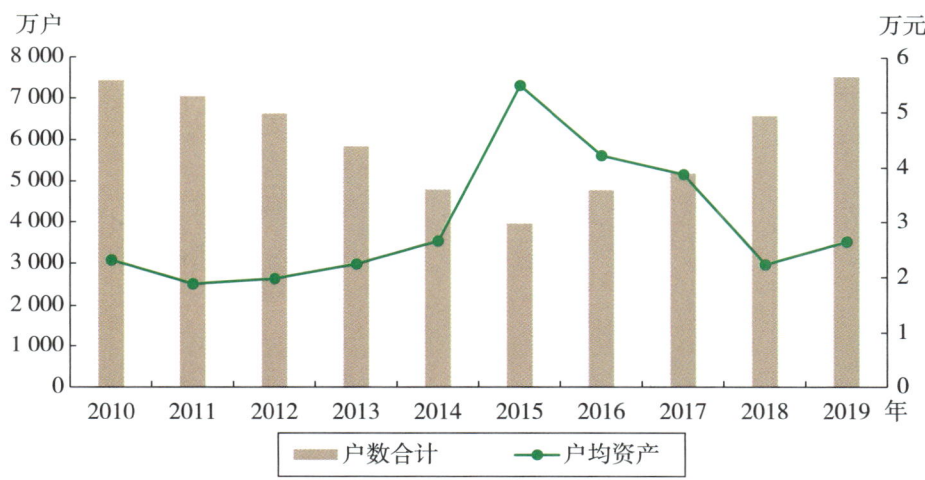

图2-77 2010—2019年混合基金持有人户数及户均资产

（资料来源：中国银河证券基金研究中心）

2019年末，个人投资者持有混合偏股基金规模占比81%，机构投资者占比19%。过去十年，个人投资者持有的混合偏股基金规模经历了两轮下台阶走势，先是从2010年的1.3万亿元下降到1万亿元左右，再下降到6 000亿元左右，2019年下降趋势开始略有回升。

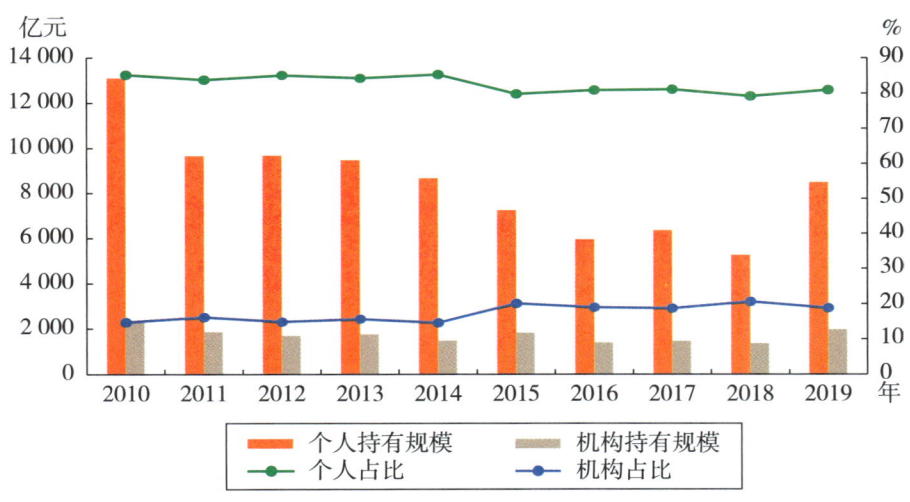

图2-78 2010—2019年混合偏股基金的持有人结构

（资料来源：中国银河证券基金研究中心）

2019年末，混合偏股基金持有人户数4 775万户，较上年度增加774万户，增幅19%。过去十年，混合偏股基金持有人户数占混合基金总持有户数的比例最高曾到92%，截至目前也有63%，其走势与混合基金走势基本一致。

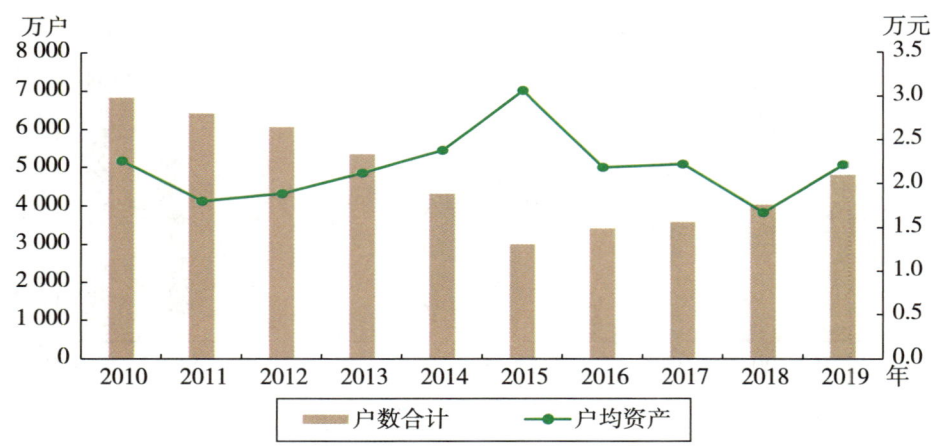

图2-79　2010—2019年混合偏股基金持有人户数及户均资产

（资料来源：中国银河证券基金研究中心）

2019年末，个人投资者持有灵活配置基金规模占比67%，机构投资者占比33%。2010年以来，个人投资者持有灵活配置基金的规模一直在不断攀升，2015年和2018年有两次显著的跃升。2015年，机构投资者持有灵活配置基金的规模增长了近4 000亿元，涨幅达8倍。机构投资者对混合基金的增持，主要就体现在灵活配置基金和绝对收益目标基金。

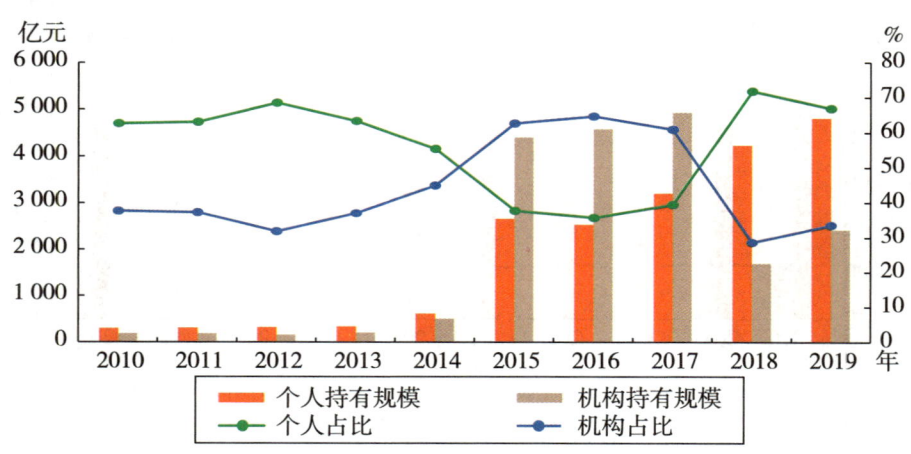

图2-80　2010—2019年灵活配置基金的持有人结构

（资料来源：中国银河证券基金研究中心）

2019年末,灵活配置基金持有人户数2 138万户,较上年度增加185万户,增幅9%。2015年以来,灵活配置基金持有人户数大幅增加,是混合基金中发展最快的类别。

图2-81　2010—2019年灵活配置基金持有人户数及户均资产

（资料来源：中国银河证券基金研究中心）

2019年末,个人投资者持有股债平衡基金规模占比80%,机构投资者占比20%。2010年以来,个人投资者持有股债平衡基金的规模一直在不断下降,2019年略有回升,主要是因为股市上涨带来的资产增值。

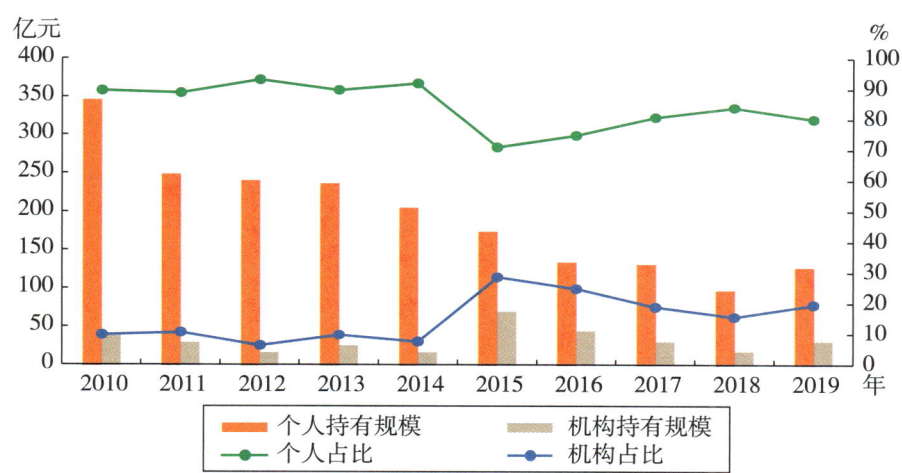

图2-82　2010—2019年股债平衡基金的持有人结构

（资料来源：中国银河证券基金研究中心）

2019年末,股债平衡基金持有人户数101万户,较上年度减少2万户,下降2%。2010年以来,股债平衡基金发展较为缓慢持有人户数大幅减少。

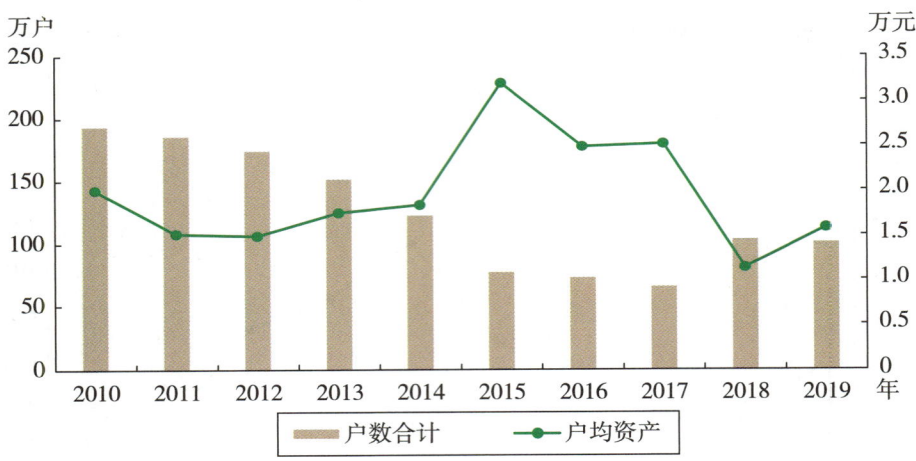

图2-83 2010—2019年股债平衡基金持有人户数及户均资产

（资料来源：中国银河证券基金研究中心）

2019年末，个人投资者持有混合偏债基金规模占比69%，机构投资者占比31%。2015年以来，混合偏债基金得到了较快的发展，个人投资者持有混合偏债基金的规模都有显著增加。

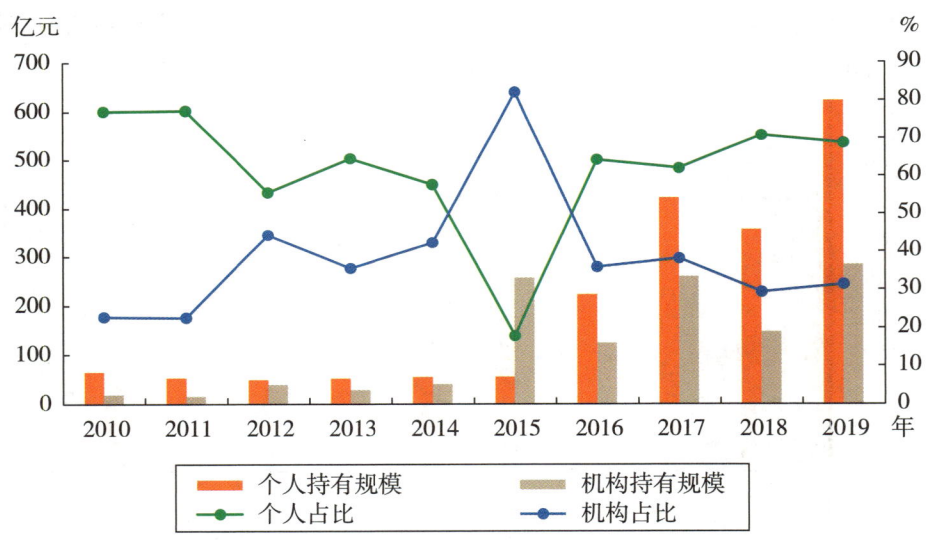

图2-84 2010—2019年混合偏债基金的持有人结构

（资料来源：中国银河证券基金研究中心）

2019年末，混合偏债基金持有人户数120万户，较上年度增加48万户，增幅67%。2016年以来，混合偏债基金持有人户数快速增加，与个人投资者持有的规模增长趋势一致。

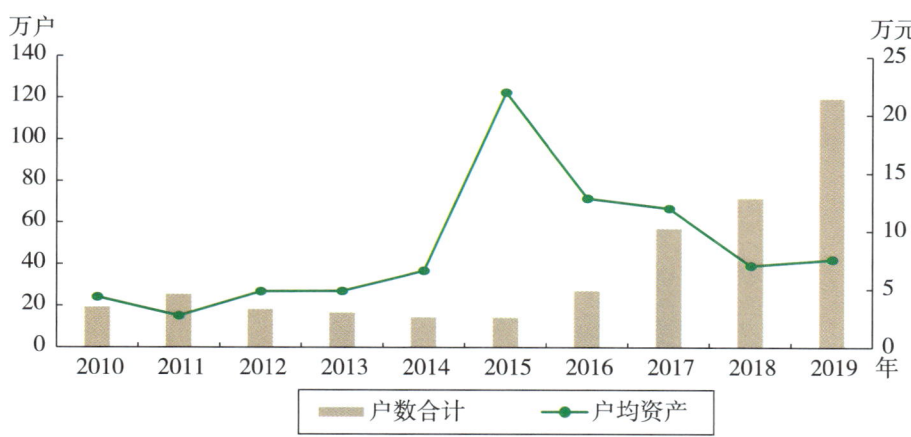

图2-85 2010—2019年混合偏债基金持有人户数及户均资产

（资料来源：中国银河证券基金研究中心）

2019年末，个人投资者持有绝对收益目标基金规模占比56%，机构投资者占比44%。历史数据显示，机构投资者是绝对收益目标基金规模扰动的主要因素。2015年，机构投资者持有的绝对收益目标基金扩张了近3 000亿元。随着打新策略热度降温，机构投资者持有的绝对收益目标基金规模不断下降，2019年已然低于个人持有的规模。

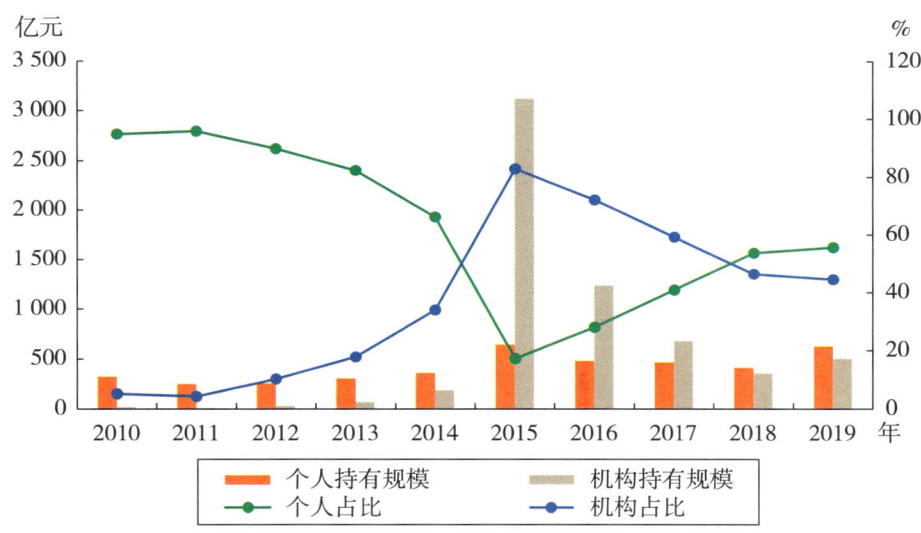

图2-86 2010—2019年绝对收益目标基金持有人结构

（资料来源：中国银河证券基金研究中心）

2019年末，绝对收益目标基金持有人户数388万户，较上年度减少15万户，下降4%。

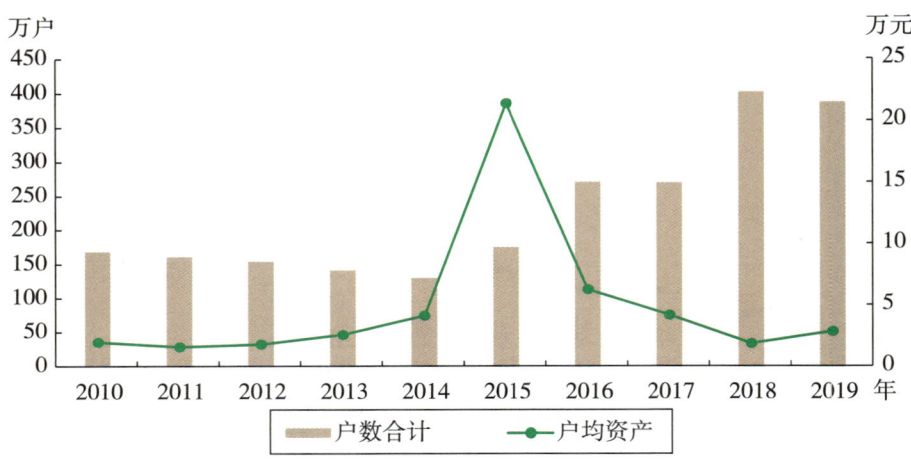

图2-87 2010—2019年绝对收益目标基金持有人户数及户均资产

（资料来源：中国银河证券基金研究中心）

四、货币基金

（一）货币基金的数量与规模

2013年以来，在普惠金融和利率市场化改革的背景下，货币基金发展成为最大的公募基金类别。2019年，浮动净值型货币基金面世，成为货币基金新的发展方向。从基金数量占比来看，2019年末，摊余成本型货币基金数量占比98.2%，浮动净值型货币基金数量占比1.8%。从基金规模占比来看，2019年末，摊余成本型货币基金规模占比99.9%，浮动净值型货币基金规模占比0.1%。

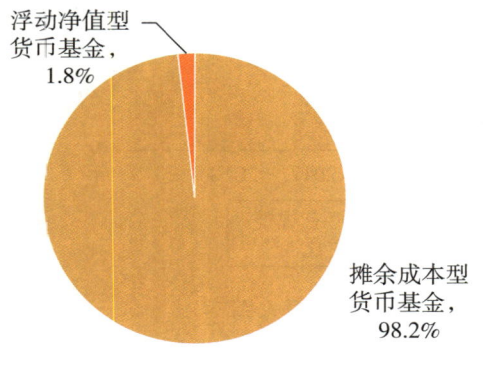

图2-88 2019年末各类货币基金数量占比

（资料来源：中国银河证券基金研究中心）

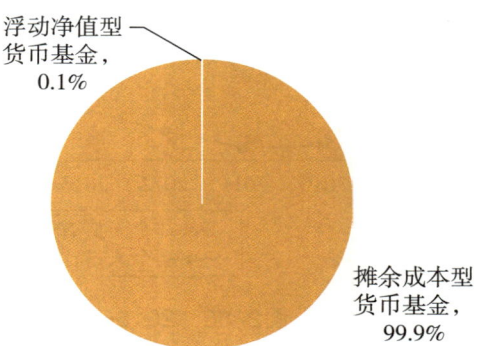

图2-89 2019年末各类货币基金资产净值占比

（资料来源：中国银河证券基金研究中心）

（二）货币基金的资产配置

2019年末，货币基金持有的固定收益投资市值29 476亿元，占总资产比38.9%，买入返售金融资产14 540亿元，占总资产比19.2%，银行存款31 207亿元，占总资产比41.2%，其他资产523亿元，占比0.7%。与上年度比较，银行存款和买入返售金融资产的占比有所提高，固定收益投资的占比所有下降。

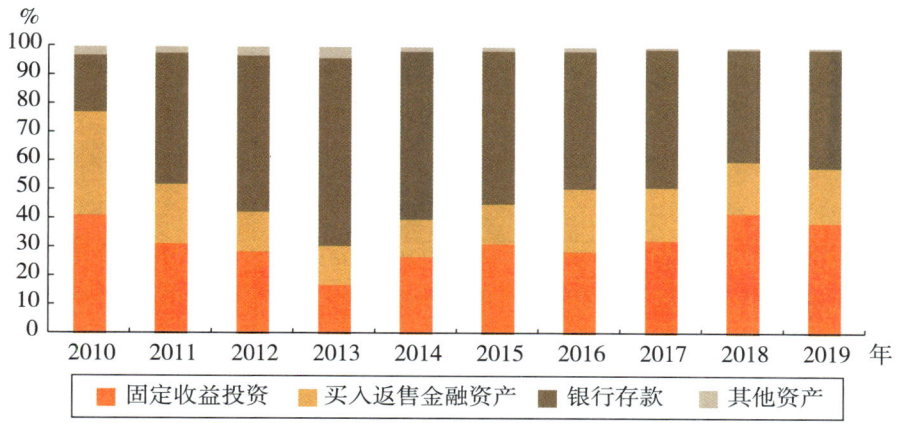

图2-90　2010—2019年货币基金的资产配置

（资料来源：中国银河证券基金研究中心）

2019年，货币基金的资产净值规模较上年度出现较大下降，货币基金持有的固定收益投资市值减少了4 535亿元，资产净值规模的下降对应在资产配置上，主要是减少了固定收益投资的配置。

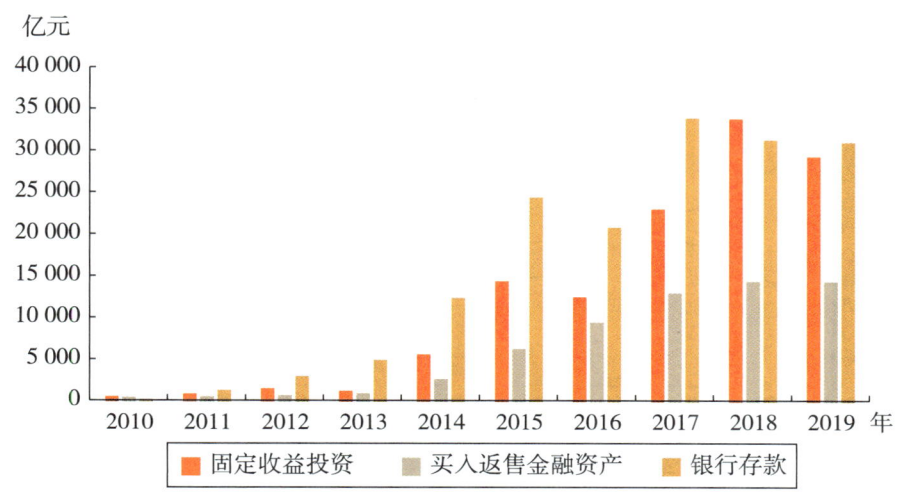

图2-91　2010—2019年货币基金主要资产类别持有的市值

（资料来源：中国银河证券基金研究中心）

（三）货币市场基金的周转率

2019年，投资者持有货币基金的年度周转率为641%，较2018年的613%略有上升。作为现金管理工具，货币基金的周转率一直非常高，近十年来的平均水平为616%，最高在2014年曾达822%。

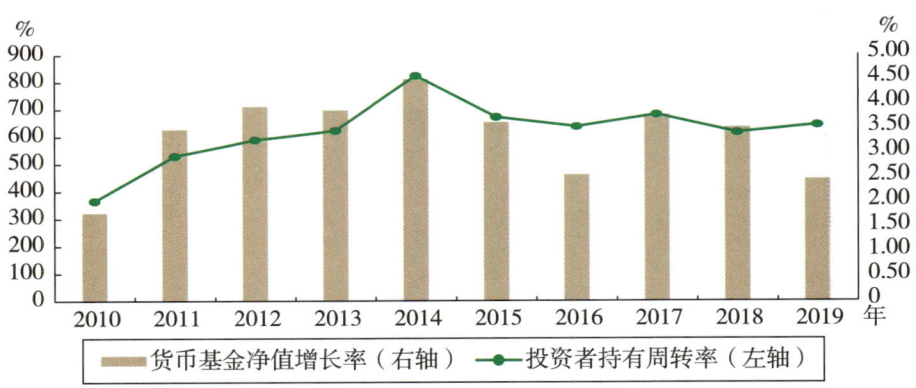

图2-92　2010—2019年投资者持有货币基金的年度周转率

（资料来源：中国银河证券基金研究中心）

（四）货币基金的持有人结构

2019年末，个人投资者持有货币基金规模占比64%，机构投资者占比36%。过去十年的数据显示，货币基金的规模在2015年和2017年出现显著的跃升，从持有人结构来看，2015年是机构投资者主导，机构持有规模增加了2.15万亿元，而2017年则是个人投资者主导，个人持有规模增加了2.21万亿元。

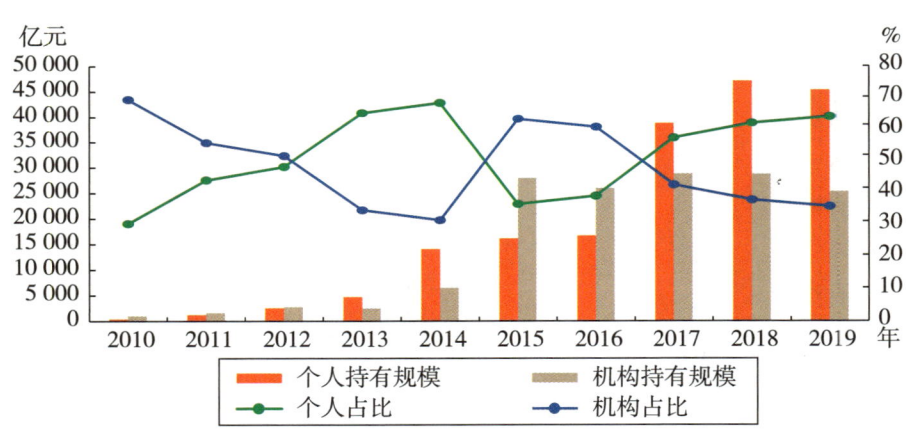

图2-93　2010—2019年货币基金的持有人结构

（资料来源：中国银河证券基金研究中心）

2019年末，货币基金持有人户数合计12.75亿户，较上年度增加了2.31亿户，增幅22%。2010年以来数据显示，2013年以前，货币基金的持有人户数不超过300万户，2013年爆发式增长到4 696万户，此后逐年呈指数级增长，成为被投资者最广泛持有的基金类别。

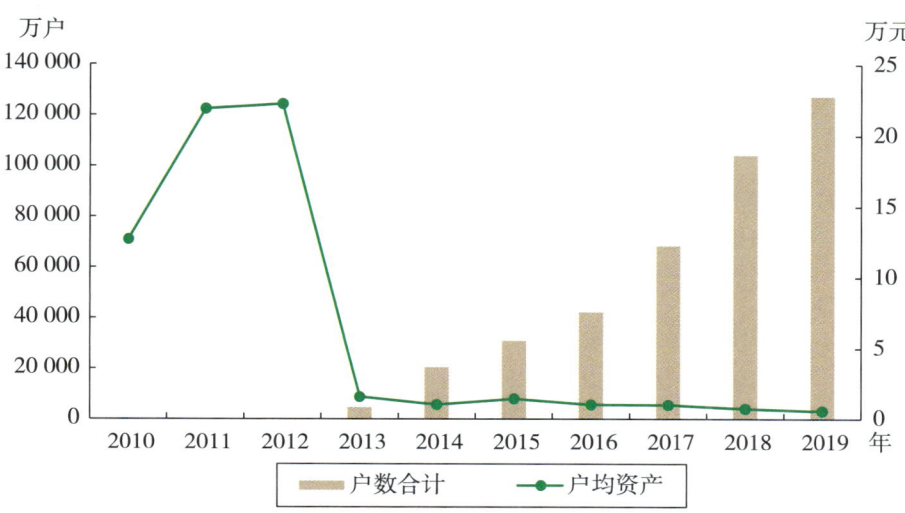

图2-94　2010—2019年货币基金持有人户数及户均资产

（资料来源：中国银河证券基金研究中心）

五、QDII基金

（一）QDII基金的数量与规模

由于额度限制，QDII基金在近十年的发展较为温和，数量虽不断增加，但规模和份额并没有较大提升。从结构来看，QDII混合基金在萎缩，QDII债券和商品等基金逐步发展起来。从基金数量占比上看，QDII基金中股票基金、混合基金、债券基金和其他基金（主要是黄金、商品和房地产信托基金）的数量占比分别为48.7%、24.7%、16.2%和10.4%。从基金规模占比来看，QDII基金中股票基金、混合基金、债券基金和其他基金（主要是黄金、商品和房地产信托基金）的规模占比分别为62.0%、17.8%、17.0%和3.2%。

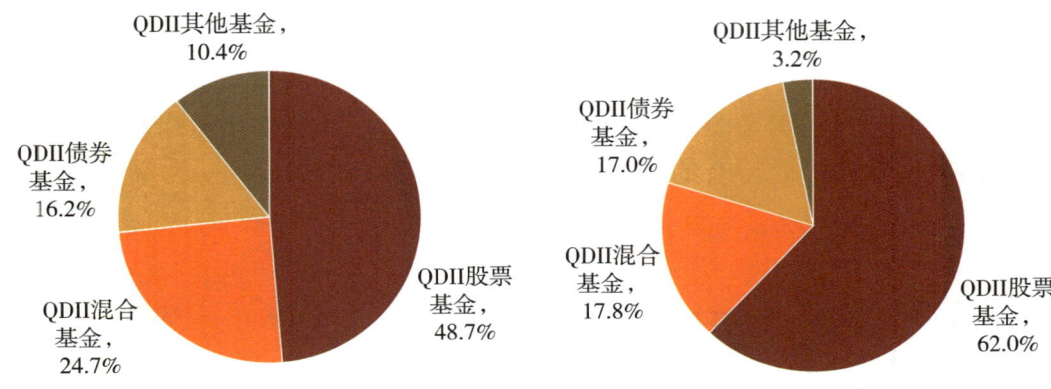

图2-95　2019年末各类QDII基金数量占比

（资料来源：中国银河证券基金研究中心）

图2-96　2019年末各类QDII基金资产规模占比

（资料来源：中国银河证券基金研究中心）

2019年，QDII股票基金数量、份额和规模均有所提升。由于QDII股票基金是QDII基金中规模和数量占比最大的，因此其与QDII基金整体发展态势基本趋同。

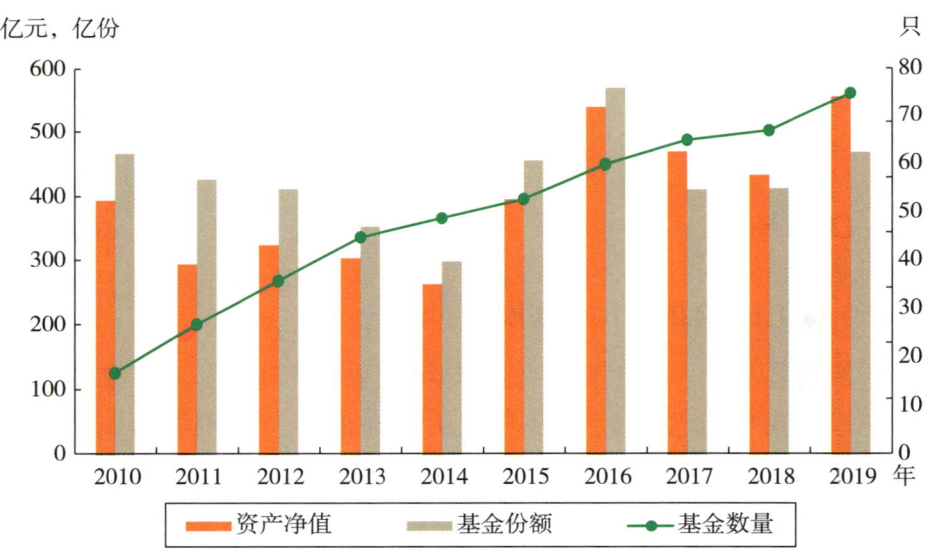

图2-97　2010—2019年QDII股票基金的数量、资产净值与份额规模

（资料来源：中国银河证券基金研究中心）

QDII混合基金的数量虽然逐年上升，但总份额和规模一直下降，市场占比逐年萎缩。

第二章 公开募集证券投资基金

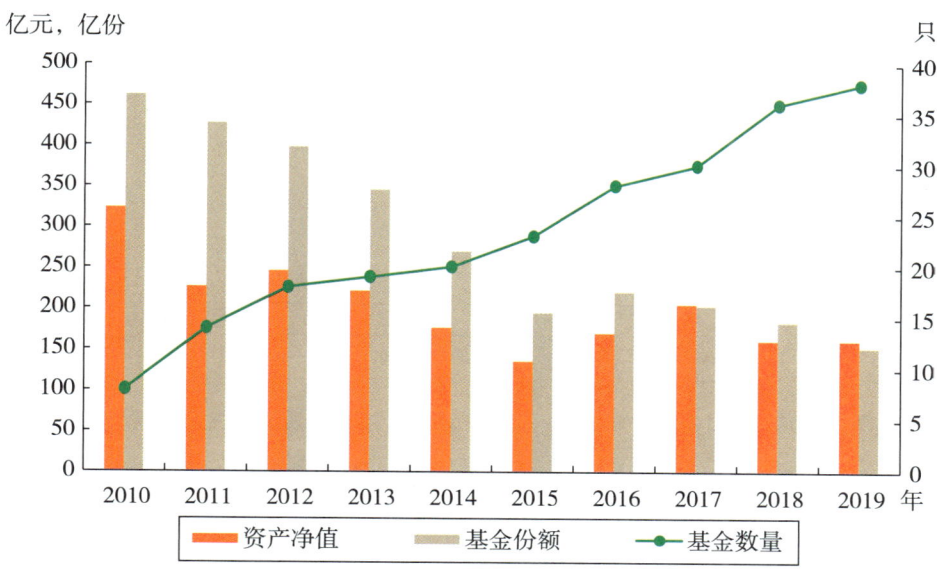

图2-98 2010—2019年QDII混合基金的数量、资产净值与份额规模
（资料来源：中国银河证券基金研究中心）

相对于QDII股票基金和QDII混合基金，虽然QDII债券基金起步较晚，但2016年出现爆发式增长，逐渐成为QDII基金中的一个重要类别。

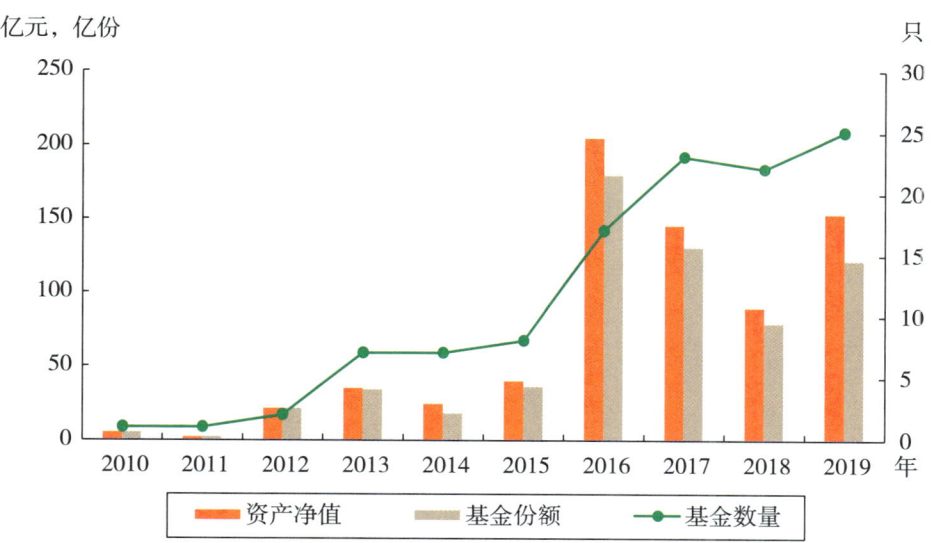

图2-99 2010—2019年QDII债券基金的数量、资产净值与份额规模
（资料来源：中国银河证券基金研究中心）

QDII其他基金（主要是黄金、商品和房地产信托基金）受限于投资标的较为特殊，数量一直较少，发展比较平稳。

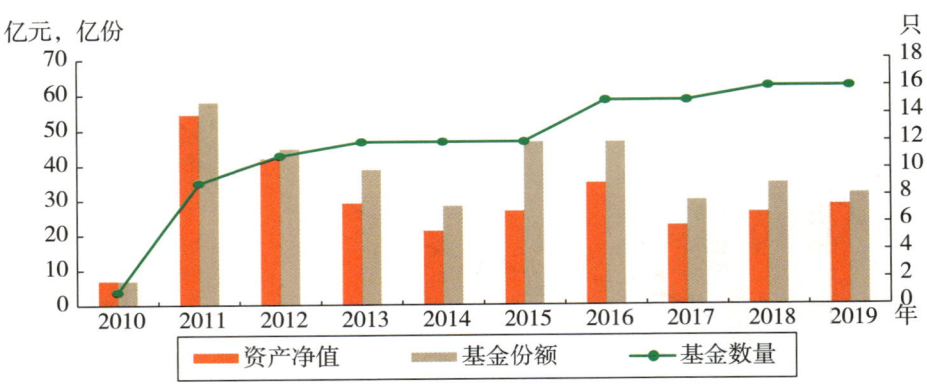

图2-100　2010—2019年其他QDII基金的数量、资产净值与份额规模

（资料来源：中国银河证券基金研究中心）

（二）QDII基金的资产配置

2019年末，QDII基金持有的权益投资市值582亿元，占总资产比63.4%；基金投资市值113亿元，占总资产比12.3%；固定收益投资市值138亿元，占总资产比15.0%；银行存款67亿元，占总资产比7.3%；其他资产18亿元，占总资产比2.0%。与上年度相比，主要是固定收益投资的比例增加了4个点，银行存款比例下降了3.5个百分点。

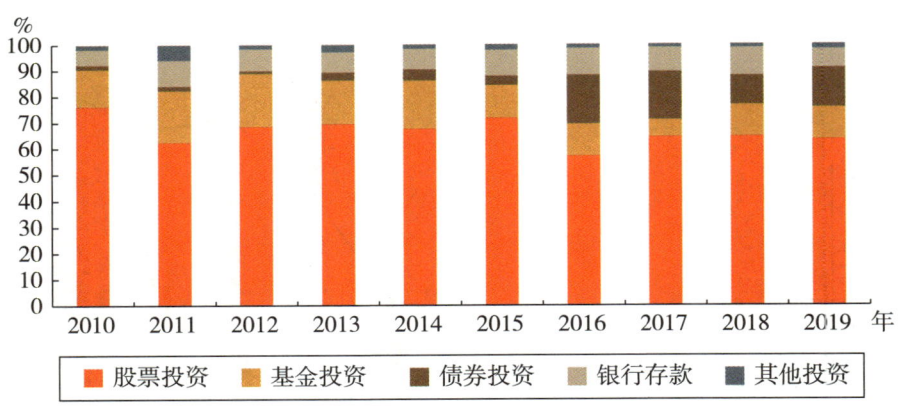

图2-101　2010—2019年QDII基金的资产配置

（资料来源：中国银河证券基金研究中心）

2019年末，QDII基金持有的权益投资市值较上年度增加116亿元，增幅为25%，达到582亿元，创过去十年的新高。QDII基金持有的固定收益投资市值较上年度大幅增加58亿元，增幅为72%。QDII基金持有的基金投资市值较上年度增加24亿元，增幅为28%。过去十年，QDII基金持有的基金投资市

值较为稳定，保持在百亿元上下。

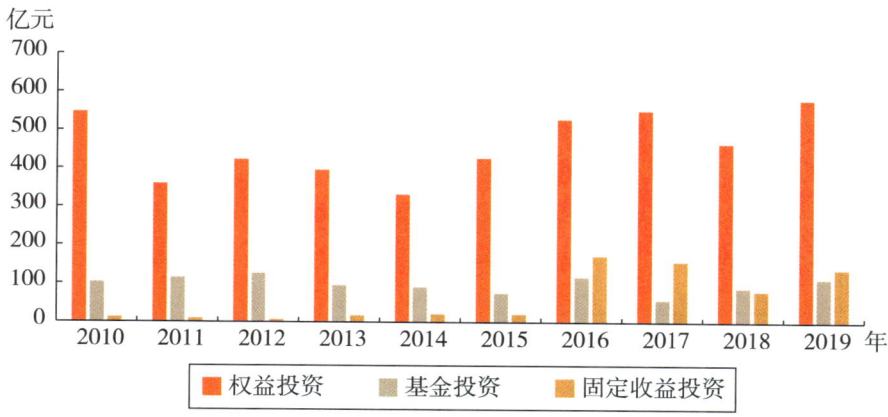

图2-102 2010—2019年QDII基金主要资产类别持有的市值

（资料来源：中国银河证券基金研究中心）

（三）QDII基金的周转率

2019年，投资者持有QDII基金的年度周转率为63%，与混合基金65%的年度周转率非常接近。历史数据也显示，投资者持有QDII基金的年度周转率走势与混合基金走势基本一致，也就是说投资者持有QDII基金的周转率与国内股市行情、混合基金业绩相关度非常高，而与QDII基金本身的业绩关系不大。QDII基金与混合基金一样，大部分都是权益资产，个人投资者占比也与混合基金相当，两者的周转率走势高度一致，可能是情绪传导所致。

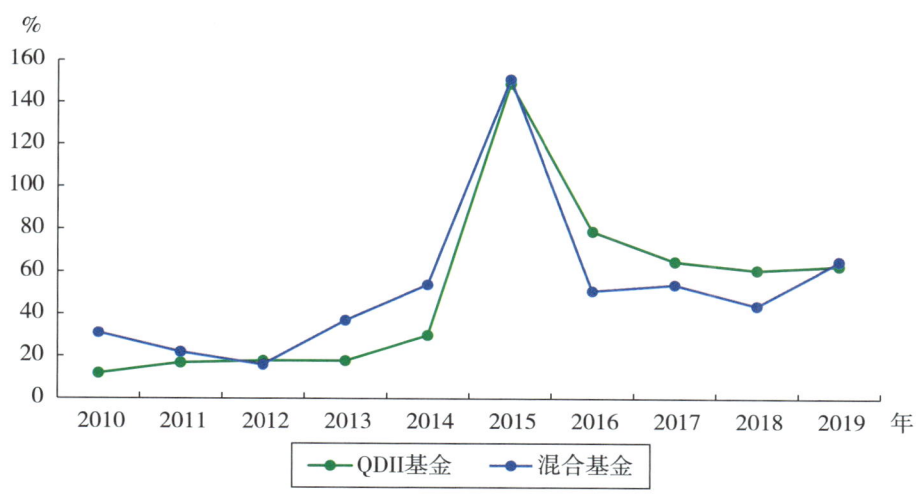

图2-103 2010—2019年投资者持有QDII基金的年度周转率

（资料来源：中国银河证券基金研究中心）

(四) QDII基金的持有人结构

2019年末,个人投资者持有QDII基金规模占比70%,机构投资者占比30%。过去十年,个人投资者持有的QDII基金资产规模相对稳定,在起步之初,几乎全部由个人持有,2015年开始,机构持有的QDII基金资产规模开始大幅上升,个人投资者的占比相对下降,但依然占据主导地位。

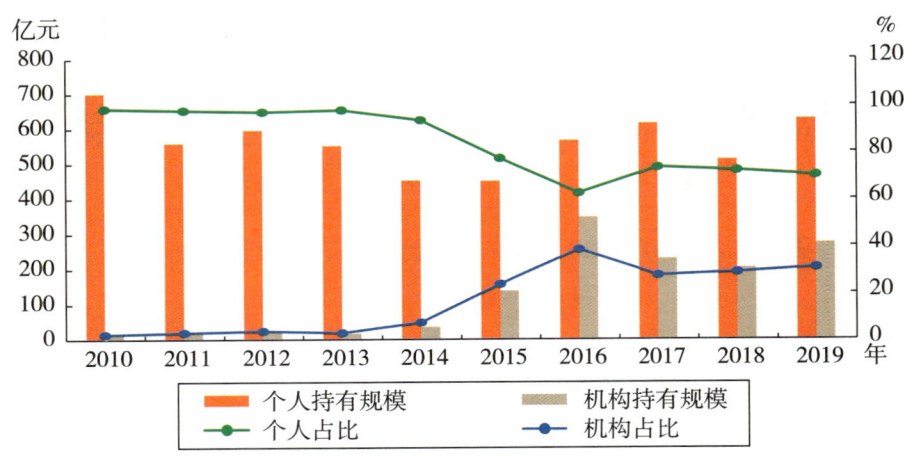

图2-104　2010—2019年QDII基金的持有人结构

(资料来源：中国银河证券基金研究中心)

2019年末,QDII基金的持有人户数合计672万户,较上年度增加了96万户,增幅17%。过去十年的数据显示,QDII基金的持有人户数先是逐年下降,于2015年见底,再逐步回升创新高。

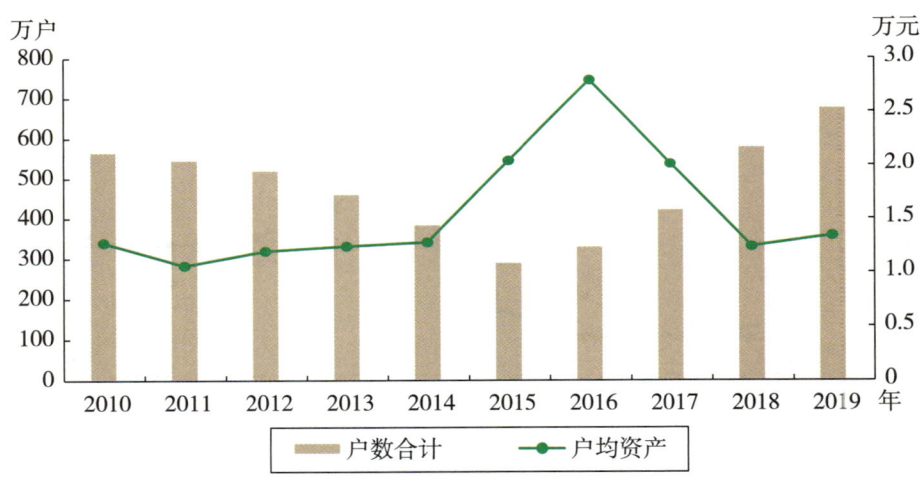

图2-105　2010—2019年QDII基金持有人户数及户均资产

(资料来源：中国银河证券基金研究中心)

2019年末，个人投资者持有QDII股票基金规模占比63%，机构投资者占比37%。长期以来，QDII股票基金的资产规模一直占QDII基金资产规模的一半以上，其持有人结构和整个QDII基金非常接近。也就是说，过去十年QDII基金的持有人结构主要取决于QDII股票基金的持有人结构。

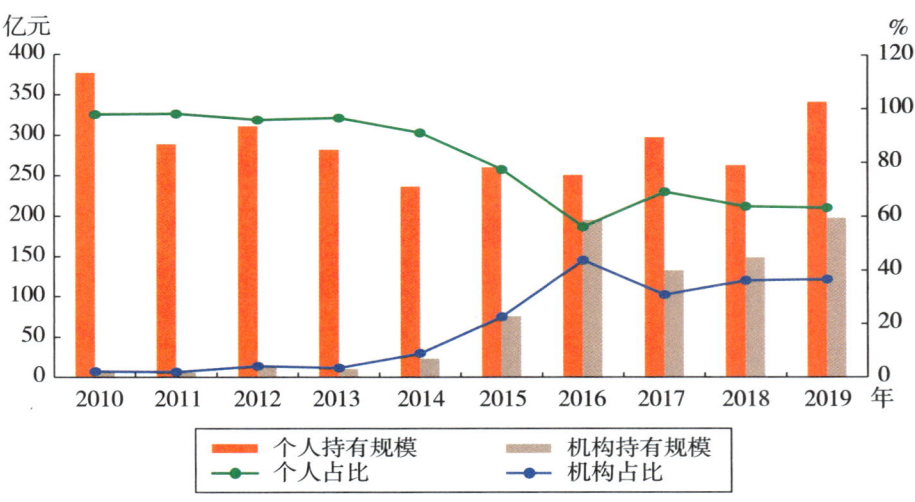

图2-106　2010—2019年QDII股票基金的持有人结构

（资料来源：中国银河证券基金研究中心）

2019年末，QDII股票基金的持有人户数合计433万户，较上年度增加了62万户，增幅为17%。QDII股票基金的持有人户数在2017—2019年有显著的增长。

图2-107　2010—2019年QDII股票基金持有人户数及户均资产

（资料来源：中国银河证券基金研究中心）

2019年末，个人投资者持有QDII混合基金规模占比85%，机构投资者占比15%。2015年以前，几乎没有机构投资者持有QDII混合基金。自2015年开始，机构投资者持有QDII混合基金的比例逐渐上升，近年维持在20%左右的水平。

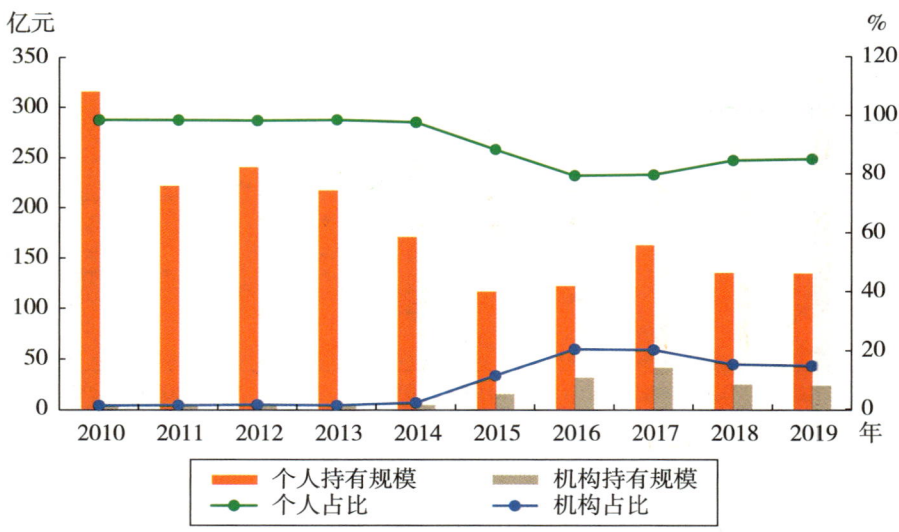

图2-108　2010—2019年QDII混合基金的持有人结构

（资料来源：中国银河证券基金研究中心）

2019年末，QDII混合基金的持有人户数合计131万户，较上年度减少了13万户，下降11%。

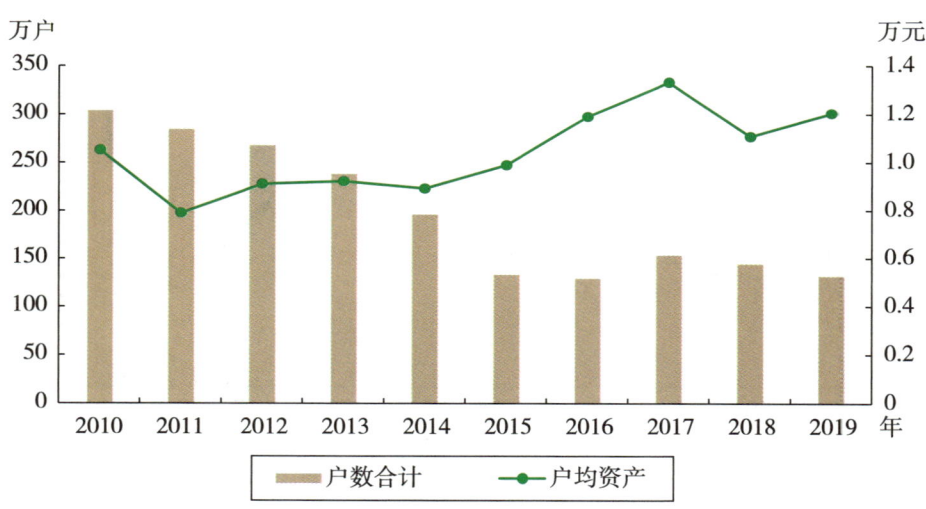

图2-109　2010—2019年QDII混合基金持有人户数及户均资产

（资料来源：中国银河证券基金研究中心）

2019年末，个人投资者持有QDII债券基金规模占比74%，机构投资者持有占比为26%。QDII债券基金主要是由个人投资者持有。

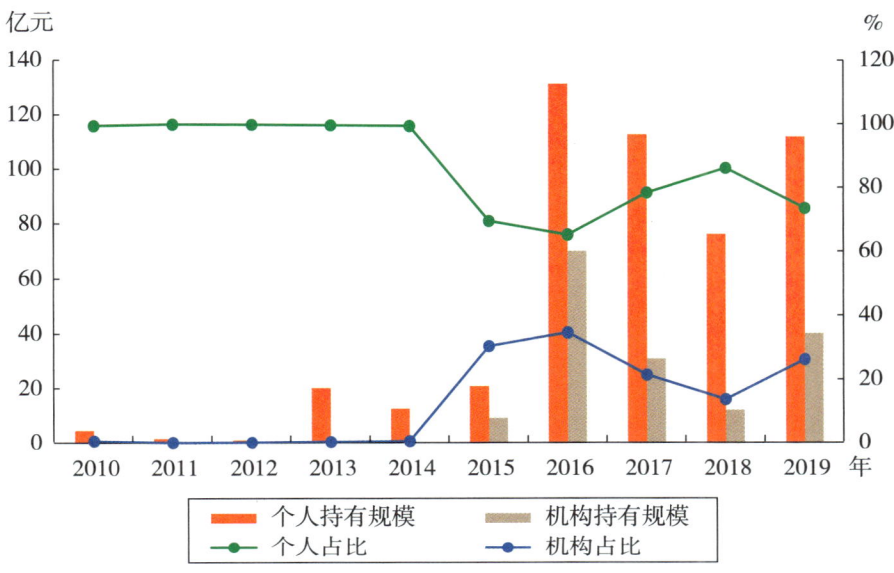

图2-110　2010—2019年QDII债券基金的持有人结构

（资料来源：中国银河证券基金研究中心）

2019年末，QDII债券基金的持有人户数合计73万户，较上年度增加了48万户，增幅为192%。

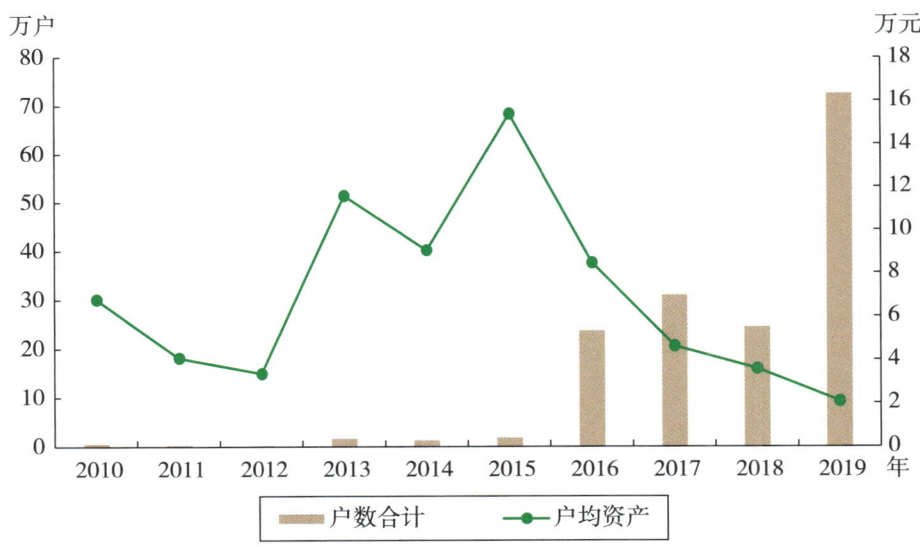

图2-111　2010—2019年QDII债券基金持有人户数及户均资产

（资料来源：中国银河证券基金研究中心）

2019年末，个人投资者持有QDII其他基金规模占比78%，机构投资者占比22%。

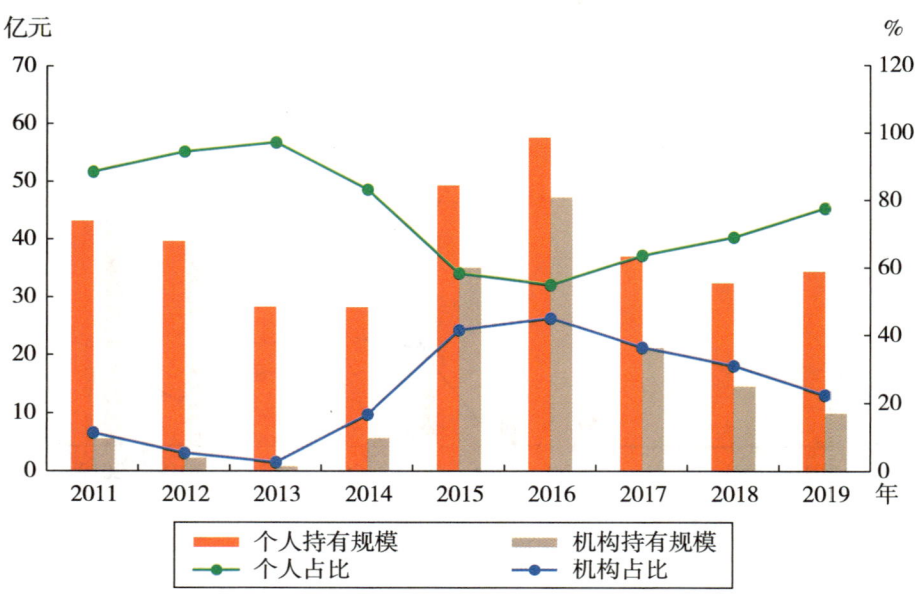

图2-112　2011—2019年QDII其他基金的持有人结构

（资料来源：中国银河证券基金研究中心）

2019年末，QDII其他基金的持有人户数合计35万户，较上年度减少了1万户，下降3%。

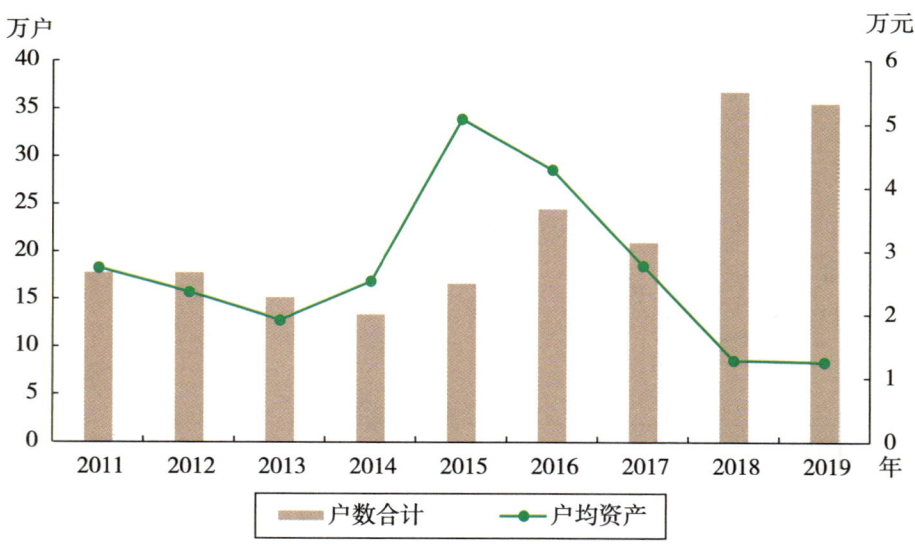

图2-113　2011—2019年QDII其他基金持有人户数及户均资产

（资料来源：中国银河证券基金研究中心）

六、基金中基金（FOF）

（一）FOF的基金数量与规模

2019年末，FOF基金数量为83只，较上年度增加59只，增幅为246%；资产净值383亿元，较上年度增加275亿元，增幅为255%；基金份额363亿份，较上年度增加251亿份，增幅为224%。2017年，FOF基金开始起步，2019年迎来了快速发展。

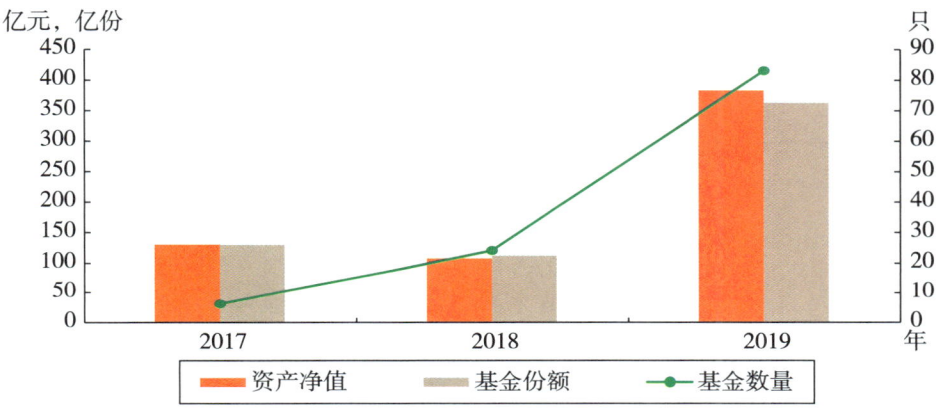

图2-114　2017—2019年FOF基金的数量、资产净值与份额规模

（资料来源：中国银河证券基金研究中心）

从基金数量来看，养老目标日期FOF34只，占比41.0%；养老目标风险FOF30只，占比36.1%；其他混合型FOF19只，占比22.9%。

从基金规模来看，养老目标日期FOF69亿元，占比17.9%；养老目标风险FOF195亿元，占比50.9%；其他混合型FOF120亿元，占比31.2%。

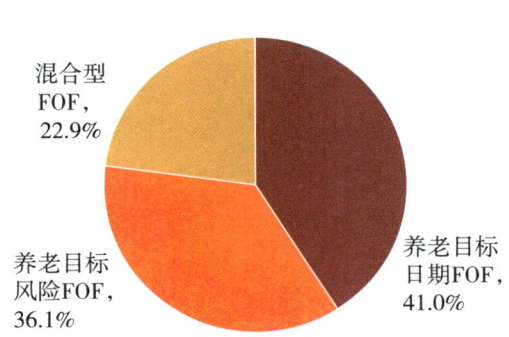

图2-115　2019年末各类FOF基金数量占比

（资料来源：中国银河证券基金研究中心）

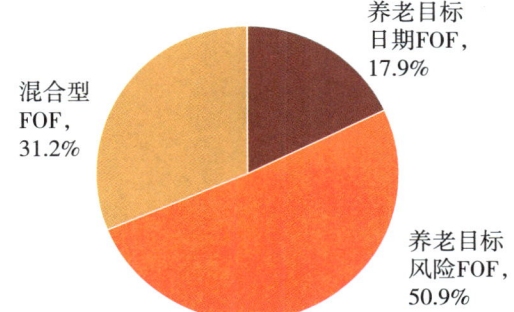

图2-116　2019年末各类FOF基金资产规模占比

（资料来源：中国银河证券基金研究中心）

（二）FOF的资金流动

2019年，FOF净流入252亿元，其中，首发募集260亿元，净申赎负8亿元，分红流出0.36亿元。

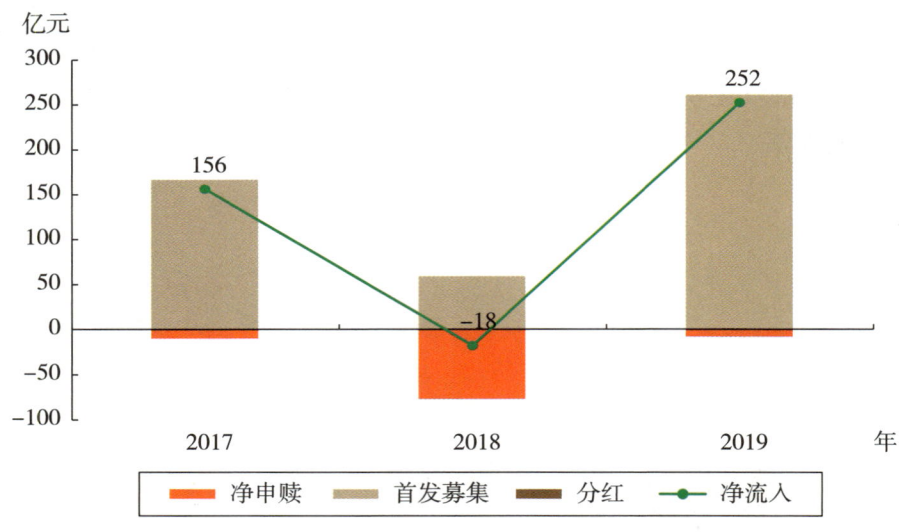

图2-117　2017—2019年FOF的资金流动情况

（资料来源：中国银河证券基金研究中心）

2019年，投资者持有FOF的年度周转率27%，较2018的39%有显著下降。投资者持有FOF年度周转率是所有基金类别中周转率最低的，这是因为2018年9月份以来大量发行的FOF基本上都是有持有期要求的，以一年期和三年期居多。

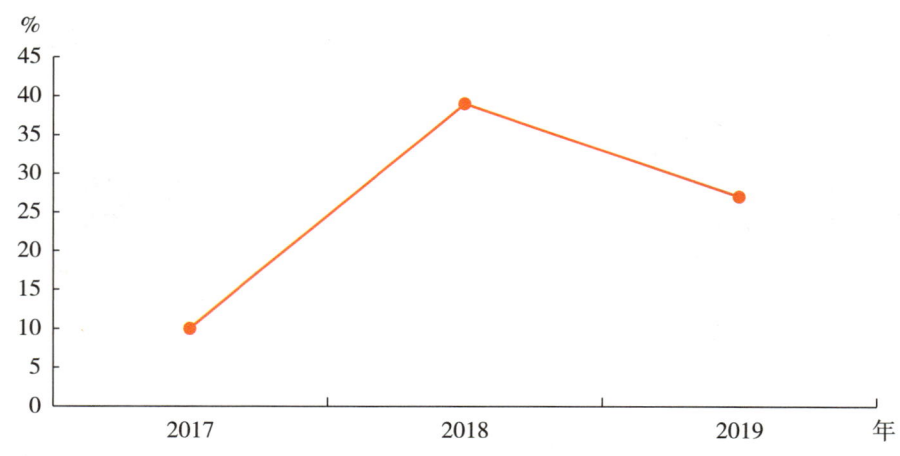

图2-118　2017—2019年投资者持有FOF的年度周转率

（资料来源：中国银河证券基金研究中心）

（三）FOF的持有人结构

2019年末，个人投资者持有规模占比94%，机构投资者持有规模占比6%。自2017年FOF起步发展以来，个人投资者一直占据主导地位，连续三年占比均高于93%。

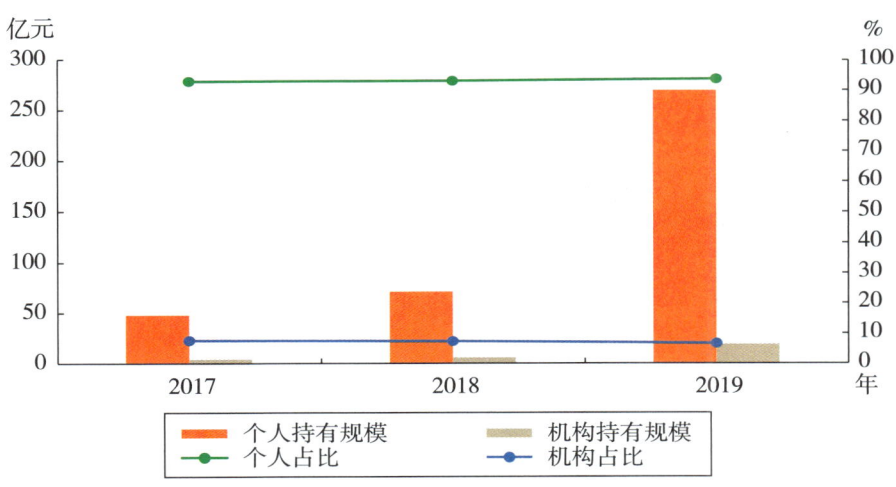

图2-119　2017—2019年FOF的持有人结构

（资料来源：中国银河证券基金研究中心）

2019年末，FOF的持有人户数合计156万户，较上年度增加了112万户，增幅为250%。

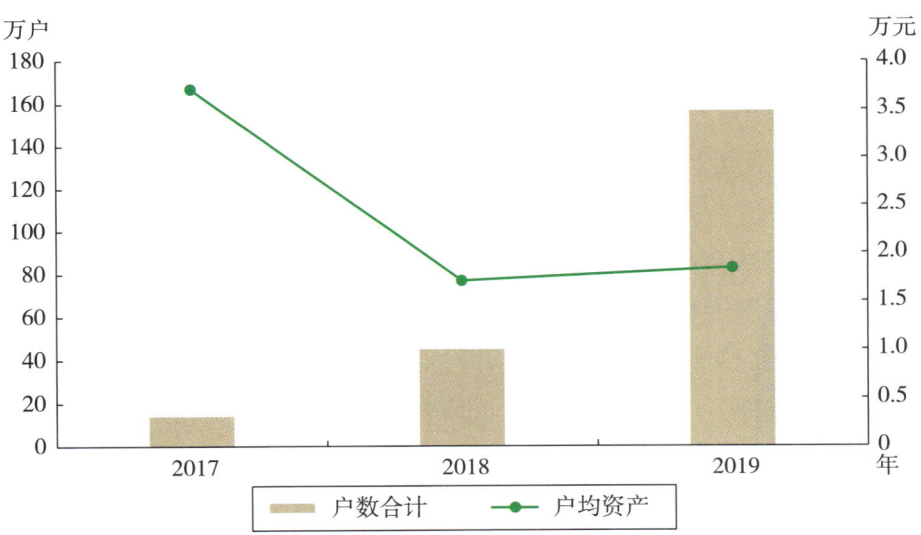

图2-120　2017—2019年FOF持有人户数与户均资产

（资料来源：中国银河证券基金研究中心）

（四）FOF的资产配置

2019年末，FOF的基金投资市值247.1亿元，占比83.5%；权益投资市值14.8亿元，占比5.0%；固定收益投资13.7亿元，占比4.6%；银行存款12.9亿元，占比4.4%；其他资产7.3亿元，占比2.5%。与上年度相比，基金投资的比例下降3.6个百分点，权益投资的比例上升5个百分点。

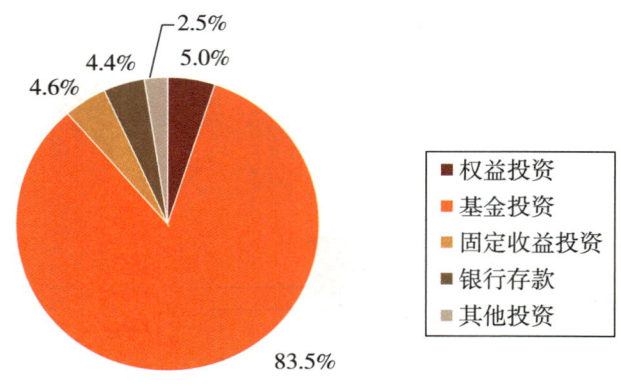

图2-121　2019年末FOF的资产配置

（资料来源：中国银河证券基金研究中心）

七、ETF和LOF

ETF是一种在交易所上市交易、基金份额可变的开放式基金。ETF以某一选定的指数所包含的成分证券（股票、债券等）或商品为投资对象，依据构成指数的证券或商品的种类和比例，采取完全复制或抽样复制进行被动投资。ETF采用实物申购、赎回机制，一级市场与二级市场交易并存。

LOF是一种既可以在场外市场进行基金份额申购、赎回，又可以在交易所（场内市场）进行基金份额交易和基金份额申购或赎回的开放式基金。它是我国证券投资基金的本土化创新。LOF结合了银行等代销机构和交易所交易网络两者的销售优势，为开放式基金销售开辟了新的渠道。

ETF和LOF都具有开放式申购、赎回和场内交易的特点，但两者存在本质区别。主要表现为：一是申购、赎回的标的不同。ETF与投资者交换的是基金份额与一篮子证券或商品，LOF申购、赎回的是基金份额与现金的对价。二是申购赎回的场所不同。ETF通过交易所进行，LOF既可以在代销网点进行也可以在交易所进行。三是对申购赎回的限制不同。只有资金在一定规模以上的投资者才能参与ETF一级市场的申购赎回交易，而LOF对申购赎回无特别要求。四是基金投资策略不同。ETF通常采用完全被动式管理方法，LOF则是普通的开放式基金增加了交易所的交易方式，可以是指数基金，也可以是主动管理型基金。截至2019年末，全市场已上市交易的ETF共有285只，LOF318只，资产份额分别为4 900.13亿份和3 795.47亿份。

表2-4 上交所、深交所上市ETF、LOF概览

年份	ETF		LOF	
	只数（只）	份额（亿份）	只数（只）	份额（亿份）
2004	1	54.35	1	27.71
2005	1	81.12	13	86.09
2006	5	89.96	17	331.37
2007	5	77.23	26	2 388.79
2008	5	154.91	28	2 267.82
2009	9	363.39	37	2 389.09
2010	20	702.04	57	2 323.16
2011	37	949.17	82	2 400.96
2012	50	1 156.11	97	2 501.66
2013	87	1 159.50	109	2 186.90
2014	107	1 251.48	124	1 856.87
2015	129	3 544.20	162	1 509.24
2016	147	3 030.06	207	2 201.34
2017	170	2 333.01	272	1 815.15
2018	198	4 462.27	295	3 144.50
2019	285	4 900.13	318	3 795.47

资料来源：上海证券基金评价研究中心，Wind。

第四节 公募基金销售及基金费率

一、基金销售市场概况

（一）基金销售机构概况

截至2019年12月31日，根据中国证券投资基金业协会官网显示，共有公募基金销售机构425家，其中商业银行（含在华法人外资银行）154家、证券

公司103家、独立基金销售机构122家、其他机构（含保险公司、保险经纪、期货公司及投资咨询机构等）46家。从基金销售机构分布地区来看，425家基金销售机构共涉及34个省、直辖市及计划单列市，其中注册地在北京的基金销售机构有77家，上海有72家，深圳有48家，浙江有37家，江苏有25家，广东有19家，分别占比为18.12%、16.94%、11.29%、8.71%、5.88%、4.47%，注册地前十的省、直辖市及计划单列市基金销售机构数量占比为75.06%。从销售基金只数来看，55.29%的销售机构销售基金只数在1 000只以下，26.59%的销售机构销售基金只数在1 000只至3 000只之间，12.00%的销售机构销售基金只数在3 000只至5 000只之间，6.12%的销售机构销售基金只数在5 000只以上。

表2-5 各类基金销售机构销售基金只数情况

机构类型	机构总数量（家）	5 000只（不含）以上		3 000只（不含）~5 000只（含）		1 000只（不含）-3 000只（含）		1 000只（含）以下	
		机构数量（家）	占比（%）	机构数量（家）	占比（%）	机构数量（家）	占比（%）	机构数量（家）	占比（%）
全国性商业银行	18	0	0	6	33.33	10	55.56	2	11.11
城市商业银行	81	0	0	0	0	7	8.64	74	91.36
农村商业银行	44	0	0	0	0	2	4.55	42	95.45
在华外资法人银行	11	0	0	0	0	0	0	11	100
证券公司	103	8	7.77	21	20.39	53	51.46	21	20.39
独立基金销售机构	122	16	13.11	22	18.03	35	28.69	49	40.16
其他	46	2	4.35	2	4.35	6	13.04	36	78.26
汇总	425	26	6.12	51	12.00	113	26.59	235	55.29

资料来源：中国证券投资基金业协会。

（二）基金销售认购、申购及赎回情况

1. 认购、申购情况

从基金销售各渠道认购、申购金额来看，直销渠道占总体认购、申购金额的比例自2017年开始下降，截至2019年末，占比为40.80%；其次为商业银行渠道，认购、申购金额占总体的24.6%，较上年略有提升；再次为独立基金销售机构渠道，认购、申购金额占总体的21.5%，较上年的9.6%有较大提升；证券公司渠道认购、申购金额占总体的9.5%，较上年略有提升。

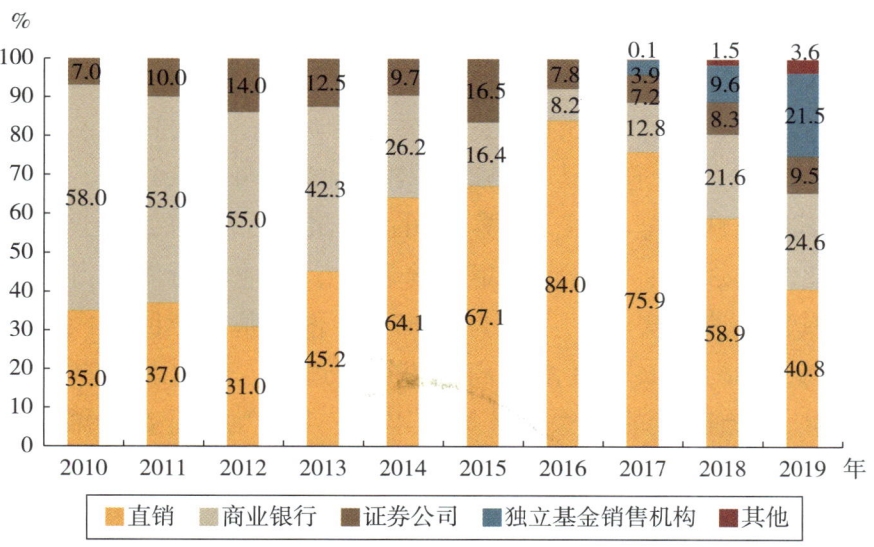

图2-122　基金认购、申购渠道占比情况

（资料来源：中国证券投资基金业协会）

从各基金类型看，截至2019年末，股票基金认购、申购金额中，证券公司渠道占比最高，为48.55%，其次为直销渠道，占比为19.75%；混合基金认购、申购金额中，商业银行渠道占比最高，为39.04%，其次为直销渠道，占比为32.32%；债券基金认购、申购金额中，直销渠道占比最高，为70.24%，其次为商业银行渠道，占比为15.41%；货币基金认购、申购金额中，直销渠道占比最高，为39.56%，其次为商业银行渠道，占比为25.22%。

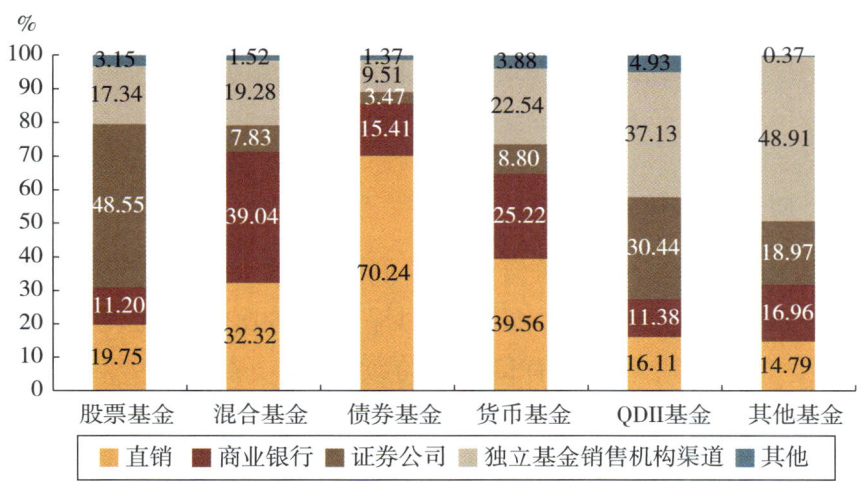

图2-123　各类型基金认购、申购渠道占比情况

（资料来源：中国证券投资基金业协会）

2. 赎回情况

截至2019年末，赎回总金额中，直销渠道占比最大，为43.09%，其次为商业银行渠道，占比为25.19%，再次为独立基金销售机构渠道，占比为18.80%，证券公司渠道及其他渠道分别占比9.50%、3.42%。从各基金类型看，股票基金赎回金额中，证券公司占比最高，为50.29%，其次为直销渠道，占比为18.31%；混合基金赎回金额中，商业银行渠道占比最高，为40.46%，其次为直销渠道，占比为31.67%；债券基金赎回金额中，直销渠道占比最高，为61.09%，其次为商业银行渠道，占比为20.54%；货币基金赎回金额中，直销渠道占比最高，为43.40%，其次为商业银行渠道，占比为25.30%。

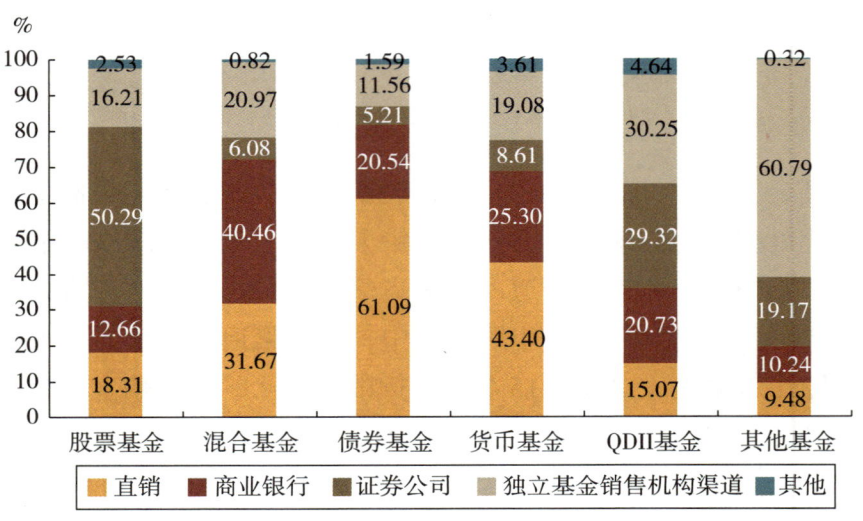

图2-124　各类型基金赎回渠道占比情况

（资料来源：中国证券投资基金业协会）

（三）基金销售保有量情况

从基金销售各渠道保有净值来看，商业银行保有量占比近几年基本持平，截至2019年末为23.59%；证券公司保有量占比略有提升，2019年末占7.59%；独立基金销售机构保有量占比持续上升，截至2019年末为11.03%；基金管理公司直销保有量占比持续多年超过55%，截至2019年末为57.29%；其他渠道保有量占比很小，为0.49%。

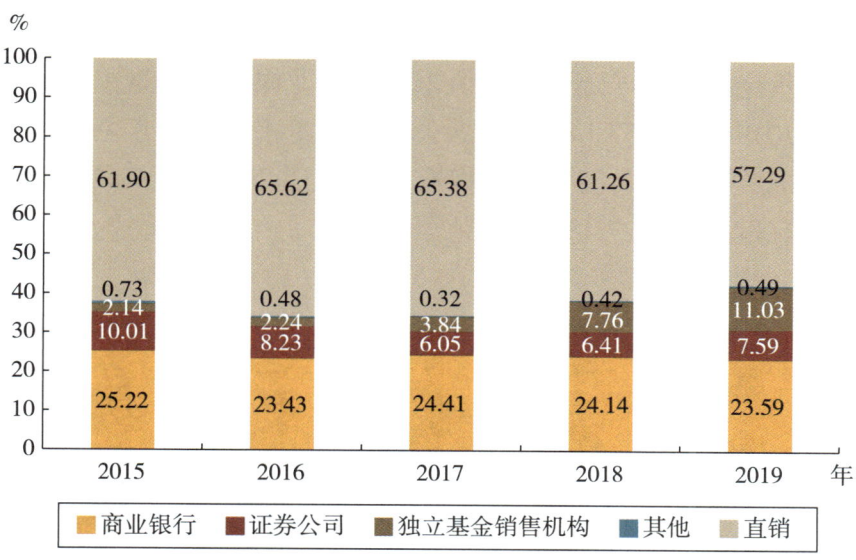

图2-125 各渠道基金销售保有净值占比

（资料来源：中国证券投资基金业协会）

1. 股票基金

从股票基金各销售渠道保有净值来看，商业银行保有量占比逐年降低，截至2019年末为24.97%；证券公司保有量占比略有提升，2019年末占43.94%；独立基金销售机构保有量占比提升至11.45%；基金管理公司直销保有量占比略有下降，截至2019年末为16.57%；其他渠道保有量占比略有提升，截至2019年末为3.07%。

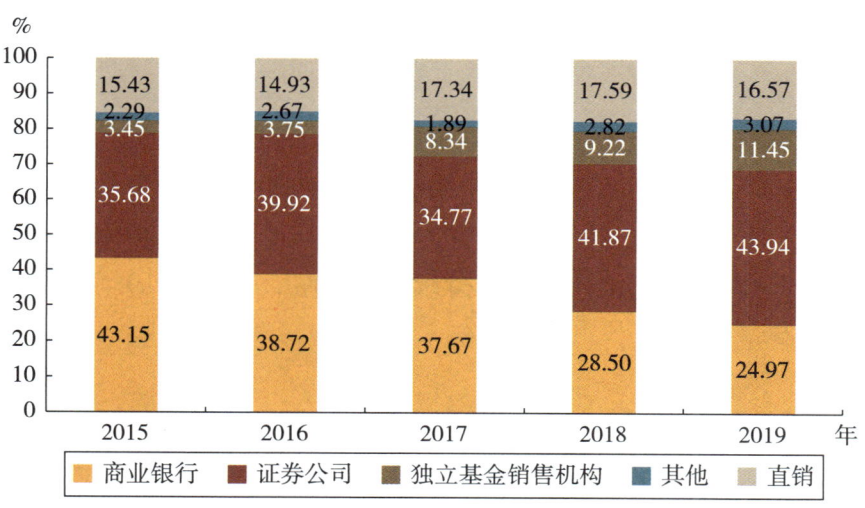

图2-126 各渠道股票基金销售保有净值占比

（资料来源：中国证券投资基金业协会）

2. 混合基金

从混合基金各销售渠道保有净值来看,商业银行保有量占比较上年稍有下降,截至2019年末为53.14%;证券公司保有量占比与上年基本持平,2019年末占9.64%;独立基金销售机构保有量占比逐年上升至9.42%;基金管理公司直销保有量占比为27.48%;其他渠道保有量占比很小,为0.31%。

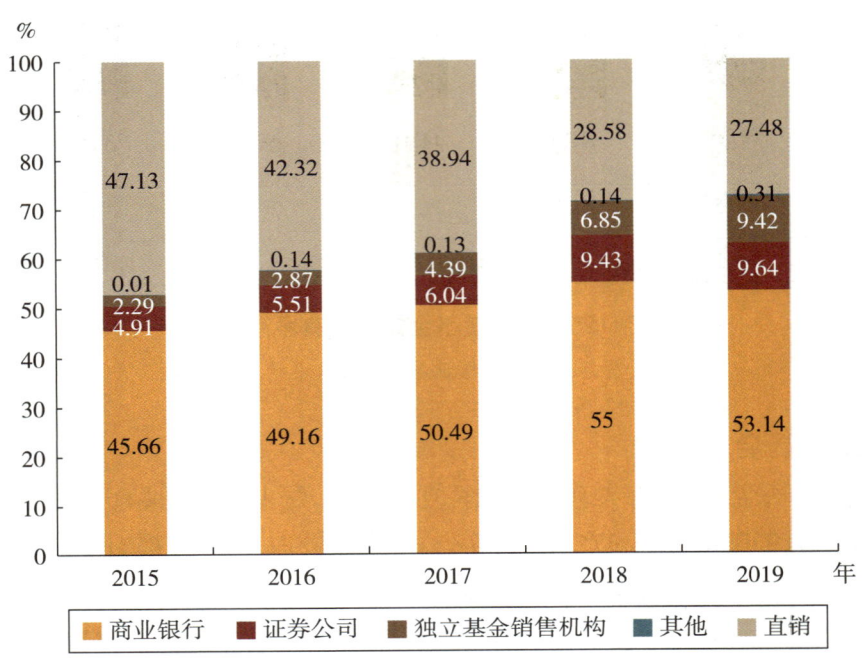

图2-127 各渠道混合基金销售保有净值占比

(资料来源:中国证券投资基金业协会)

3. 债券基金

从债券基金各销售渠道保有净值来看,商业银行保有量占比逐年缩小,截至2019年末为11.73%;证券公司保有量占比依旧较小,2019年末占1.70%;独立基金销售机构保有量占比略有提升,截至2019年末为3.31%;基金管理公司直销保有量占比多年持续超过80%,截至2019年末为83.21%;其他渠道保有量占比很小,为0.06%。

第二章 公开募集证券投资基金

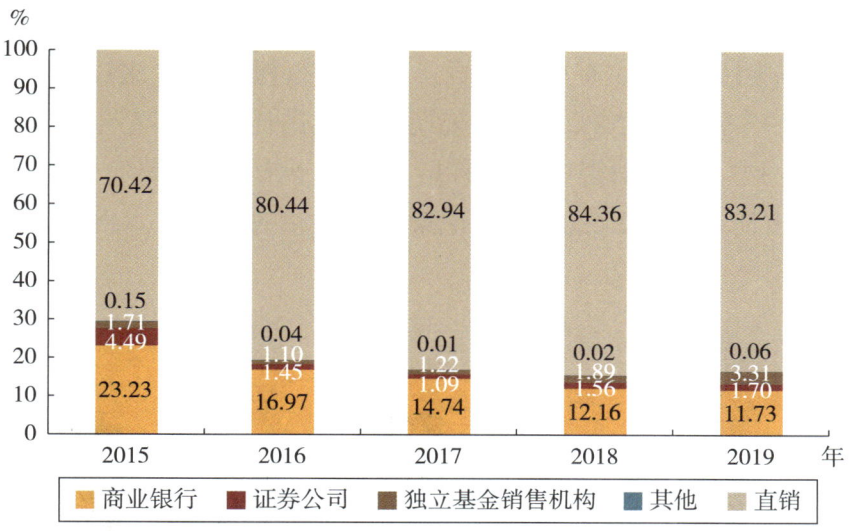

图2-128 各渠道债券基金销售保有净值占比

（资料来源：中国证券投资基金业协会）

4. 货币基金

从货币基金销售各渠道保有净值来看，商业银行保有量占比较上年略有下降，截至2019年末为21.31%；证券公司保有量占比与上年基本持平，2019年末占3.78%；独立基金销售机构保有量占比大幅上升至15.79%；基金管理公司直销保有量占比逐年缩减，但一直在55%之上，截至2019年末为58.84%；其他渠道保有量占比很小，为0.27%。

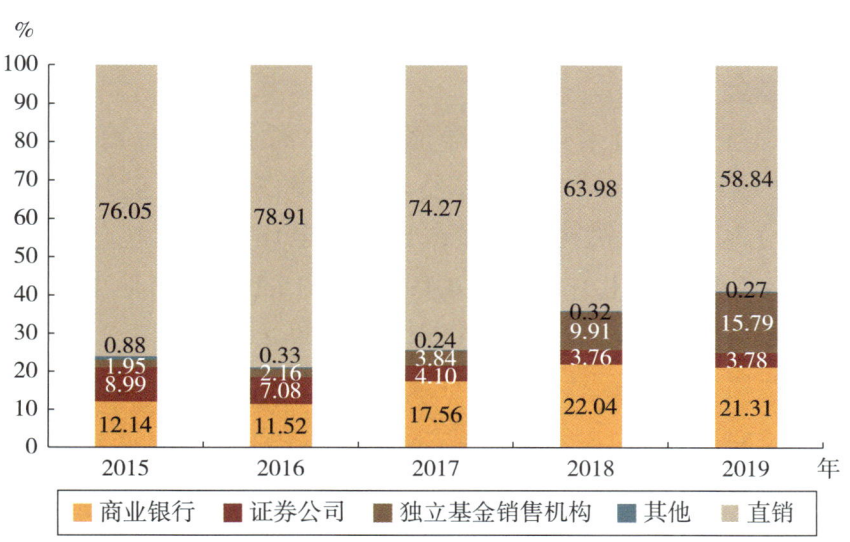

图2-129 各渠道货币基金销售保有净值占比

（资料来源：中国证券投资基金业协会）

5. FOF

从FOF各销售渠道保有净值来看，商业银行保有量占比较上年有小幅增长，截至2019年末为53.52%；证券公司保有量占比与上年基本持平，2019年末占6.66%；独立基金销售机构保有量占比略下滑至16.55%；基金管理公司直销保有量占比缩减为23.20%；其他渠道保有量占比很小，为0.08%。

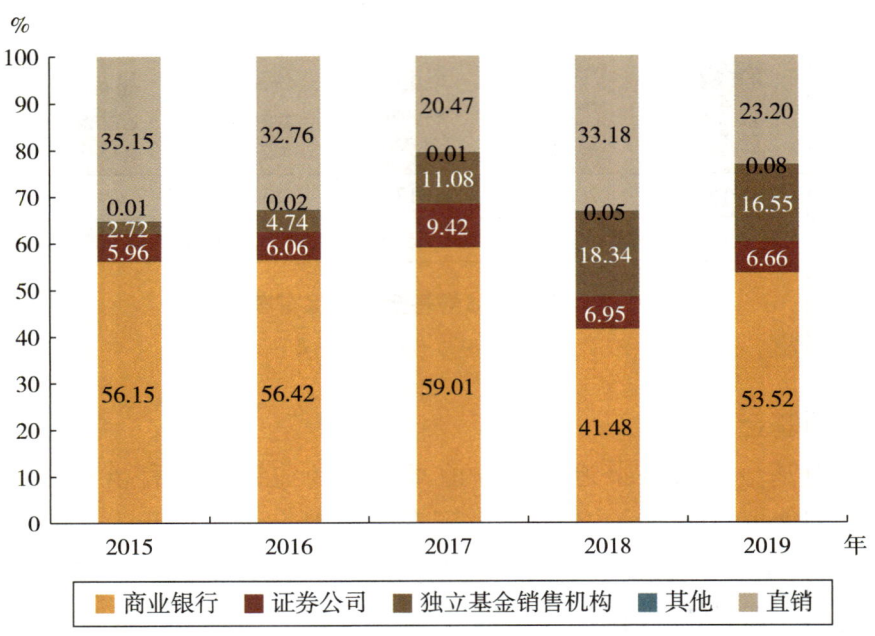

图2-130　各渠道FOF销售保有净值占比

（资料来源：中国证券投资基金业协会）

6. QDII基金

从QDII基金各销售渠道保有净值来看，商业银行保有量占比持续降低，截至2019年末为35.84%；证券公司保有量占比逐步上升，2019年末占23.19%；独立基金销售机构保有量占比已升至18.39%；基金管理公司直销保有量占比较上年略有上升，截至2019年末为15.10%；其他渠道保有量占比与2018年占比基本持平，截至2019年末为7.48%。

第二章　公开募集证券投资基金

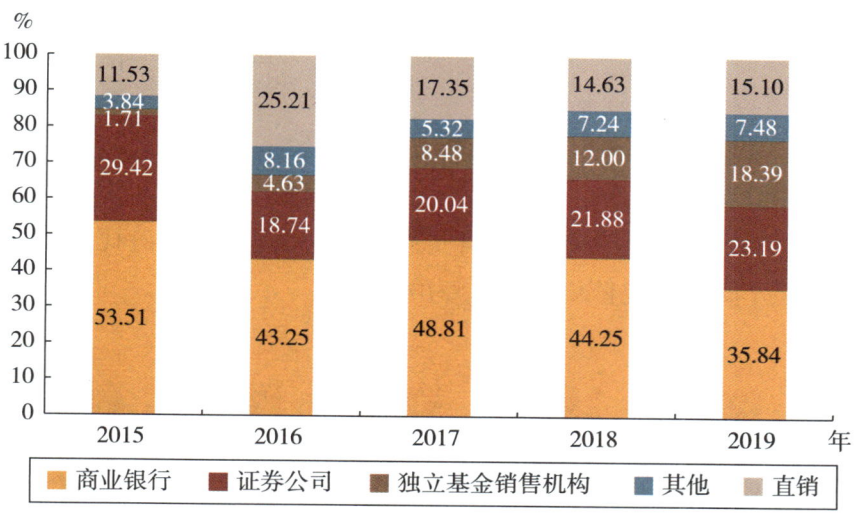

图2-131　各渠道QDII基金销售保有净值占比

（资料来源：中国证券投资基金业协会）

7. 其他基金

从其他基金销售各渠道保有净值来看，商业银行保有量占比较上年有明显回升，截至2019年末为16.48%；证券公司保有量占比稳步上升，2019年末占38.00%；独立基金销售机构保有量占比已升至12.73%；基金管理公司直销保有量占比较上年略有下降，截至2019年末为32.27%；其他渠道保有量占比很小，为0.51%。

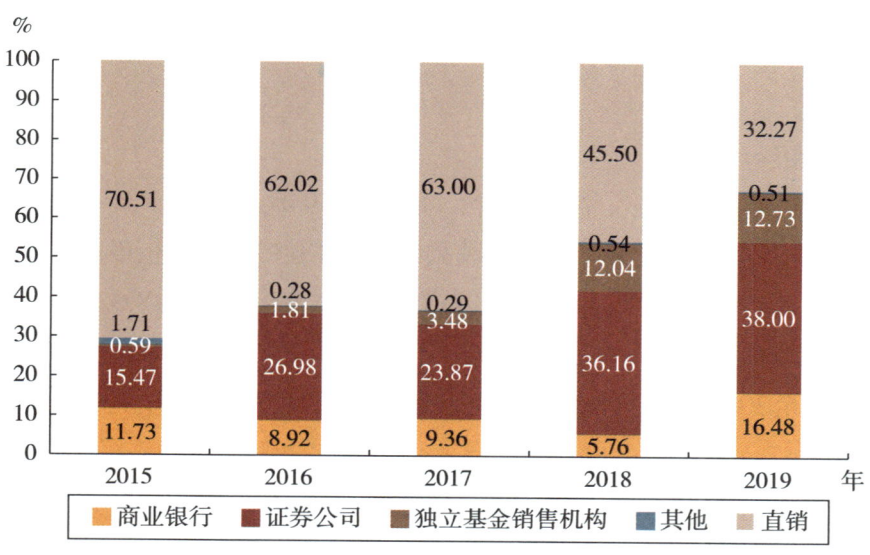

图2-132　各渠道其他基金销售保有净值占比

（资料来源：中国证券投资基金业协会）

（四）基金销售机构销售收入结构

从基金销售机构总体销售收入结构来看，截至2019年末，销售服务费收入较上年有较大幅度下降，但占比仍然最高，为55.93%；其次为赎回费收入，占比为21.30%，较上年有较大幅度的提高；再次为申购费收入，占比为15.46%，较上年同样有较大幅度提高；认购费收入占比略有下滑，为6.59%；转换费收入占比依旧较小，为0.72%。

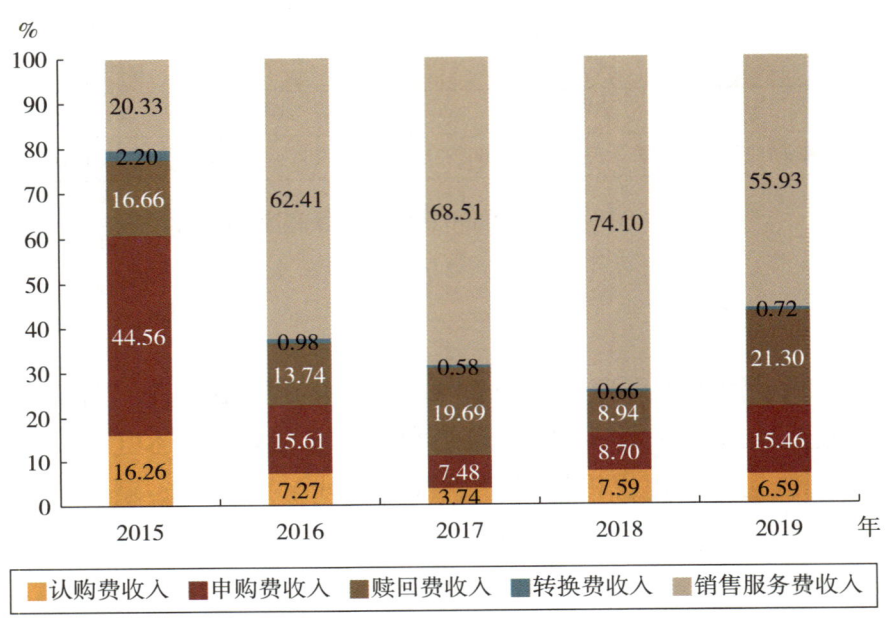

图2-133　销售收入占比

（资料来源：中国证券投资基金业协会）

1. 商业银行

从商业银行销售收入结构来看，截至2019年末，由上年销售服务费收入占比最高变为申购费收入占比最高，为37.03%，较上年有较大幅度上升；其次为销售服务费收入，占比为35.06%，较上年的48.33%有所下降；再次为认购费收入，占比为18.09%，较上年略有下降；赎回费收入占比略有上升，截至2019年末为8.59%；转换费收入占比依旧较小，为1.24%。

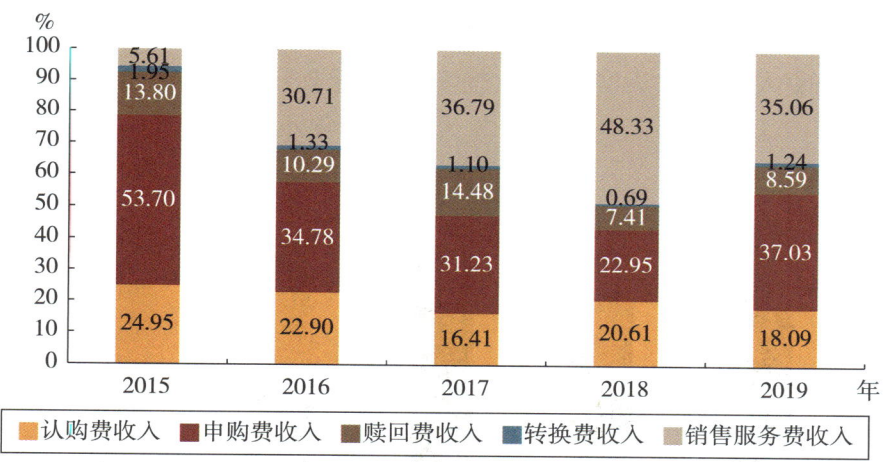

图2-134 商业银行销售收入占比

（资料来源：中国证券投资基金业协会）

2. 证券公司

从证券公司销售收入结构来看，截至2019年末，销售服务费收入占比较上年有所下降，但占比仍然最高，为46.90%；其次为赎回费收入，占比为20.87%，较上年有大幅增长；再次为申购费收入，占比为16.49%，同样较上年有大幅增长；认购费收入占比较上年略有下降，为15.59%；转换费收入占比仅为0.16%。

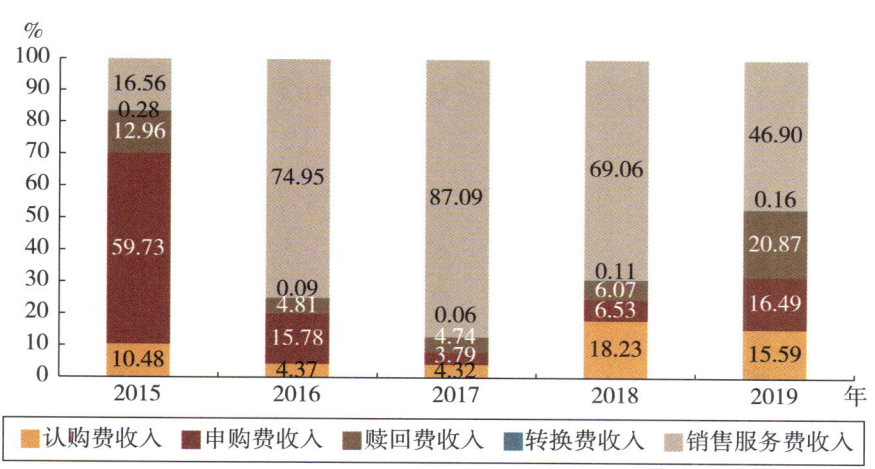

图2-135 证券公司销售收入占比

（资料来源：中国证券投资基金业协会）

3. 独立基金销售机构

从独立基金销售机构销售收入结构来看，2018—2019年情况较为稳定，截至2019年末,销售服务费收入占比最高,为46.60%,较上年略有下降;其次为赎回费收入,占比为32.92%,较上年有所上升;再次为申购费收入,占比为19.39%;认购费收入及转换费收入占比均很小,分别为0.90%、0.20%。

图2-136 独立基金销售机构销售收入占比

(资料来源:中国证券投资基金业协会)

4. 直销

从直销销售收入结构来看,截至2019年末,占比最高的仍为销售服务费收入,为72.54%,较上年90.07%有一定程度下降;其次为赎回费收入,占比为25.48%,较上年有较大幅度增加;认购费收入、申购费收入、转换费收入占比依旧很小,与往年特征相同,分别为0.07%、1.26%、0.66%。

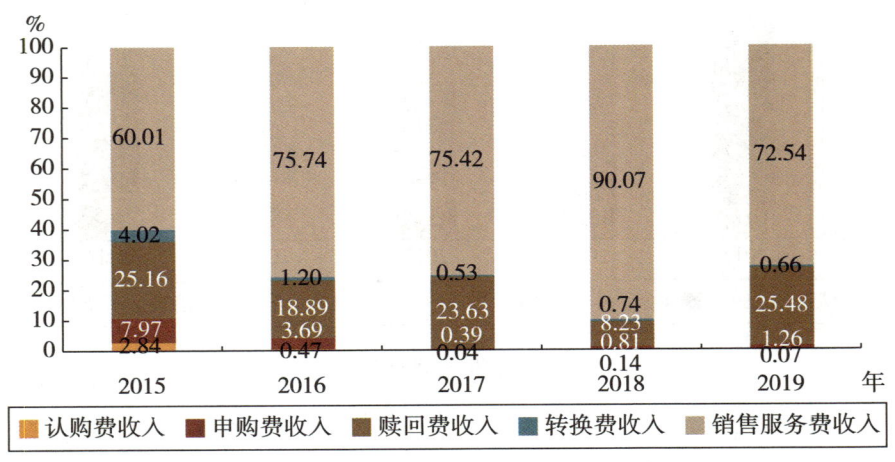

图2-137 直销销售收入占比

(资料来源:中国证券投资基金业协会)

5. 其他

从其他类销售机构销售收入结构来看，截至2019年末，总体结构较上年变化较大，销售服务费收入占比仍然最大，为53.11%，较上年有大幅下降；其次是赎回费收入，占比为32.35%，较上年有大幅增长；再次是申购费收入，占比为13.93%，同样较上年有大幅增长；转换费收入占比略微下降至0.08%。

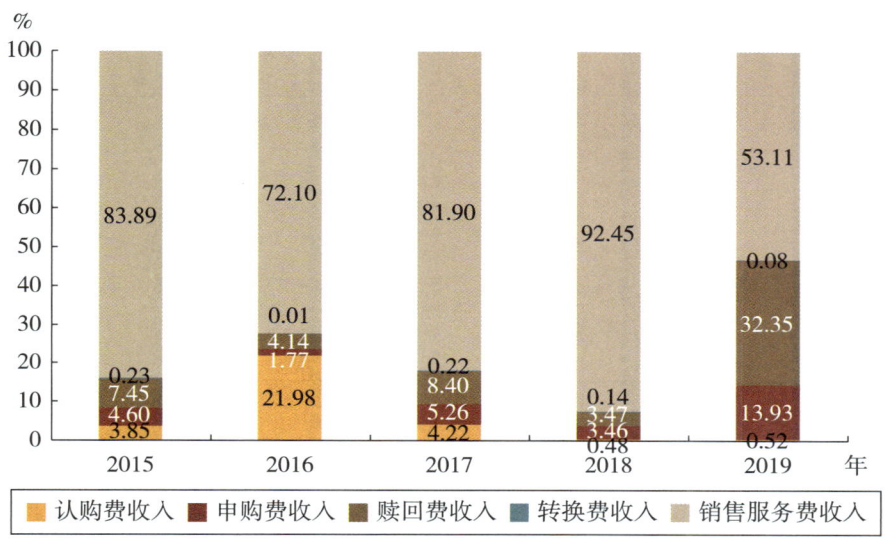

图2-138 其他渠道销售收入占比

（资料来源：中国证券投资基金业协会）

二、基金销售费率

从可追溯的数据来看，近年来随着基金市场分工的精细化程度提升、互联网信息技术的应用渗透幅度增强等因素，公募基金销售费率总体呈下行趋势。整体来看，2019年，规模加权平均认购费率、申购费率及销售服务费率相较2018年均有不同幅度下降。

（一）认购费率

2019年，除货币基金不收取认购费外，各类型基金当年成立产品规模的加权平均认购费率（此处为最高认购费率，以下简称平均认购费率）较前期有不同幅度的下调。QDII基金、股票基金、债券基金和FOF基金的平均认购费率较2018年分别下降了0.41个、0.23个、0.05个和0.04个百分点，其他类型基金较2017年下降了0.31%。混合基金新发产品平均认购费率水平较2018年略有上升，为1.16%。整体来看，2019年，平均认购费率水平有所下降，降低了投资者的投资成本。

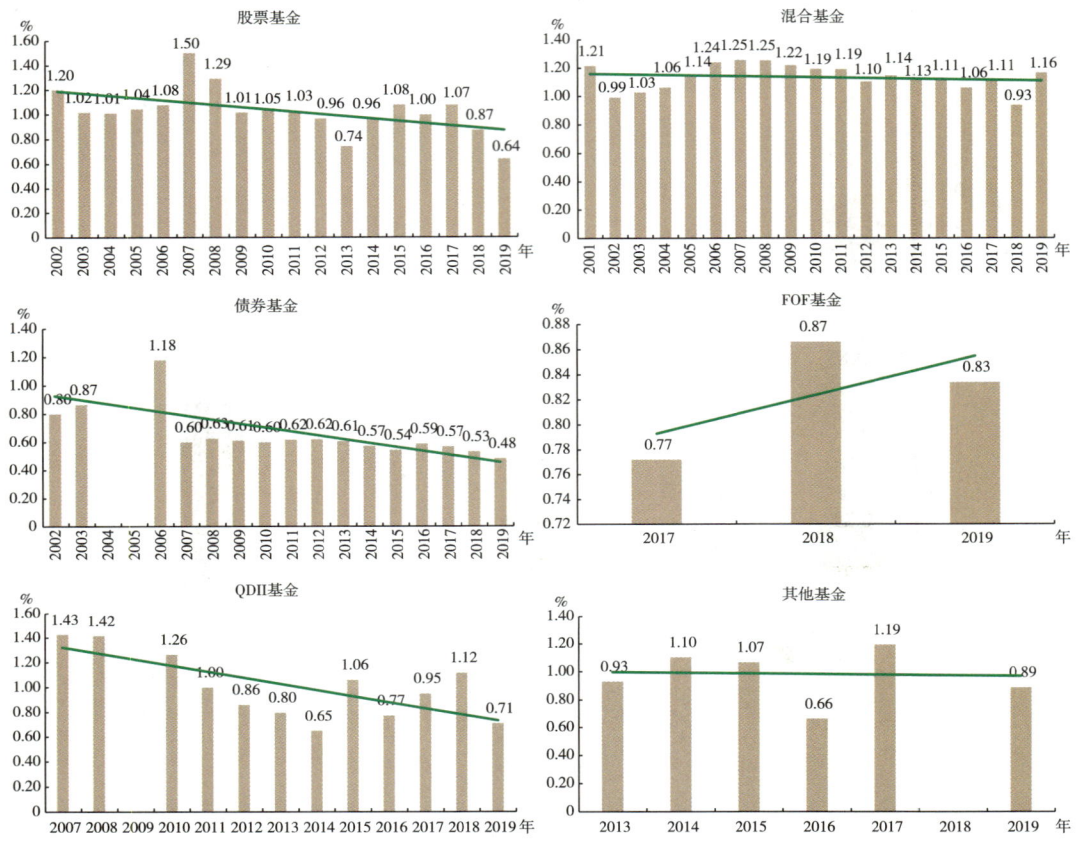

图2-139 各类型基金平均认购费率

（资料来源：上海证券基金评价研究中心，Wind）

注：①个别年份当年无新成立产品，或当年新成立产品中无收取该项费用的产品，则对应年度无相关数据，图中以空白列示，下同。
②部分年份满足统计要求的样本数量较少，或存在异常值导致平均费率水平过高/过低，下同。

（二）申购费率

2019年，除货币基金不收取申购费外，各类型基金当年成立产品规模的加权平均申购费率（此处为最高申购费率，以下简称平均申购费率）较前期有不同幅度的下调，QDII基金、债券基金、股票基金和FOF基金的平均申购费率较2018年分别下降了0.41%、0.08%、0.03%和0.03%。与认购费率趋势变动相似，混合基金平均申购费率较2018年也有所上升，增长了0.31%。整体看来，投资者实际付出的申购费率较2017年及2018年均有所下降，进一步减少了投资者在产品申购时所需付出的成本。

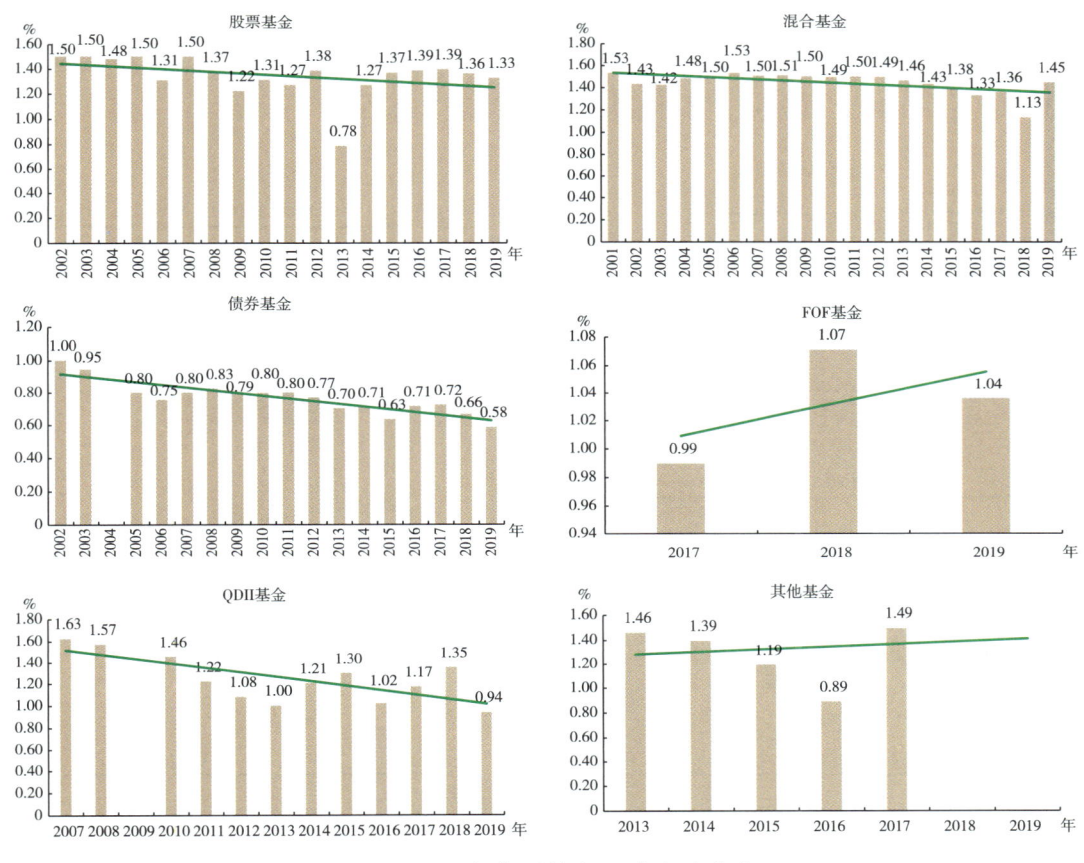

图2-140　各类型基金平均申购费率

（资料来源：上海证券基金评价研究中心，Wind）

（三）赎回费率

赎回费的设置目的主要是鼓励投资者长期持有，并从中获取长期收益，当持有基金份额的年限足够长时，基金赎回费率逐步降低直至为零。同样，持有时间过短就赎回基金份额，投资者需缴纳较高的赎回费。赎回费作为对其他基金持有人的一种补偿机制，通常会计入基金资产。

2017年8月31日《公开募集开放式证券投资基金流动性风险管理规定》颁布，要求除货币市场基金与交易型开放式指数基金以外的开放式基金，对持续持有期少于7日的投资者收取不低于1.5%的赎回费。因此，回顾历年新成立基金现有的赎回费率收取情况，基本均已调整至最高赎回费率为1.50%的水平。

2019年，各类型基金的规模加权平均赎回费率（此处为最高赎回费率，以下简称平均赎回费率）基本维持前期水平。当年新成立的股票基金、混合基金、债券基金、QDII基金及其他基金平均赎回费率均为1.50%，FOF基金为1.10%。其中，股票基金费率水平较2018年上升0.03个百分点，FOF基金较2018年下降0.40个百分点，其他基金均保持前期水平。

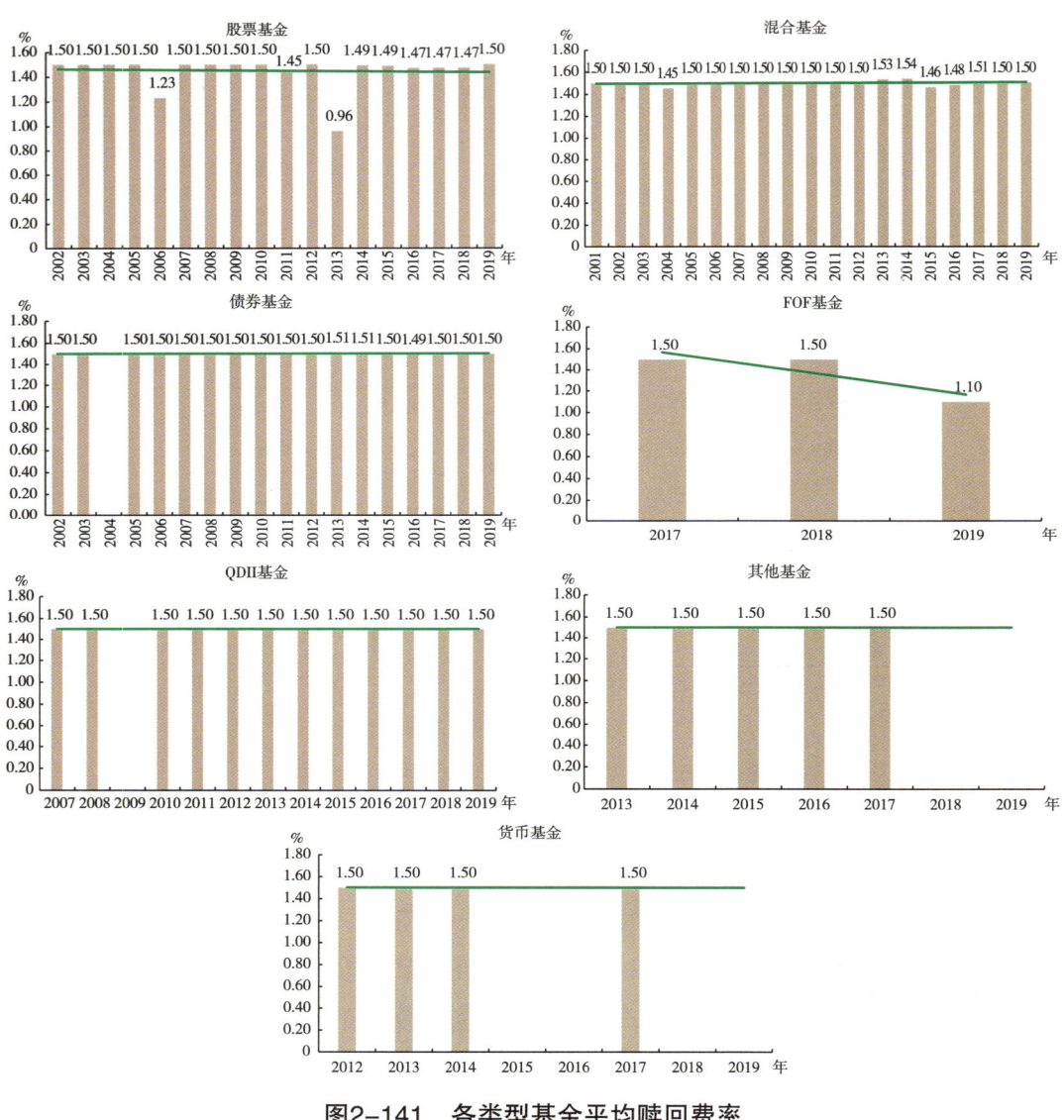

图2-141　各类型基金平均赎回费率

（资料来源：上海证券基金评价研究中心，Wind）

（四）销售服务费率

销售服务费是指基金管理人根据基金合同的约定及相关法律法规的规

定，从开放式基金财产中计提的一定比例的费用，用于支付销售机构佣金、基金的营销费用以及基金份额持有人服务费等。

2019年，新成立的其他类型基金规模加权平均销售服务费率（以下简称平均销售服务费率）达到0.80%，在各类基金中排名最高；混合基金次之，销售服务费率为0.48%。此外，2019年成立的FOF基金、QDII基金、股票基金、债券基金和货币基金的规模加权平均销售服务费率分别为0.43%、0.35%、0.34%、0.24%和0.10%，较之2018年的费率水平涨跌不一。整体来看，投资者实际付出的销售服务费率较2018年有所降低。

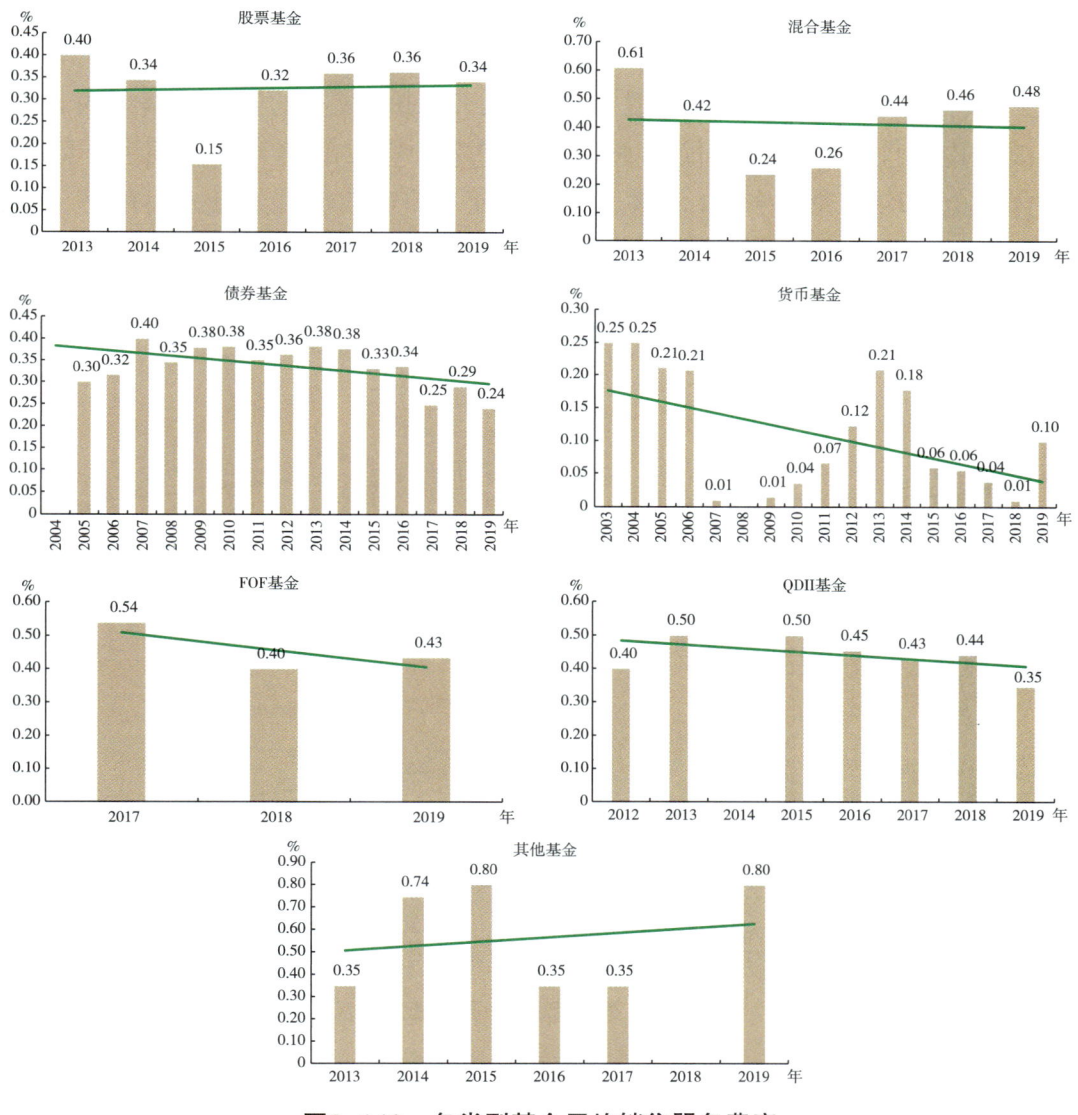

图2-142 各类型基金平均销售服务费率

（资料来源：上海证券基金评价研究中心，Wind）

三、基金管理费率与托管费率

（一）不同产品类型基金管理费率与托管费率

1. 管理费率

2019年，公募基金管理费率得到了进一步的优化。一方面，为增强旗下基金的竞争力，进一步减轻投资者投资成本，多家基金公司下调管理费率。依基金公告统计[①]，2019年，共有49只现存基金（以基金份额统计）进行了管理费率的下调；另一方面，浮动管理费率基金在2019年获得市场较多关注，多只计提浮动管理费基金成立，截至2019年末市场上共47只浮动管理费基金存续。

从可追溯的数据来看，除混合基金外，2019年成立的各类型基金的规模加权平均管理费率（以下简称平均管理费率）均较前期有不同幅度下降。混合基金平均管理费率为1.39%，较2018年上升0.52个百分点，QDII基金、FOF基金、股票基金、债券基金和货币基金平均管理费率分别为0.81%、0.64%、0.49%、0.23%和0.15%，较2018年分别下降0.70个、0.23个、0.05个、0.07个和0.12个百分点，其他类型基金平均管理费率为0.53%。

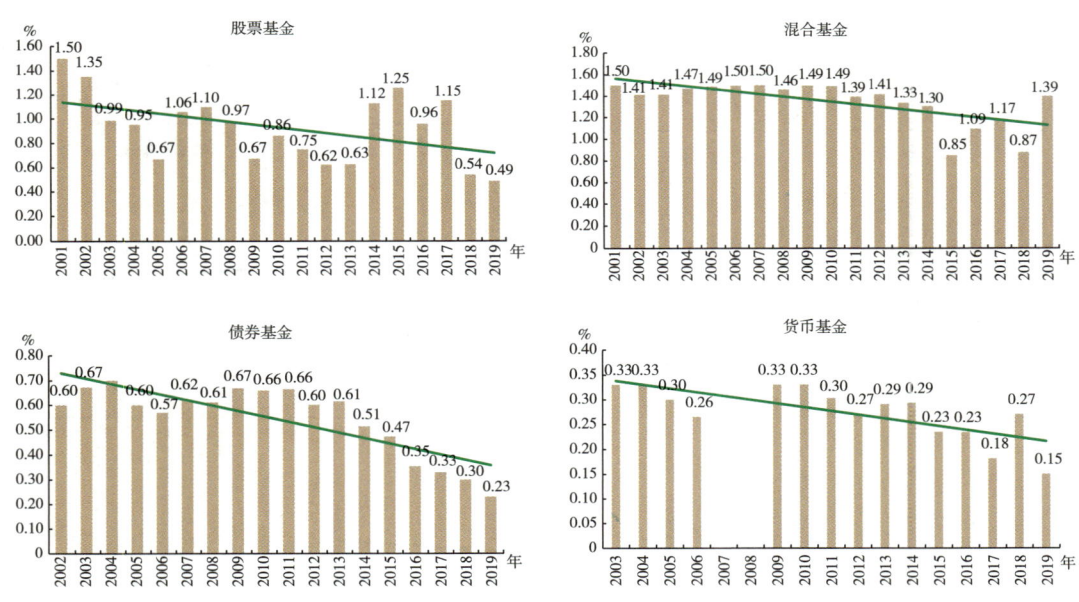

图2-143　各类型基金平均管理费率

（资料来源：上海证券基金评价研究中心，Wind）

[①] 公告名称中明确含有调整管理费率字样。

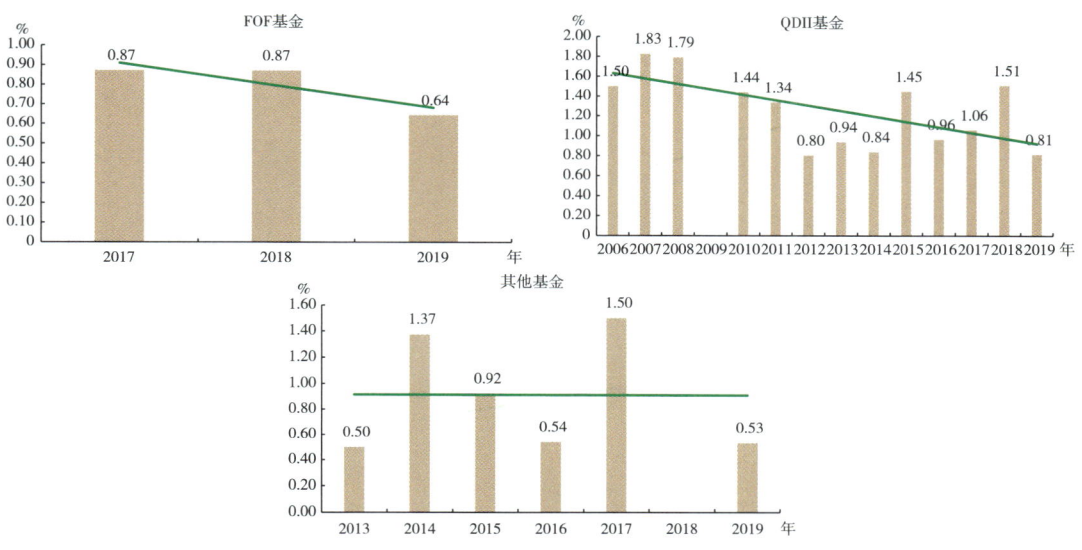

图2-143 各类型基金平均管理费率（续）

（资料来源：上海证券基金评价研究中心、Wind）

2. 托管费率

近年来，各类型基金规模加权平均托管费率（以下简称平均托管费率）整体呈下降趋势。2019年，新成立混合基金平均托管费率最高，为0.24%，较2018年上升0.09个百分点，QDII基金、FOF基金、其他基金、股票基金、债券基金和货币基金平均托管费率分别为0.19%、0.17%、0.10%、0.10%、0.07%和0.05%，较前期均有不同幅度下降。

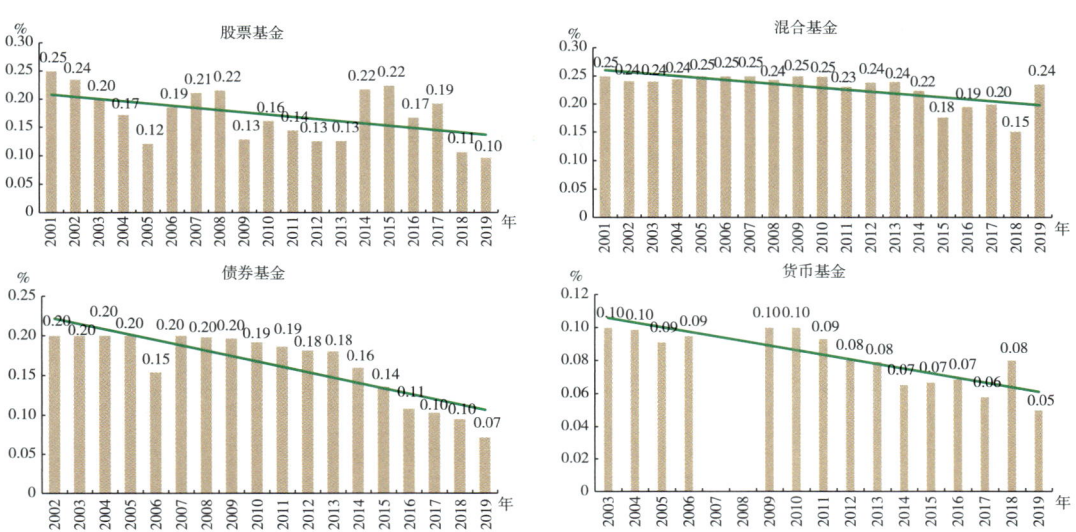

图2-144 各类型基金平均托管费率

（资料来源：上海证券基金评价研究中心，Wind）

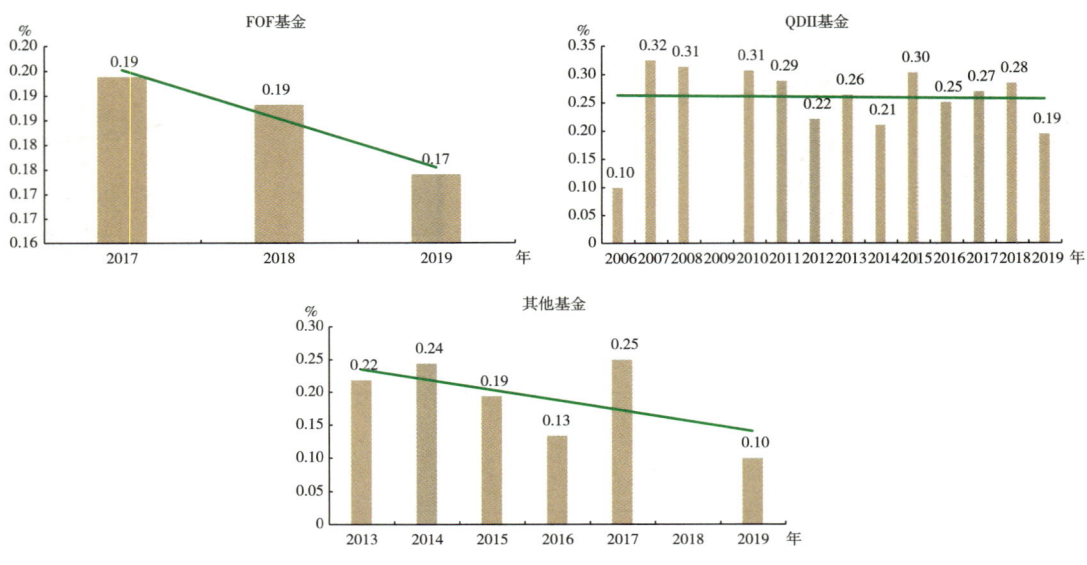

图2-144 各类型基金平均托管费率（续）

（资料来源：上海证券基金评价研究中心，Wind）

（二）不同投资策略基金管理费率与托管费率

整体来看，主动择时的积极型股票基金的管理费率和托管费率明显高于被动管理的指数型股票基金。

1. 管理费率

近年来，积极型股票基金和指数型股票基金规模加权平均管理费率的差距有所拉大，2019年两者分别为1.47%和0.33%，相差1.14个百分点。

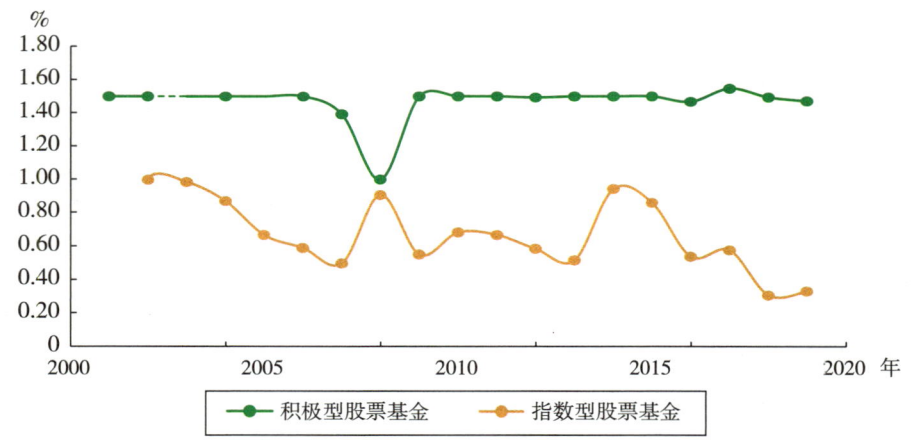

图2-145 积极型股票基金和指数型股票基金平均管理费率

（资料来源：上海证券基金评价研究中心，Wind）

2. 托管费率

2019年，积极型股票型和指数型基金规模加权平均托管费率分别为0.24%和0.07%，其中积极型股票基金较上年下降了0.01个百分点，指数型基金和上年持平。

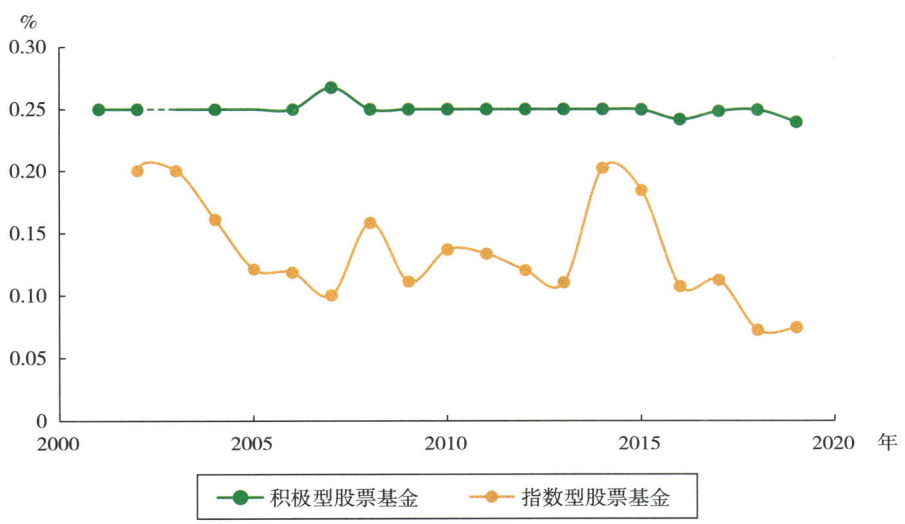

图2-146　积极型股票基金和指数型股票基金平均托管费率

（资料来源：上海证券基金评价研究中心，Wind）

第三章

我国境内养老金投资管理

第一节 我国养老金投资运营情况概览

一、养老金投资运营规模

截至2018年末,我国养老金总规模约9.8万亿元,较2017年增长14.7%,养老金总规模约占我国同期GDP的10.9%[①]。其中,基本养老金规模5.8万亿元,较2017年增长15.8%;社保基金、企业年金和职业年金规模合计约4万亿元,较2017年增长13.0%。基本养老金在养老金总规模中占比为59.2%,相较2017年提升0.6个百分点。目前,我国多层次养老保障体系尚未完全建立,仍然是第一支柱独大,第二、第三支柱仍需加快发展的状况。

2018年末,我国已开展投资运营的养老金约4.4万亿元,投资规模较2017年增长15.7%,约占养老金总规模的45%。投资运营实现收益约1.3万亿元,收益额与2017年基本持平,占养老金总资产的13.3%。养老金投资作用初步显现。

具体来看,社保基金和企业年金投资规模占总规模比例分别为100%和98%,基本已实现全部投资运营。基本养老金自2016年末开始启动市场化投资运营,截至2018年末,投资规模达7 033亿元,已有17个省(区、市)政府与社保基金理事会签署委托投资合同。截至2018年,职业年金还未开始投资运营,各省(区、市)于2019年陆续完成招标,开启市场化投资运营。

---

① 根据国家统计局统计,截至2018年末我国GDP总量为90.03万亿元。

第三章 我国境内养老金投资管理

表3-1 2018年末我国养老金规模情况统计

类别	规模（亿元）	投资规模（亿元）	委托投资规模（亿元）	当年收益率（%）	年均收益率[1]（%）	已实现投资收益（亿元）	投资规模占养老金规模（%）	投资收益占养老金规模（%）
社保基金	22 354[2]	22 354[3]	12 438	-2.28	7.82	9 552	100	42.7
基本养老金	58 152	7 033[4]	4 577	2.56	3.89	187	16	0.3
企业年金	14 770	14 502	14 230	3.01	6.97	3 231[5]	98	21.9
职业年金	4 930	—	—	—	—	—	—	—
总计	97 737[6]	43 889	31 245	—	—	12 970	45	13.3

资料来源：人力资源和社会保障部官网、全国社会保障基金理事会官网、《新中国社会保障发展史》、中国证券投资基金业协会。

注：①自成立以来按年统计收益率的几何平均。

②此处引用的是《全国社会保障基金理事会社保基金年度报告（2018年度）》中的"2018年末社保基金资产总额"，该口径包含了负债余额，此处使用该口径是为与本表格中"委托投资规模"的数据口径保持一致。

③同注②。

④此处引用的是《全国社会保障基金理事会基本养老保险基金受托运营年度报告（2018年度）》中"2018年末基本养老保险基金资产总额"，该口径包含了负债余额，此处使用该口径是为与本表格中"委托投资规模"的数据口径保持一致。

⑤2012年后的企业年金投资收益是人社部年报数据披露，2012年之前采用"规模×当年的加权平均收益率"的方式进行估算。

⑥为避免重复计算，规模和投资规模已剔除社保受托管理的做实个人账户资金和地方委托权益共计约2 469亿元。

二、养老金投资管理机构及市场占比

截至2018年末，从各行业管理的养老金规模[1]来看，基金行业、保险行业、证券行业分别占比56.4%、30.5%、12.8%，从管理养老金资产规模占比情况看，基金行业是我国养老金投资的主力军。

社保基金2001至2018年间取得了7.82%的年均收益率，实现投资收益9 552亿元，投资收益占社保基金总规模比例达42.7%。在18家社保基金委托投资管理人中，有16家为基金管理公司，作为社保基金的主要外部管理人，基金行业受托管理规模占社保基金委托投资规模的71.2%，助力社保基金获取了优异的长期业绩。

在企业年金方面，2018年末，基金业占比从2011年的43.5%持续下降为

---

① 含社保基金境内、外部分和企业年金，基本养老基金由于无法获取各行业细分数据，因此未包含在内。

36.3%，下降7.2个百分点，同期保险业市场份额占比从46.3%上升为55%，上升8.7个百分点。

表3-2 2018年不同行业受托管理社保基金（境内、外）和企业年金规模情况

行业类别	管理社保规模（亿元）	占社保委托投资（境内外）规模比例（%）	管理企业年金规模（亿元）	占企业年金委托投资规模比例（%）	受托管理总规模（亿元）	行业占比（%）
基金行业①	9 269	71.2	5 170	36.3	14 439	56.4
保险行业	—	—	7 822	55.0	7 822	30.5
证券行业	2 109	17.0	1 158	8.1	3 267	12.8
建信养老金	—	—	80	0.6	80	0.3
总计	11 378	—	14 230	—	25 608	100

资料来源：人力资源和社会保障部官网、全国社会保障基金理事会官网、中国证券投资基金业协会。

注：①含公募基金受托管理规模及社保直投私募基金规模。

三、养老金投资收益

（一）全国社会保障基金投资收益

1. 历年收益率

截至2018年，社保基金在已公布投资业绩的18年间取得了7.82%的年均收益率。社保基金在18年之中有16年获得正收益，正收益最高的两年发生在2006年与2007年，分别为29.01%和43.19%；仅在2008年与2018年取得负收益，分别为-6.79%和-2.28%。

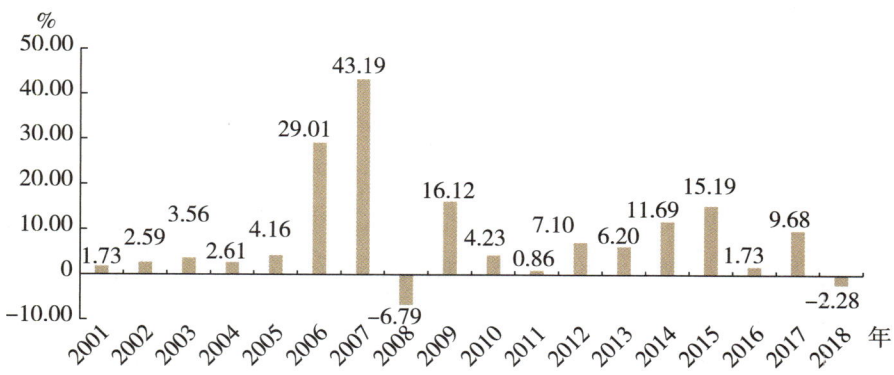

图3-1 社保基金历年投资收益率

（资料来源：全国社会保障基金理事会官网）

2. 历年累计收益占总规模比例

截至2018年末，社保基金总规模为20 573亿元[1]，累计收益额为9 552亿元，累计收益额占总规模比例高达46.43%。投资收益占总规模将近一半，说明社保基金长期优异的业绩表现使资产实现了可观增值。

事实上，社保基金累计投资收益额占总规模比例的峰值出现在2007年，为51.95%；该数值于2008年大幅下降至31.15%，又在随后10年中逐步上升，于2018年达到46.43%。投资收益额占总规模比例在2008年大幅下降主要有两方面原因：一是2008年投资亏损，收益率为-6.79%，收益额为-393.72亿元；二是2008年首次执行新会计准则，调减以前年度收益261.48亿元[2]。因此，社保基金累计收益额于2008年单年下降655.20亿元，导致占总资产规模比例大幅下滑。

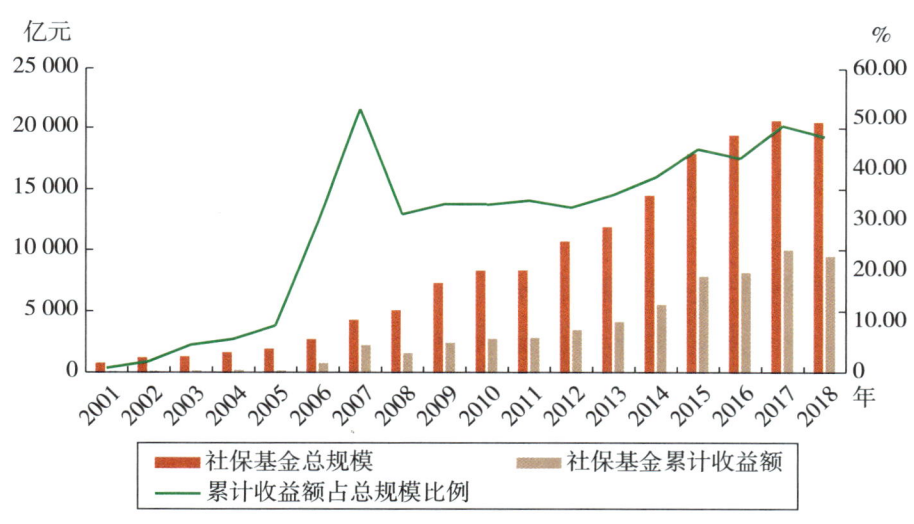

图3-2　社保基金历年累计收益占总规模比例情况

（资料来源：全国社会保障基金理事会官网）

注：社保基金总规模的数据口径为历年社保基金权益总额（不含负债）。

（二）企业年金投资收益

1. 历年收益率

截至2019年，企业年金在已公布投资业绩的13年间取得了7.07%的年均收益率。企业年金在13年之中有11年获得正收益，正收益最高的两年发生在

---

[1] 此处社保基金总规模引用的是社保基金年报中权益总额这一数据口径，不包含负债。
[2] 摘自社保基金官网披露的《社保基金历年收益情况表》。

2007年与2015年，分别为41%和9.88%；仅在2008年与2011年取得负收益，分别为-1.83%和-0.78%。

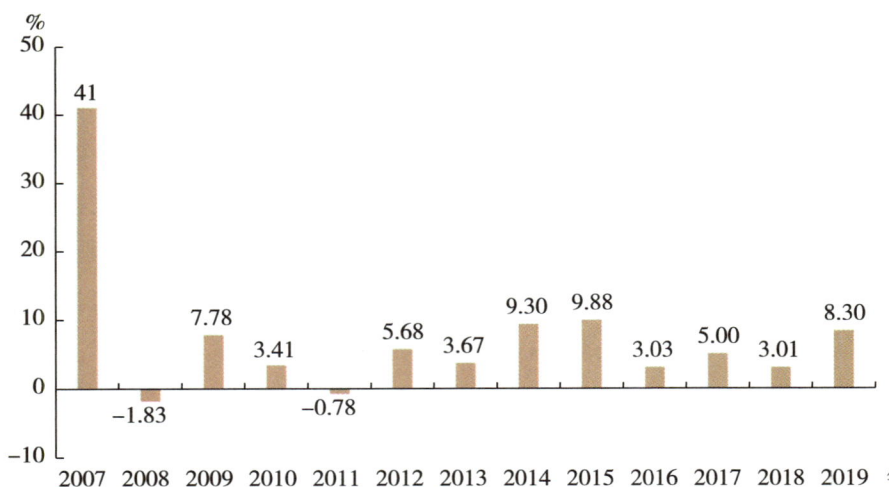

图3-3　企业年金历年投资收益率

（资料来源：人力资源和社会保障部官网）

注：历年投资收益率由每年加权平均收益率组成，计算方法详见人社部公布的企业年金2019年年报。

2. 历年累计收益占总规模比例

截至2019年末，企业年金总规模为17 985.33亿元，累计收益额为4 490.07亿元[①]，累计收益额占总规模比例为24.97%，接近1/4。

从整体趋势来看，企业年金累计收益占总规模比例逐步升高，从2007年的4.17%提高至2019年的24.97%，显示出持续投资对资产长期增值的贡献。可以看到，累计收益额占总规模比例在上升的过程中有两次比较明显的回落，发生在2008年与2011年。2008年，累计收益额占总规模的比例从4.17%回落到2.38%，2011年从9.01%回落至6.36%。而2008年与2011年正是企业年金投资整体上发生亏损的两年。

---

① 2012年后的企业年金投资收益是人社部年报数据披露，2012年之前是用规模 × 当年的加权平均收益率估算。

图3-4 企业年金历年累计收益占总规模比例情况

（资料来源：人力资源和社会保障部官网）

第二节 公募基金行业管理养老金情况

一、公募基金行业管理养老金规模情况

截至2019年末，公募基金行业管理包括社保基金、基本养老金、企业年金、职业年金和其他境外养老金在内的各类养老金资产合计24 186亿元，较2018年末增加7 418亿元，增幅44%。规模增量由两部分构成：一是委托资金增量；二是投资收益。

具体来看，2019年，各类养老金资产规模均实现较大幅度增长，增幅均在20%以上。其中，规模增量最大的为社保基金，2019年较2018年规模增长2 580亿元，占总体规模增量的34.78%；除境外养老金外，规模增幅最大的为基本养老金，2019年较2018年增长60%。

表3-3 2018—2019年公募基金行业管理养老金规模情况

类别	2018年公募基金行业管理规模（亿元）	2019年公募基金行业管理规模（亿元）	2019年较2018年规模增量（亿元）	2019年较2018年规模增长百分比（%）
社保基金	8 853	11 432	2 580	29
基本养老金	2 713	4 337	1 624	60
企业年金	5 169	6 203	1 034	20
职业年金	—	2 159	2 159	—
其他境外养老金	33	55	22	66
总计	16 768	24 186	7 418	44

资料来源：中国证券投资基金业协会。

二、养老目标基金

（一）总体情况

养老目标基金是指以追求养老资产的长期稳健增值为目的，鼓励投资者长期持有，采用成熟的资产配置策略，合理控制投资组合波动风险的公开募集证券投资基金，是公募基金行业为服务个人投资者养老投资而推出的一类产品。

证监会于2018年上半年发布《养老目标证券投资基金指引（试行）》。2018年9月，首只养老目标基金产品成立。截至2019年末，共有36家基金公司发行的64只养老目标基金成立运作；总规模263.58亿元，持有人户数为141.60万户，规模与户数分别较2018年增长了542%与84%。

表3-4 2018—2019年养老目标基金基本情况表

类别	2018年	2019年	2019年较2018年增量	2019年较2018年增长百分比（%）
养老目标基金的管理人数量（家）	12	36	24	200
养老目标基金产品数量（只）	12	64	52	433
养老目标基金总规模（亿元）	41.07	263.58	222.51	542
养老目标基金持有人户数（户）	767 814	1 415 998	648 184	84

资料来源：Wind，中国证券投资基金业协会。

（二）采用目标日期策略的养老目标基金

1. 基本情况

截至2019年末，采用目标日期策略的养老目标基金（以下简称目标日期基金）总共有34只，较2018年末增加26只，增幅为186%；规模为68.81亿元，较2018年末增加46.27亿元，增幅为205%；持有人户数为82.99万户，较2018年末增加31.83万户，增幅为62%。

表3-5 2018—2019年目标日期基金基本情况表

类别	2018年	2019年	2019年较2018年增量	2019年较2018年增长百分比（%）
目标日期基金的管理人数量（家）	8	18	10	125
目标日期基金产品数量（只）	8	34	26	325
目标日期基金总规模（亿元）	22.54	68.81	46.27	205
目标日期基金持有人户数（户）	511 528	829 861	318 333	62

资料来源：Wind，中国证券投资基金业协会。

2. 目标日期基金分布情况

目标日期策略是指随着所设定目标日期的临近，逐步降低权益类资产的配置比例，增加非权益类资产的配置比例。截至2019年末，18家已发行目标日期基金的管理人中，布局1只目标日期基金的基金公司有9家，布局2只目标日期基金的管理人为3家，布局3只目标日期基金的管理人有5家，布局4只目标日期基金的管理人有1家。其中，布局数量前三的目标日期为2035年、2040年、2050年，分别有10只、7只与6只产品布局。

表3-6　2019年末目标日期基金分布情况

目标日期（年）	2030	2033	2035	2038	2040	2043	2045	2050	总计
产品数量（只）	5	1	10	1	7	1	3	6	34

资料来源：Wind，中国证券投资基金业协会。

3. 目标日期基金资产组合情况

截至2019年末，披露年报的32只目标日期基金总资产合计68.15亿元。其中，持有基金市值为58.61亿元，占基金总资产的86%；持有股票市值为3.41亿元，占基金总资产的5%；持有债券市值为2.99亿元，占基金总资产的4.39%；持有银行存款市值为1.98亿元，占基金总资产的2.9%；持有其他资产市值1.17亿元，占基金总资产的1.72%。

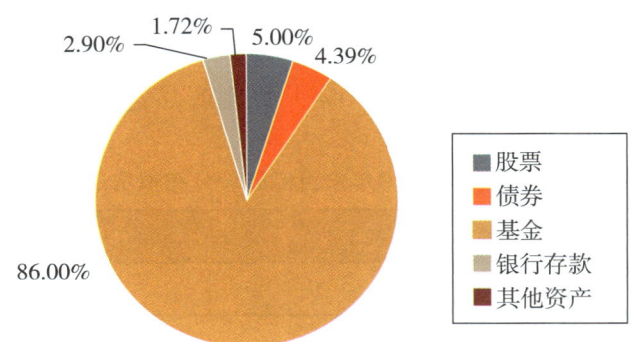

图3-5　2019年末目标日期基金资产组合情况

（资料来源：Wind，中国证券投资基金业协会）

（三）采用目标风险策略的养老目标基金

1. 基本情况

截至2019年末，采用目标风险策略的养老目标基金（以下简称目标风险基金）总共有30只，较2018年增加26只，增幅为650%；规模为194.76亿元，较2018年增加176.23亿元，增幅为951%；持有人户数为58.61万户，较2018年增加32.99万户，增幅为129%。

表3-7　2018—2019年目标风险基金基本情况

类别	2018年	2019年	2019年较2018年增量	2019年较2018年增长百分比（%）
目标风险基金的管理人数量（家）	4	26	22	550
目标风险基金产品数量（只）	4	30	26	650
目标风险基金总规模（亿元）	18.53	194.76	176.23	951
目标风险基金持有人户数（户）	256 286	586 137	329 851	129

资料来源：Wind，中国证券投资基金业协会。

2. 目标风险基金分布情况

目标风险策略是指根据特定的风险偏好设定权益类资产、非权益类资产的恒定配置比例，或使用广泛认可的方法界定组合风险（如波动率），并采取有效措施控制基金组合风险。在实践中，目标风险分为稳健、平衡/均衡、积极三档，对应低、中、高组合风险。

截至2019年末，26家发行了目标风险基金的管理人中，布局1只目标风险基金的基金公司有22家，布局2只目标风险基金的管理人有4家。其中，21只产品选择了稳健目标风险，占比70%；暂无产品选择积极目标风险。

表3-8　2019年末目标风险分布情况

目标风险	稳健	平衡/均衡	积极	总计
产品数量（只）	21	9	0	30

资料来源：Wind，中国证券投资基金业协会。

3. 目标风险基金资产组合情况

截至2019年末，披露年报的24只目标风险基金总资产合计155.74亿元。其中，持有基金市值为128.57亿元，占基金总资产的82.55%；持有股票市值为9.85亿元，占基金总资产的6.32%；持有债券市值为7.57亿元，占基金总资产的4.86%；持有银行存款市值为4.46亿元，占基金总资产的2.87%；持有其他资产市值5.29亿元，占基金总资产的3.4%。

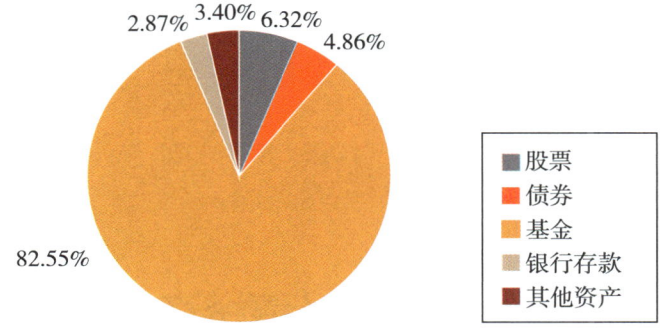

图3-6　2019年末目标风险基金资产组合情况

（资料来源：Wind，中国证券投资基金业协会）

第四章

证券期货经营机构私募资产管理业务

第一节 总体情况

一、规模结构

2019年，证券期货经营机构私募资管业务管理资产总规模195 120.7亿元，较2018年末减少3 589 6.79亿元，减幅15.54%。

表4-1 私募资管业务总体情况

业务类型	产品数量（只）	2019年末规模（亿元）	2018年末规模（亿元）	规模增量（亿元）	规模增幅（%）
证券公司私募资管计划（含大集合）①	16 046	103 425.73	129 106.07	-25 680.34	-19.89
证券公司私募子公司私募基金	925	4 937.19	4 463.23	473.96	10.62
基金管理公司私募资管计划	5 374	43 444.46	43 701.91	-257.45	-0.59
基金子公司私募资管计划	5 678	41 884.70	52 469.94	-10 585.24	-20.17
期货公司私募资管计划②	1 219	1 428.62	1 276.34	152.28	11.93
合计	29 242	195 120.70	231 017.49	-35 896.79	-15.54

资料来源：中国证券投资基金业协会。

注：①证券公司私募资管计划含证券公司资管子公司私募资管计划，下同。
②期货公司私募资管计划含期货公司资管子公司私募资管计划，下同。

二、备案情况

2019年，证券期货经营机构在中国证券投资基金业协会备案①私募资管

---

① 本书中，某时间段内备案产品指在 AMBERS 系统备案通过日期在该时间段内的产品。

产品7 817只①，备案规模8 720.79亿元②，月均备案规模726.73亿元。备案产品数量和备案规模全年保持在较低水平。截至2019年末，政策预期较为稳定，备案产品数量和规模有所回升。

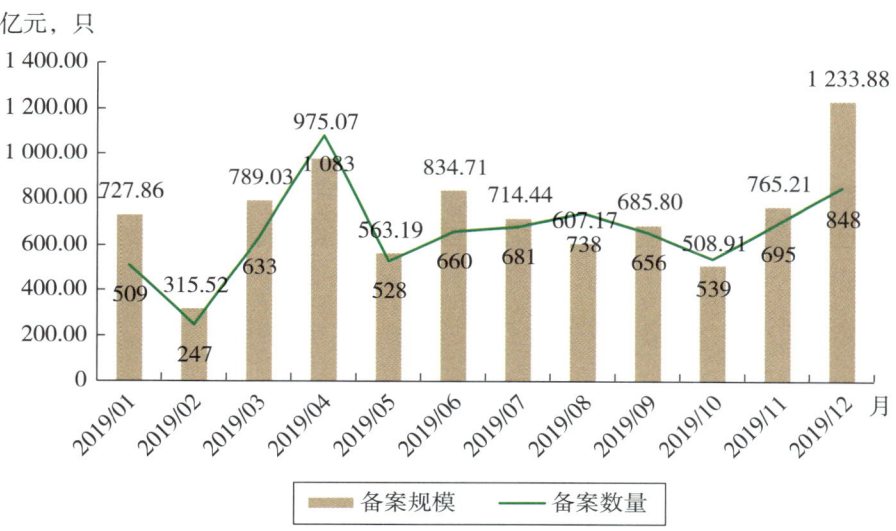

图4-1 2019年1~12月私募资管产品月度备案情况

（资料来源：中国证券投资基金业协会）

从备案产品的投资类型来看，固定收益类产品为主要类型。2019年，固定收益类产品备案5 131只，备案规模6 547.26亿元，分别占当年备案产品数量与规模的65.64%与75.08%。

表4-2 2019年备案的私募资管产品投资类型情况

投资类型	备案数量（只）	数量占比（%）	备案规模（亿元）	规模占比（%）
权益类	892	11.41	1 139.09	13.06
固收类	5 131	65.64	6 547.26	75.08
商品及金融衍生品类	233	2.98	104.87	1.20
混合类	1 561	19.97	929.58	10.66
合计	7 817	100	8 720.79	100

资料来源：中国证券投资基金业协会。

---

① 私募资管产品指在中国证券投资基金业协会备案的证券公司及其资管子公司私募资管计划、基金管理公司私募资管计划、基金子公司私募资管计划、期货公司及其资管子公司私募资管计划及证券公司私募子公司私募基金。
② 备案规模指产品备案时填报的募集规模或初始规模，证券公司私募子公司私募基金备案规模指备案时填报的实缴规模。

三、投资管理情况

证券期货经营机构存续的私募资管计划①均以固定收益类为主。截至2019年末,固定收益类产品规模共133 517.59亿元,占比73.23%,混合类产品、权益类产品规模占比分别为17.95%与8.64%。

表4-3　2019年12月私募资管业务产品类型存续情况表

（单位：亿元，%）

产品类型	证券公司	基金公司	基金子公司	期货公司	合计	合计占比
权益类	5 663.23	4 485.31	5 473.36	128.25	15 750.14	8.64
固收类	71 606.18	29 695.46	31 521.38	694.57	133 517.59	73.23
商品及金融衍生品类	39.15	44.88	119.90	117.21	321.14	0.18
混合类	18 248.74	9 218.80	4 770.06	488.59	32 726.19	17.95
总计	95 557.30	43 444.46	41 884.70	1 428.62	182 315.07	100.00

资料来源：中国证券投资基金业协会。

四、投向情况

私募资管计划以投资标准证券、非标债权及各类资管产品为主。截至2019年末,私募资管计划投向股票、债券、基金等证券规模9.56万亿元,占总投资规模的48.69%；通过信托贷款、委托贷款、收益权等方式进行的债权投资规模为4.78万亿元,占比24.35%；投向各类资管产品的规模为2.86万亿元,占比14.58%。

从最终投向来看,私募资管计划投向实体经济规模合计5.86万亿元。其中,投向企业、地方融资平台②、基础产业、房地产的规模分别为3.33万亿元、1.05万亿元、0.79万亿元、0.69万亿元。

---

① 此处不含证券公司私募子公司私募基金与证券公司大集合。
② 在投向地方融资平台的1.05万亿元中,最终投向房地产的规模为998亿元,最终投向基础产业的规模为7293亿元。

表4-4 2019年末私募资管计划投资情况

资金投向	投资金额（亿元）	占比（%）
证券市场投资	95 589.14	48.69
其中：股票	13 645.81	6.95
债券	69 454.24	35.38
证券投资基金	4 638.42	2.36
资产支持证券及其他证券	7 850.68	4.00
非标债权投资	47 797.84	24.35
其中：银行委托贷款、信托贷款	14 783.03	7.53
以收益权、股权为形式的债权投资	19 684.18	10.03
其他资产收益权	2 049.16	1.04
股票股权质押融资	3 989.29	2.03
信贷票据信用证保理	7 292.18	3.71
各类资管产品	28 625.13	14.58
其中：商业银行理财计划	218.33	0.11
信托计划	6 009.85	3.06
保险资产管理计划	665.31	0.34
证券公司资产管理计划	3 920.56	2.00
基金公司及子公司资产管理计划	6 219.10	3.17
期货资产管理计划	55.38	0.03
私募基金	8 824.11	4.49
未在协会备案的合伙企业	2 712.50	1.38
非标股权投资	3 498.09	1.78
银行存款、同业存单、现金类	12 045.80	6.14
其他	8 761.54	4.46
总计	196 317.55	100.00

资料来源：中国证券投资基金业协会。

第二节 基金管理公司私募资产管理业务

一、规模结构

2019年,基金管理公司私募资产管理业务总规模全年减少257.45亿元,降至4.34万亿元①,下降0.59%。

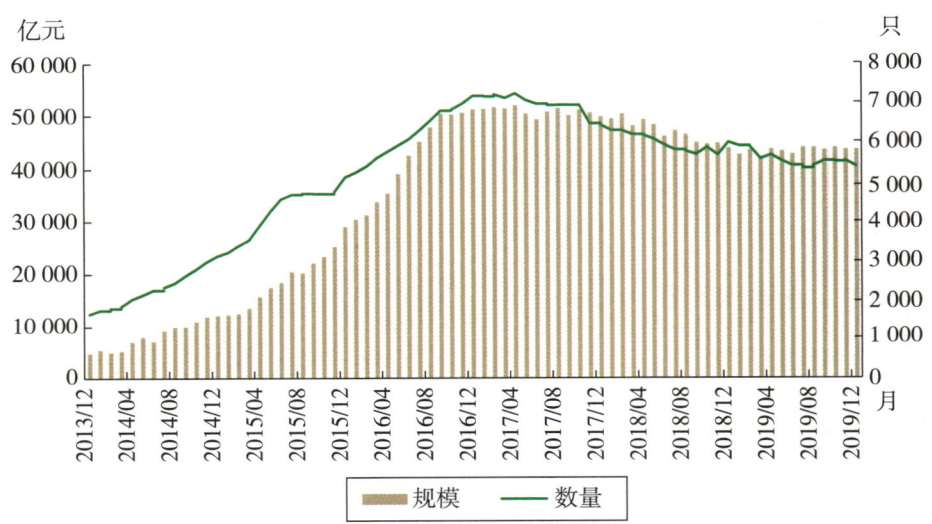

图4-2 基金管理公司私募资产管理计划数量与规模

(资料来源:中国证券投资基金业协会)

截至2019年末,117家基金管理公司开展私募资产管理业务②,较2018年末新增5家,存续产品5 374只,管理资产规模4.34万亿元。从产品类型看,基金管理公司私募资产管理业务以单一委托为主。截至2019年末,基金管理公司单一资产管理计划存续3 702只,管理资产规模3.66万亿元,占比84.13%,较2018年末减少2 271.08亿元,下降5.85%;集合资产管理计划存续1 672只,管理资产规模6 893.17亿元,占比15.87%,较2018年末增加2 013.63亿元,增长41.27%。

---

① 不含基金管理公司管理的养老金,本节以下同。
② 指管理资产规模非零的公司。

二、备案情况

2019年，基金管理公司备案私募资管产品1 775只，备案规模1 617.70亿元。2019年，备案产品以固定收益类产品为主，规模940.78亿元，占比58.16%；混合类产品规模412.47亿元，占比25.50%；权益类产品规模251.15亿元，占比15.53%；其余为商品及金融衍生品类产品。

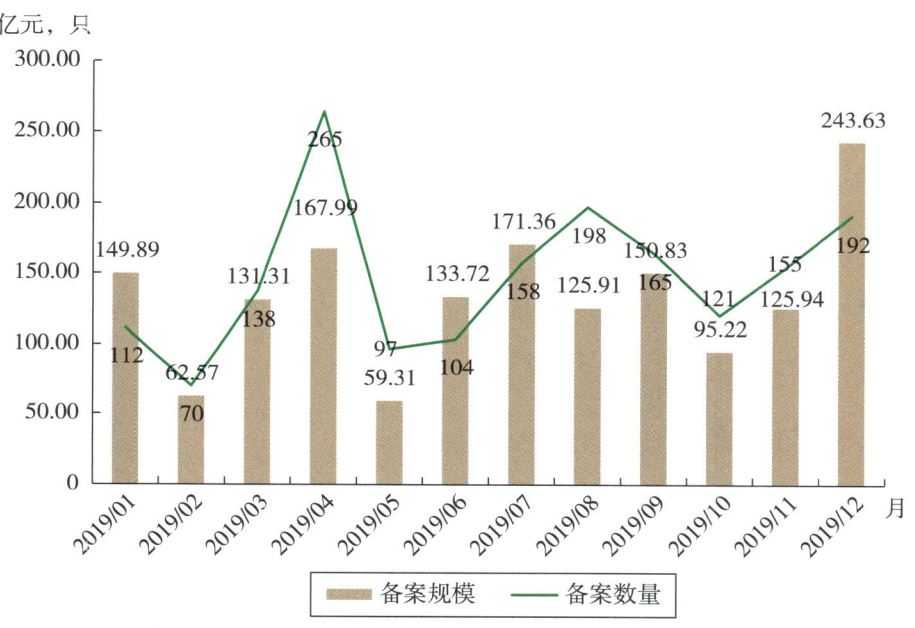

图4-3 2019年1~12月基金管理公司私募资管产品月度备案情况

（资料来源：中国证券投资基金业协会）

三、投资管理情况

受机构投资者对产品风险收益要求的影响，基金管理公司私募资管计划以固定收益类产品为主。截至2019年末，基金管理公司存续私募资管计划中，固定收益类产品规模2.97万亿元，占比68.35%；混合类产品规模9 218.80亿元，占比21.22%；权益类产品规模4 485.31亿元，占比10.32%。

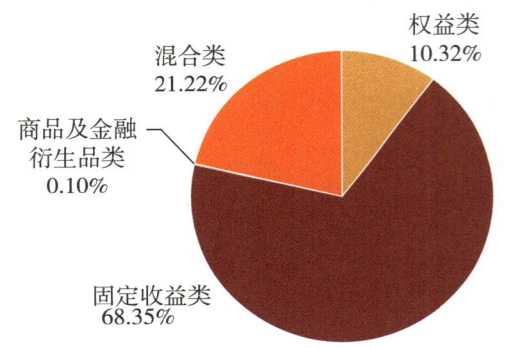

图4-4 2019年末基金管理公司私募资产管理计划存续情况(按产品类型)

(资料来源:中国证券投资基金业协会)

从基金管理公司对客户委托财产的管理方式看,截至2019年末,基金管理公司主动管理产品资产规模3.19万亿元,较2018年末增加1 606.86亿元,占比73.4%;通道产品规模1.16万亿元,较2018年末减少1 864.3亿元,占比26.6%。

四、投向情况

从产品投向来看,基金管理公司私募资管计划主要以债券、股票、同业存款等投资为主。截至2019年末,基金管理公司私募资管计划投向债券的规模为3.04万亿元,占投资总规模的61.07%;投向股票的规模为7 655.76亿元,占比15.36%;投向同业存单与现金的规模合计为5 307.6亿元,占比10.64%。

表4-5 2019年末基金管理公司私募资管计划投资情况

资金投向	投资金额(亿元)	占比(%)
股票	7 655.76	15.36
债券	30 447.05	61.07
证券投资基金	1 786.65	3.58
资产支持证券	2 126.07	4.26
期货衍生品保证金	24.96	0.05
其他境内证券	169.96	0.34
同业存单	2 384.50	4.78
现金	2 923.10	5.86
境外投资	633.52	1.27
其他	1 701.64	3.41
总计	49 853.21	100.00

资料来源:中国证券投资基金业协会。

五、集中度情况

基金管理公司私募资管业务将近一半的资金来源于银行。在排名靠前的基金管理公司中，银行客户资金占比更高。2019年，基金管理公司私募资管业务行业集中度小幅下降。规模前10的基金管理公司管理资产规模约2.24万亿元，占总规模的51.5%，较2018年末下降0.2个百分点；规模前20的基金管理公司管理资产规模约3.01万亿元，占总规模的69.2%，较2018年末下降2个百分点。

表4-6　2019年末私募资管规模前10的基金管理公司及其规模

排名	机构名称	管理资产规模（亿元）	占行业总规模比例（%）
1	建信基金管理有限责任公司	5 337	12.3
2	创金合信基金管理有限公司	3 426	7.9
3	博时基金管理有限公司	2 215	5.1
4	华夏基金管理有限公司	2 197	5.1
5	易方达基金管理有限公司	1 811	4.2
6	嘉实基金管理有限公司	1 716	3.9
7	中银基金管理有限公司	1 600	3.7
8	工银瑞信基金管理有限公司	1 524	3.5
9	交银施罗德基金管理有限公司	1 319	3.0
10	汇添富基金管理股份有限公司	1 212	2.8

资料来源：中国证券投资基金业协会。

第三节　基金子公司私募资产管理业务

一、规模结构

截至2019年末，基金管理公司从事特定客户资产管理业务子公司78家，存续产品5678只，管理资产规模4.19万亿元，较2018年末减少1.06万亿元，下降20.17%。从产品类型看，单一资产管理计划存续3 363只，管理资产规模3.64万亿元，占比86.93%，较2018年末减少8 049.03亿元，下降18.1%；集合资产管理计划存续2 315只，管理资产规模5 473.67亿元，占比13.07%，较2018年末减少2 536.21亿元，下降31.66%。

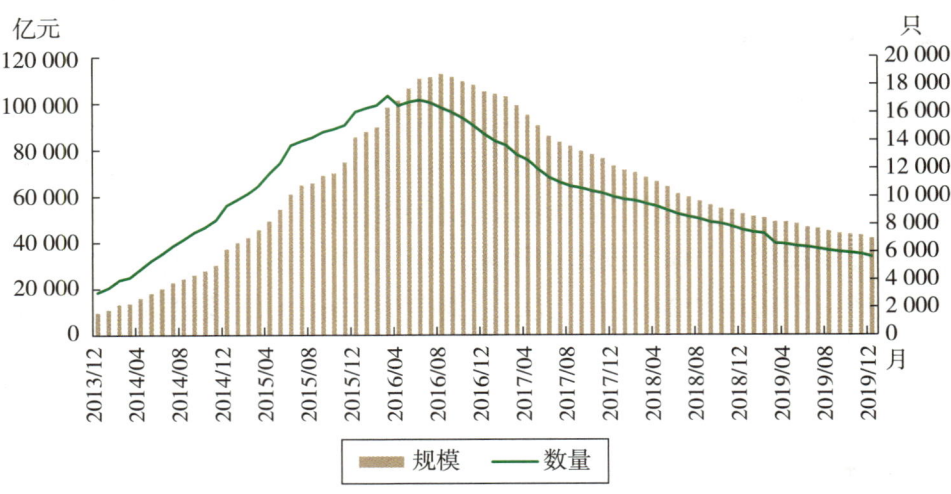

图4-5 基金子公司私募资产管理计划数量与规模

（资料来源：中国证券投资基金业协会）

二、备案情况

2019年，基金子公司备案产品规模继续缩减，全年备案产品1 403只，备案规模2466.69亿元。2019年，备案的基金子公司私募资管计划以固定收益类产品为主，数量与规模分别为1 125只、2 179.59亿元，分别占基金子公司当年备案产品数量与规模的80.19%和88.36%。

图4-6 2019年1~12月基金子公司私募资管产品月度备案情况

（资料来源：中国证券投资基金业协会）

三、投资管理情况

截至2019年末，基金子公司存续产品中，固定收益类产品规模3.15万亿元，占比75.26%；混合类产品规模4770.06亿元，占比11.39%；权益类产品规模5473.36亿元，占比13.07%。

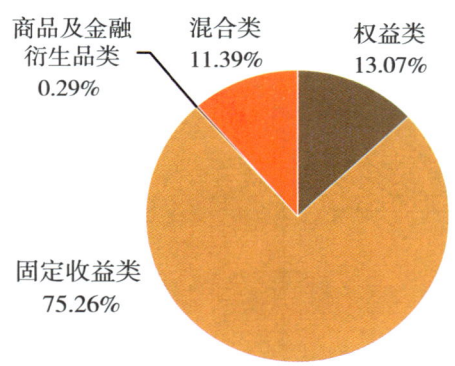

图4-7　2019年末基金子公司私募资产管理计划存续规模情况（按产品类型）

（资料来源：中国证券投资基金业协会）

从管理方式看，基金子公司通道类业务规模占比较高。截至2019年末，基金子公司主动管理类产品资产规模1.35万亿元，较2018年末增加466.54亿元，占比32.24%；通道类产品资产规模2.84万亿元，较2018年末减少1.11万亿元，占比67.76%。

四、投向情况

基金子公司私募资管计划主要投向非标债权、各类资管产品及证券市场。截至2019年末，基金子公司私募资管计划投向非标债权规模1.52万亿元，占投资总规模的35.34%；投向各类资管产品的规模为1.31万亿元，占比30.44%；投向股票、债券、基金等证券规模为1.04万亿元，占比24.14%。

从最终投向来看，基金子公司私募资管计划投向实体经济规模合计2.05万亿元。其中，投向企业1.02万亿元，投向地方融资平台[①]5 001.08亿元，投向基础产业3 030.03亿元，投向房地产2 251.63亿元。

---

① 在投向地方融资平台的5 001.08亿元中，最终投向房地产的规模为430亿元，最终投向基础产业的规模为3347亿元。

表4-7 2019年末基金子公司私募资管业务投资情况

资金投向	投资金额（亿元）	占比（%）
证券市场投资	10 396.30	24.14
其中：股票	1 431.63	3.32
债券	6 009.07	13.95
证券投资基金	1 084.91	2.52
资产支持证券及其他证券	1 870.68	4.34
非标债权投资	15 222.04	35.34
其中：银行委托贷款、信托贷款	4 069.49	9.45
以收益权、股权为形式的债权投资	8 406.97	19.52
资产收益权	548.62	1.27
股票股权质押融资	292.36	0.68
信贷票据信用证保理	1 904.61	4.42
各类资管产品	13 109.95	30.44
其中：商业银行理财计划	181.43	0.42
信托计划	1 095.76	2.54
保险资产管理计划	213.22	0.50
证券公司资产管理计划	2 280.49	5.30
基金公司及子公司资管计划	3 510.30	8.15
期货资产管理计划	4.62	0.01
私募基金	4 600.67	10.68
未在协会备案的合伙企业	1 223.46	2.84
非标股权投资	1 422.68	3.30
银行存款、同业存单、现金类	2 176.17	5.05
其他	740.80	1.72
总计	43 067.94	100.00

资料来源：中国证券投资基金业协会。

五、集中度情况

2019年，基金子公司私募资管业务规模集中度有所提升。私募资管规模前10的基金子公司管理资产规模合计2.39万亿元，占基金子公司私募资管总规模的57.1%，较2018年末上升3.7个百分点；规模前20的基金子公司管理资产规模合计3.86万亿元，占基金子公司私募资管总规模的75.3%，较2018年末上升1.7个百分点。

由于平台和资本金的优势，银行系基金子公司管理资产规模仍居前列。截至2019年末，13家银行系基金子公司私募资管规模合计2.36万亿元，占子公司资管总规模的56.3%，有8家银行系基金子公司进入行业规模前10。

表4-8 2019年末私募资管规模前10的基金子公司及其规模

排名	机构名称	管理资产规模（亿元）	占行业总规模比例（%）
1	建信资本管理有限责任公司	5 441.57	12.99
2	招商财富资产管理有限公司	3 469.05	8.28
3	农银汇理资产管理有限公司	2 849.03	6.80
4	上海浦银安盛资产管理有限公司	2 518.20	6.01
5	工银瑞信投资管理有限公司	2 208.91	5.27
6	鑫沅资产管理有限公司	1 986.24	4.74
7	深圳平安汇通投资管理有限公司	1 529.23	3.65
8	易方达资产管理有限公司	1 361.71	3.25
9	交银施罗德资产管理有限公司	1 355.11	3.24
10	兴业财富资产管理有限公司	1 194.37	2.85

资料来源：中国证券投资基金业协会。

第四节 证券公司私募资产管理业务

一、规模结构

证券公司私募资管业务从2012年末的1.89万亿元，快速增长至2017年4月末最高峰的18.58万亿元，此后在"降杠杆、去通道"的政策引导下，整体规模逐渐缩减。

截至2019年末，97家证券公司及其资管子公司开展私募资产管理业务，存续产品16 046只，管理资产规模10.34万亿元（含大集合7 810亿元），较2018年末减少2.57万亿元，减幅19.89%，证券公司私募资管业务规模全年月均减少2 140.03亿元。

从产品类型来看，截至2019年末，集合资管计划存续4 358只，资产规模1.96万亿元，较2018年末增加400.01亿元；单一资管计划存续11 688只，资产规模8.38万亿元，较2018年末减少2.61万亿元。

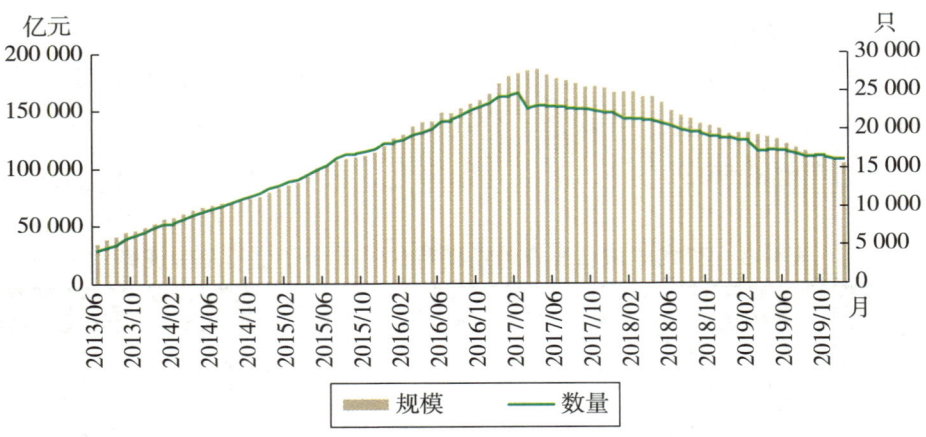

图4-8 证券公司私募资产管理计划数量与规模

（资料来源：中国证券投资基金业协会）

二、备案情况

2019年，证券公司备案私募资管产品3 945只，规模3 903.43亿元。2019年，证券公司备案的私募资管产品依然以固定收益类产品为主，数量与规模分别占证券公司备案产品数量与规模的73.26%和85.91%。

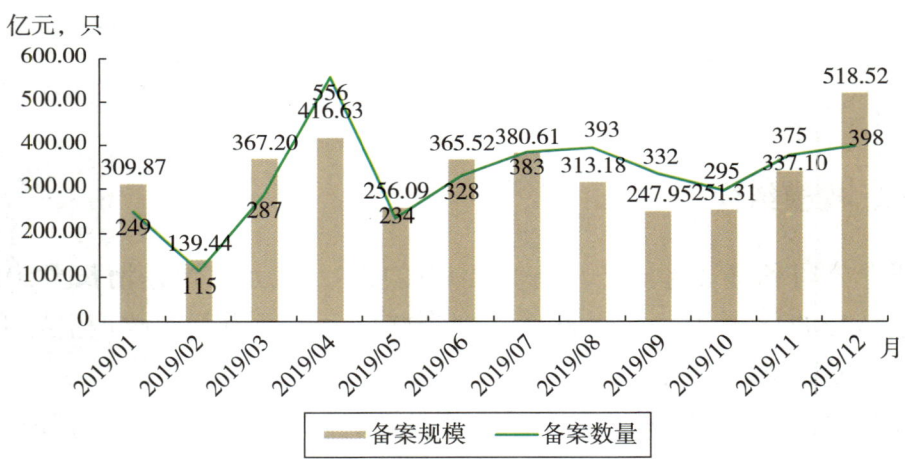

图4-9 2019年1~12月证券公司私募资管产品月度备案情况

（资料来源：中国证券投资基金业协会）

三、投资管理情况

截至2019年末，证券公司私募资管计划中，固定收益类产品规模7.16万亿元，占比74.94%；混合类产品规模1.82万亿元，占比19.1%；权益类产品规模5 663.23亿元，占比5.93%。

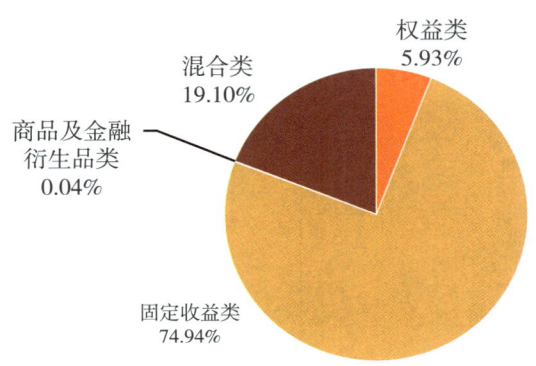

图4-10　2019年末证券公司私募资产管理计划存续情况（按产品类型）

（资料来源：中国证券投资基金业协会）

从管理方式看，证券公司通道业务规模占比依然较高。截至2019年末，证券公司存续的主动管理产品8 576只，管理资产规模3.41万亿元；存续的通道产品7 097只，管理资产规模6.15万亿元，较2018年末减少2.69万亿元。

与基金子公司类似，在证券公司通道类产品资金中，大部分来源于银行，此类产品投资类型主要为非标类及债券类；主动管理类产品资金主要来源于银行、个人、其他机构，此类产品的投资类型主要为固定收益类及混合类。

四、投向情况

证券公司私募资管计划主要投向证券市场、非标债权及各类资管产品。截至2019年末，证券公司私募资管计划投向股票、债券、基金等证券规模为4.71万亿元，占投资总规模的42.75%；投向非标债权规模为3.27万亿元，占比29.68%；投向各类资管产品规模为1.52万亿元，占比13.75%。

表4-9　2019年末证券公司私募资管业务投资情况

资金投向	投资金额（亿元）	占比（%）
证券市场投资	47 149.85	42.75
其中：股票	4 821.85	4.37
债券	36 790.32	33.36
证券投资基金	1 858.96	1.69
资产支持证券及其他证券	3 678.72	3.34
非标债权投资	32 737.30	29.68

续表

资金投向	投资金额（亿元）	占比（%）
其中：银行委托贷款、信托贷款	10 676.64	9.68
以收益权、股权为形式的债权投资	11 265.75	10.21
资产收益权	1 499.06	1.36
股票股权质押融资	3 904.88	3.54
信贷票据信用证保理	5 390.97	4.89
各类资管产品	15 168.31	13.75
其中：商业银行理财计划	25.24	0.02
信托计划	4 847.73	4.40
保险资产管理计划	450.66	0.41
证券公司资产管理计划	1 629.56	1.48
基金公司及子公司资管计划	2 655.61	2.41
期货资产管理计划	19.88	0.02
私募基金	4 050.60	3.67
未在协会备案的合伙企业	1 489.04	1.35
非标股权投资	2 055.72	1.86
银行存款、同业存单、现金类	6 808.20	6.17
其他	6 377.27	5.78
总计	110 296.65	100.00

资料来源：中国证券投资基金业协会。

从最终投向来看，证券公司私募资管计划投向实体经济规模合计3.8万亿元。其中，投向企业2.3万亿元，投向地方融资平台[①]5 446.27亿元，投向基础产业4 862.43亿元，投向房地产4 610.66亿元。

五、集中度情况

2019年，证券公司资管业务集中度小幅上升，排名前10的证券公司资管业务规模合计占资管业务总规模的51.1%，前20的证券公司占比为65.7%，较2018年分别上升了3.5个百分点、0.5个百分点。

---

① 在投向地方融资平台的5 446.27亿元中，最终投向房地产的规模为568亿元，最终投向基础产业的规模为3 906亿元。

表4-10 2019年末私募资管规模前10的证券公司及其规模

排名	机构名称	管理资产规模（亿元）	占行业总规模比例（%）
1	中信证券股份有限公司	11 501.00	12.04
2	上海国泰君安证券资产管理有限公司	6 218.06	6.51
3	招商证券资产管理有限公司	5 834.10	6.11
4	华泰证券（上海）资产管理有限公司	4 956.94	5.19
5	中信建投证券股份有限公司	4 856.94	5.08
6	中银国际证券股份有限公司	4 833.13	5.06
7	申万宏源证券有限公司	4 810.43	5.03
8	广发证券资产管理（广东）有限公司	1 993.30	2.09
9	安信证券股份有限公司	1 938.03	2.03
10	上海海通证券资产管理有限公司	1 901.00	1.99

资料来源：中国证券投资基金业协会。

第五节 证券公司私募子公司私募基金业务

一、规模结构

截至2019年末，118家证券公司私募子公司开展私募基金业务，存续私募基金925只，实缴规模4 937.19亿元，较2018年末增加473.96亿元，增长10.62%。

图4-11 2019年各月末证券公司私募子公司私募基金数量与规模

（资料来源：中国证券投资基金业协会）

二、备案情况

2019年,证券公司私募子公司备案私募基金175只,备案规模515.67亿元。其中,合伙型162只,实缴规模497.59亿元;契约型11只,实缴规模17.88亿元;公司型2只,实缴规模0.20亿元。

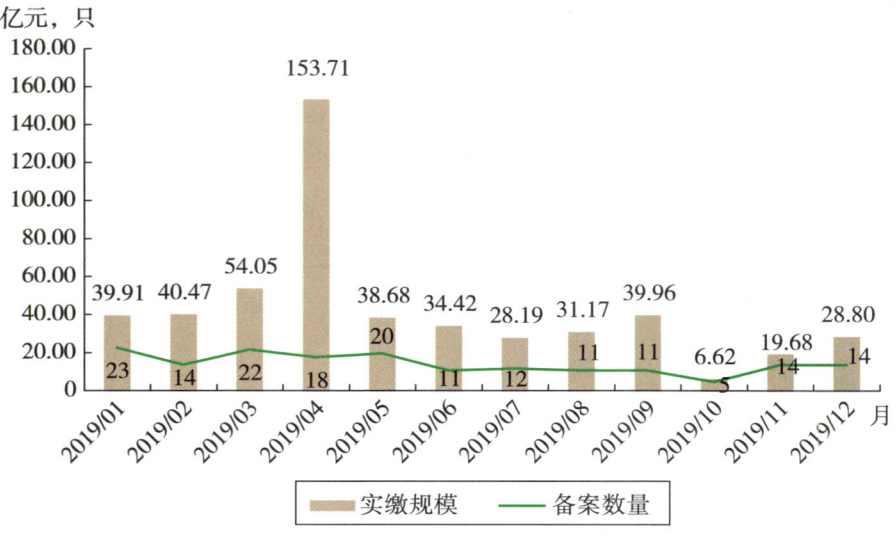

图4-12 2019年1~12月证券公司私募子公司私募基金月度备案情况

(资料来源:中国证券投资基金业协会)

三、集中度情况

2019年末,规模前10的证券公司私募子公司管理私募基金规模合计2 558.54亿元,占全部规模的51.8%;规模前20的证券公司私募子公司管理私募基金规模合计3 507.57亿元,占全部规模的71.0%。

表4-11 2019年末规模前10的证券公司私募子公司及其规模

排名	机构名称	管理规模(亿元)	占行业总规模比例(%)
1	中金资本运营有限公司	852.42	17.27
2	华泰紫金投资有限责任公司	371.15	7.52
3	上海光大光证股权投资基金管理有限公司	203.13	4.11
4	信风投资管理有限公司	199.02	4.03
5	东吴创业投资有限公司	197.67	4.00
6	国泰君安创新投资有限公司	179.46	3.63

续表

排名	机构名称	管理规模（亿元）	占行业总规模比例（%）
7	中金启元国家新兴产业创业投资引导基金管理有限公司	168.31	3.41
8	招商致远资本投资有限公司	143.12	2.90
9	金石投资有限公司	127.5	2.58
10	金汇财富资本管理有限公司	116.76	2.36

资料来源：中国证券投资基金业协会。

注：上海光大光证股权投资基金管理有限公司与中金启元国家新兴产业创业投资引导基金管理有限公司为证券公司二级子公司。

第六节　期货公司私募资产管理业务

一、规模结构

截至2019年末，111家期货公司及其资管子公司开展资产管理业务，期货公司存续资管产品1 219只，管理资产规模1 428.62亿元，较2018年末增加152.28亿元，增长11.93%。其中，集合资管计划存续899只，管理资产规模793.09亿元，占比55.51%；单一资管计划存续320只，管理资产规模635.53亿元，占比44.49%。

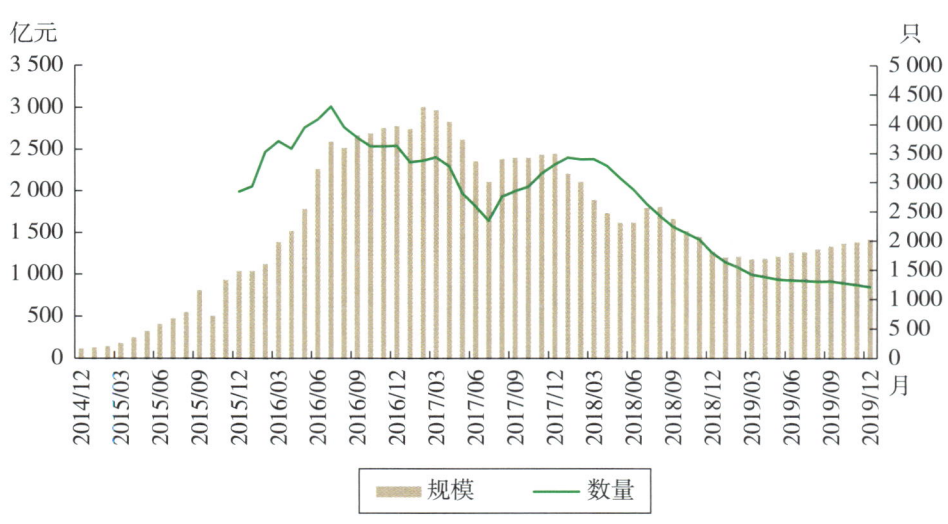

图4-13　期货公司私募资产管理计划数量与规模

（资料来源：中国证券投资基金业协会）

注：此处缺少2015年末之前的期货资管计划数量数据。

二、备案情况

2019年,期货公司备案私募资管产品519只,备案规模217.31亿元。其中,集合资管计划310只,规模159.07亿元;单一资管计划209只,规模58.24亿元。2019年,期货公司备案的私募资管计划以混合类、固定收益类、商品及金融衍生品类产品为主,备案规模分别占期货公司备案规模的34.38%、33.89%和26.42%。

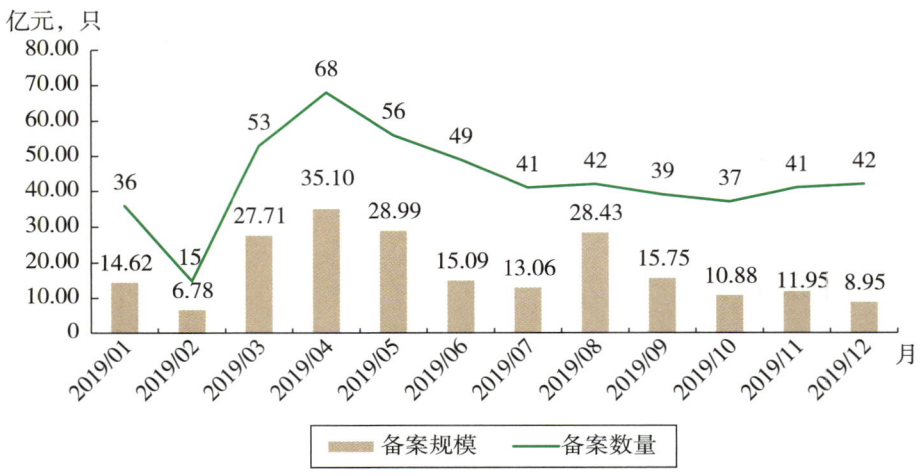

图4-14 2019年1~12月期货公司私募资管产品月度备案情况

(资料来源:中国证券投资基金业协会)

三、投向情况

期货公司存续的私募资管产品投资证券市场规模为1 054.58亿元,占期货资管业务管理规模的67.7%。证券市场投资中,投资股票规模222.48亿元,占期货资管总规模的15.57%;投资债券规模558.25亿元,占比39.08%;投资证券投资基金规模143.52亿元,占比10.05%;投资期货规模31.97亿元,占比2.24%。

四、集中度情况

2019年,期货公司私募资管业务规模略有上升,规模集中度继续提升。规模前10的期货公司管理资产规模合计894.02亿元,占期货公司资管总规模的62.57%,较2018年末上升5个百分点;规模前20的期货公司的管理资产规模合计1 130亿元,占期货公司资管总规模的79.1%,较2018年末上升1个百分点。

表4-12　2019年末私募资管规模前10的期货公司及其规模

排名	机构名称	管理资产规模（亿元）	占行业总规模比例（%）
1	中信期货有限公司	232.99	16.31
2	弘业期货股份有限公司	112.63	7.88
3	五矿经易期货有限公司	92.64	6.48
4	海通期货股份有限公司	91.17	6.38
5	永安期货股份有限公司	77.16	5.40
6	华信期货股份有限公司	70.46	4.93
7	兴业期货有限公司	65.98	4.62
8	中金期货有限公司	60.42	4.23
9	上海东证期货有限公司	52.59	3.68
10	深圳天风天成资产管理有限公司	37.98	2.66

资料来源：中国证券投资基金业协会。

第七节　资产证券化业务

一、资产支持专项计划备案总体情况

自2014年12月备案制开始实行至2019年末，累计共有138家机构备案确认2 791只企业资产证券化产品，备案累计规模达36 379.54亿元。其中，终止清算产品1 214只，清算产品规模合计15 647.45亿元；存续产品共1 577只，存续规模16 491.12亿元。

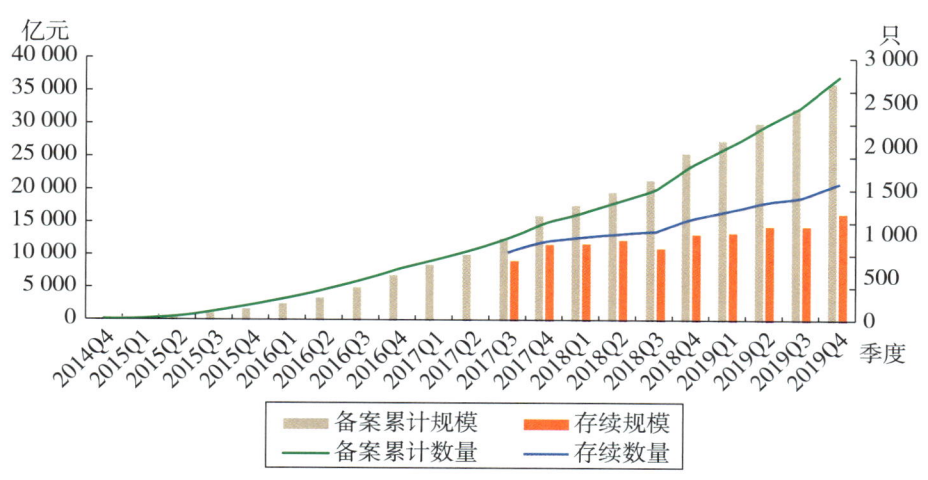

图4-15　备案累计规模、数量及存续规模、数量趋势

二、企业资产证券化产品管理人情况

截至2019年末，累计共有138家机构开展了企业资产证券化业务。其中，证券公司86家、基金子公司51家、信托公司1家。可见，证券公司为发行机构主力。

表4-13 证券公司、基金子公司备案及存续数量、规模数据

管理人类型	开展业务（家）	2019开展业务（家）	累计备案产品数量（只）	2019备案产品数量（只）	累计备案产品规模（亿元）	2019备案产品规模（亿元）
证券公司	86	72	2 386	865	30 857.57	9 270.36
基金子公司	51	23	390	119	5 274.65	1 218.85
信托公司	1	1	15	15	247.32	247.32
合计	138	96	2 791	999	36 379.54	10 736.53

从累计备案规模来看，德邦证券股份有限公司、中国国际金融股份有限公司、中信证券股份有限公司、华泰证券（上海）资管和平安证券股份有限公司5家机构排名前五；从存续规模来看，中信证券股份有限公司、中国国际金融股份有限公司、华泰证券（上海）资管、平安证券股份有限公司、中信建投证券股份有限公司5家机构排名前五。

表4-14 管理人备案及存续数量、规模数据排名（按存续规模）

序号	管理人	备案数量（只）	备案规模（亿元）	存续数量（只）	存续规模（亿元）
1	中信证券股份有限公司	216	2 471.53	142	1 335.41
2	中国国际金融股份有限公司	132	2 496.69	72	1 237.22
3	华泰证券（上海）资管	180	2 334.30	98	1 050.14
4	平安证券股份有限公司	182	1 653.51	120	914.56
5	中信建投证券股份有限公司	78	1 033.58	58	750.97
6	信达证券股份有限公司	23	1 330.99	16	700.70
7	招商证券资产管理有限公司	80	1 021.74	48	662.38
8	天风证券股份有限公司	88	1 042.25	72	607.12
9	德邦证券股份有限公司	205	4 347.13	36	578.65
10	上海国泰君安证券资管	74	1 324.23	49	546.21

三、基础资产类型

按照基础资产一级分类，债权类产品共备案2 374只，占比85.06%，备案累计规模31 913.23亿元，占比87.72%；债权类产品存续1 235只，存续数

量占比78.31%，存续规模13 567.31亿元，存续规模占比82.27%。未来经营性收入类产品共备案352只，占比12.61%，备案累计规模3 208.40亿元，占比8.82%；存续287只，存续数量占比18.20%，存续规模1 909.99亿元，存续规模占比11.58%。REITs类产品共备案64只，占比2.29%，备案累计规模1 254.90亿元，占比3.45%；产权类产品存续54只，存续数量占比3.42%，存续规模1 011.01亿元，存续规模占比6.13%；其他类产品共备案1只，占比0.04%，备案累计规模3.01亿元，占比0.01%；产权类产品存续1只，存续数量占比0.06%，存续规模3.01亿元，存续规模占比0.02%。

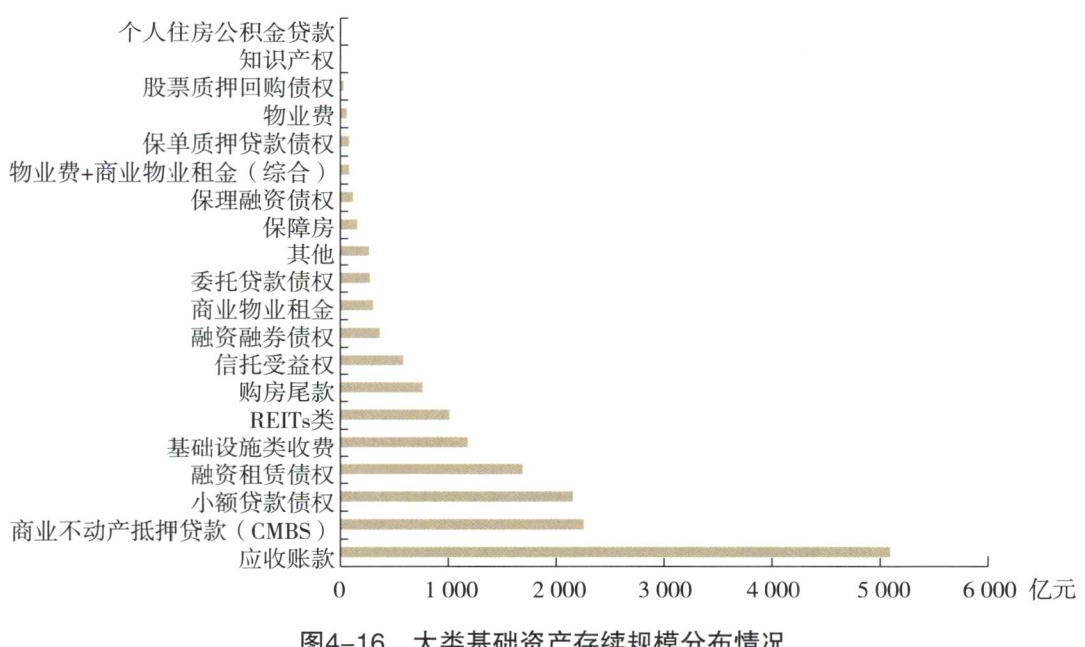

图4-16 大类基础资产存续规模分布情况

从基础资产二级分类来看，应收账款类产品存续规模5 089.94亿元，占总存续规模30.86%；商业不动产抵押贷款类（CMBS）产品存续规模2 256.37亿元，占比13.68%；小额贷款债权类产品存续规模2 155.87亿元，占比13.07%；融资租赁债权类产品存续规模1 689.76亿元，占总存续规模10.25%；基础设施类收费产品存续规模合计1 181.63亿元，占比7.17%。

政策鼓励类产品主要类型包括绿色、扶贫、住房租赁、知识产权等产品。其中，绿色产品备案规模449.88亿元，存续规模335.27亿元；住房租赁产品备案规模239.44亿元，存续规模203.56亿元；扶贫产品备案规模166.41亿元，存续规模91.43亿元；知识产权产品备案规模42.08亿元，存续规模13.56亿元。

四、2019年备案情况

2019年,企业资产证券化产品共备案确认999只,新增备案规模达10 736.53亿元。终止清算产品61只,清算产品规模合计779.65亿元。

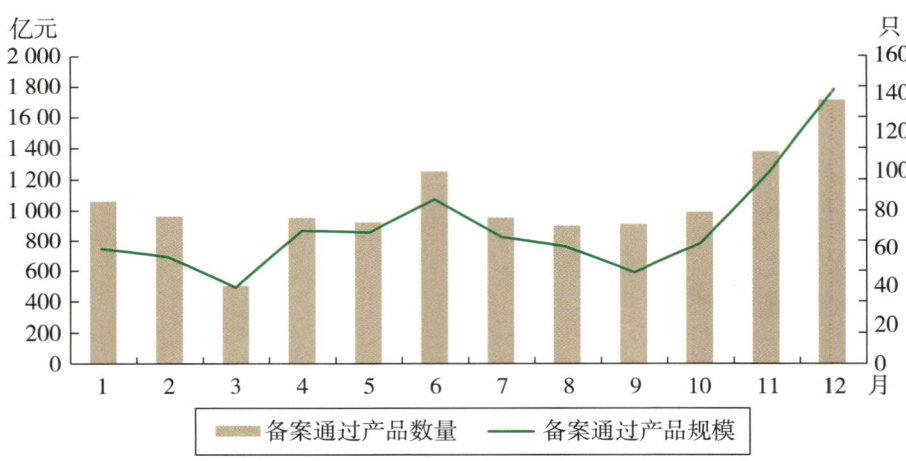

图4-17 2019年产品新设规模及数量分布情况

(一)基础资产新增备案情况

2019年,以供应链金融为代表的企业应收账款类产品备案规模和备案数量均占首位,备案规模4 432.16亿元。融资租赁债权类产品备案规模1 546.83亿元。小额贷款债权类产品备案规模1 413.04亿元。CMBS产品备案规模1 078.77亿元。基础设施类收费产品备案规模476.15亿元。REITs类产品备案规模409.34亿元。其他类别产品备案规模较小。

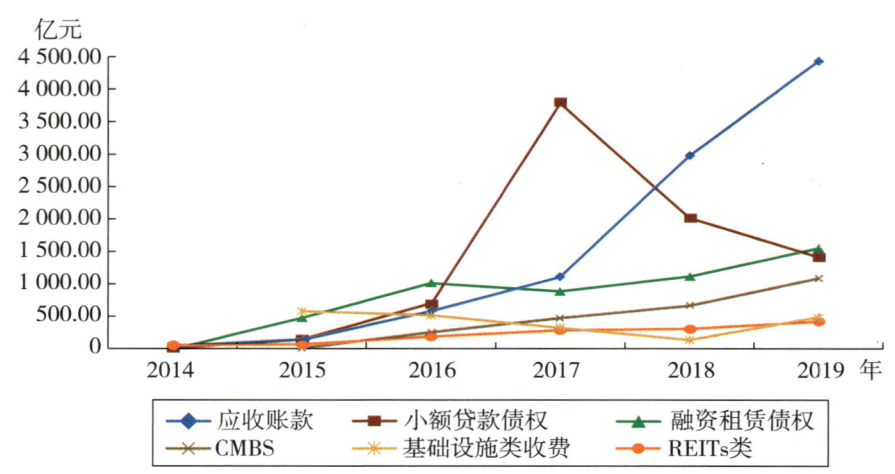

图4-18 新增规模占比较高前六大类基础资产年度新增备案规模变化趋势情况

（二）开展业务管理人情况

2019年全年，共计 96家机构开展了企业资产证券化业务，较2018年全年增加了15家。2019年，新增12家管理人开展资产证券化业务，分别为9家证券公司、2家基金子公司和1家信托公司。

第五章

私募投资基金

第一节 私募投资基金总览

一、规模结构

从私募投资基金历年的规模来看，总规模增速总体呈现逐步下降趋势。2019年，市场情绪整体转向积极，私募投资基金发展面临机遇与挑战。截至2019年末，在中国证券投资基金业协会备案且正在运作的私募投资基金为81 710只，较2018年末增长9.49%；基金规模为14.08万亿元，较2018年末增长10.83%。私募投资基金不同类型产品规模结构性分化明显，私募证券投资基金规模同比增长19.76%，私募股权投资基金规模同比增长13.71%，创业投资基金同比增长32.92%，其他类产品规模下降。

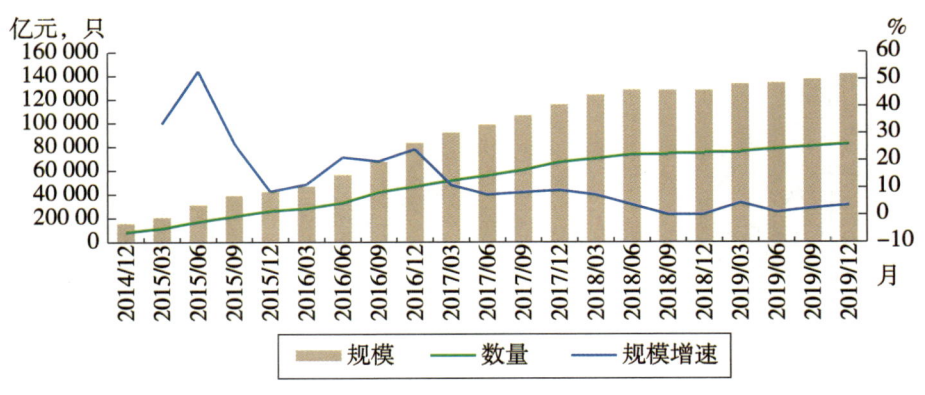

图5-1 私募投资基金数量与规模

（资料来源：中国证券投资基金业协会）

注：规模数据2017年之前为实缴规模口径，此后为净资产规模口径。

表5-1 2019年末私募投资基金数量与规模

基金类型	基金数量（只）	规模（亿元）	数量同比变化（%）	规模同比变化（%）
私募证券投资基金	41 392	25 610.41	16.03	19.76
其中：顾问管理基金	2 721	5 024.76	−14.38	−11.97
私募股权投资基金	28 477	88 713.18	4.79	13.71
创业投资基金	7 978	12 088.26	22.59	32.92
其他私募投资基金	3 858	14 412.29	−26.81	−22.39
私募资产配置基金	5	5.48	—	—
合计	81 710	140 829.62	9.49	10.83

资料来源：中国证券投资基金业协会。

二、备案情况

2019年，私募投资基金管理人在协会备案私募投资基金[①]18 959只，备案规模为8 724.31亿元。从备案产品基金类型来看，私募证券投资基金（含顾问管理基金）数量占备案产品总数的68.76%，备案规模占备案产品总规模的17.33%；私募股权、创业投资基金数量占备案产品总数的31.19%，备案规模占备案产品总规模的82.60%。从备案产品投资类型来看，类型明确的备案规模前四类分别为并购基金、基础设施类基金、混合类基金、房地产基金，数量前四类分别为混合类基金、股票类基金、期货衍生品类基金、并购基金。

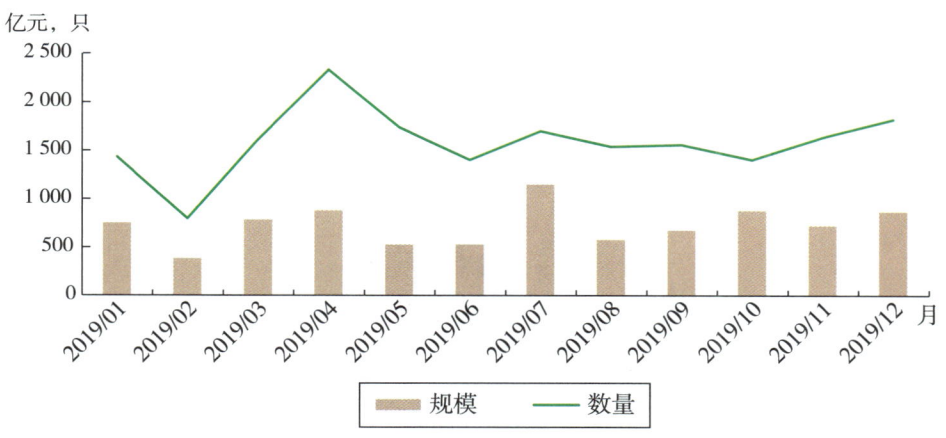

图5-2 2019年1~12月私募投资基金备案通过情况

（资料来源：中国证券投资基金业协会）

---

① 备案私募投资基金是指在中国证券投资基金业协会备案通过，统计以初始备案通过日期及类型为准。

三、投资管理情况

从2019年末存续产品数据来看,证券类与股权类产品规模合计占私募投资基金总规模的81.18%,其中可区分具体产品类型的占私募投资基金总规模的36.43%。其中,并购基金占12.15%,基础设施类基金占8.77%,股票类基金占4.04%,混合类基金占5.95%,固定收益类基金占1.64%,房地产基金占2.76%,上市公司定增基金占0.89%,其余为期货衍生品类基金;从私募投资基金管理人对产品的管理类型来看,存续规模的95.35%是受托管理的,3.57%为顾问管理,1.08%为自我管理。

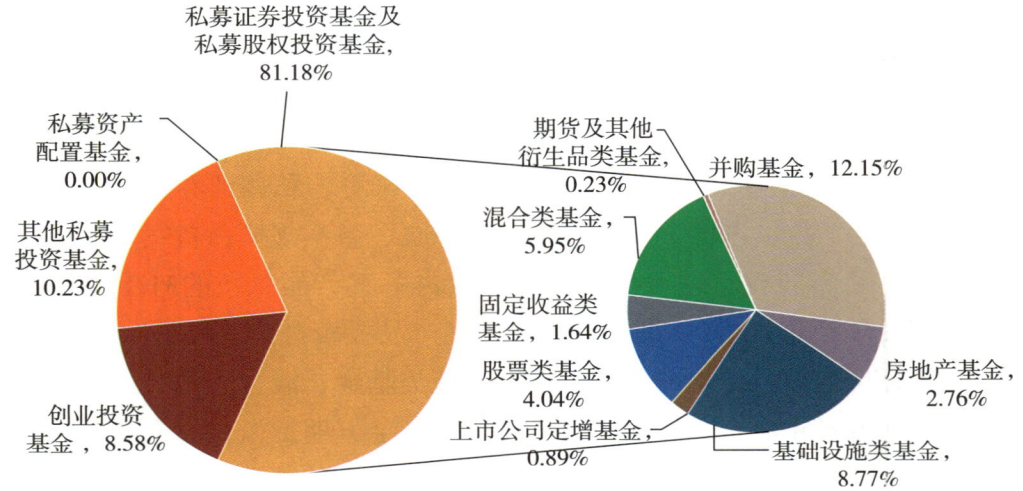

图5-3 2019年末私募投资基金存续规模占比情况(按产品类型)

(资料来源:中国证券投资基金业协会)

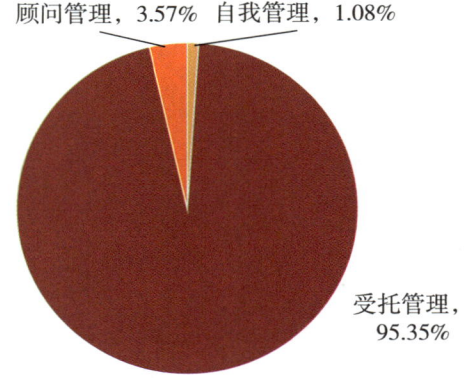

图5-4 2019年末私募投资基金存续规模占比情况(按管理类型)

(资料来源:中国证券投资基金业协会)

四、投向情况

从私募投资基金总体资产配置来看,股类占比达到48.32%,这主要是因为占私募投资基金规模七成的股权、创投类基金主要配置未上市股权类资产;其次,私募投资基金投资私募资管计划(含私募基金)的比例为21.42%;债类资产投资占比为10.54%。

表5-2 2019年末私募投资基金投资情况

资产类别	2018年第四季度（亿元）	2019年第四季度（亿元）	占比（%）	同比增量（亿元）	同比增幅（%）
股类	56 672.51	70 819.47	48.32	14 146.96	24.96
债类	16 703.50	15 442.53	10.54	-1 260.97	-7.55
收益权类	6 509.38	4 621.95	3.15	-1 887.43	-29.00
现金类	10 756.53	11 312.36	7.72	555.83	5.17
公募基金	1 987.13	1 324.16	0.90	-662.97	-33.36
资管计划	28 971.05	31 399.35	21.42	2 428.30	8.38
其他	2 516.58	2 787.62	1.90	271.04	10.77
尚无法分类资产	8 163.49	8 850.31	6.04	686.82	8.41
合计	132 280.17	146 557.75	100.00	14 277.58	10.79

资料来源:中国证券投资基金业协会。

从服务实体经济来看,投资于未上市未挂牌公司股权、境内债权、上市公司定向增发和新三板的资金直接对接了实体企业融资需求,截至2019年末,私募投资基金直接投资于上述类别资产的规模为7.86万亿元,较2018年末同比增长25.96%。

第二节 私募证券投资基金

一、规模结构

2019年,私募证券投资基金产品存续数量与存续规模均大幅增长。截至2019年末,存续私募证券投资基金(含顾问管理产品)为41 392只,较2018年末增加5 717只,同比增长16.03%;存续规模为2.56万亿元,较2018年末增加4 225.35亿元,同比增长19.76%。

第一篇 行业发展篇

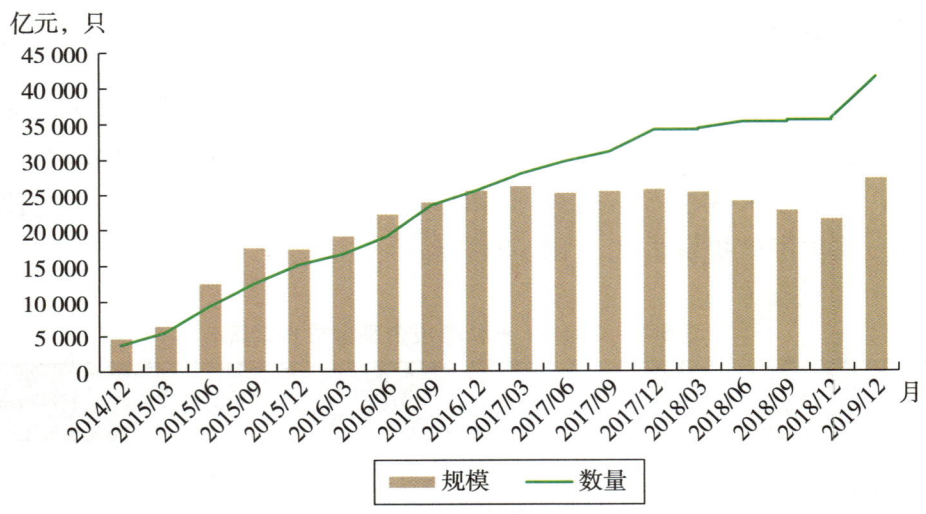

图5-5 私募证券投资基金数量与规模

（资料来源：中国证券投资基金业协会）

（一）自主发行类私募证券投资基金规模结构

1. 私募证券投资基金数量及规模趋势变化

截至2019年末，自主发行类私募证券投资基金为38 671只，较2018年末增加6 174只，同比增长19.00%；规模2.06万亿元，较2018年末增加4 908.77亿元，同比增长31.31%；平均单只基金的规模为5 323.28万元，较2018年末增加499.18万元，同比增长10.35%。

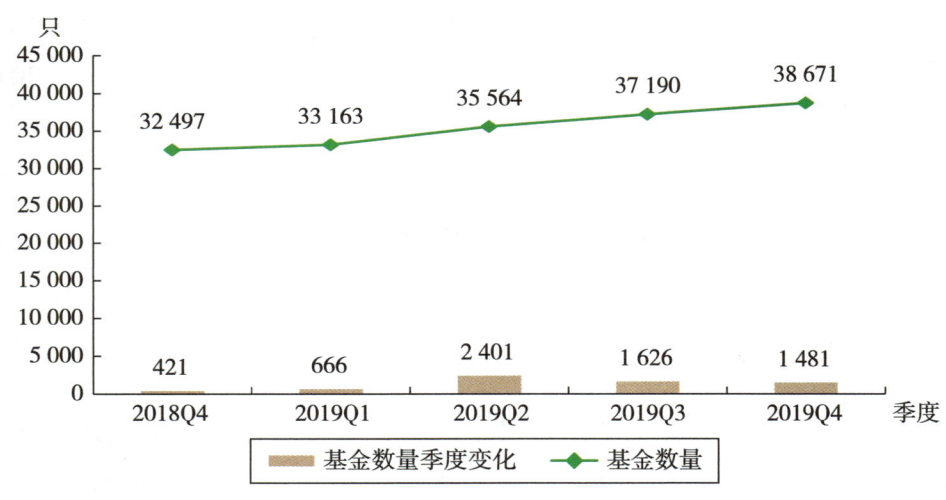

图5-6 私募证券投资基金数量变化

（资料来源：中国证券投资基金业协会）

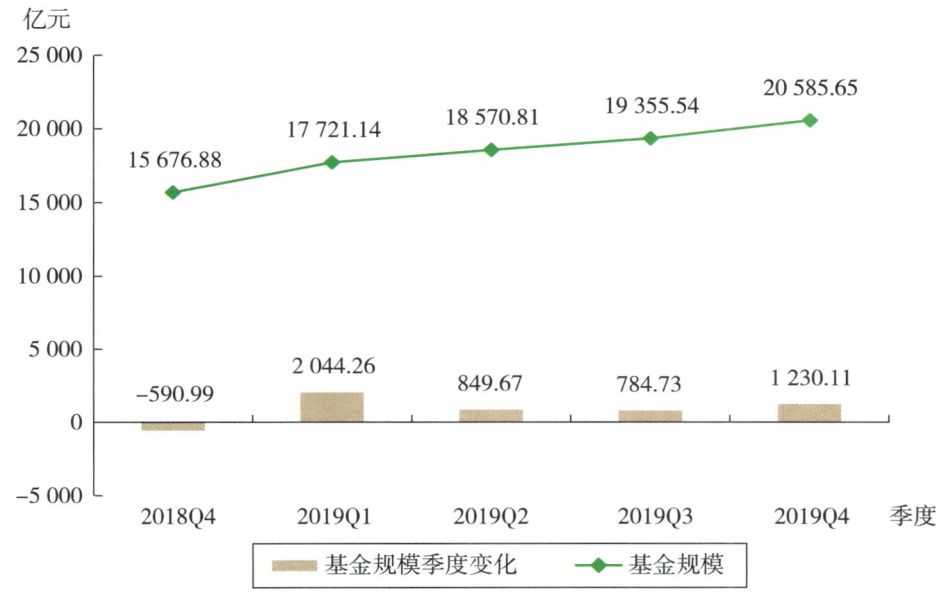

图5-7 私募证券投资基金规模变化

2. 私募证券投资基金按规模分布情况

截至2019年末，私募证券投资基金"基金数量多、平均规模小、小型基金数量占比高"的现象依然突出。

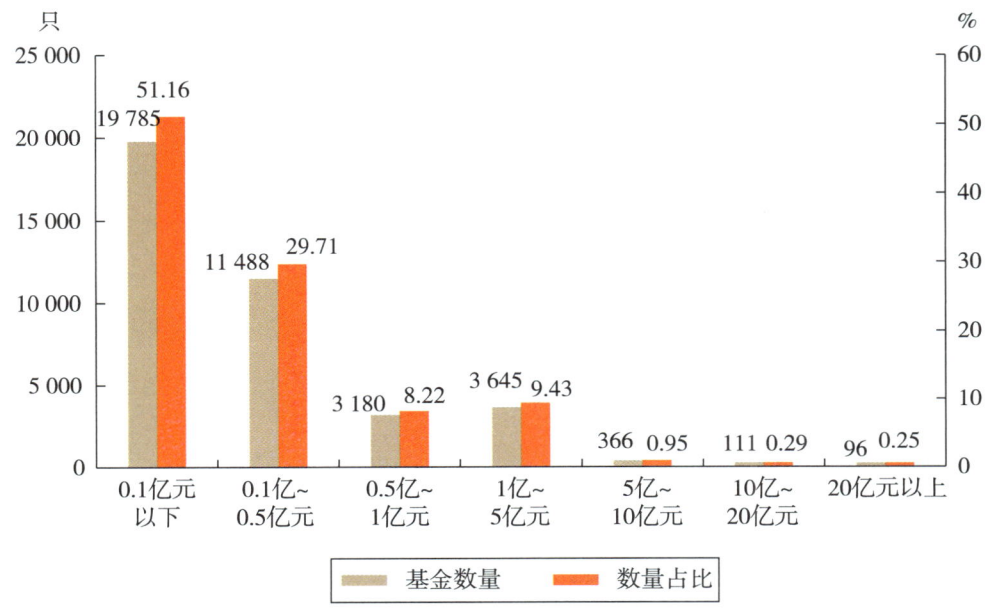

图5-8 私募证券投资基金数量分布情况

（资料来源：中国证券投资基金业协会）

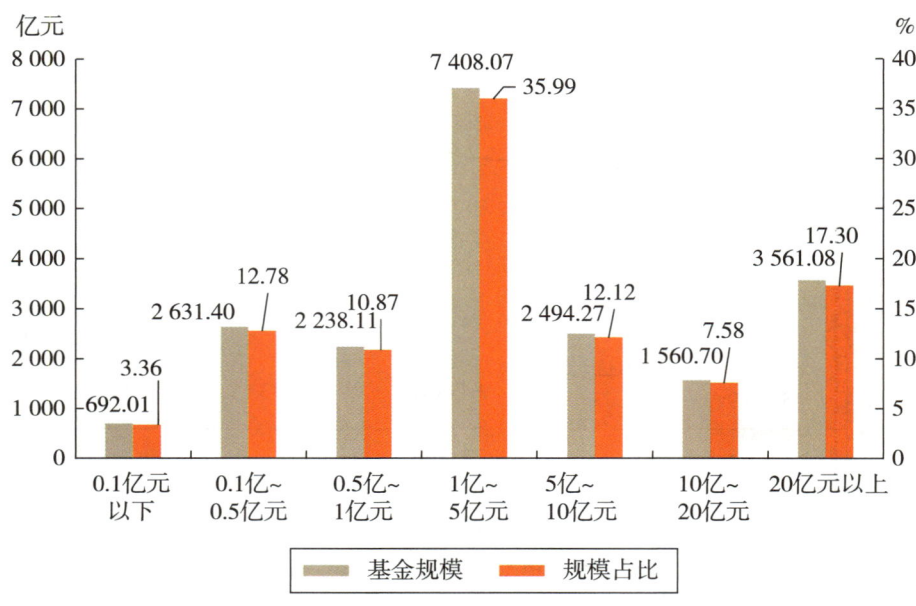

图5-9 私募证券投资基金规模分布情况

（资料来源：中国证券投资基金业协会）

3. 私募证券投资基金组织形式分布情况

截至2019年末，从基金组织形式来看，契约型私募证券投资基金在数量和规模上皆占绝对多数。

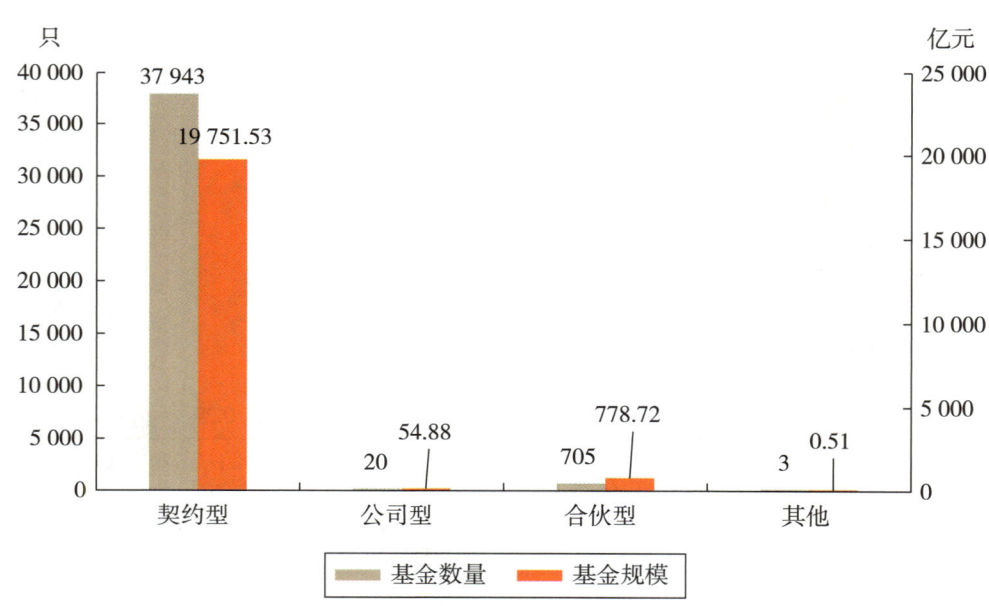

图5-10 私募证券投资基金组织形式分布情况

（资料来源：中国证券投资基金业协会）

（二）自主发行类私募证券投资基金募集出资

截至2019年末，自主发行类私募证券投资基金各类投资者[①]合计出资2.07万亿元，较2018年末增长31.46%，所涉投资者约33万人次。2019年备案的私募证券投资基金的初始各类投资者合计出资1 136.93亿元，所涉投资者约5万人次；截至2019年末，当年备案的私募证券投资基金的投资者合计出资4 311.41亿元，所涉投资者约9万人次。2018年末存量私募证券投资基金投资者于2019年出资增加642.54亿元，所涉投资者数量减少约5.7万人次。

1. 基金投资者数量分布情况

截至2019年末，单只私募证券投资基金的投资者数量主要集中在2~5（含）人次，相关基金数量达17 306只，占比为44.75%，基金规模为6 326.25亿元，占比为30.73%。

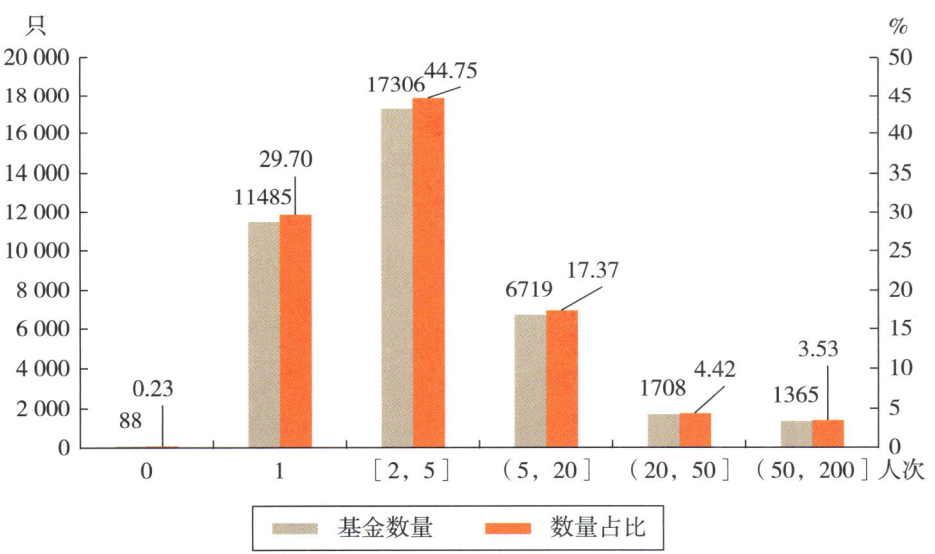

图5-11　私募证券投资基金数量分布情况（按投资者人数）

（资料来源：中国证券投资基金业协会）

注：部分在原私募投资基金登记备案系统完成备案的私募证券投资基金暂未根据中国证券投资基金业协会要求在"资产管理业务综合报送平台"补录投资者结构化数据信息或未及时进行清算，投资者数量暂时显示为0。

[①] 本书所统计投资者人数及出资额基于基金直接投资者（一级投资者）统计。合伙型、公司型基金的投资者出资额取其实缴出资额，契约型基金的投资者出资额取其持有的基金份额乘以同期末基金单位净值。

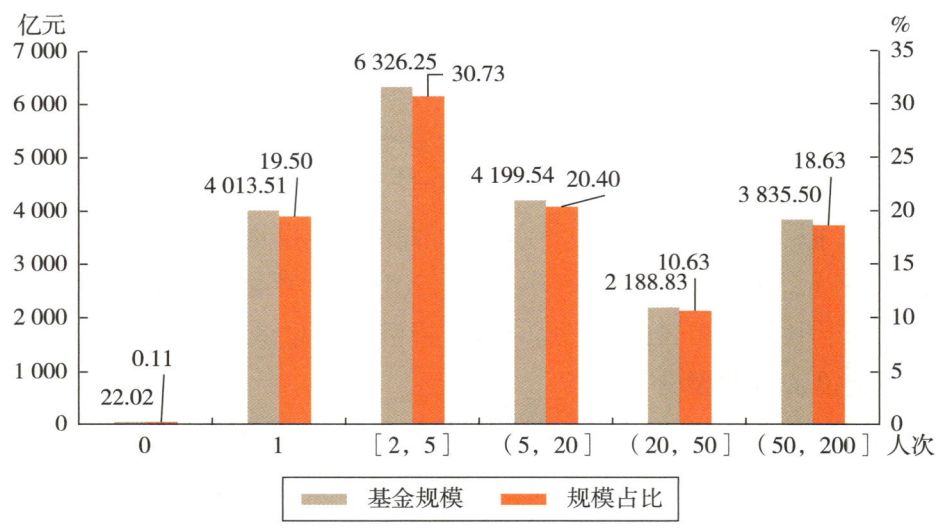

图5-12 私募证券投资基金规模分布情况（按投资者人数）

（资料来源：中国证券投资基金业协会）

2. 基金各类投资者出资情况

截至2019年末，私募证券投资基金的各类型投资者中，居民[①]数量占比达88.87%，相关资金占比仅为43.43%；各类资管计划[②]数量占比为4.70%，相关资金占比达32.62%；企业[③]数量占比4.70%，相关资金占比达23.82%。

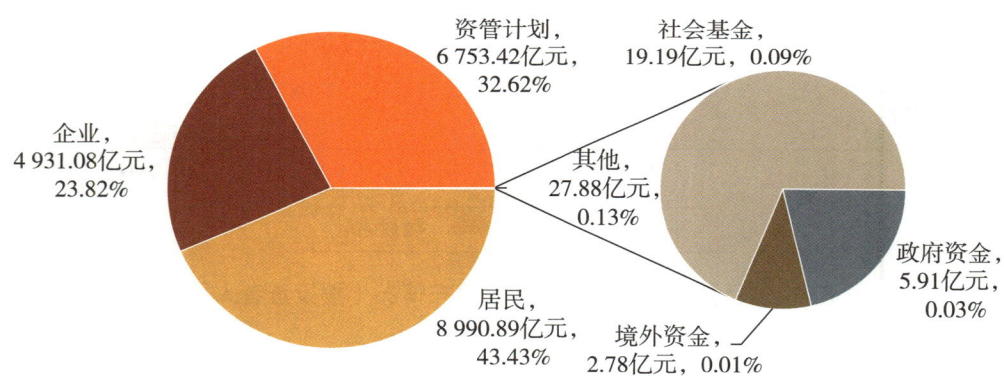

图5-13 私募证券投资基金各类投资者投资规模比例分布

（资料来源：中国证券投资基金业协会）

[①] 本书中的居民包含自然人（非员工跟投）和自然人（员工跟投）。
[②] 本书中资管计划投资者包含私募基金、信托计划、证券公司及其子公司资管计划、基金公司及其子公司资管计划、期货公司及其子公司资管计划、保险资管计划、商业银行理财产品。
[③] 本书中的企业投资者包含境内法人机构（公司等）、境内非法人机构（一般合伙企业等）、管理人跟投。

3. 非居民投资者出资比例分布情况

截至2019末，约55.57%的私募证券投资基金完全由居民出资，约21.29%的私募证券投资基金完全由非居民投资者出资。

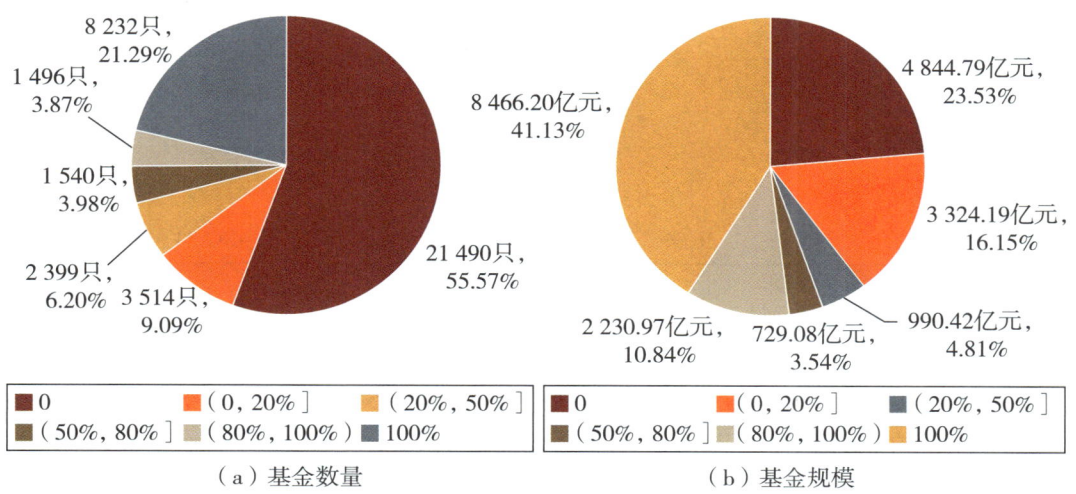

（a）基金数量　　　　　　　　（b）基金规模

图5-14　私募证券投资基金按非居民投资者出资比例分布情况

（资料来源：中国证券投资基金业协会）

（三）顾问管理类产品规模结构

截至2019年末，顾问管理类产品共有2 721只，规模合计5 024.76亿元，顾问管理类产品数量连续多个季度下降，规模在2019年第一季度短暂回升后持续下降。

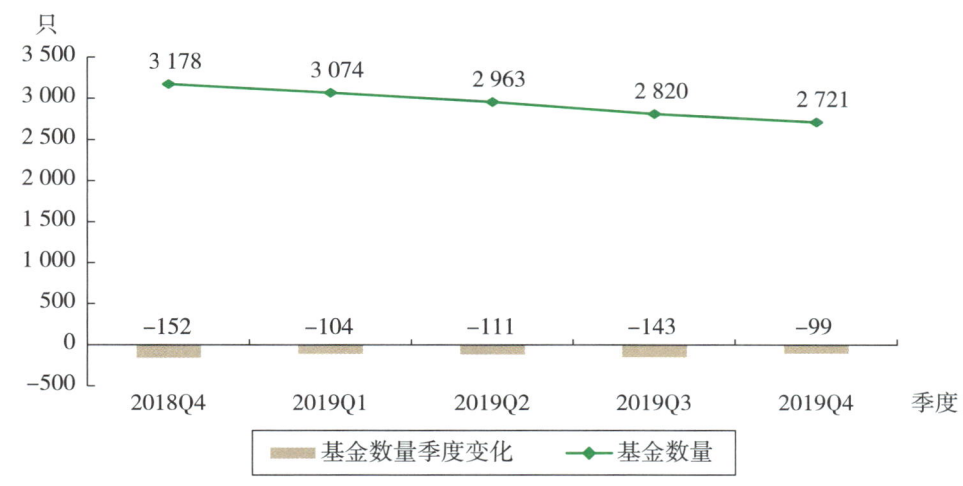

图5-15　顾问管理类产品数量变化

（资料来源：中国证券投资基金业协会）

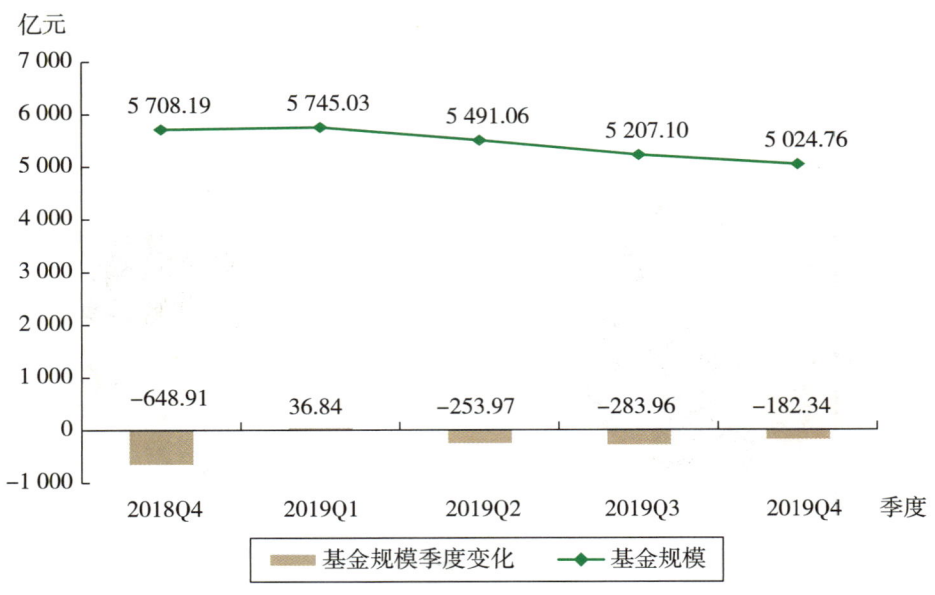

图5-16 顾问管理类产品规模变化

（资料来源：中国证券投资基金业协会）

1. 顾问管理类产品规模分布情况

截至2019年末，顾问管理类产品中，0.1亿~0.5亿元的基金数量最多，占比为34.40%。

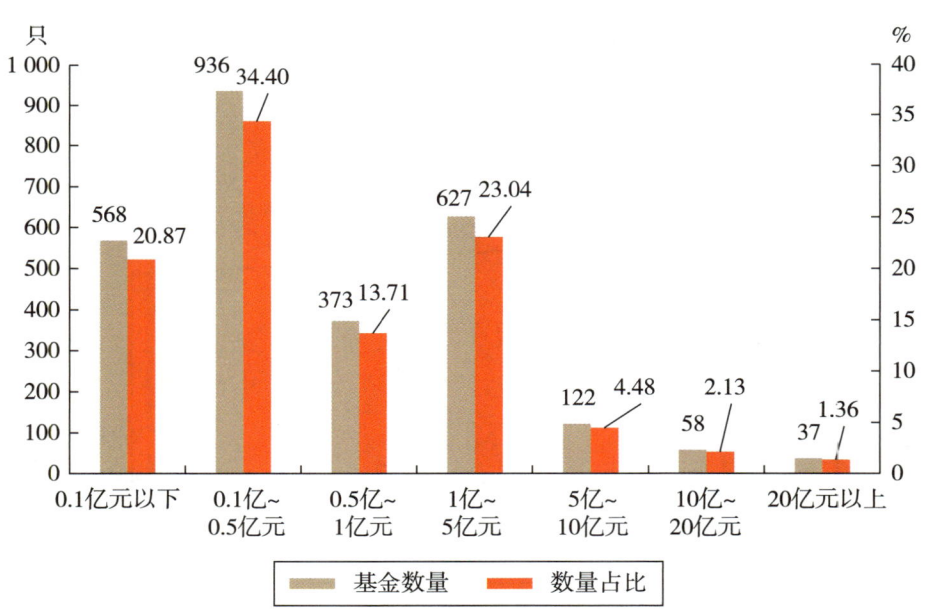

图5-17 顾问管理类产品数量分布情况

（资料来源：中国证券投资基金业协会）

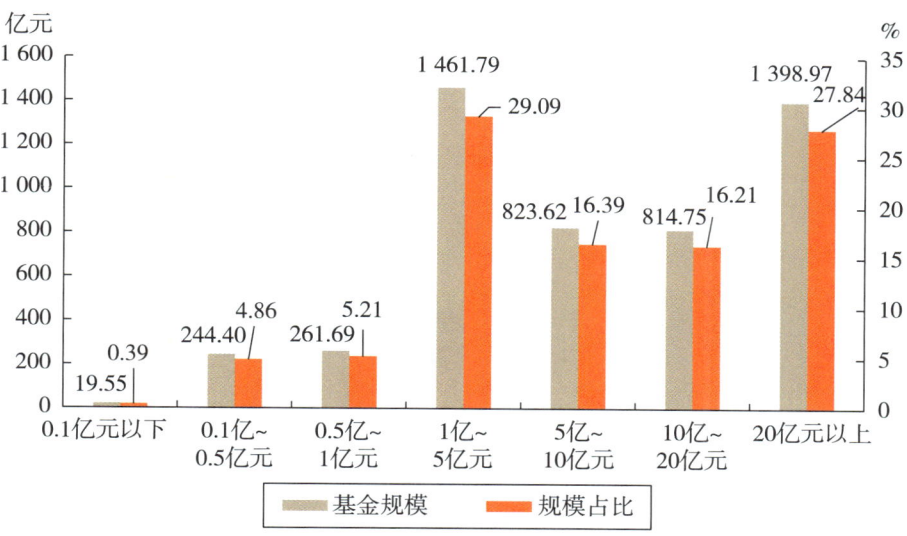

图5-18 顾问管理类产品规模分布情况

（资料来源：中国证券投资基金业协会）

2. 顾问管理类产品类型分布情况

截至2019年末，产品类型实际为信托计划的顾问管理类产品为1 550只，规模为2 880.53亿元，在顾问管理类产品中的占比最高。2019年备案的顾问管理类产品中，产品类型为信托计划的顾问管理类产品数量最多，共计176只，占比为43.24%；其规模也最高，占比为38.52%。

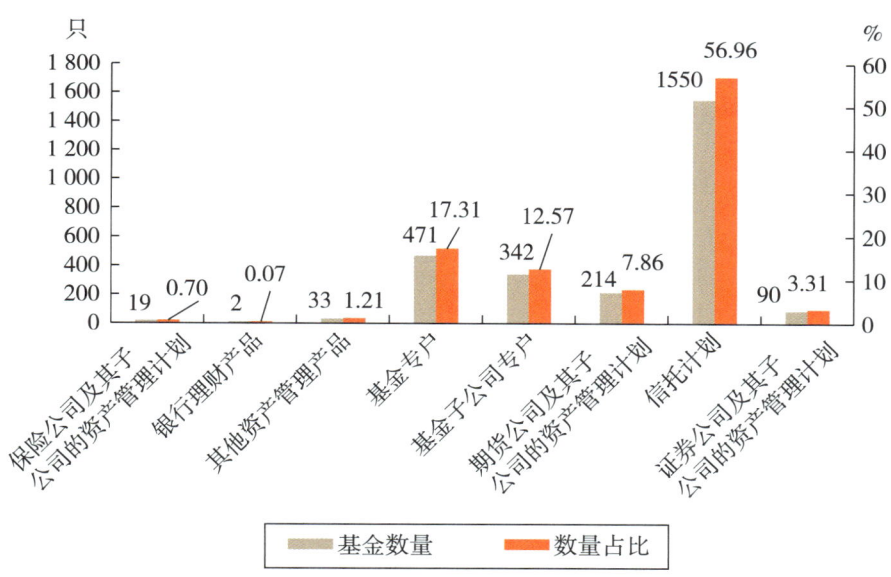

图5-19 顾问管理类产品数量分布情况（按产品类型）

（资料来源：中国证券投资基金业协会）

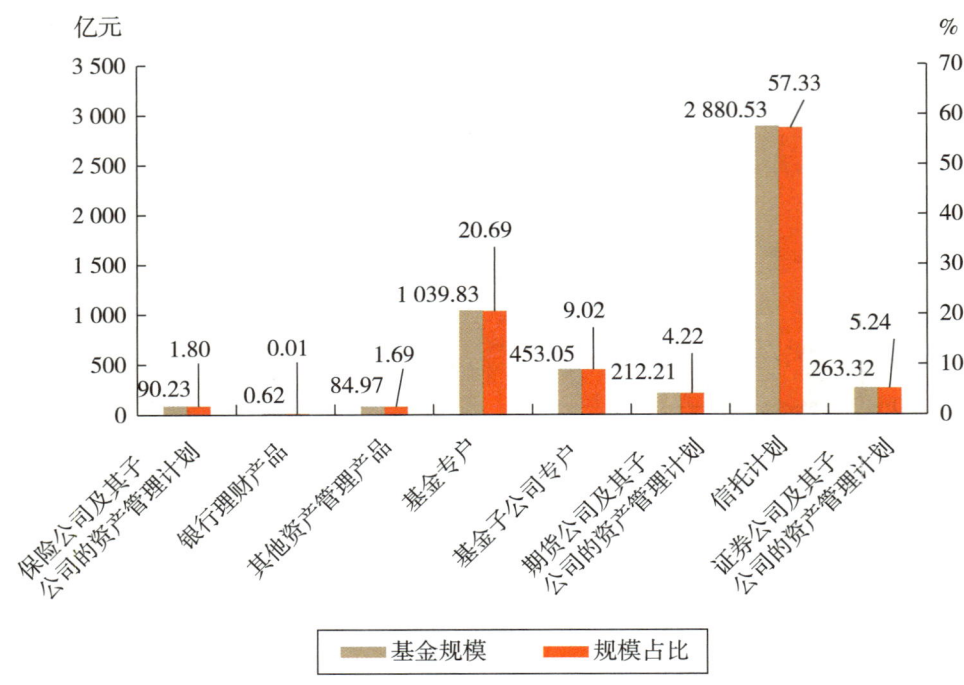

图5-20 顾问管理类产品规模分布情况（按产品类型）

（资料来源：中国证券投资基金业协会）

二、备案情况

2019年，在中国证券投资基金业协会备案的私募证券投资基金为13 036只，备案规模为1 512.18亿元。其中，自主发行类私募证券投资基金为12 637只，备案规模为1 136.93亿元，分别占当年备案私募投资基金总数的66.65%和13.03%。从单只基金规模来看，与股权、创投及其他类基金相比，当年备案的私募证券投资基金平均规模相对较小。

从产品类型来看，混合类基金与股票类基金备案数量合计占当年备案私募证券投资基金数量的83.02%，固定收益类基金备案规模占当年备案私募证券投资基金规模的67.08%。

从投资策略来看，当年备案且选择了量化/对冲策略的基金共计4 036只，占当年备案私募证券投资基金数量的30.96%。其中，仅选择量化策略的基金数量为1 248只，备案规模为68.5亿元；仅选择对冲策略的基金数量为492只，备案规模为59.88亿元；同时选择量化策略和对冲策略的基金数量为2 296只，备案规模为193.85亿元。

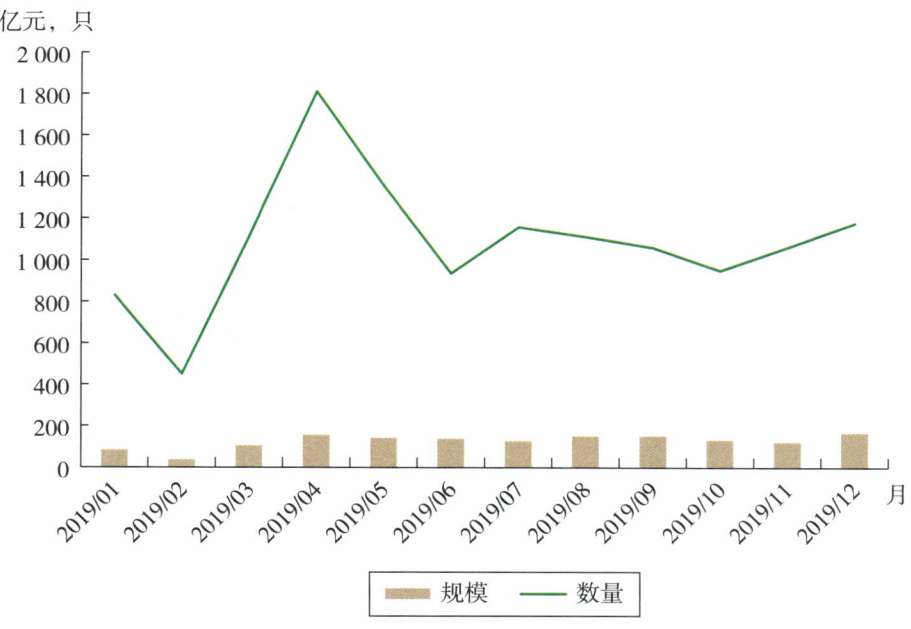

图5-21 2019年1~12月私募证券投资基金备案情况

（资料来源：中国证券投资基金业协会）

三、投资管理与投向情况

从产品投资类型来看，股票类基金和混合类基金是存续私募证券投资基金（含顾问管理产品）最主要的组成部分，两类基金只数占私募证券投资基金总数的79.7%，两类基金规模占私募证券投资基金总规模的66.9%；其次为固定收益类基金，产品数量占比为4.6%，规模占比为15.84%；证券类FOF基金数量占比为10.13%，规模占比为13.74%。从不同产品类型的私募证券投资基金平均规模来看，单只固定收益类基金平均规模高达2.13亿元，远大于其他类型基金；而单只平均规模最小的是期货及其他衍生品类基金，平均规模仅有约1 986万元，反映出不同类型私募证券投资基金的投资特点。

其中，顾问管理产品中股票类产品数量占比达50.1%，规模占比达38.6%；固定收益类产品数量仅占17.1%，规模占比为37.5%；混合类产品数量占28.1%，规模占比为22.6%。固定收益类产品单只平均规模最高，为3.75亿元。总之，从各投资类型产品单只平均规模来看，顾问管理类产品规模均高于自主发行类产品。

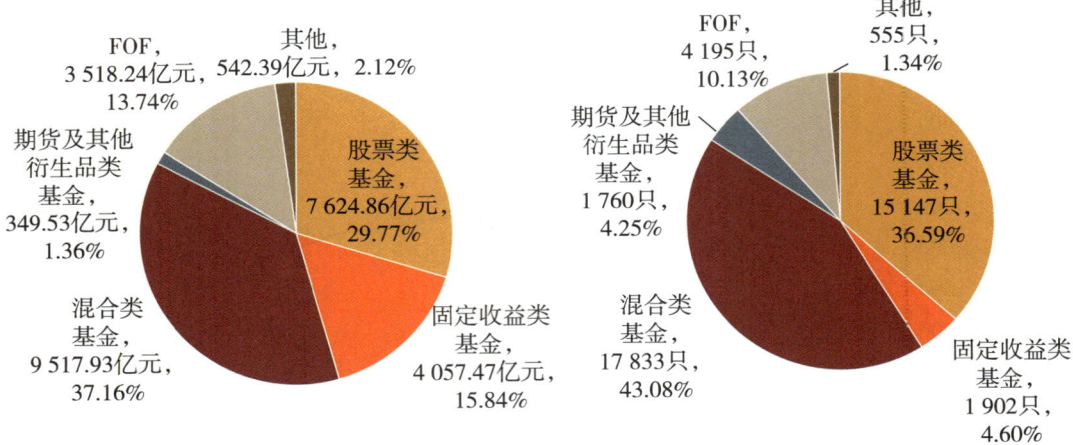

图5-22 2019年末私募证券投资基金存续规模情况（按产品投资类型）

（资料来源：中国证券投资基金业协会）

图5-23 2019年末私募证券投资基金存续数量情况（按产品投资类型）

（资料来源：中国证券投资基金业协会）

（一）自主发行类私募证券投资基金投资管理情况

1. 产品投资类型分布情况

从产品类型来看，截至2019年末，股票类基金和混合类基金是自主发行类私募证券投资基金（不含FOF类）最主要的组成部分。

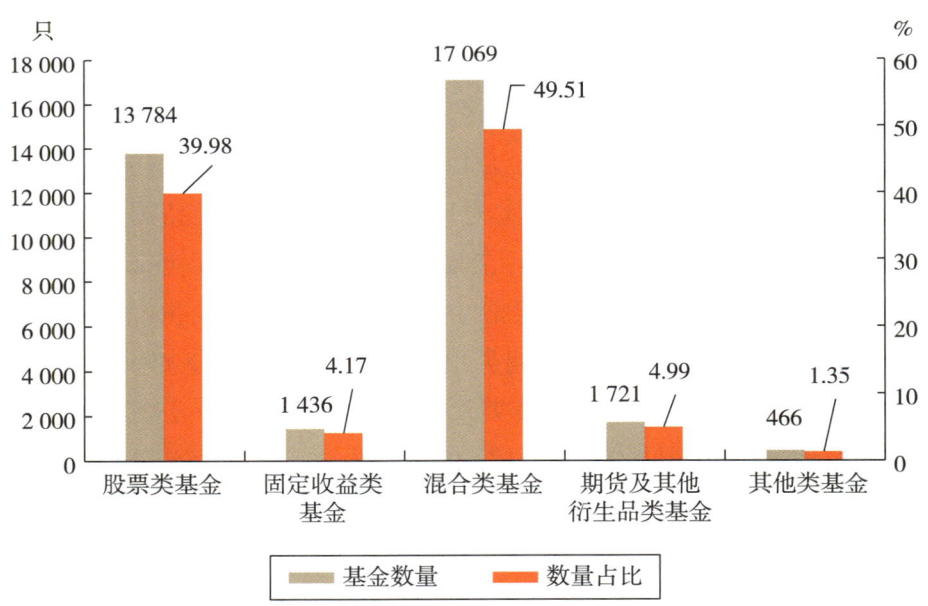

图5-24 私募证券投资基金数量分布情况（按产品类型）

（资料来源：中国证券投资基金业协会）

第五章　私募投资基金

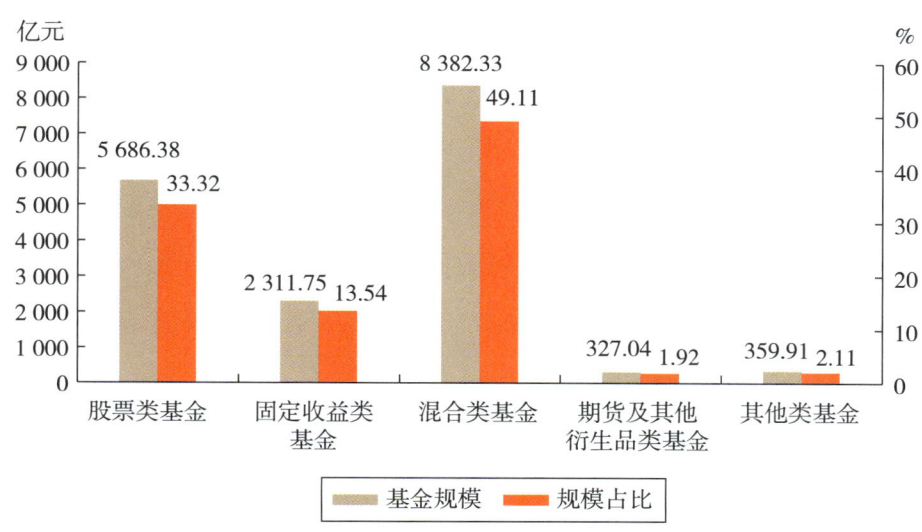

图5-25　私募证券投资基金规模分布情况（按产品类型）

（资料来源：中国证券投资基金业协会）

从平均规模来看，固定收益类基金平均规模高达1.61亿元，远大于其他类型基金；平均规模最小的是期货及其他衍生品类基金，平均规模仅有0.19亿元。

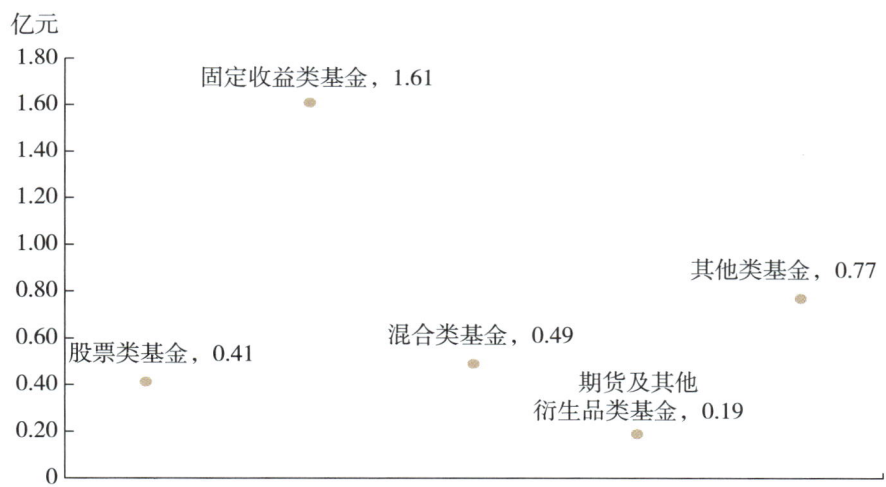

图5-26　不同产品类型私募证券投资基金的平均规模情况

（资料来源：中国证券投资基金业协会）

2. 私募证券投资基金托管情况

截至2019年末，绝大部分私募证券投资基金均有托管，有托管的基金为35 699只，规模为1.91万亿元，分别占私募证券投资基金的92.31%与92.99%。

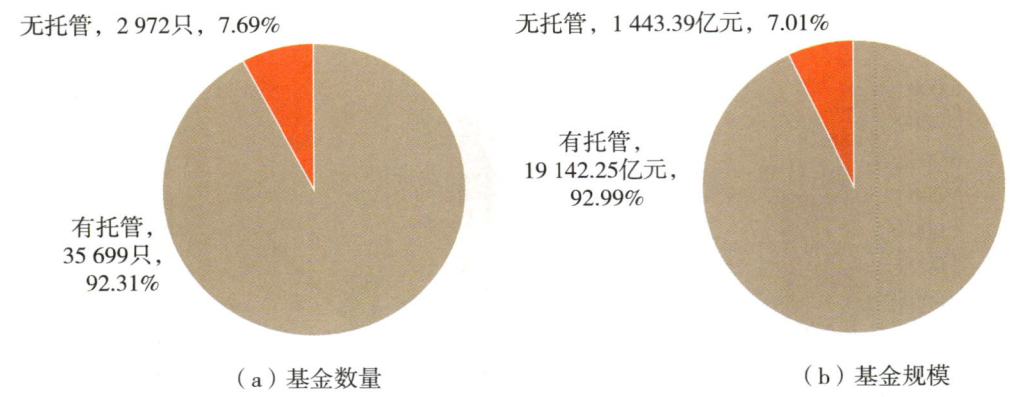

（a）基金数量　　　　　　　　　（b）基金规模

图5-27　私募证券投资基金数量及规模托管情况

（资料来源：中国证券投资基金业协会）

3. 私募证券投资基金外包①情况

截至2019年末，共有36 638只私募证券投资基金采用了外包服务，占私募证券投资基金总数的94.74%，相关基金规模为1.78万亿元，占比为86.43%。私募证券投资基金管理人日益注重使用外包服务，有利于在切实实现本机构风险管理和内部控制制度目标的前提下，将优势资源集中于最能反映管理人专业优势的领域。

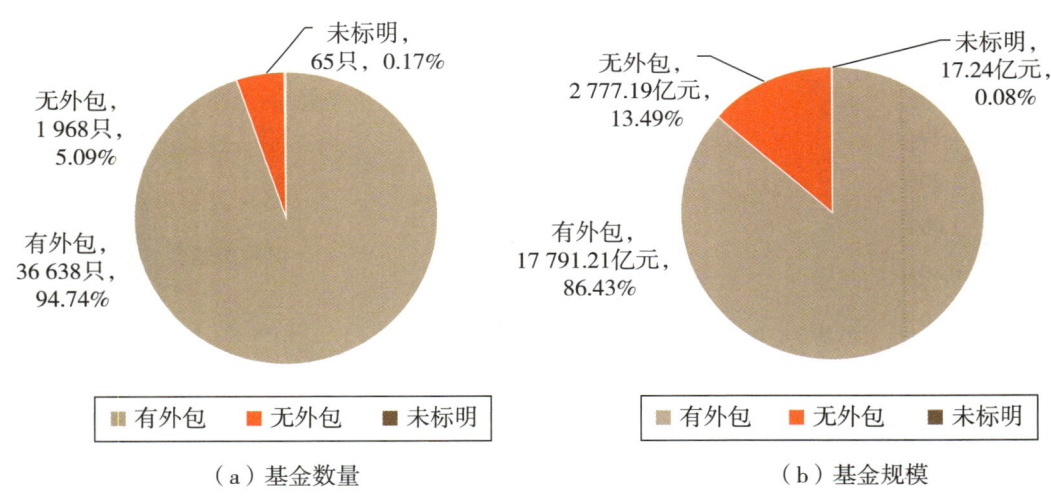

（a）基金数量　　　　　　　　　（b）基金规模

图5-28　私募证券投资基金服务外包情况

（资料来源：中国证券投资基金业协会）

---

① 根据"资产管理业务综合报送平台"关于基金外包情况的填报说明，私募投资基金外包服务的类型主要包括份额登记、估值核算、信息技术服务等，同一基金可以选择多种类型外包服务。

从采用的外包服务类型看，在使用外包服务的私募证券投资基金中，99.25%的基金采用了份额登记服务，99.62%的基金采用了估值核算服务，使用信息技术服务的基金数量较少。

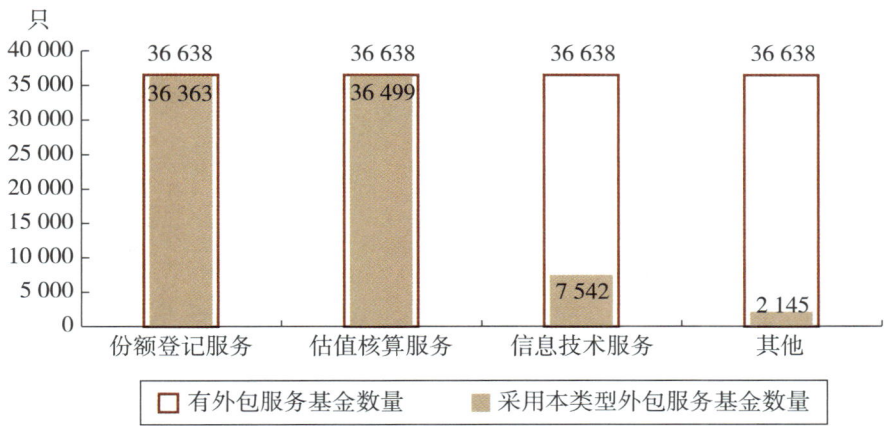

图5-29　私募证券投资基金外包服务类型分布

（资料来源：中国证券投资基金业协会）

4. 私募证券投资基金投资策略[①]情况

截至2019年末，正在运作的私募证券投资基金中，采用股票策略的基金数量最多。

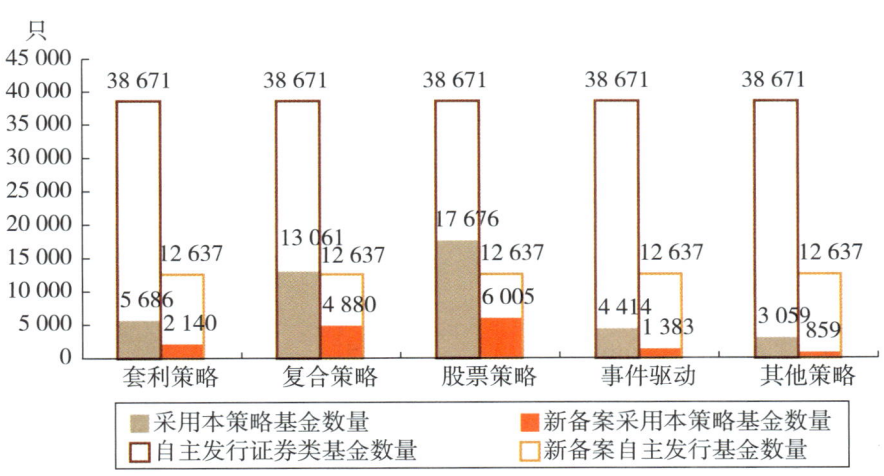

图5-30　私募证券投资基金投资策略情况

（资料来源：中国证券投资基金业协会）

---

① 根据"资产管理业务综合报送平台"填报规则，私募投资基金可以同时选择多种投资策略，也可以不报送投资策略信息。

截至2019年末，正在运作的私募证券投资基金中，共有10 398只基金使用量化/对冲策略，相关基金规模合计3 959.95亿元，分别占自主发行类私募证券投资基金总只数和总规模的26.89%和19.24%。

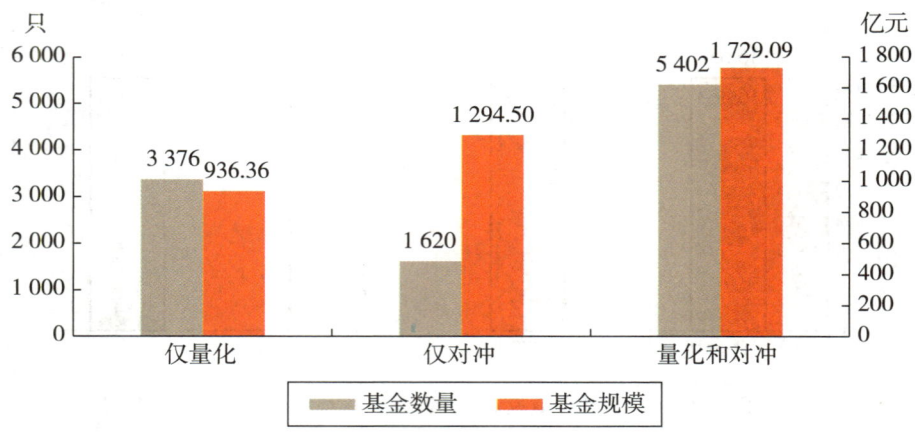

图5-31　私募证券投资基金量化对冲情况

（资料来源：中国证券投资基金业协会）

（二）顾问管理类投资类型分布情况

截至2019年末，顾问管理类产品中，主要的投资类型为股票类基金、固定收益类基金和混合类基金，三者合计占所有顾问管理类产品数量的95.30%，占所有顾问管理类产品规模的95.92%。2019年备案的顾问管理类产品中，以上三类基金合计387只，规模为3 181.16亿元，分别占当年备案顾问管理类产品的95.09%和99.79%。

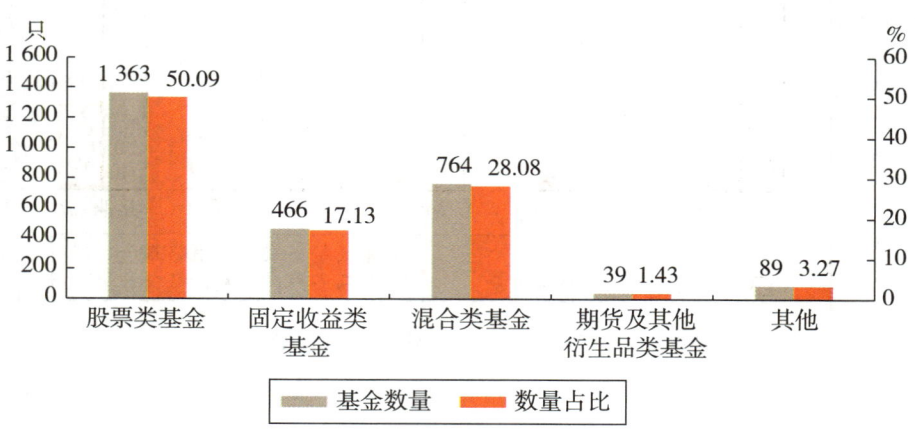

图5-32　顾问管理类产品数量分布情况（按投资类型）

（资料来源：中国证券投资基金业协会）

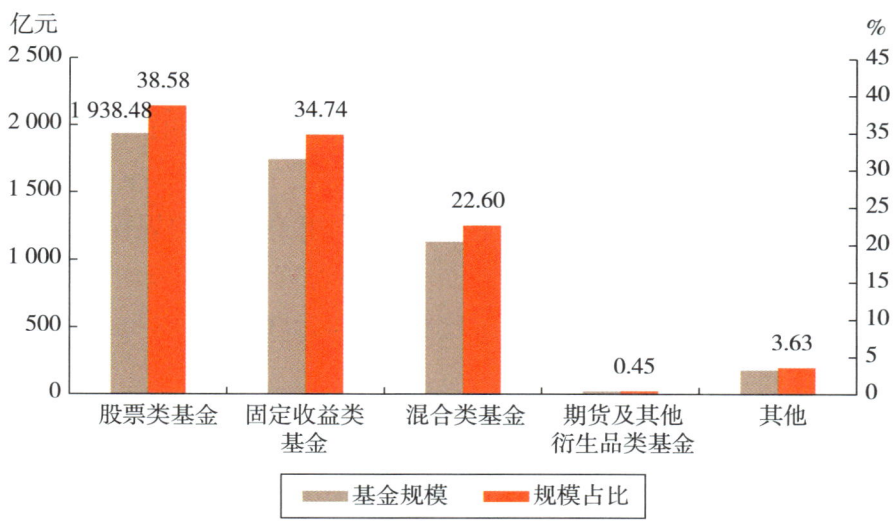

图5-33　顾问管理类产品规模分布情况（按投资类型）

（资料来源：中国证券投资基金业协会）

（三）私募证券投资基金实际投资方向分布情况

私募证券投资基金主要投向境内股类资产与债类资产。截至2019年末，前述两类资产的投资规模合计1.42万亿元，占总资产投向的53.0%。其中，投向交易所及银行间股票与债券的规模为1.37万亿元，占总资产投向的51.2%。2019年，私募证券投资基金持有流通股票仓位先降后升，各个季度流通股票仓位（按规模加权平均）分别为34.3%、32.1%、34.9%、38.9%。其中，股票类私募证券投资基金仓位呈相同趋势，从第一季度高位的60.5%下降到第二季度末的56.2%，后上升至年末的64.6%。

表5-3　2019年末私募证券投资基金投向分布情况

投向类别	投资金额（亿元）	占比（%）
股类	10 764.21	40.22
债类	3 420.53	12.78
收益权类	906.73	3.39
现金类	2 192.12	8.19
公募基金	874.22	3.27
资管计划	6 788.66	25.36
境外及衍生品等	548.77	2.05
尚无法分类资产	1 269.97	4.74
总计	26 765.21	100.00

资料来源：中国证券投资基金业协会。

截至2019年末，自主发行类私募证券投资基金投向境内证券的规模最大，投资规模共计1.36万亿元，占所持有各类资产规模的61.78%。境内证券投资主要投向股票和债券，投资规模分别为8 161.51亿元和1 904.02亿元，分别占其境内证券投资规模的59.81%和13.95%。

顾问管理类产品主要投向境内证券，所持相关证券的规模合计3 774.04亿元，占所投各类资产规模的73.01%。在顾问管理类产品境内证券投资中，股票投资和债券投资是主要部分，占比分别为47.43%和38.79%。

第三节　私募股权、创业投资基金

一、规模结构

2019年，私募股权投资基金、创业投资基金的数量和规模继续保持增长态势，但增速较2018年末有所放缓。截至2019年末，私募股权、创业投资基金（含FOF）共计36 455只，基金规模为10.08万亿元。

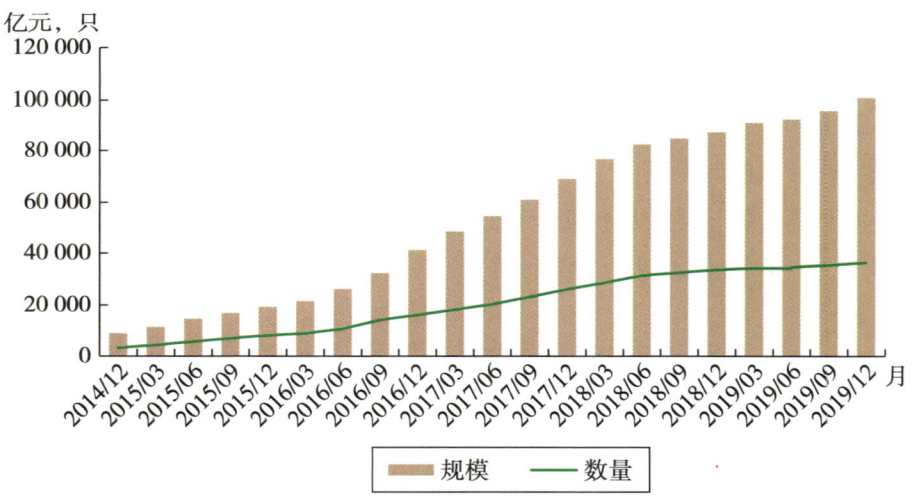

图5-34　私募股权、创业投资基金数量与规模

（资料来源：中国证券投资基金业协会）

（一）私募股权投资基金规模结构

1. 基金数量和规模变化情况

截至2019年末，存续私募股权投资基金为28 477只，较2018年末增加

1 302只，同比增长4.79%，较2018年增速下降19.7个百分点；基金规模为8.87万亿元，较2018年末增加1.07万亿元，同比增长13.71%，较2018年增速下降10.3个百分点。

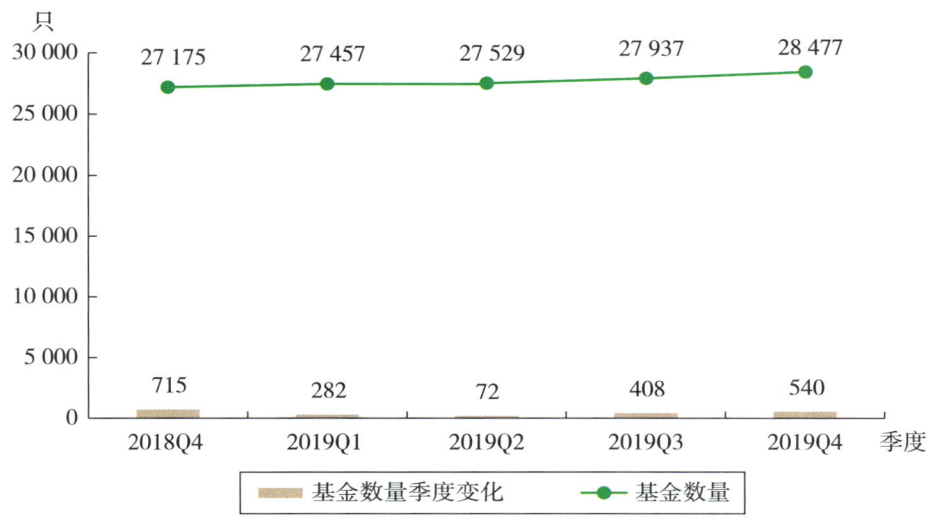

图5-35 私募股权投资基金数量变化

（资料来源：中国证券投资基金业协会）

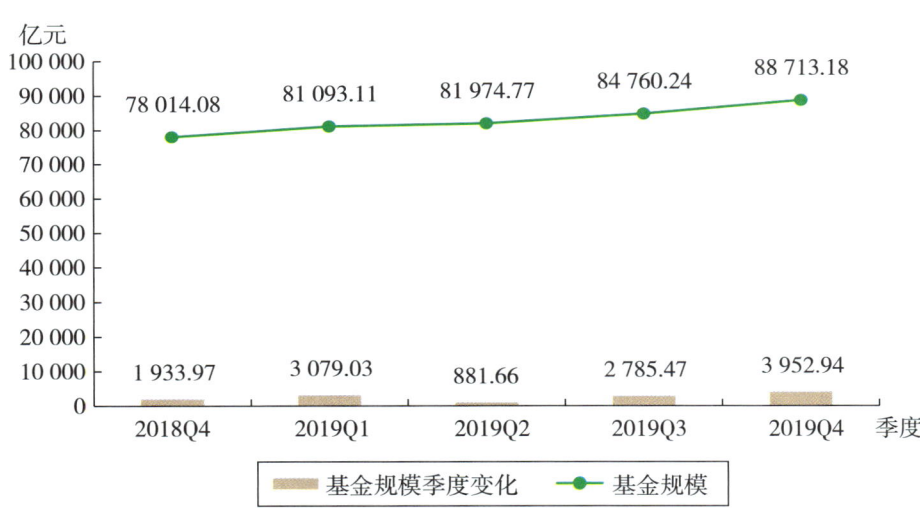

图5-36 私募股权投资基金规模变化

（资料来源：中国证券投资基金业协会）

2. 基金规模分布情况

截至2019年末，私募股权投资基金平均规模约为3.12亿元，较2018年末增加0.25亿元。从私募股权投资基金规模分布来看,单只基金规模主要集中于2 000万~5 000万元(不含),占比为18.97%。

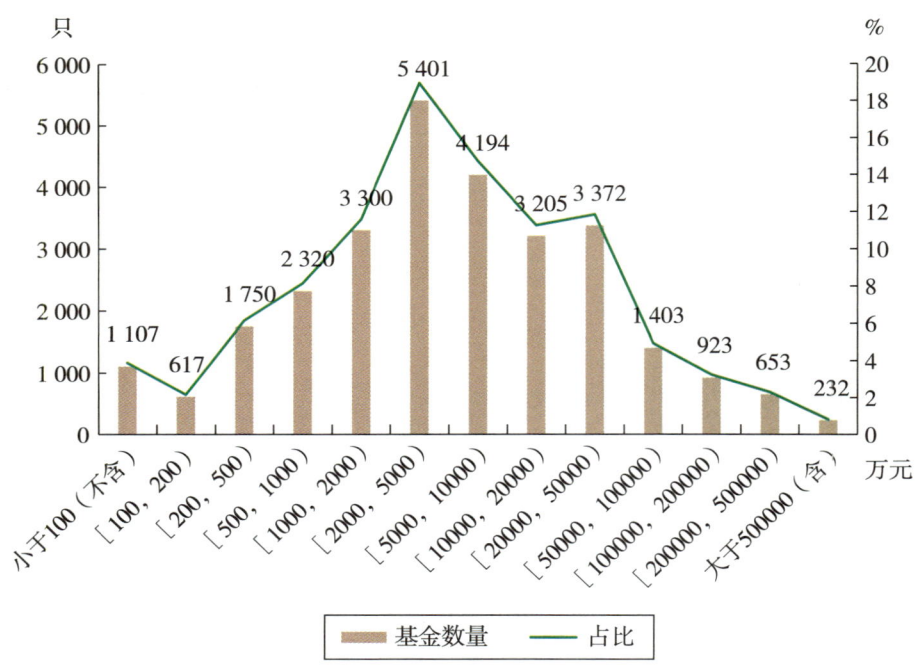

图5-37 单只私募股权投资基金规模分布情况

(资料来源:中国证券投资基金业协会)

2019年备案私募股权投资基金的平均备案规模约为1.50亿元,单只基金规模分布同样主要集中于2 000万~5 000万元(不含),占比为23.61%。此外,单只基金规模在5 000万~1亿元(不含)的基金数量占比为12.92%,在1亿~5亿元(不含)的基金数量占比为35.78%。

3. 基金组织形式分布情况

截至2019年末,私募股权投资基金中,合伙型基金数量和规模占比最高,分别为73.88%和78.39%;公司型基金平均规模最大,达16.58亿元。

与2018年末相比,合伙型基金数量占比上升3.71个百分点,契约型基金、公司型基金的数量占比分别下降3.62个和0.06个百分点;从基金规模来看,公司型基金规模占比上升1.15个百分点,契约型基金和合伙型基金规模占比分别下降1.83个百分点和上升0.24个百分点。

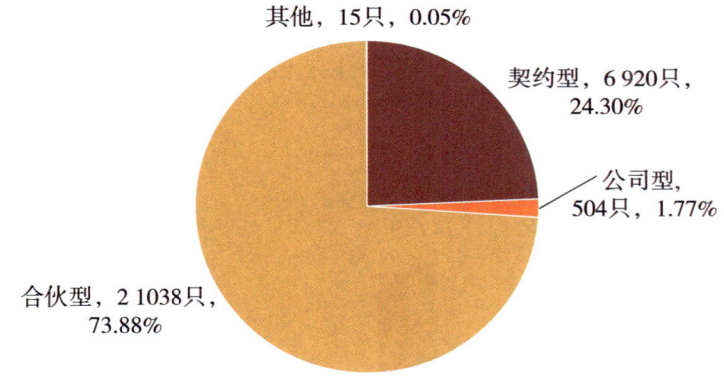

图5-38 私募股权投资基金组织形式按基金数量分布情况

（资料来源：中国证券投资基金业协会）

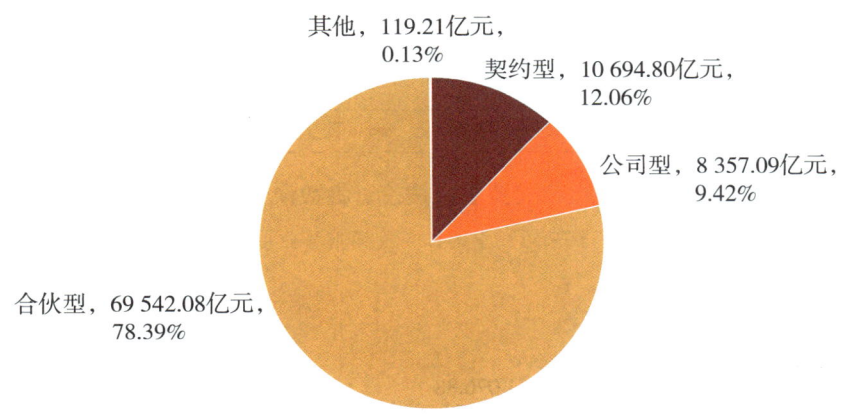

图5-39 私募股权投资基金组织形式按基金规模分布情况

（资料来源：中国证券投资基金业协会）

2019年备案的私募股权投资基金中，合伙型基金数量和规模最大，占比分别为77.95%和76.95%；公司型基金平均规模最大，为24.79亿元。

（二）私募股权投资基金募集出资情况

截至2019年末，私募股权投资基金各类投资者合计出资8.74万亿元，较2018年末增加8 229亿元，同比增长10.40%；所涉投资者38.37万个，较2018年末增加13 793个，同比增长3.73%。从年末存量私募股权投资基金投资者的出资金额和数量变化情况来看，2018年末存量私募股权投资基金投资者在2019年出资减少1 930.23亿元，所涉投资者数量减少3.48万个。

1. 基金投资者数量分布情况

截至2019年末，私募股权投资基金的投资者数量主要集中在1~5（含）

个，基金数量达14 619只，占比为51.34%；基金规模为5.11万亿元，占比为57.58%。此外，还有部分未进行信息补录或未及时清算的私募股权投资基金，投资者数量显示为"0"。

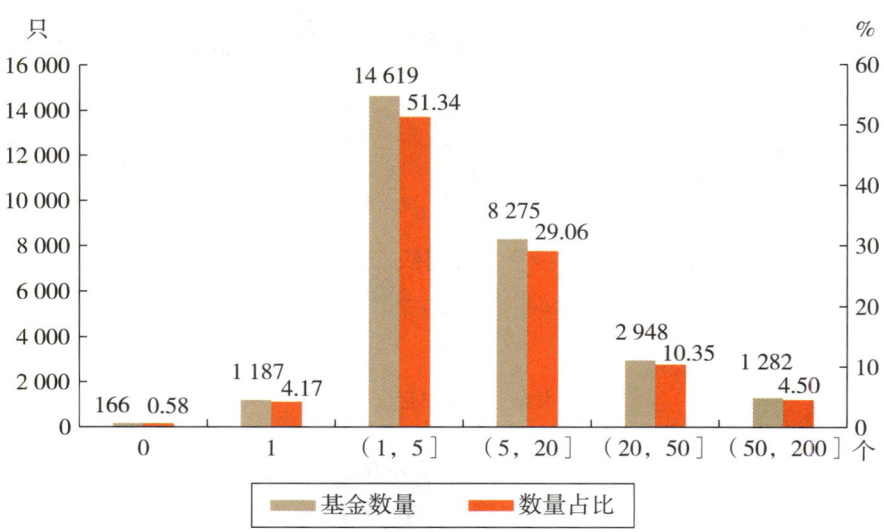

图5-40　私募股权投资基金按投资者数量分类的数量分布

（资料来源：中国证券投资基金业协会）

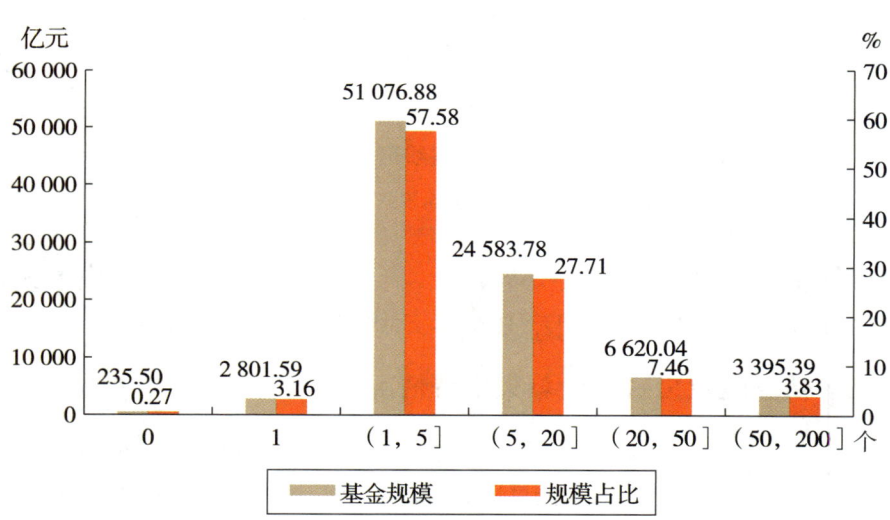

图5-41　私募股权投资基金按投资者数量分类的规模分布

（资料来源：中国证券投资基金业协会）

2019年备案的私募股权投资基金中，无论从基金数量还是从基金规模来看，投资者数量均主要集中在1~5（含）个，基金数量为2 676只，占比为

66.37%；基金规模为4 266.58亿元，占比达70.57%。

2. 基金投资者出资情况

截至2019年末，私募股权投资基金的各类投资者中，居民投资者数量占比达81.69%，出资占比仅为11.15%；企业投资者数量占比达14.67%，但出资占比达53.52%；各类资管计划投资者数量占比仅为3.41%，出资占比达31.82%。

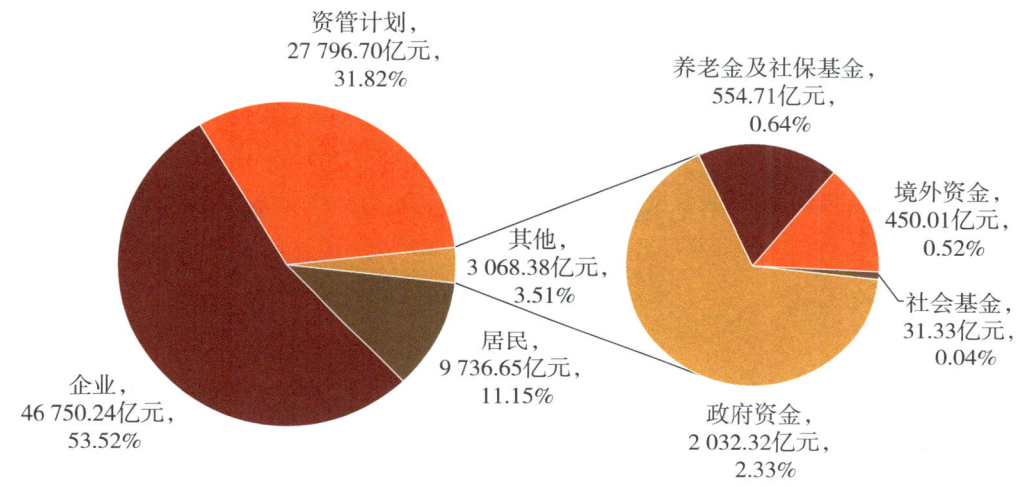

图5-42　私募股权投资基金投资者出资比例分布

（资料来源：中国证券投资基金业协会）

具体来看，在所有类型投资者中，境内公司等法人机构出资占比最高，为49.64%。私募基金产品出资占比为15.21%，自然人（非员工跟投）出资占比为10.67%。其余类型投资者均不足7%。

2019年备案私募股权投资基金中，居民投资者数量占比达65.06%，相关资金占比仅为8.63%；企业投资者数量占比达29.73%，但相关资金占比达64.29%；各类资管计划投资者数量占比为4.63%，相关资金占比达24.85%。具体来看，在所有类型投资者中，境内公司等法人机构出资最高，占出资总额的60.44%。私募基金产品出资占比为15.30%，自然人（非员工跟投）出资占比为8.44%。其余类型投资者均不足7%。

3. 非居民投资者出资比例分布情况

截至2019年末，从数量来看，38.60%的股权投资基金由非居民投资者100%出资，此类基金规模占比达80.05%；从单只基金的规模来看，由非居民投资者100%出资的基金平均规模达6.46亿元。

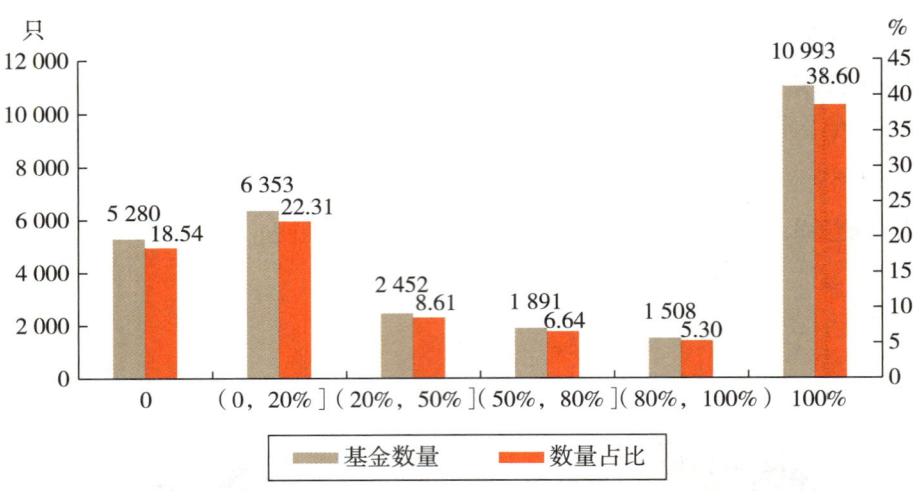

图5-43 私募股权投资基金按非居民投资者出资数量及占比分布

（资料来源：中国证券投资基金业协会）

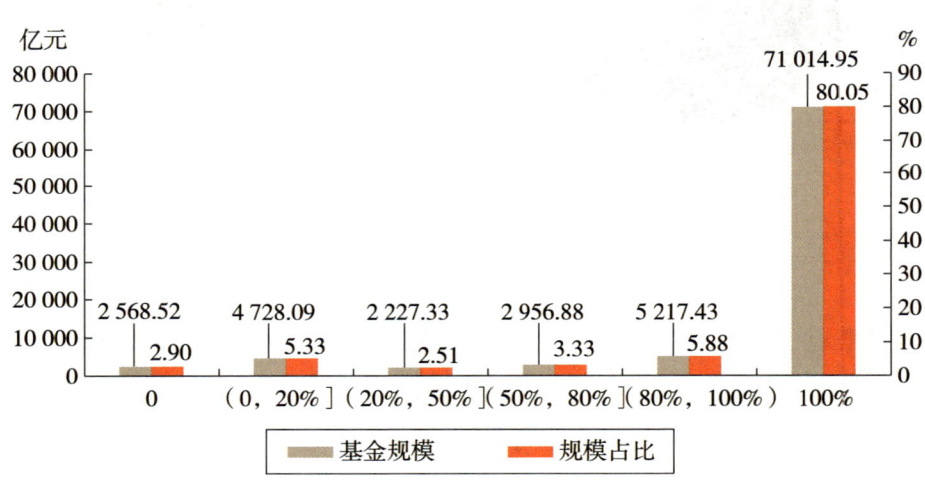

图5-44 私募股权投资基金按非居民投资者出资规模及占比分布

（资料来源：中国证券投资基金业协会）

2019年备案的股权投资基金中，从数量来看，54.07%的股权投资基金由非居民投资者100%出资，此类基金规模占比达85.53%；从单只基金的规模来看，由非居民投资者100%出资的基金平均规模达2.37亿元。

（三）创业投资基金规模结构

1. 基金数量和规模变化情况

截至2019年末，存续创业投资基金为7 978只，较2018年末增加1 470只，同比增长22.59%，增速下降26.3个百分点；基金规模为1.21万亿元，较

2018年末增加2 993.64亿元，同比增长32.92%，增速下降16.8个百分点；创业投资基金平均规模约为1.60亿元。

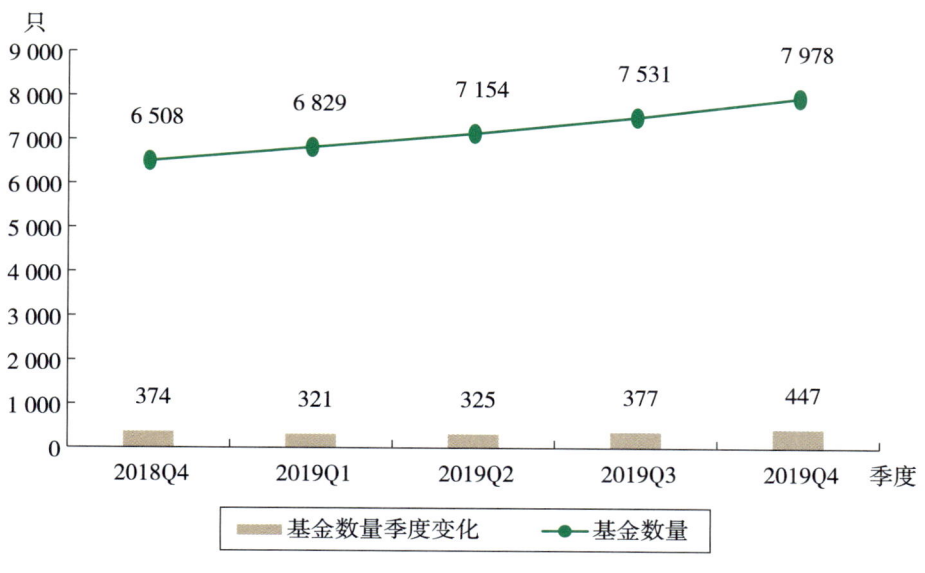

图5-45　创业投资基金数量变化

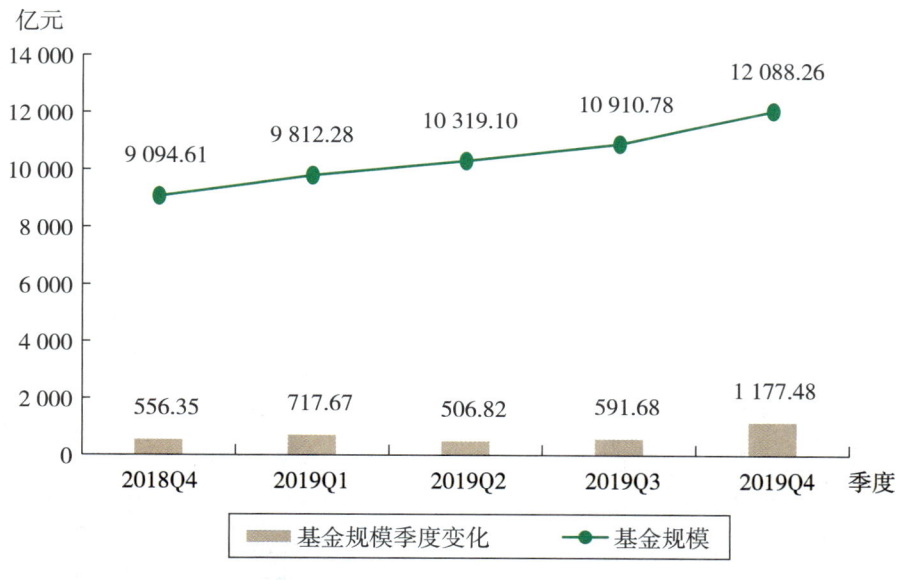

图5-46　创业投资基金规模变化

（资料来源：中国证券投资基金业协会）

2. 基金规模分布情况

截至2019年末，创业投资基金单只基金规模主要集中于2 000万~5 000万元（不含），基金数量为1 751只，占创业投资基金总数的比例为21.95%。

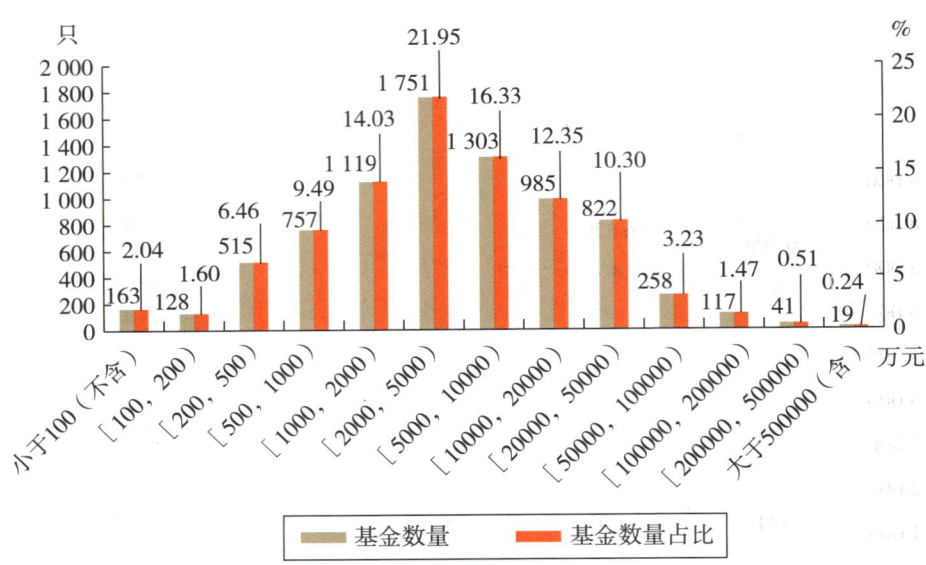

图5-47 单只创业投资基金规模分布

（资料来源：中国证券投资基金业协会）

2019年备案的创业投资基金规模普遍较小，单只基金规模主要集中于1 000万~2 000万元（不含）和2 000万~5 000万元（不含），数量占比分别为22.03%和23.91%；单只基金规模在5 000万元以下的基金数量占比合计达71.47%。

3. 基金组织形式分布情况

截至2019年末，从创业投资基金的组织形式来看，合伙型基金数量和规模均最多，分别为6 888只和1.00万亿元，占比分别为86.34%和83.12%。

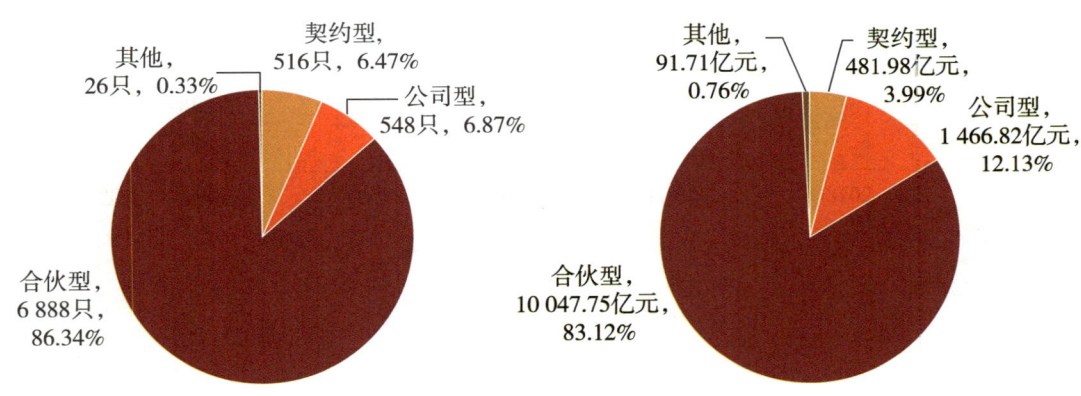

图5-48 创业投资基金组织　　　　　图5-49 创业投资基金组织
　　形式按基金数量分布　　　　　　　　形式按基金规模分布

（资料来源：中国证券投资基金业协会）　　（资料来源：中国证券投资基金业协会）

2019年备案的创业投资基金组织形式依然以合伙型为主，基金数量为1 755只，备案规模为1 101.20亿元。此外，契约型基金为82只，备案规模为15.29亿元；公司型基金为24只，备案规模为29.68亿元。

（四）创业投资基金募集出资情况

截至2019年末，创业投资基金各类投资者合计出资1.10万亿元，较2018年末增加2 472.71亿元，同比增长29.14%；所涉投资者为6.65万个，较2018年末增加12 358个，同比增长22.84%。2019年备案的创业投资基金各类投资者合计出资1 146.18亿元，所涉投资者为12 239个；截至2019年末，当年备案的创业投资基金投资者合计出资1 543.54亿元，所涉投资者为13 364个。从存量私募投资基金投资者的出资金额和数量变化情况来看，2018年末存量创业投资基金2019年以来新增出资929.17亿元，所涉投资者数量减少1 006个。

1. 基金投资者数量分布情况

截至2019年末，创业投资基金的投资者数量主要集中在1~20（含）个，基金数量达7 192只，占比为90.15%；基金规模为9 279.09亿元，占比为76.76%。此外，还有极少部分未进行信息补录或未及时清算的创业投资基金投资者数量显示为"0"。

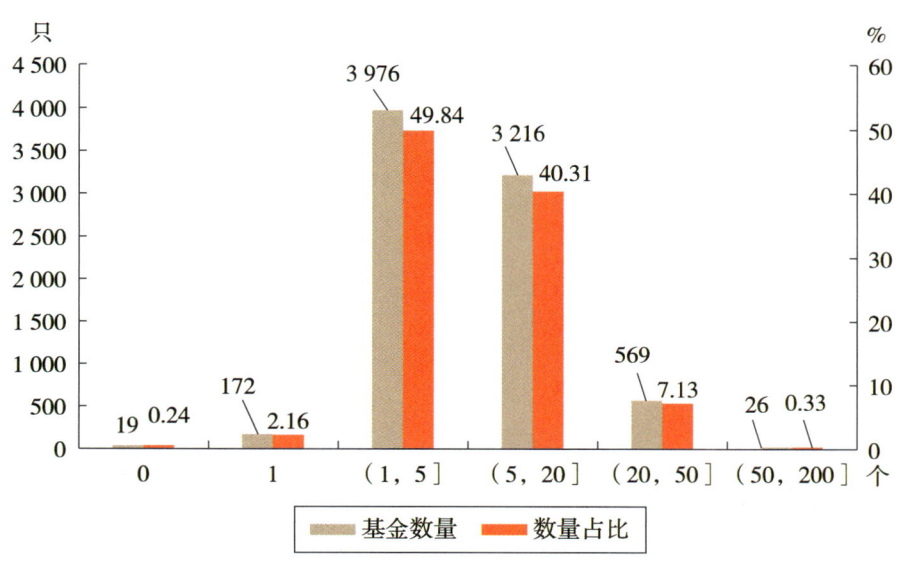

图5-50 创业投资基金按投资者数量分类的数量分布

（资料来源：中国证券投资基金业协会）

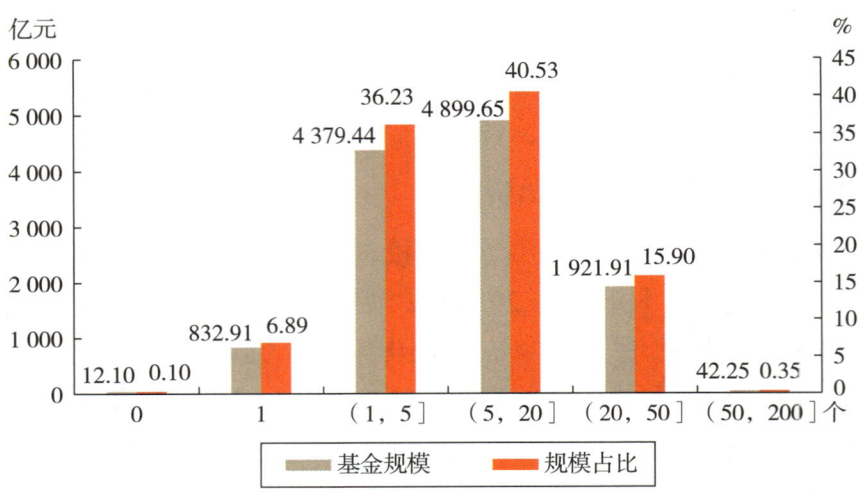

图5-51 创业投资基金按投资者数量分类的规模分布

（资料来源：中国证券投资基金业协会）

2019年备案的创业投资基金中，投资者数量主要集中在1~5（含）个，基金数量达1 163只，占比为62.49%；基金规模为574.14亿元，占比为50.09%。投资者数量为5~20（含）个的基金数量为589只，占比为31.65%；基金规模为470.91亿元，占比为41.09%。

2. 基金投资者出资情况

截至2019年末，创业投资基金的各类投资者中，居民投资者数量占比达62.67%，相关资金占比仅为16.44%；企业投资者数量占比达29.34%，但相关资金占比达49.54%；各类资管计划投资者数量占比仅为6.71%，相关资金占比达24.63%。

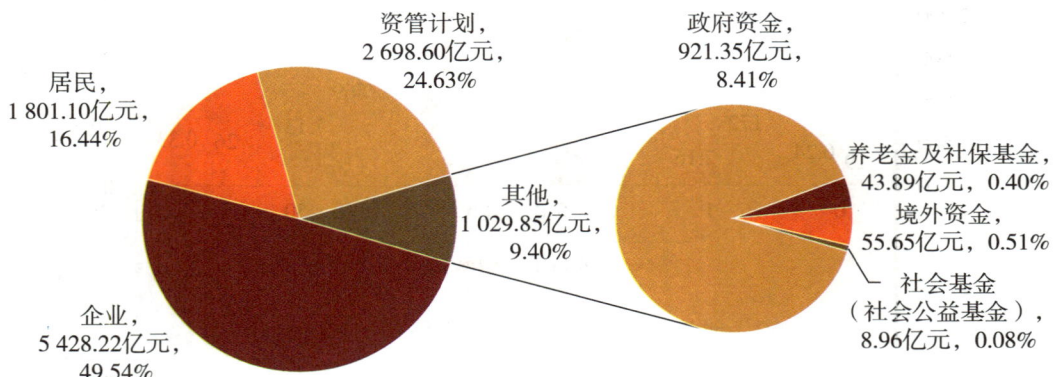

图5-52 创业投资基金不同类型投资者出资比例分布

（资料来源：中国证券投资基金业协会）

2019年备案的创业投资基金的投资者中,主要出资方为企业投资者,占全部出资的48.44%,其中境内公司等法人机构出资最高,占当年出资总额的40.48%,较2018年末增长4.25个百分点,创业投资基金出资者继续呈现机构化、专业化发展趋势。

3. 非居民投资者出资比例分布情况

截至2019年末,从数量来看,34.93%的创业投资基金由非居民投资者100%出资,此类基金规模占比达57.09%;从单只基金的规模来看,由非居民投资者100%出资的基金平均规模达2.48亿元。

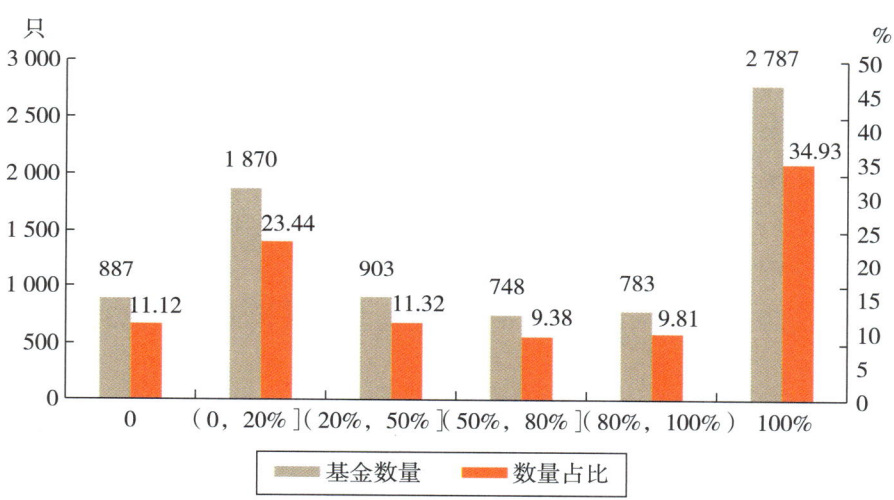

图5-53　创业投资基金按非居民投资者出资数量及占比分布

(资料来源:中国证券投资基金业协会)

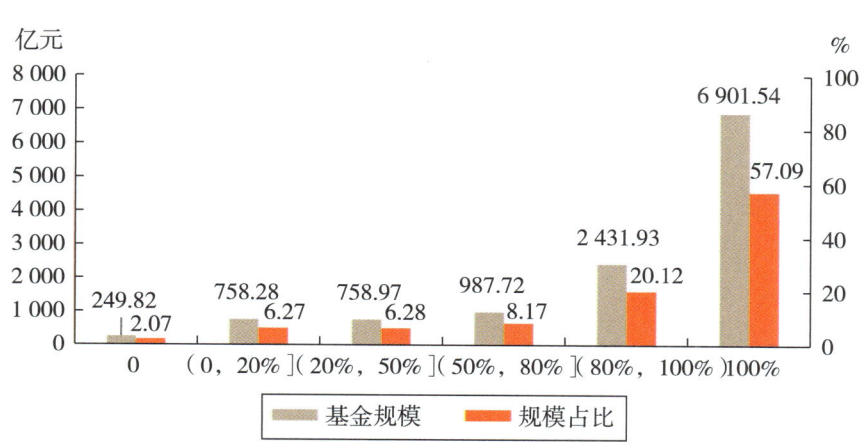

图5-54　创业投资基金按非居民投资者出资规模及占比分布

(资料来源:中国证券投资基金业协会)

2019年备案的创业投资基金中,从数量来看,40.35%的创业投资基金由非居民投资者100%出资,此类基金规模占比达62.94%;从单只基金的规模来看,由非居民投资者100%出资的基金平均规模达9 605.24万元。

二、备案情况

2019年,私募投资基金管理人在协会备案私募股权、创业投资基金5 913只,备案规模合计7 206.18亿元。其中,私募股权投资基金4 047只,备案规模为6 057.51亿元,占当年备案各类型私募投资基金的比例达69.43%;创业投资基金继续保持稳定增长,当年备案1 866只,备案规模为1 148.68亿元,占当年备案各类型私募投资基金的比例分别为9.84%和13.17%。

2019年备案的私募股权投资基金(不含FOF类)中,产品类型为并购基金的数量和规模占比分别为21.65%和24.07%,产品类型为基础设施基金的数量和规模占比分别为6.64%和12.68%,产品类型为上市公司定增基金的数量和规模占比分别为1.18%和0.55%,产品类型为房地产基金的数量和规模占比分别为7.93%和9.65%。基础设施基金的平均备案规模最大,达3.01亿元。

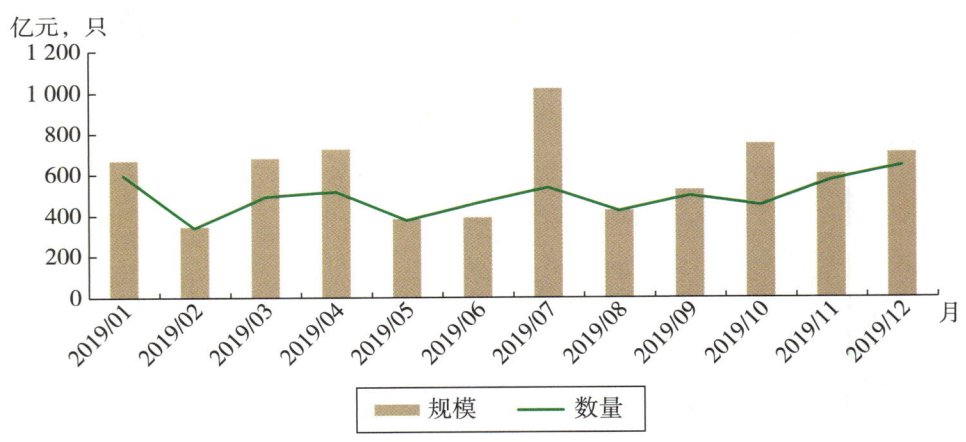

图5-55　2019年1~12月私募股权、创业投资基金备案情况

(资料来源:中国证券投资基金业协会)

三、投资管理与投向情况

截至2019年末,并购基金、基础设施基金、房地产基金、上市定增基金在已备案私募股权、创业投资基金中的数量占比分别为13.4%、17.0%、3.4%、12.3%,规模占比分别为3.0%、3.9%、2.0%、1.2%。

从资产类别来看，私募股权、创业投资基金主要投向境内股类资产，截至2019年末，投资规模为5.96万亿元，占总资产投向的56.3%。其中，投向未上市未挂牌企业股权的规模为5.11万亿元，占总资产投向的48.3%。

表5-4 2019年末私募股权、创业投资基金投向分布情况

投向类别	投资金额（亿元）	占比（%）
股类	59 566.93	56.3
债类	5 410.92	5.1
收益权类	1 289.11	1.2
现金类	8 544.26	8.1
公募基金	437.94	0.4
资管计划	21 779.86	20.6
境外及衍生品等	2 082.44	2.0
尚无法分类资产	6 704.24	6.3
总计	105 815.7	100.0

资料来源：中国证券投资基金业协会。

（一）私募股权投资基金投资管理情况

1. 私募股权投资基金产品投资类型情况

从私募股权投资基金（不含FOF类）产品投资类型来看，多数私募投资基金只进行一般性股权投资，其数量与规模占比均为最高，分别为66.23%和54.36%；在各类型基金数量、规模普遍增加的趋势下，上市公司定增基金的数量、规模较2018年末分别下降9.63%和0.40%；从各类型基金的平均规模来看，基础设施基金平均规模较大，达9.96亿元。

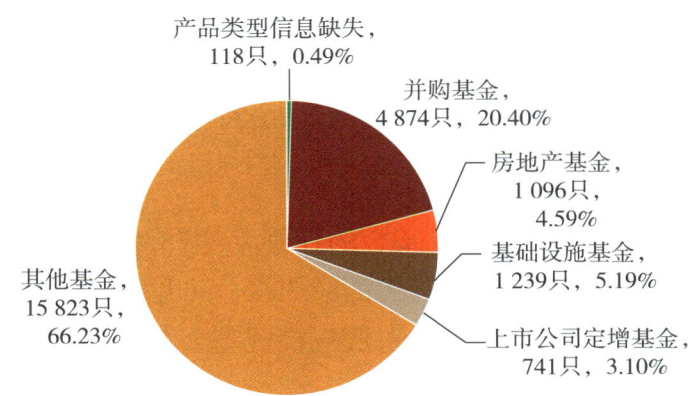

图5-56 私募股权投资基金产品投资类型按基金数量分布情况

（资料来源：中国证券投资基金业协会）

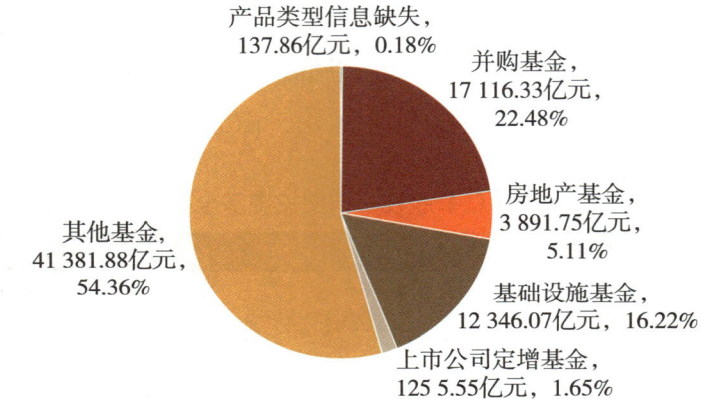

图5-57 私募股权投资基金产品投资类型按基金规模分布情况

（资料来源：中国证券投资基金业协会）

2. 私募股权投资基金托管情况

截至2019年末，已托管的私募股权投资基金数量为17 918只，托管率达62.92%；已托管的基金规模为6.76万亿元，占私募股权投资基金总规模的比例为76.23%。从单只基金平均规模来看，已托管基金平均规模为3.77亿元，未托管基金平均规模为2.00亿元。

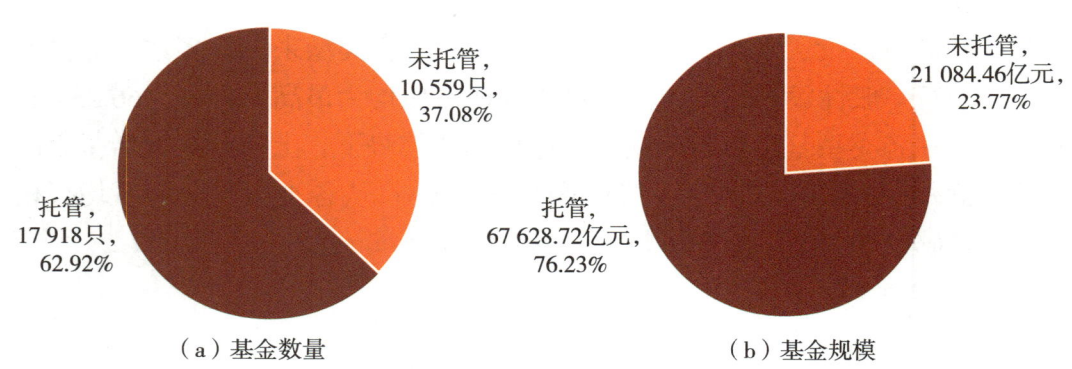

（a）基金数量　　　　　　　　　　（b）基金规模

图5-58 私募股权投资基金托管情况

（资料来源：中国证券投资基金业协会）

2019年备案的私募股权投资基金的托管率达75.42%；托管基金规模占2019年备案私募股权投资基金总规模的80.39%。可见，随着私募投资基金市场的规范发展，越来越高比例的私募股权投资基金尤其是小规模私募股权投资基金选择将基金财产进行托管。

3. 私募股权投资基金外包情况

截至2019年末，采用外包服务的私募股权投资基金数量为5 919只，占比为20.79%；基金规模为7 651.14亿元，占比为8.62%，规模、数量逐步攀升，但大部分私募股权投资基金仍未采用外包服务。从单只基金的平均规模来看，采用外包服务的私募股权投资基金平均规模为1.29亿元，未采用外包服务的平均规模为3.59亿元。

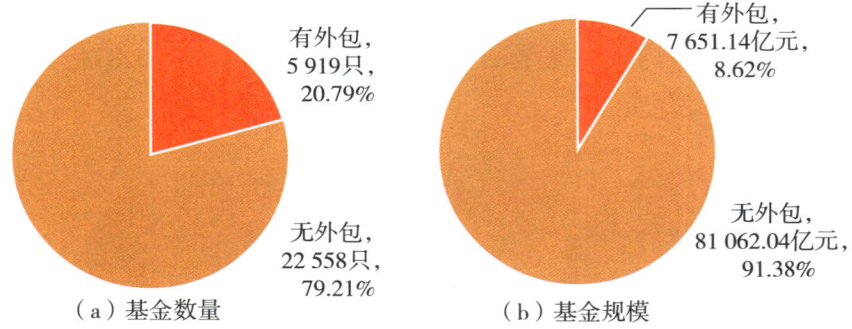

图5-59　私募股权投资基金外包情况

（资料来源：中国证券投资基金业协会）

私募股权投资基金采用的主要外包服务是份额登记服务和估值核算服务，其中，采用份额登记服务的私募股权投资基金为5 401只，占采用外包服务私募股权投资基金数量的91.24%；采用估值核算服务的为5 481只，占采用外包服务私募股权投资基金数量的92.60%。

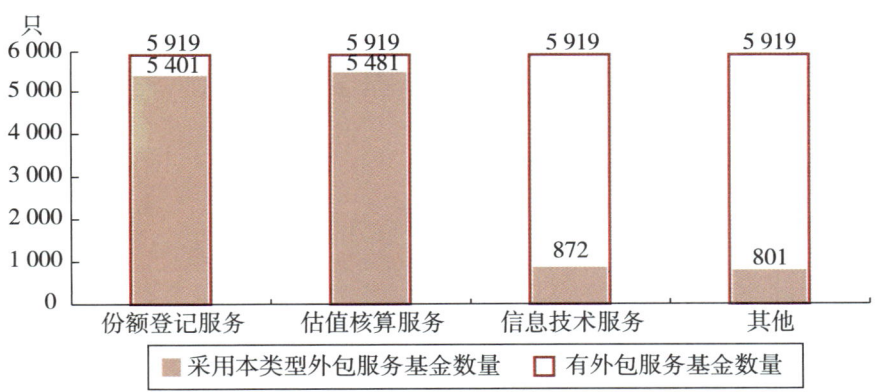

图5-60　私募股权投资基金外包服务类型分布

（资料来源：中国证券投资基金业协会）

2019年备案的私募股权投资基金中，采用外包服务的基金数量和规模占比分别为23.78%和9.22%。其中，采用份额登记服务的私募股权投资基金占采用外包服务私募股权投资基金数量的88.63%；采用估值核算服务的私募股权投资基金占采用外包服务私募股权投资基金数量的95.83%。

（二）创业投资基金投资管理情况

1. 创业投资基金托管情况

截至2019年末，7 978只创业投资基金中，已托管的基金数量为4 790只，托管率达60.04%，较2018年末增长1.9个百分点；已托管的基金规模为8 969.59亿元，占创业投资基金总规模的74.20%，较2018年末增长5.44个百分点。从单只基金平均规模来看，已托管基金平均规模为1.87亿元，未托管基金平均规模为0.98亿元。

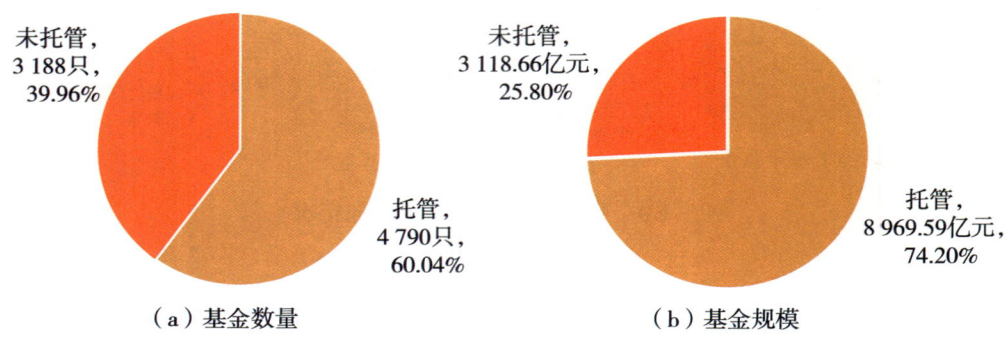

图5-61　创业投资基金托管情况

（资料来源：中国证券投资基金业协会）

从不同组织形式基金的托管情况来看，其他形式和契约型基金的托管率较高，公司型、合伙型基金具有独立的法律地位，在一定程度上受到工商行政管理等其他部门监管，运作相对合规，基金托管率低于契约型和其他形式基金。

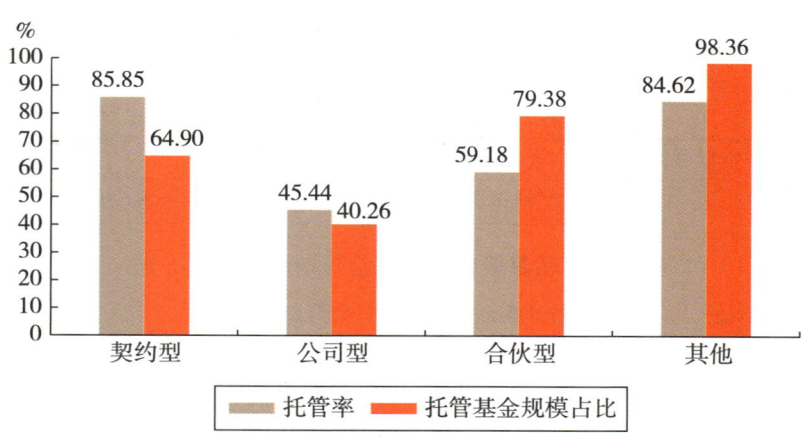

图5-62　不同组织形式创业投资基金托管情况

（资料来源：中国证券投资基金业协会）

截至2019年末，2019年备案的创业投资基金的托管率达65.99%，托管基金规模占比为83.33%；从当年备案的创业投资基金的组织形式来看，契约型基金托管率和托管基金规模占比达100%，公司型基金托管率和托管基金规模占比分别为87.50%和89.66%，合伙型基金托管率和托管基金规模占比分别为64.10%和82.93%。

2. 创业投资基金外包情况

截至2019年末，采用外包服务的创业投资基金数量为983只，占比为12.32%；基金规模为442.96亿元，占比为3.66%。大部分创业投资基金未采用外包服务。

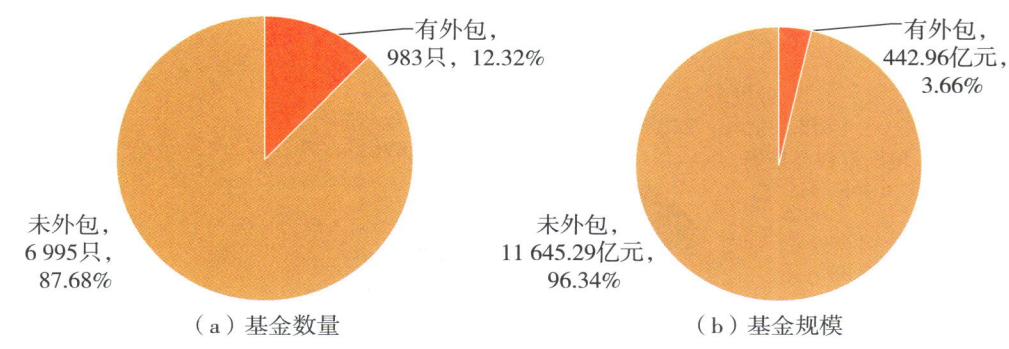

图5-63 创业投资基金外包情况

（资料来源：中国证券投资基金业协会）

创业投资基金采用的主要外包服务是份额登记服务和估值核算服务，其中，采用份额登记服务的创业投资基金为884只，占采用外包服务创业投资基金数量的89.93%；采用估值核算服务的创业投资基金为917只，占采用外包服务创业投资基金数量的93.29%。

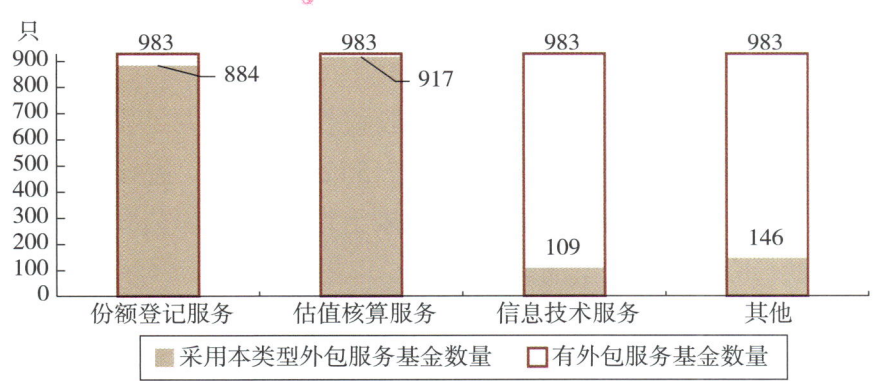

图5-64 创业投资基金外包服务类型分布

（资料来源：中国证券投资基金业协会）

2019年备案的创业投资基金中,采用外包服务的创业投资基金数量为249只,占比为13.38%;基金规模为66.88亿元,占比为5.83%。其中,创业投资基金主要采用份额登记服务和估值核算服务,占采用外包服务创业投资基金数量的比例分别为84.34%和95.58%。

(三)私募股权投资基金实际投资方向分布情况

截至2019年末,从私募股权投资基金的具体投资方向情况来看,投资境内未上市、未挂牌公司股权的规模最大,总计4.36万亿元,占所持有各类资产规模的47.15%;投资资管计划的规模为1.96万亿元,占比为21.20%;投资现金类资产的规模为6 687.89亿元,占比为7.24%。

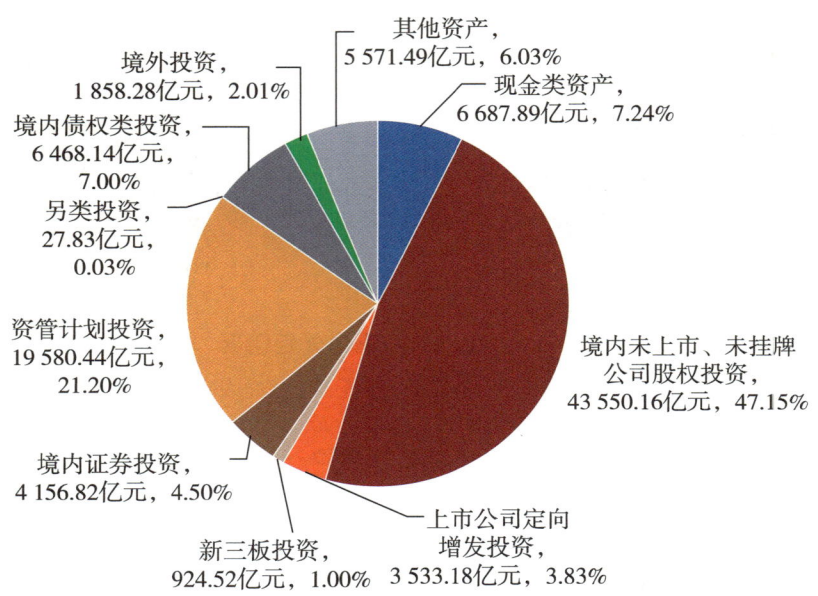

图5-65　私募股权投资基金实际投资方向分布

(资料来源:中国证券投资基金业协会)

截至2019年末,2019年备案的私募股权投资基金主要投资于境内未上市、未挂牌公司股权和资管计划,总计7 542.35亿元,占该类基金产品已投资规模的69.98%。其中,投资于境内未上市、未挂牌公司股权的规模达5 790.64亿元,占已投资规模的53.73%。

(四)创业投资基金实际投资方向分布情况

截至2019年末,从创业投资基金的具体投资方向情况来看,投资境内未上市、未挂牌公司股权、上市公司定向增发及新三板的资产规模合计

6 884.69亿元,占所投各类资产规模的54.14%。其中,投资境内未上市、未挂牌公司股权的资产规模最大,达6 205.64亿元,占所投各类资产规模的48.80%,较2018年末提高1.08个百分点。

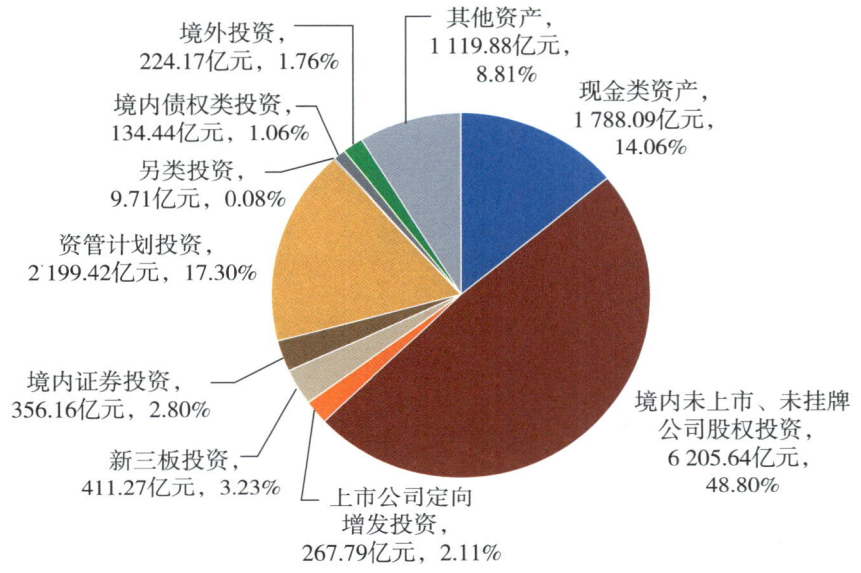

图5-66 创业投资基金实际投资方向分布

(资料来源:中国证券投资基金业协会)

截至2019年末,2019年备案的创业投资基金中,投资境内未上市、未挂牌公司股权的资产规模最大,总计753.30亿元,占当年所投各类资产规模的46.89%。此外,投资资管计划的资产规模为232.06亿元,占比为14.45%;投资新三板的资产规模为21.43亿元,占比为1.33%。

从服务实体经济来看,投资于境内未上市、未挂牌公司股权、境内债权、上市公司定向增发和新三板的资金直接对接了实体企业融资需求,截至2019年末,私募股权、创业投资基金投资上述各类投向的规模合计约6.16万亿元,占总资产投向的58.2%。

2019年备案的私募股权、创业投资基金主要投资于境内未上市、未挂牌公司股权,投资规模合计6 594亿元,占当年备案的私募股权、创业投资基金投资总规模的52.9%。

四、投资案例情况

截至2019年末,私募股权、创业投资基金境内外股权、债权的在投案例[①]为86 254个，在投金额为6.42万亿元。2019年，私募股权、创业投资基金新增投资案例17606个，投资金额为1.29万亿元。

从投资案例地域分布来看，投资案例数量前五的为北京、广东、上海、浙江、江苏，其投资案例数量合计占全部投资案例数量的69.5%；在投金额前五为广东、北京、上海、江苏、浙江，上述地区在投金额合计占全部在投金额的53.1%。2019年新增投资案例，无论是案例数量还是投资金额，均集中于上述5个地区。

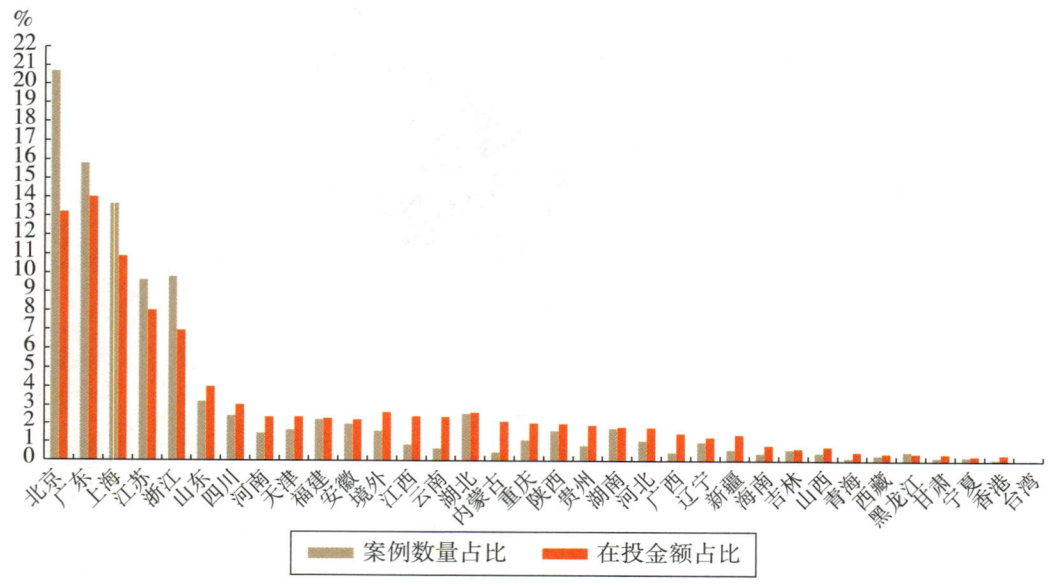

图5-67　2019年末私募股权、创业投资基金投资案例地域分布情况

（资料来源：中国证券投资基金业协会）

从投资案例行业分布来看，在投金额前五的行业为资本品、房地产、计算机运用、交通运输、其他金融，其在投金额合计占全部在投金额的53.5%。从单个案例平均在投金额来看，前述5个行业分别为0.97亿元、3.00亿元、0.27亿元、3.62亿元、1.51亿元，可见房地产、交通运输行业大额集中投资特征明显，而计算机运用行业显示出小额、分散、多点投资的特点。2019年私募股权、创业投资基金投资领域集中情况未发生明显变化，单个案例平均在投金额大于2亿元的行业有房地产、交通运输、公用事业、保险及

---

① 投资与退出均统计已进行季度更新、完成运行监测表填报的存续基金，在投是指已投资且暂未完全退出的境内未上市、未挂牌公司股权投资、上市公司定向增发投资、股票协议转让、股票大宗交易、新三板投资、境内债权类投资以及境外股权、债权投资等。下同。

银行，其中交通运输2019年单个案例平均在投金额高于2018年。

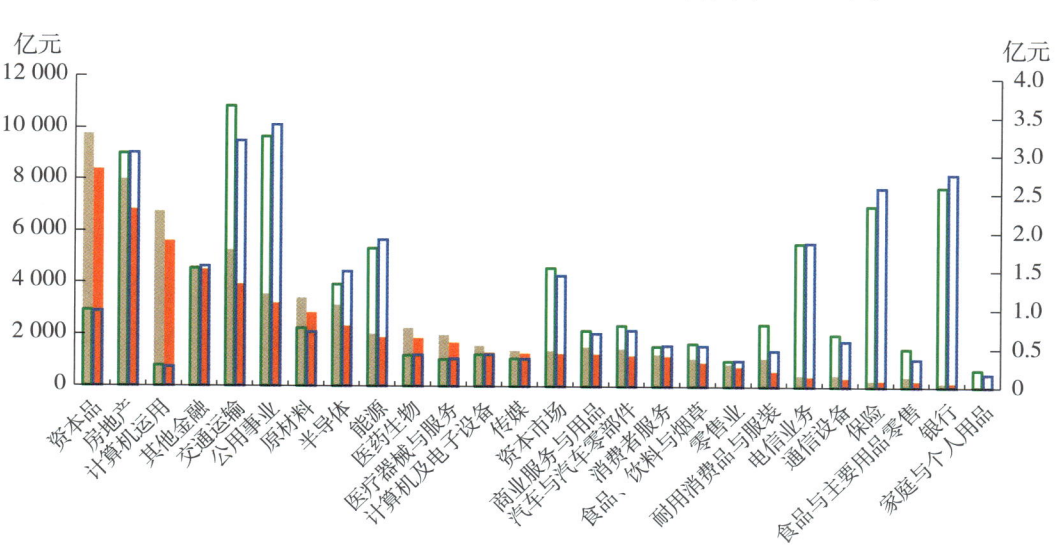

图5-68　2018—2019年私募股权、创业投资基金投资案例行业分布情况对比

（资料来源：中国证券投资基金业协会）

从所投资企业类型来看，私募股权、创业投资基金是支持中小高新初创企业发展的重要力量。截至2019年末，在投中小企业案例为57 330个，在投金额为1.78万亿元；在投高新技术企业案例为29 851个，在投金额为1.35万亿元；在投初创科技型企业案例为11 161个，在投金额为1 688亿元。

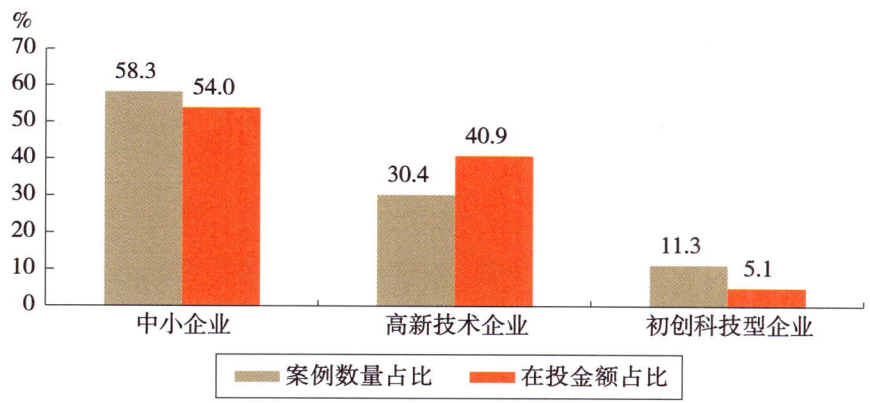

图5-69　2019年末私募股权、创业投资基金投资企业特征占比情况

（资料来源：中国证券投资基金业协会）

注：投资企业特征占比是指投资某类企业案例数量（在投金额）占全部投资案例数量（在投金额）的比例。

（一）私募股权投资基金投资案例情况

截至2019年末，私募股权投资基金的投资案例为51 429个，在投金额为5.76万亿元，较2018年末分别增长10.76%和16.36%。2019年，私募股权投资基金新增投资案例10 330个，投资金额为1.13万亿元。

1. 基金投资案例特征情况

私募股权投资基金是支持实体经济、助力创新型企业发展的中坚力量。从本质上说，私募股权投资基金是从承担企业发展的各种风险中获取未来成长的价值收益，风险承受能力远高于债权资本，这就决定了私募股权投资基金对于高科技企业和创新型中小企业等具有浓厚的投资偏好。

截至2019年末，私募股权投资基金投资属于中小企业的案例为30 309个，占所有投资案例的58.93%；在投金额为1.43万亿元，占比为24.86%。

私募股权投资基金的投资案例中属于高新技术企业的案例为16 634个，在投金额为1.08万亿元，占比分别为32.34%和18.75%。

私募股权投资基金的投资案例中属于初创科技型企业的案例为4 119个，在投金额为926.41亿元，占比分别为8.01%和1.61%。

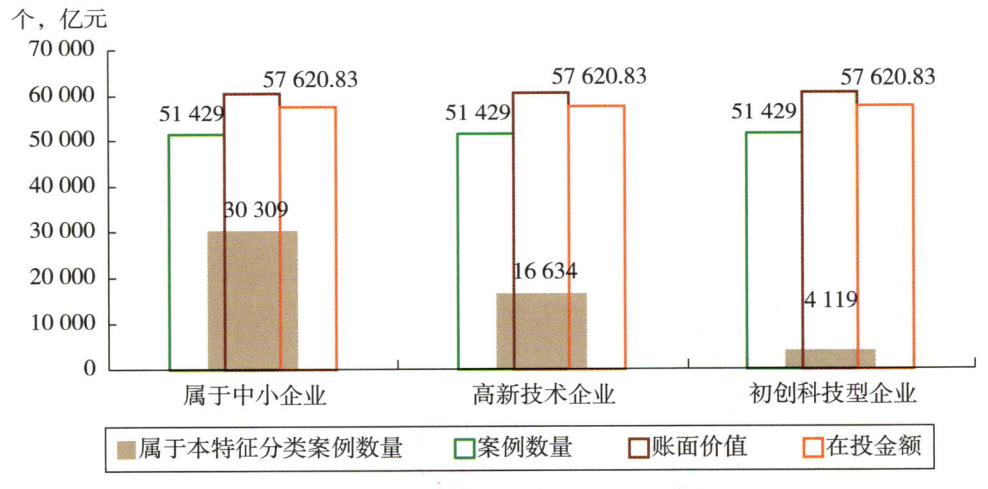

图5-70 私募股权投资基金投资案例特征数量及规模分布

（资料来源：中国证券投资基金业协会）

2019年，私募股权投资基金新增投资案例中属于中小企业的案例为5 774个，占当年新增投资案例数量的55.90%；投资金额为2 664.65亿元，占比为23.58%。此外，属于高新技术企业投资的案例为3 020个，投资金额为2 461.12亿元；属于初创科技型企业的案例为1 368个，投资金额为314.74亿元,初创科技型企业数量及投资金额较2018年明显增加。

2. 基金投资案例地域分布情况

截至2019年末,从投资案例地域分布来看,投资案例数量排名前五的地区为北京、广东、上海、浙江和江苏,合计33 804个,占案例总数的65.73%,超过境内其他区域数量占比合计的两倍;投资案例在投金额排名前五的地区为北京、广东、上海、江苏和浙江,合计2.94万亿元,占投资案例在投金额总数的51.06%。

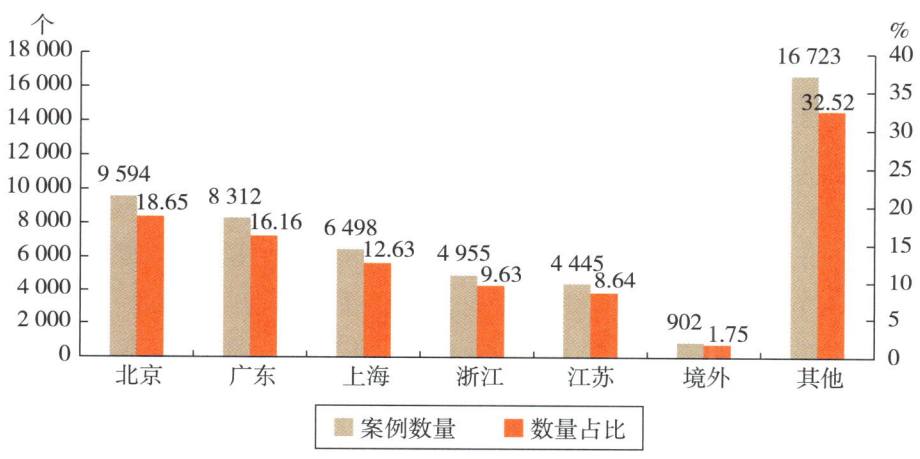

图5-71　私募股权投资基金投资案例数量排名前五地域分布

(资料来源:中国证券投资基金业协会)

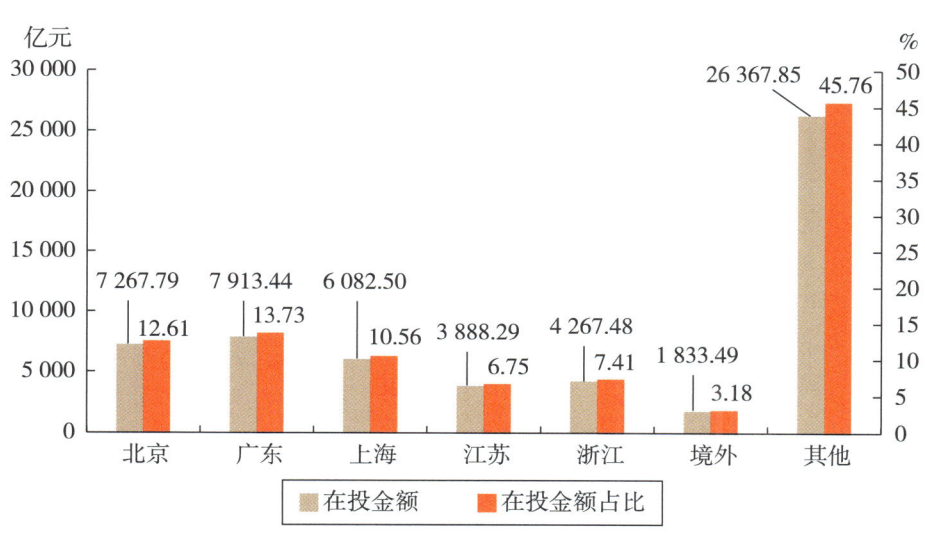

图5-72　私募股权投资基金投资案例在投金额排名前五地域分布

(资料来源:中国证券投资基金业协会)

2019年，私募股权投资基金新增投资案例数量排名前五的地区是广东、北京、上海、浙江和江苏，数量合计6 363个，占2019年新增投资案例数量的61.60%；投资金额排名前五的是广东、北京、上海、浙江和江苏，投资金额合计6 060.39亿元，占2019年新增投资案例的53.55%。

3. 基金投资案例行业分布情况

从投资案例数量的行业分布来看，前五大行业为"计算机运用""资本品""医药生物""医疗器械与服务"和"原材料"，各行业投资案例数量分别为12 476个、6 196个、3 286个、3 231个和3 010个，占比分别为24.26%、12.05%、6.39%、6.28%和5.85%。

从投资案例在投金额的行业分布来看，前五大行业分别为"资本品""房地产""计算机运用""交通运输"和"其他金融"，各行业在投金额分别为8 976.44亿元、7 916.44亿元、5 117.81亿元、5 090.57亿元和4 236.95亿元，占比分别为15.58%、13.74%、8.88%、8.83%和7.35%。

单个投资案例从在投金额的行业分布来看，前五大行业分别为"交通运输""保险""公共事业""银行"和"房地产"，在投金额分别为4.55亿元、3.84亿元、3.71亿元、3.63亿元和3.14亿元。

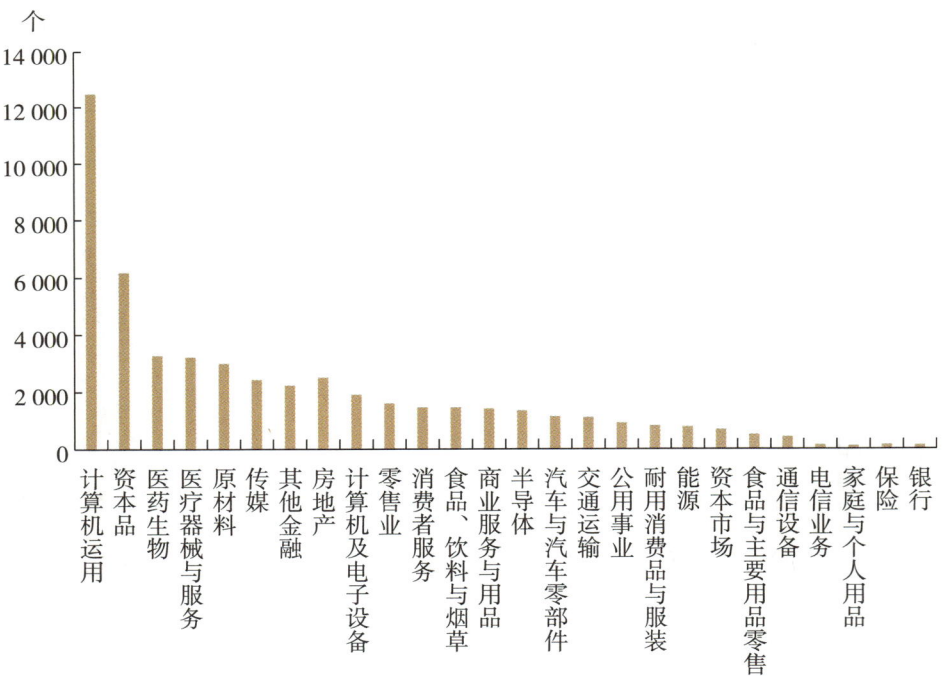

图5-73　私募股权投资基金投资案例数量行业分布情况

（资料来源：中国证券投资基金业协会）

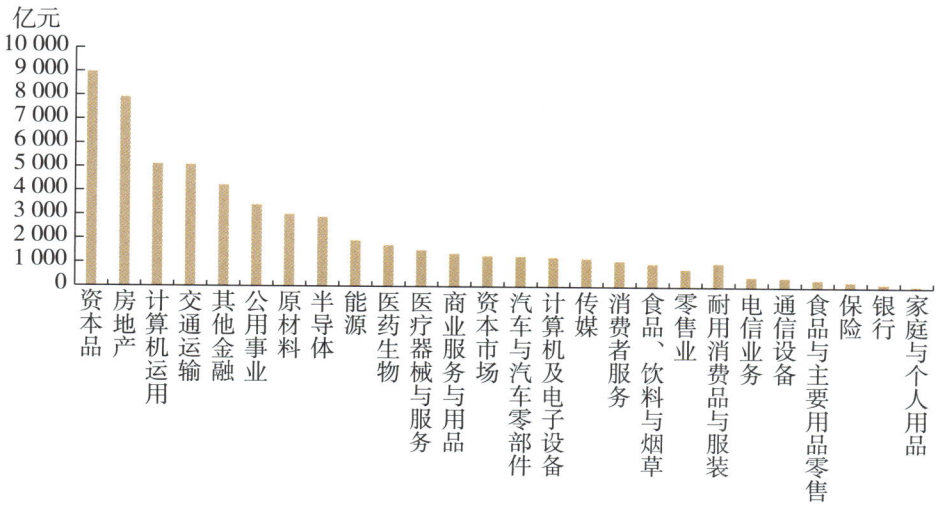

图5-74 私募股权投资基金投资案例在投金额行业分布情况

(资料来源：中国证券投资基金业协会)

2019年新增投资案例数量从行业分布来看，前五大行业为"计算机运用""资本品""房地产""医药生物"和"医疗器械与服务"，数量占比分别为18.20%、11.49%、9.85%、7.10%和6.95%；投资案例金额从行业分布来看，前五大行业为"房地产""资本品""交通运输""计算机运用"和"半导体"，投资金额占比分别为21.31%、11.57%、11.25%、6.61%和6.18%；单个案例投资金额从行业分布来看，排名前五的行业分别为"耐用消费品与服装""交通运输""银行""公用事业"和"房地产"，平均投资金额分别为5.80亿元、4.08亿元、3.29亿元、2.40亿元和2.37亿元，行业分布变动明显，平均规模大幅降低。

（二）创业投资基金投资案例情况

截至2019年末，创业投资基金的投资案例为34 825个，在投金额为6 567.05亿元；单个案例平均在投金额为1 885.73万元。2019年，创业投资基金新增投资案例7 276个，投资金额为1 534.05亿元，单个案例平均投资金额为2 108.37万元。

1. 基金投资案例特征情况

截至2019年末，创业投资基金所投案例中属于中小企业的案例数量和在投金额占比最大，分别达77.59%和52.77%；属于高新技术企业的案例数量和在投金额占比分别为37.95%和40.87%；属于初创科技型企业的案例数量和在投金额占比分别为20.22%和11.60%，较2018年末分别增长5.11个百分点和2.71个百分点。

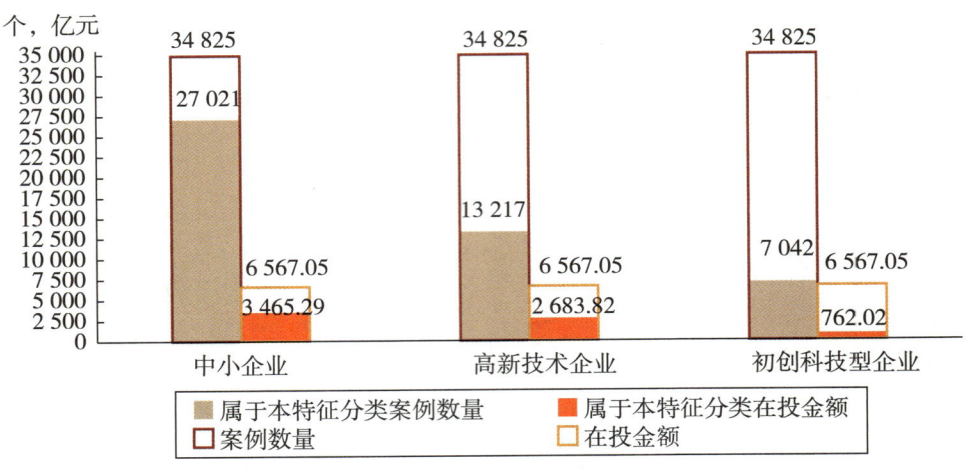

图5-75　创业投资基金投资案例特征数量及规模分布

（资料来源：中国证券投资基金业协会）

2019年创业投资基金新增投资案例中，属于中小企业的案例数量和投资金额分别为5 396个和779.04亿元；属于高新技术企业的案例数量和投资金额分别为2 889个和638.62亿元；属于初创科技型企业的案例数量和投资金额分别为2 125个和259.19亿元。

2. 基金投资案例地域分布情况

截至2019年末，从创业投资基金投资案例地域分布来看，投资案例数量排名前五的地区为北京、广东、上海、江苏和浙江，合计26 179个，占案例总数量的75.17%；投资案例在投金额排名前五的地区为北京、广东、上海、江苏和浙江，合计4 645.97亿元，占案例在投金额总数的70.75%。

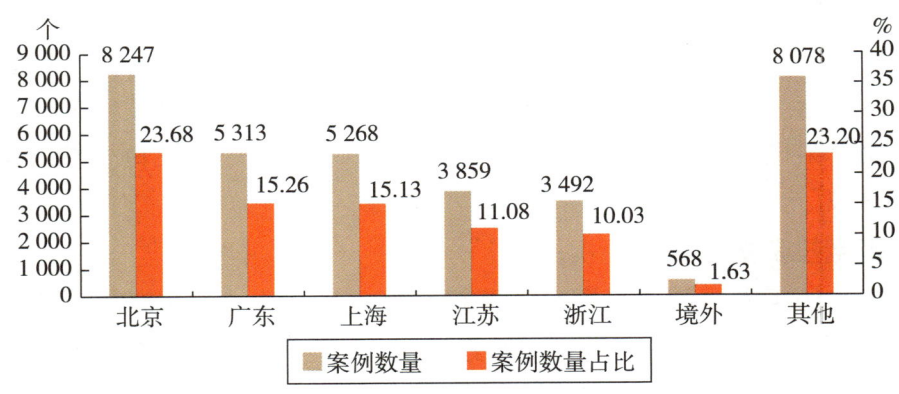

图5-76　创业投资基金投资案例数量排名前五地域分布

（资料来源：中国证券投资基金业协会）

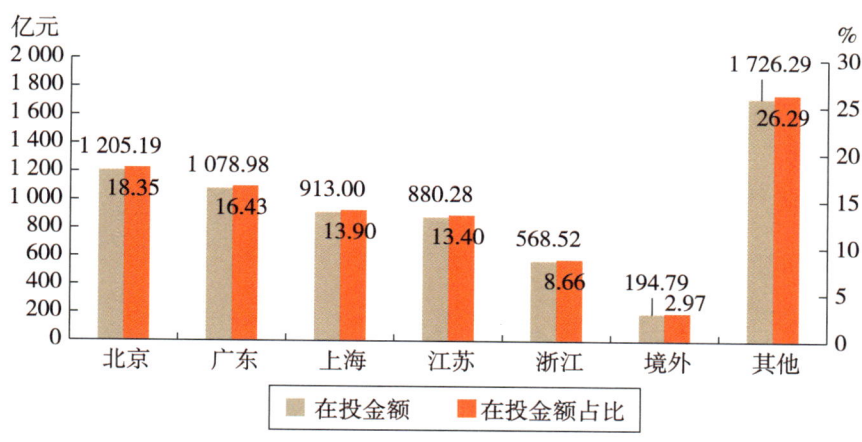

图5-77 创业投资基金投资案例在投金额排名前五地域分布

(资料来源:中国证券投资基金业协会)

2019年创业投资基金新增投资案例中,投资案例数量排名前五的地区为北京、广东、上海、江苏和浙江,合计5 409个,占比为74.34%;投资金额排名前五的地区为广东、北京、上海、江苏和浙江,合计1 088.21亿元,占比为70.94%。

3. 基金投资案例行业分布情况

从投资案例数量的行业分布来看,截至2019年末,前五大行业为"计算机运用""资本品""医疗器械与服务""医药生物"和"计算机及电子设备",各行业投资案例数量分别为12 846个、3 840个、2 471个、2 333个和1 908个,数量合计23 398个,占比为67.19%。

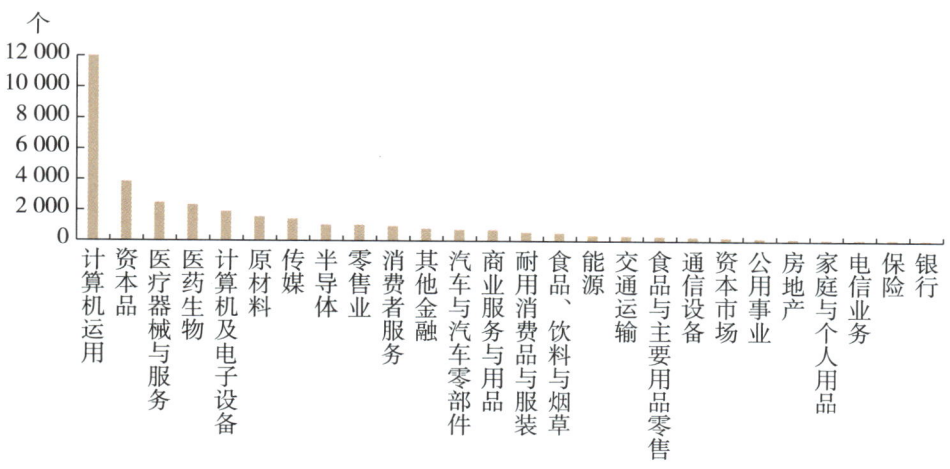

图5-78 创业投资基金投资案例数量行业分布

(资料来源:中国证券投资基金业协会)

从投资案例在投金额的行业分布来看，前五大行业分别为"计算机运用""资本品""医药生物""医疗器械与服务"和"原材料"，各行业在投金额分别为1 633.59亿元、782.44亿元、516.68亿元、467.34亿元和382.58亿元，在投金额合计3 782.63亿元，占比为57.60%。

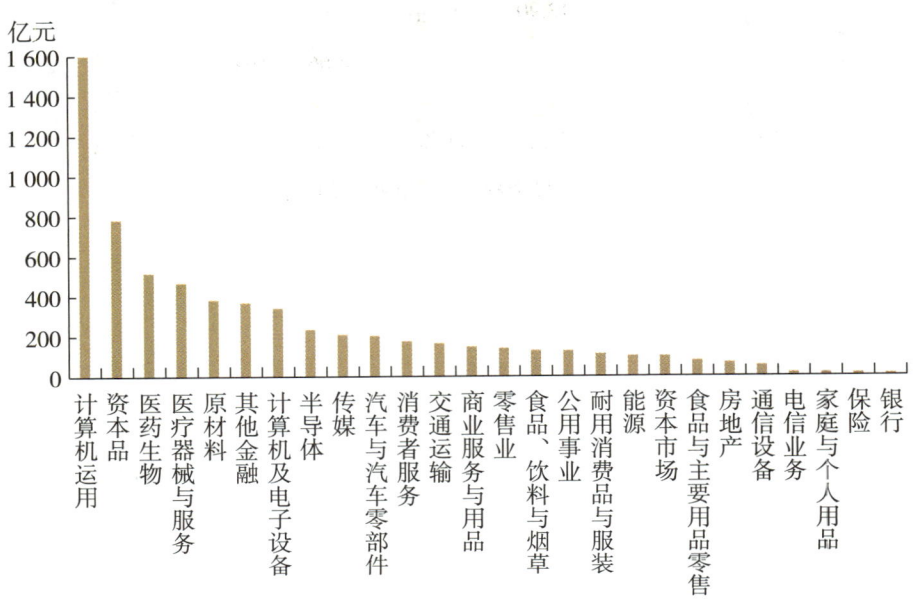

图5-79　创业投资基金投资案例在投金额行业分布

（资料来源：中国证券投资基金业协会）

综合来看，投资案例平均在投金额排名前五位的行业为"公用事业""交通运输""房地产""其他金融"和"资本市场"，平均在投金额分别为6 989.86万元、4 932.31万元、4 760.53万元、4 607.67万元和4 488.57万元。

2019年创业投资基金新增投资案例中，投资案例数量排名前五的行业为"计算机运用""资本品""医药生物""医疗器械与服务"和"计算机及电子设备"，各行业投资案例数量分别为2 328个、829个、653个、646个和477个，数量合计4 933个，占比为67.80%；投资金额前五大行业为"计算机运用""资本品""医药生物""原材料"和"计算机及电子设备"，各行业投资金额分别为341.29亿元、171.09亿元、152.84亿元、120.77亿元和110.16亿元，投资金额合计896.15亿元，占比为58.42%；新增投资案例平均投资金额排名前五的行业为"其他金融""公用事业""商业服务与用品""房地产"和"食品、饮料与烟草"，平均投资金额分别为8 127.92万元、6 067.42万元、5 372.94万元、4 438.66万元和3 516.47万元。

五、退出情况

截至2019年末,私募股权、创业投资基金退出次数为36 889次,退出本金为1.09万亿元,实际退出金额为1.57万亿元。

从投资退出方式来看,"协议转让""企业回购""被投企业分红""融资人还款""新三板挂牌"为主要退出方式,上述方式合计占所有退出次数的88.0%。从实际退出金额来看,"协议转让"退出金额最高,占所有退出金额的34.8%;其次为"境内上市",占所有退出金额的23.3%;再次是"融资人还款",占所有退出金额的16.6%。

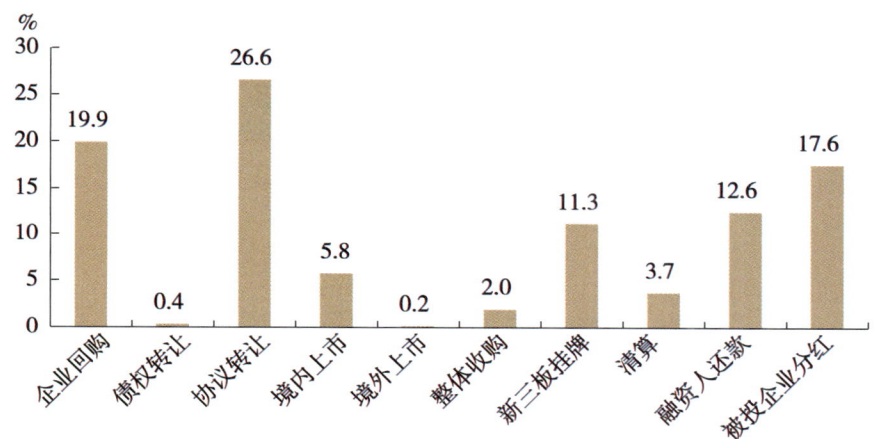

图5-80　2019年末私募股权、创业投资基金投资退出方式分布(退出次数)

(资料来源:中国证券投资基金业协会)

(一)私募股权投资基金投资案例退出情况

1. 基金投资案例退出总体情况

截至2019年末,私募股权投资基金投资案例共退出12 696个,发生退出行为25 925次,退出本金9 896.21亿元,实际退出金额为1.36万亿元,退出案例的平均投资期限为34.98个月。其中,私募股权投资基金完全退出的投资案例为7 824个,发生退出行为13 016次,退出本金7 055.49亿元,实际退出金额为9 671.01亿元,退出案例的平均投资期限为35.24个月。

2019年新增退出案例5 511个,发生退出行为8 678次,退出本金3 995.68亿元,实际退出金额为4 869.99亿元,退出案例的平均投资期限为37.26个月。其中,完全退出的案例为2 774个,发生退出行为3 551次,退出本金2 741.03亿元,实际退出金额为3 268.80亿元,退出案例的平均投资期限为38.00个月。

2. 基金投资案例退出方式分布情况

截至2019年末,私募股权投资基金退出方式主要为"协议转让""新三板挂牌""融资人还款""被投企业分红""企业回购",上述方式合计占所有退出次数的89.30%。

对于私募股权投资基金的资产配置,在做好流动资金管理的基础上,理应将更多的资产投到企业股权中去,通过主动管理获取企业股权的增值回报。但事实上,现有私募股权投资基金将相当多的资产通过股东借款的方式纳入投资组合,谋求债权类固定回报,削弱了私募股权投资基金的真正价值。从退出本金来看,"融资人还款"占比达24.00%,"协议转让"占比达37.76%;从实际退出金额来看,"融资人还款"占比18.88%。

从单次退出的实际退出金额来看,"境内IPO""境内上市(除IPO)"[①]"境外上市""整体收购"领先于其他退出方式,平均实际退出金额分别为1.95亿元、1.81亿元、1.55亿元和1.32亿元。

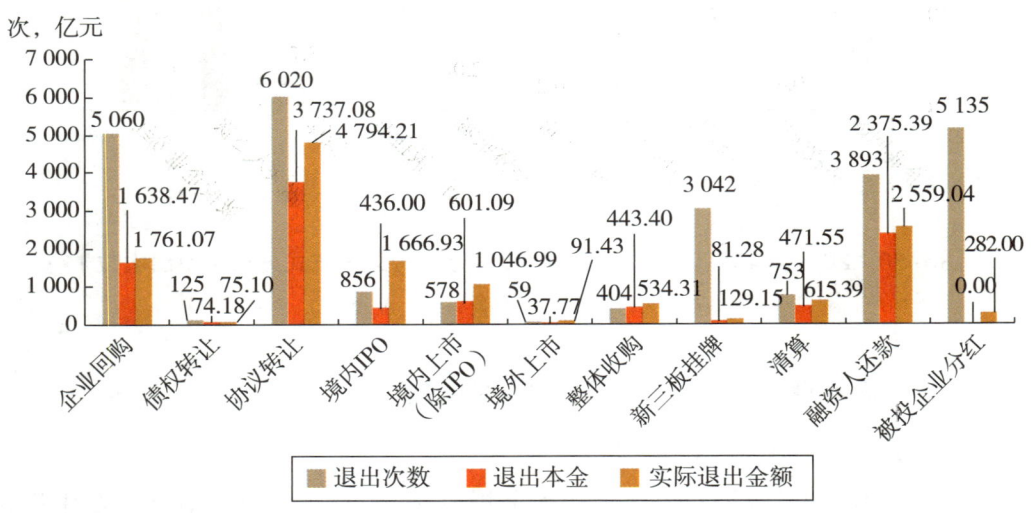

图5-81 私募股权投资基金投资案例退出方式情况

(资料来源:中国证券投资基金业协会)

2019年新增退出案例通过"协议转让"和"企业回购"方式发生的退出行为较多,占所有退出数量的51.95%,退出本金占比达59.99%,实际退出金额占比达55.91%。其中通过"协议转让"发生退出行为2 429次,退出本金1 587.25亿元,实际退出金额为1 883.16亿元;通过"企业回购"发生退出

---

① "境内上市(除IPO)"包括"上市公司定向增发""股票协议转让"和"股票大宗交易"。

行为2 079次，退出本金809.72亿元，实际退出金额为839.67亿元。

3. 基金投资案例退出地域分布情况

截至2019年末，从私募股权投资基金投资案例退出的地域分布来看，退出案例数量排名前五的地区为广东、北京、上海、浙江和江苏，退出案例数量合计8 065个，数量占比为63.52%；案例退出本金排名前五的地区为上海、广东、北京、江苏和浙江，退出本金合计5 421.99亿元，退出本金占比为54.79%；案例实际退出金额排名前五的地区为上海、广东、北京、浙江和江苏，实际退出金额为7 632.67亿元，实际退出金额占比为56.31%。

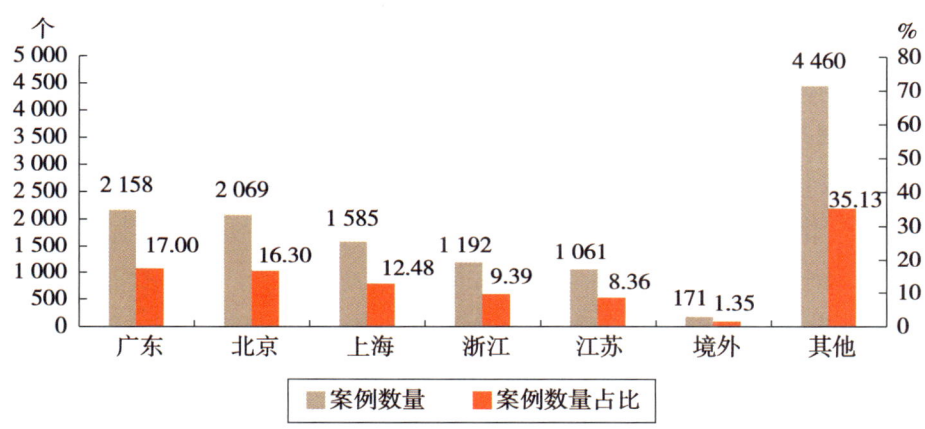

图5-82 私募股权投资基金退出案例数量排名前五地域分布

（资料来源：中国证券投资基金业协会）

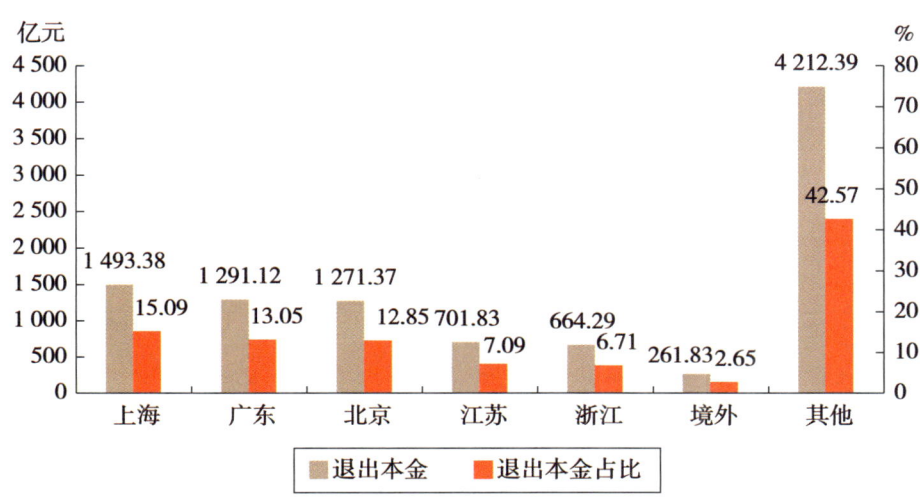

图5-83 私募股权投资基金投资案例退出本金排名前五地域分布

（资料来源：中国证券投资基金业协会）

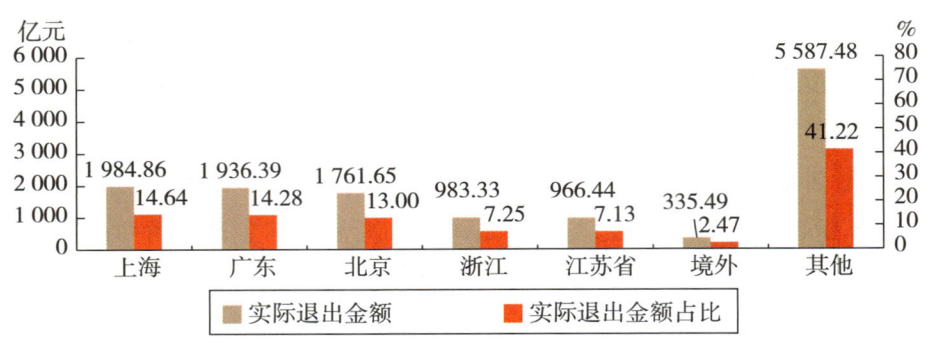

图5-84　私募股权投资基金投资案例实际退出金额排名前五地域分布

（资料来源：中国证券投资基金业协会）

从私募股权投资基金2019年新增退出案例的地域分布来看，退出案例数量排名前五的地区为广东、北京、上海、浙江和江苏，退出案例数量合计3 428个，数量占比为62.20%；案例退出本金排名前五的地区为广东、上海、浙江、北京和江苏，退出本金合计2 184.87亿元，退出本金占比为54.68%；案例实际退出金额排名前五的地区为广东、上海、浙江、北京和江苏，实际退出金额合计2 781.18亿元，实际退出金额占比为57.11%。

4. 基金投资案例退出行业分布情况

从私募股权投资基金退出案例的行业分布来看，截至2019年末，前五大行业为"计算机运用""资本品""房地产""原材料"和"医药生物"，各行业退出案例数量分别为2 400个、1 704个、973个、942个和770个，合计6 789个；数量占比分别为18.90%、13.42%、7.66%、7.42%和6.06%，合计占比53.47%。

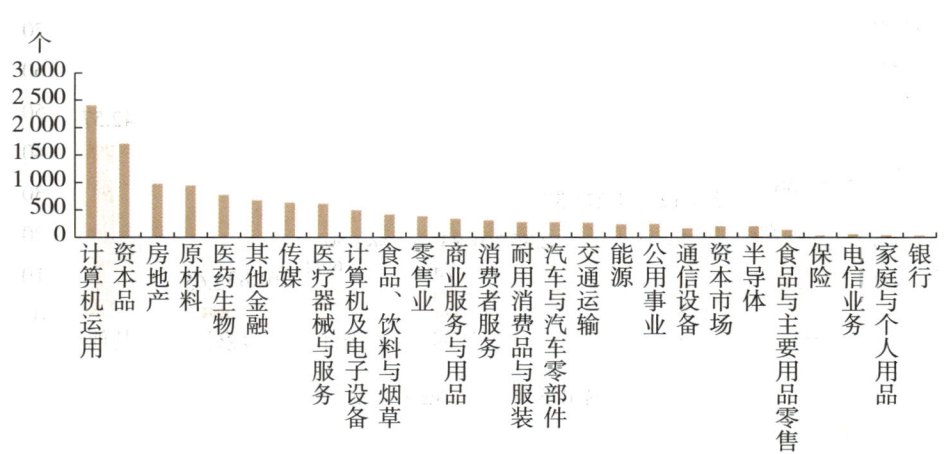

图5-85　私募股权投资基金退出案例数量行业分布

（资料来源：中国证券投资基金业协会）

从私募股权投资基金退出案例退出本金的行业分布来看，前五大行业分别为"房地产""资本品""其他金融""计算机运用"和"交通运输"，各行业退出本金分别为2 323.39亿元、1 104.15亿元、864.18亿元、843.21亿元和536.44亿元，退出本金合计5 671.36亿元，占比分别为23.48%、11.16%、8.73%、8.52%和5.42%，合计占比57.31%。

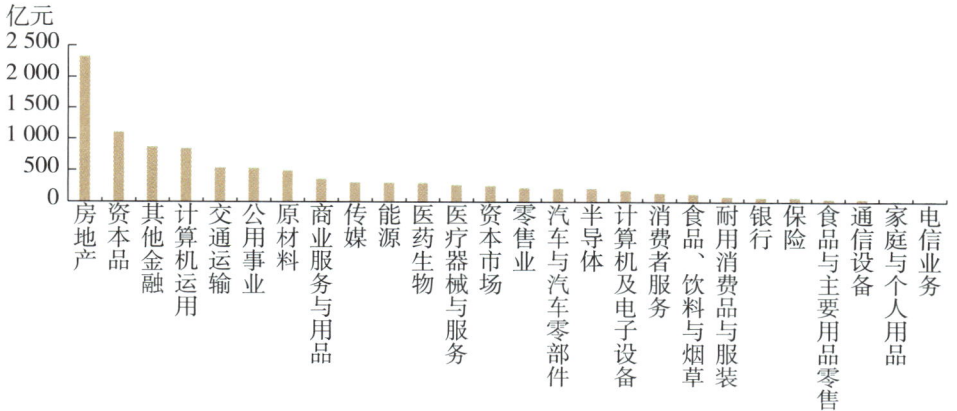

图5-86　私募股权投资基金退出案例退出本金行业分布

（资料来源：中国证券投资基金业协会）

从私募股权投资基金退出案例实际退出金额的行业分布来看，前五大行业分别为"房地产""资本品""计算机运用""其他金融"和"原材料"，各行业退出本金分别为2 825.22亿元、1 497.31亿元、1 119.94亿元、1 032.16亿元和740.70亿元，实际退出金额合计7 215.32亿元，占比分别为20.84%、11.05%、8.26%、7.61%和5.46%，合计占比53.23%。

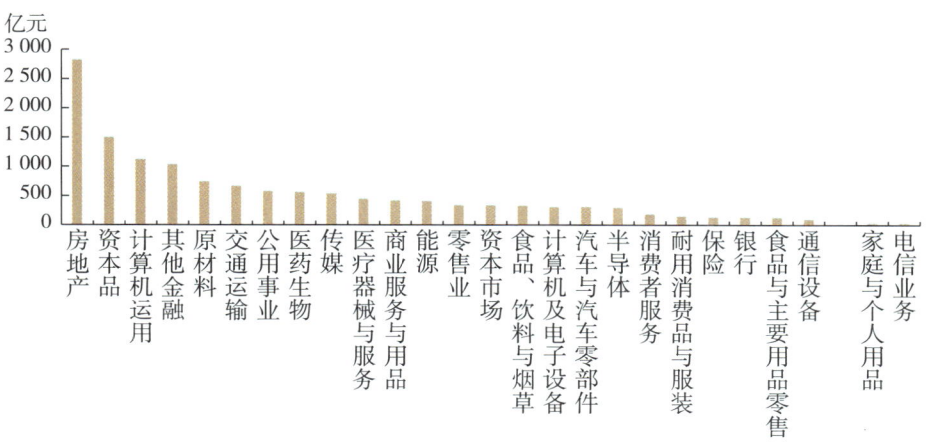

图5-87　私募股权投资基金退出案例实际退出金额行业分布

（资料来源：中国证券投资基金业协会）

2019年私募股权投资基金新增退出案例中，退出案例数量排名前五的行业为"计算机运用""资本品""房地产""原材料"和"其他金融"，各行业退出案例数量分别为949个、667个、547个、392个和360个，合计占比52.89%；退出本金前五大行业为"房地产""资本品""其他金融""计算机运用"和"公用事业"，各行业退出本金分别为1 014.15亿元、455.57亿元、331.73亿元、287.35亿元和283.53亿元，合计占比59.37%；实际退出金额前五大行业为"房地产""资本品""其他金融""计算机运用"和"公用事业"，各行业实际退出金额分别为1 190.71亿元、521.84亿元、357.92亿元、356.06亿元和302.32亿元，合计占比56.03%。

5. 基金投资案例退出所涉存续期限情况

截至2019年末，私募股权投资基金投资案例在退出时，持有时间为两年（含）至四年的案例数量、退出本金和实际退出金额均最多，占比分别为34.79%、42.44%和39.01%。持有时间为七年（含）以上的退出案例数量、退出本金及实际退出金额均为最少。

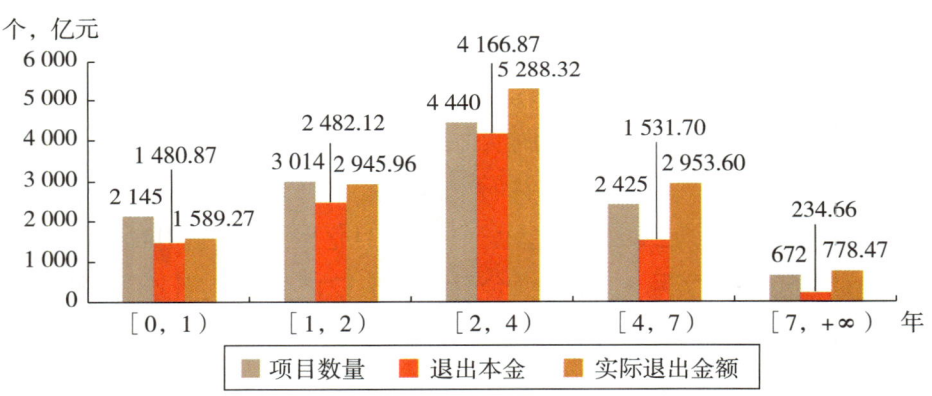

图5-88　私募股权投资基金投资案例期限情况

（资料来源：中国证券投资基金业协会）

其中，私募股权投资基金完全退出的投资案例中，持有时间为两年（含）至四年的案例数量、退出本金和实际退出金额均最多，占比分别为34.64%、30.89%和36.33%。持有时间为七年（含）以上的退出案例数量、退出本金及实际退出金额均为最少。

2019年新增的退出案例中，持有时间为两年（含）至四年的案例数量、退出本金和实际退出金额均最多，占比分别为39.50%、47.07%和46.48%。其中，完全退出的案例中，持有时间为两年（含）至四年的案例数量、退出

第五章　私募投资基金

本金和实际退出金额同样最多，占比分别为40.70%、46.46%和46.31%。

（二）创业投资基金投资案例退出情况

截至2019年末，已完成运行监测表或清算表填报的创业投资基金（含已清算基金）退出案例为7 572个，发生退出行为11 442次，退出本金1 113.03亿元，实际退出金额为2 323.58亿元，退出案例的平均投资期限为39.72个月。2019年当年创业投资基金（含已清算基金）退出案例为2 696个，发生退出行为3 776次，退出本金472.92亿元，实际退出金额为651.03亿元，退出案例的平均投资期限为42.12个月。

1. 存续基金投资案例退出情况

截至2019年末，已进行季度更新、完成运行监测表填报且正在运作的创业投资基金投资案例共退出7 229个，发生退出行为10 964次，退出本金966.47亿元，实际退出金额为2 107.70亿元，退出案例的平均投资期限为39.99个月。其中，完全退出案例为4 830个，发生退出行为6 435次，退出本金759.75亿元，实际退出金额为1 616.71亿元，退出案例的平均投资期限为39.95个月。

（1）存续基金投资案例退出方式分布情况。截至2019年末，对于创业投资基金投资案例退出方式，从退出次数来看，"协议转让""企业回购""被投企业分红"和"新三板挂牌"退出次数占比较高，上述方式合计占所有退出次数的78.14%；从退出本金来看，"协议转让""企业回购""境内IPO"退出本金占比较高，共77.44%；从实际退出金额来看，"境内IPO""协议转让""企业回购"实际退出金额占比较高，达78.98%。

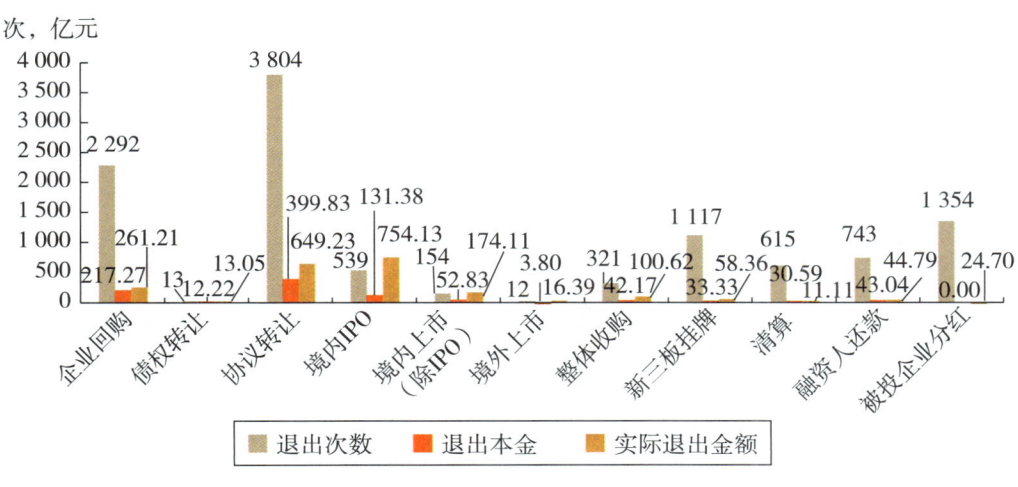

图5-89　存续创业投资基金投资案例退出方式分布

（资料来源：中国证券投资基金业协会）

（2）存续基金投资案例退出地域分布情况。截至2019年末，从创业投资基金投资案例退出的地域分布来看，退出案例数量排名前五的地区为北京、上海、江苏、广东和浙江，退出案例数量合计5 166个，数量占比为71.46%；案例退出本金排名前五的地区为北京、上海、江苏、广东和浙江，退出本金合计630.01亿元，退出本金占比65.19%；案例实际退出金额排名前五的地区为北京、广东、上海、江苏和浙江，实际退出金额合计1 357.52亿元，实际退出金额占比64.41%。

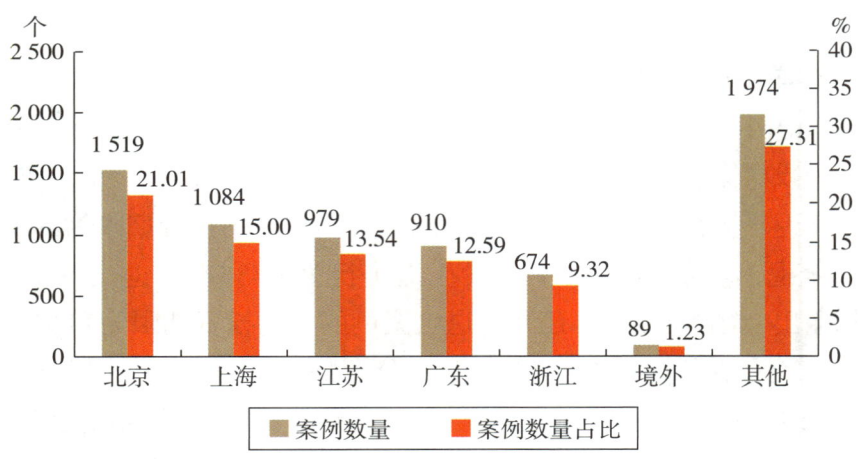

图5-90 存续创业投资基金退出案例数量排名前五地域分布

（资料来源：中国证券投资基金业协会）

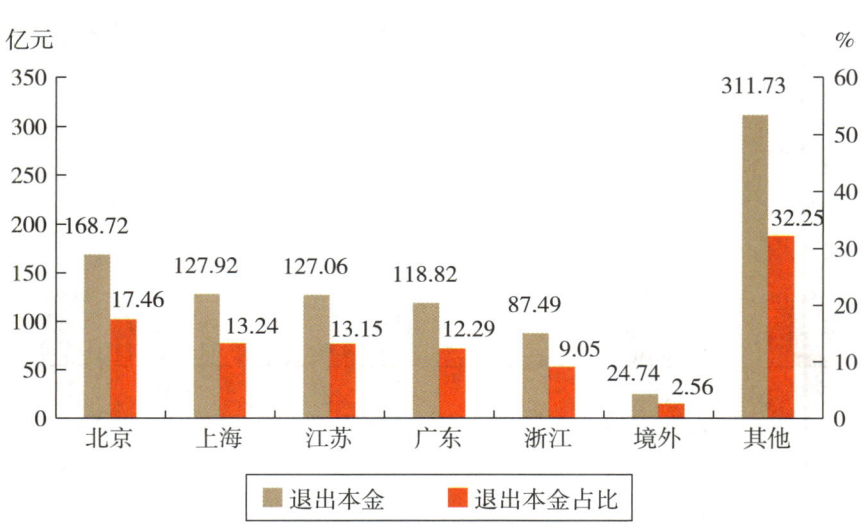

图5-91 存续创业投资基金投资案例退出本金排名前五地域分布

（资料来源：中国证券投资基金业协会）

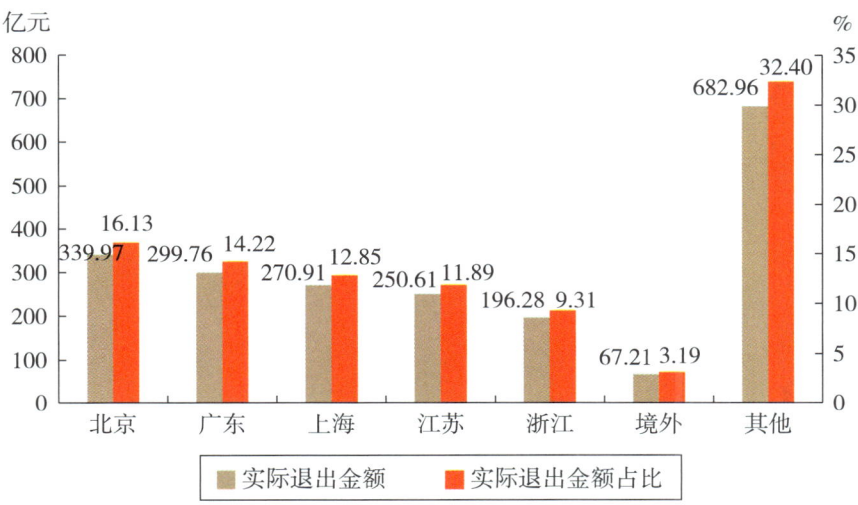

图5-92 存续创业投资基金投资案例实际退出金额排名前五地域分布

(资料来源:中国证券投资基金业协会)

(3)存续基金投资案例退出行业分布情况。从创业投资基金退出案例数量的行业分布来看,截至2019年末,前五大行业为"计算机运用""资本品""原材料""医药生物"和"计算机及电子设备",各行业退出案例数量分别为2 321个、1 062个、558个、495个和393个,数量合计4 829个,占比为66.80%。

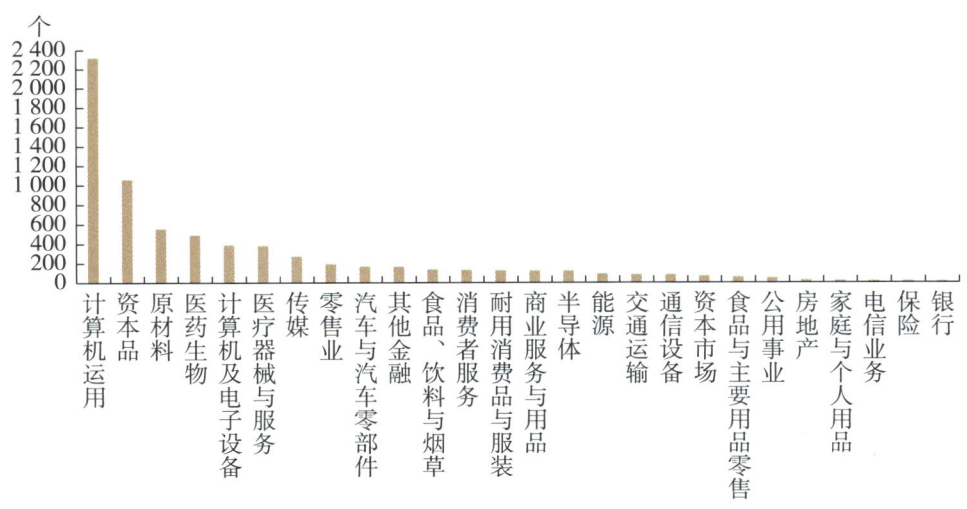

图5-93 存续创业投资基金退出案例数量行业分布

(资料来源:中国证券投资基金业协会)

从创业投资基金退出案例退出本金的行业分布来看,前五大行业分别为

"计算机运用""资本品""原材料""医药生物"和"医疗器械与服务",各行业退出本金分别为187.64亿元、145.77亿元、79.49亿元、74.31亿元和62.41亿元,退出本金合计549.62亿元,占比为56.87%。

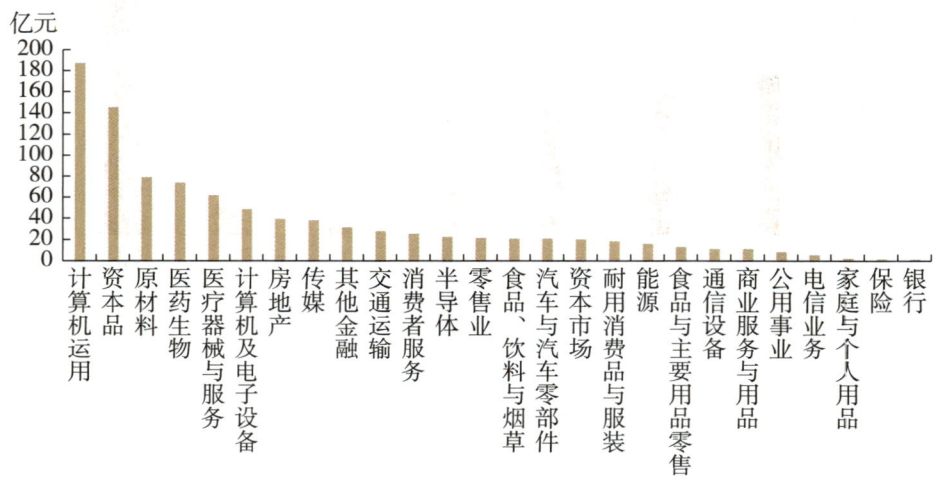

图5-94 存续创业投资基金退出案例退出本金行业分布

(资料来源:中国证券投资基金业协会)

从创业投资基金退出案例实际退出金额的行业分布来看,前五大行业分别为"计算机运用""资本品""原材料""医药生物"和"计算机及电子设备",各行业实际退出金额分别为425.50亿元、318.52亿元、230.53亿元、183.89亿元和147.47亿元,实际退出金额合计1 305.91亿元,占比61.96%。

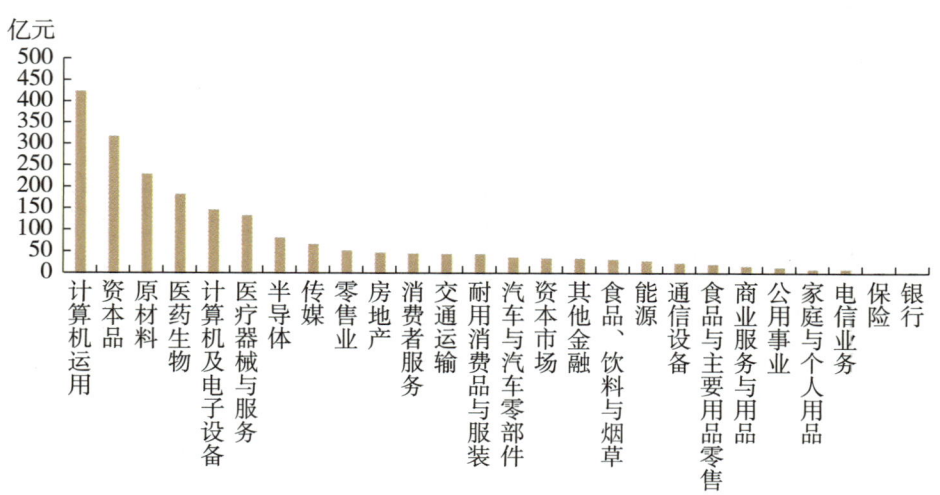

图5-95 存续创业投资基金退出案例实际退出金额行业分布

(资料来源:中国证券投资基金业协会)

（4）存续基金投资案例退出所涉持有期限情况。截至2019年末，创业投资基金投资案例在退出时，持有时间为两年（含）至四年的案例数量和退出本金最多，占所有退出案例的比例分别为34.26%和31.17%；持有时间为四年（含）至七年的实际退出金额最多，占比为33.35%。

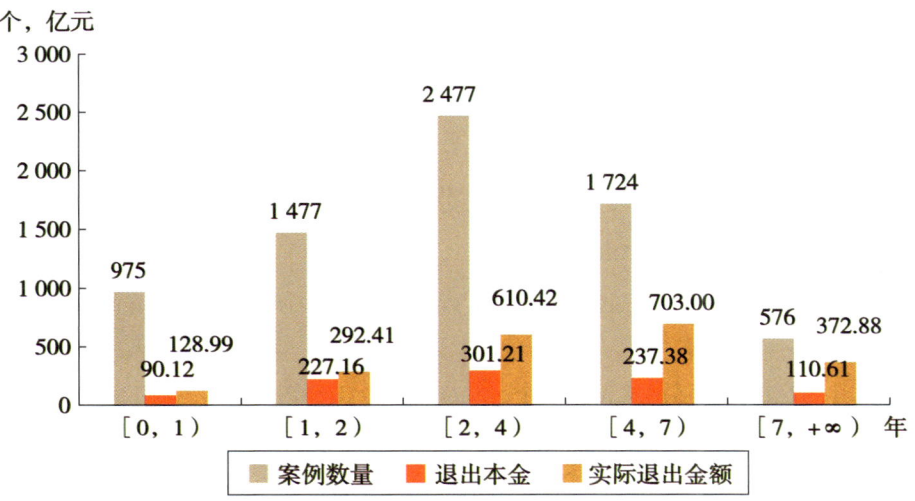

图5-96　存续创业投资基金投资案例期限分布

（资料来源：中国证券投资基金业协会）

其中，创业投资基金完全退出的投资案例中，持有时间为两年（含）至四年的案例数量和退出本金最多，占所有退出案例的比例分别为34.14%和30.03%；持有时间为四年（含）至七年的实际退出金额最多，占比为34.08%。

2. 已清算基金投资案例退出情况

截至2019年末，在资产管理业务综合报送平台完成清算情况表填报的已清算创业投资基金退出案例为343个，发生退出行为478次，退出本金为146.55亿元，实际退出金额为215.88亿元，平均投资期限为33.82个月。

3. 新增退出案例情况

2019年创业投资基金新增退出案例2 569个，发生退出行为3 613次，退出本金为364.38亿元，实际退出金额为521.33亿元，退出案例的平均投资期限为42.89个月。其中，完全退出案例为1 470个，发生退出行为1 859次，退出本金为269.50亿元，实际退出金额为358.94亿元，退出案例的平均投资期限为42.86个月。

从相关退出案例的退出方式来看，主要为"协议转让""企业回购"和

"新三板挂牌"，上述方式占所有退出次数的70.50%；从退出本金来看，"协议转让"和"企业回购"退出本金占比较高，合计占比达73.57%；从实际退出金额来看，"协议转让""境内IPO"和"企业回购"实际退出金额占比较高，合计占比达82.62%。

从相关退出案例的地域分布来看，退出案例数量排名前五的地区为北京、江苏、上海、广东和浙江，退出案例数量合计1 826个，数量占比为71.08%；案例退出本金排名前五的地区为北京、江苏、上海、广东和浙江，退出本金合计244.26亿元，退出本金占比为67.03%；案例实际退出金额排名前五的地区为北京、广东、上海、江苏和浙江，实际退出金额合计343.34亿元，实际退出金额占比为65.86%。

从相关退出案例的行业分布来看，退出案例数量排名前五的行业为"计算机运用""资本品""医药生物""原材料"和"医疗器械与服务"，各行业退出案例数量分别为776个、367个、191个、182个和164个，数量合计1 680个，占比为65.40%；退出本金前五大行业为"计算机运用""资本品""计算机及电子设备""其他金融"和"医疗器械与服务"，各行业退出本金分别为77.87亿元、40.06亿元、34.47亿元、29.05亿元和27.82亿元，退出本金合计209.27亿元，占比为57.43%；实际退出金额前五大行业为"计算机运用""资本品""医药生物""医疗器械与服务"和"计算机及电子设备"，各行业实际退出金额分别为114.65亿元、55.14亿元、50.76亿元、45.94亿元和45.00亿元，实际退出金额合计311.49亿元，占比为59.75%。

从相关案例退出所涉持有期限来看，持有时间为两年（含）至四年的案例数量、退出本金和实际退出金额最多，占新增退出案例的比例分别为34.37%、32.07%和29.82%。其中，完全退出的案例中，持有时间为两年（含）至四年的案例数量、退出本金和实际退出金额最多，占新增退出案例的比例分别为34.69%、30.05%和28.16%。

第六章

公募基金管理机构[①]

截至2019年末,我国境内已获批的公募基金管理机构有145家,已成立143家[②]。其中,中外合资公司44家[③],取得公募基金管理资格的证券公司或证券公司资管子公司13家,保险资管公司2家。与2018年相比,新增获批2家公募基金管理机构。

第一节 公募基金管理机构股东情况

一、国有、中外合资、民企、其他

按股东背景[④]将基金管理机构分为国有企业、中外合资企业、民营企业、其他企业。

属于国有企业的基金管理机构共35家,其中多为地方政府或财政部出资,个别基金管理公司由财政部或国资委直接出资。从机构类型来看,有26家为基金公司、9家持牌机构;从控股模式来看,有26家公募基金管理机构

[①] 本章内容由上海证券协助撰写。
[②] 中国证监会批复145家,已成立143家。本章以基金管理人获批日区分年限。明亚基金于2019年2月11日重新核准设立,此处计算时不计入新增获批基金管理机构,后文的统计中也将其纳入2018年获批机构。
[③] 公司性质基础数据来源于Wind,其中2019年较2018年有5家公司性质发生调整。
[④] 具体分类标准如下:国有企业,是指大股东或实际控制人属于国务院/地方各级国资委、中央国家机关及地方各政府/部门、中央国有及地方国有企/事业单位;中外合资企业,是指由外国公司或其他经济组织或个人与中国公司或其他经济组织按法律规定共同投资设立、共同经营,按各自的出资比例共担风险、共负盈亏,各方出资折算成一定的出资比例,外国合营者的出资比例一般不低于25%,或由外国公司或其他经济组织或个人依照中国法律在中国境内设立的全部资本由外国投资者投资的企业(可以是一个外国投资者独资,也可以是若干外国投资者合资);民营企业,是指非公有制企业,例如个体企业、私营企业等,特点是没有国有资本,非国家控股;其他企业,是指除以上三种类型外的企业单位。

为国有企业绝对控股,其中有11家公募基金管理机构由国有企业独资。目前国有企业仍然是基金管理机构股东群体中的重要力量。

属于中外合资企业的基金管理机构共44家,机构类型均为基金公司,无持牌机构;从控股模式来看,绝对控股①的公募基金管理机构有32家,其中大部分由单家内资企业控股超过50%(即绝对控股),少部分为外资控股。在12家相对控股②的机构中,华泰柏瑞基金管理有限公司、鹏华基金管理有限公司与中信保诚基金管理有限公司外资持股达49%,无分散持股③的机构。从外资股东所处区域来看,外资股东多是来自美国、欧洲等的大型国家投资机构,也包括中国香港、澳门和台湾地区,以及日本、新加坡等的亚洲市场金融机构。

属于民营企业公募基金管理机构的共24家。从机构类型来看,有22家基金公司、2家持牌机构;从控股模式来看,11家基金管理机构股权为绝对控股,其余13家为相对控股,股东中有国有企业、民营企业、外资企业与自然人。从第一大股东来看,14家基金管理机构第一大股东为自然人。这显示了我国公募基金管理机构股权结构的多元化,各种各样的机构参与到公募基金管理领域,为基金管理机构在丰富社会投资、提升服务能力、激励人才方面奠定了基础。相关数据见图6-1和图6-2。

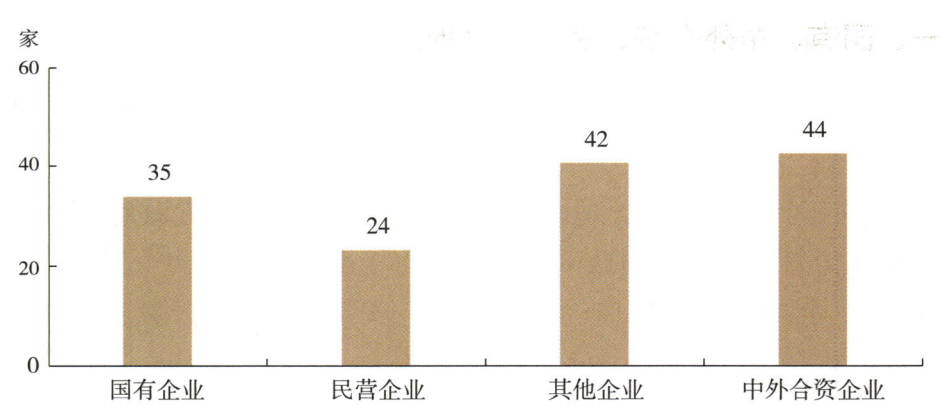

图6-1 2019年不同股东背景基金管理机构数量分布

(资料来源:Wind,上海证券基金评价研究中心)

---

① 绝对控股,是指第一大股东持有公司全部股份的50%以上,处于绝对控股地位。
② 相对控股,是指第一大股东持股比例在20%~50%,这种股权结构也称为股权相对集中模式。
③ 分散持股,是指第一大股东持股比例在20%以下,相当数量的股东持股比例较接近。

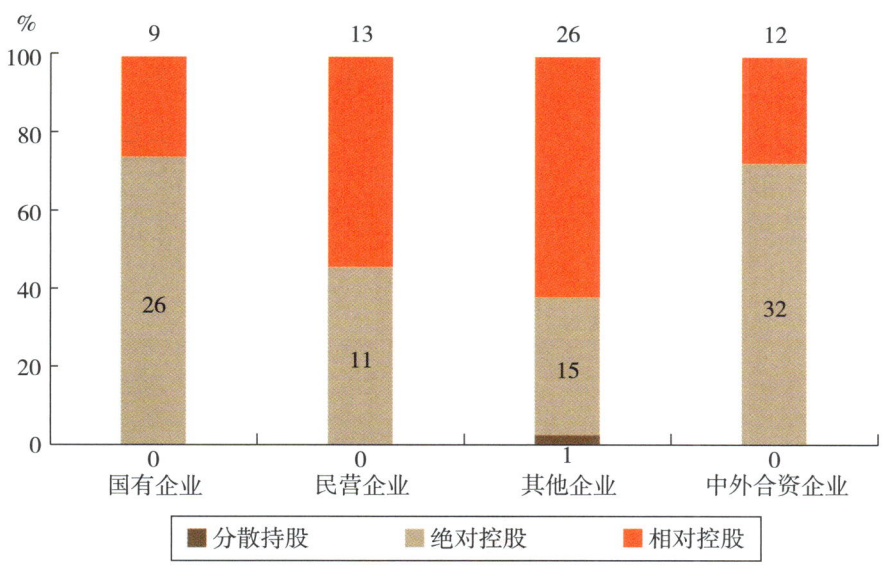

图6-2　2019年各类基金管理机构股权模式占比

（资料来源：Wind，上海证券基金评价研究中心）

二、不同类型股东背景

从主要控股股东所处行业来划分，大致可分为四个类型[①]，即银行系、券商系、信托系和其他系。一直以来，无论从基金管理机构数量还是从管理资产规模来看，券商系基金管理人都在行业中占据领先地位。尽管银行系中有建信基金、工银瑞信基金等规模较大的基金公司，但是券商系基金公司具有数量优势，因此整体规模占优。

2019年共有67家券商系基金管理机构，数量较2018年增加了1家。券商系基金管理机构在全部基金管理机构中数量占比为46.21%，规模占比为49.33%。此外，共有6家证券公司及7家证券公司资管子公司获得公募基金管理人资格。

银行系基金管理机构有15家，规模占全部基金管理机构的22.91%。从数量来看，相比2018年，机构数量未发生变化。

信托系基金管理机构共计22家，在全部基金管理机构中数量占比为15.17%，规模占比为12.34%。从数量来看，信托系基金管理机构数量较2018年下降2家。

[①] 机构派系基础数据来源于Wind。2019年较2018年有2家基金公司的机构派系分类发生调整。

其他系基金管理机构共计41家，主要包括多类金融机构共同控股或以资产管理公司为控股股东的基金管理机构。随着混业经营的态势持续深化，其他系基金管理机构包括保险、期货、私募等金融机构，也包括地产、互联网等机构，由此可以清晰地看出，其他系基金管理机构占比也在逐步上升。以往以券商系为主导的市场可能随着其他系基金管理机构的加入变得更加活跃。

相关数据见图6-3至图6-6。

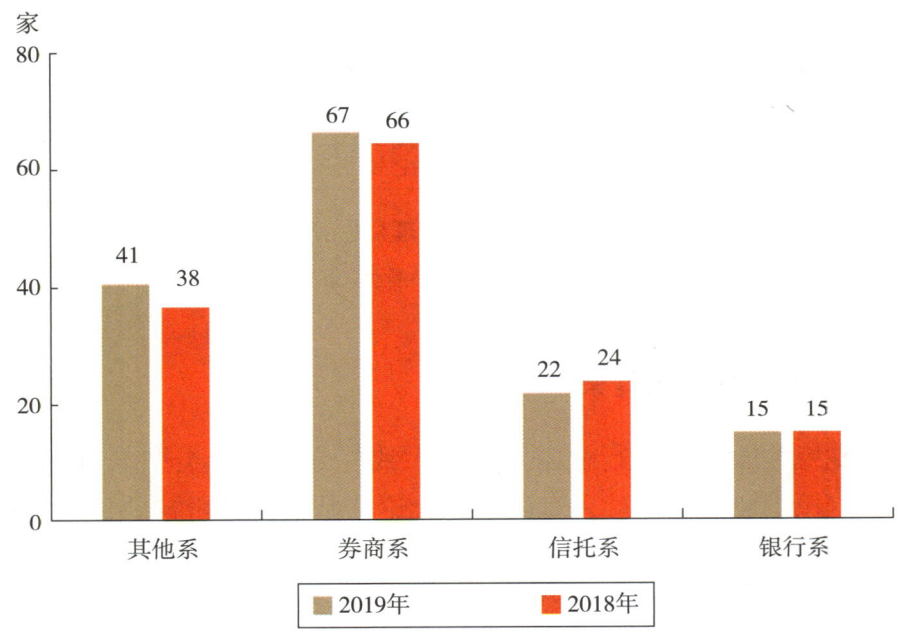

图6-3　2018年和2019年各类型基金管理机构数量

（资料来源：Wind，上海证券基金评价研究中心）

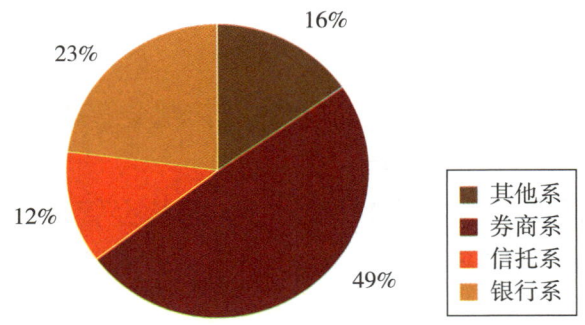

图6-4　2019年各类型基金管理机构资产规模占比

（资料来源：Wind，上海证券基金评价研究中心）

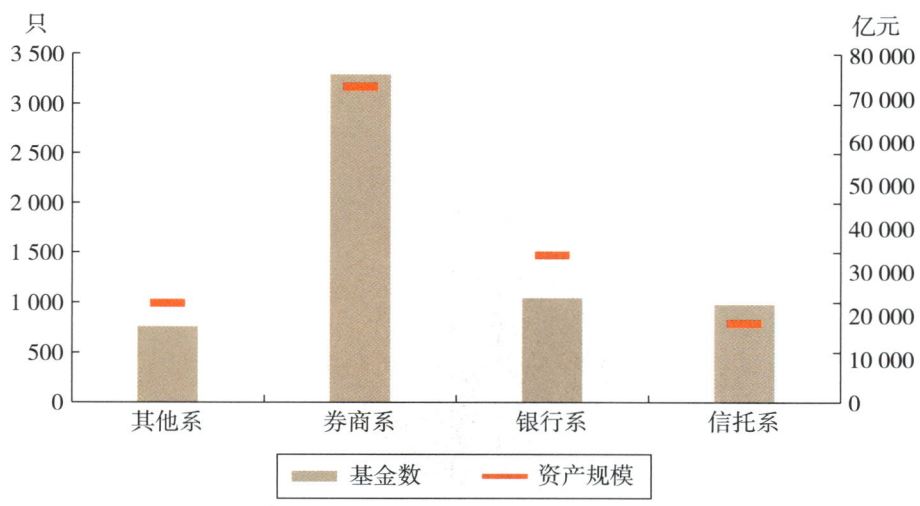

图6-5 2019年末各类基金管理机构管理资产情况

（资料来源：Wind，上海证券基金评价研究中心）

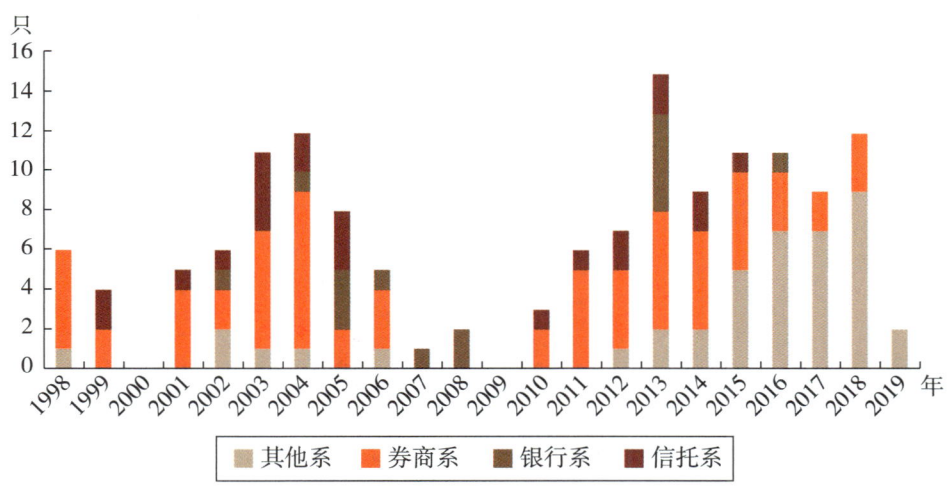

图6-6 1998年以来每年新成立基金管理机构类别及数量（以获批日期为准）

（资料来源：Wind，上海证券基金评价研究中心）

第二节　公募基金管理机构股权结构

一、控股模式

2019年，84家基金管理机构采用绝对控股模式，占比为57.93%，其中包含17家独资控股公司。另有60家基金管理机构采用相对控股模式，1家基金管理机构采用分散持股模式（见图6-7）。

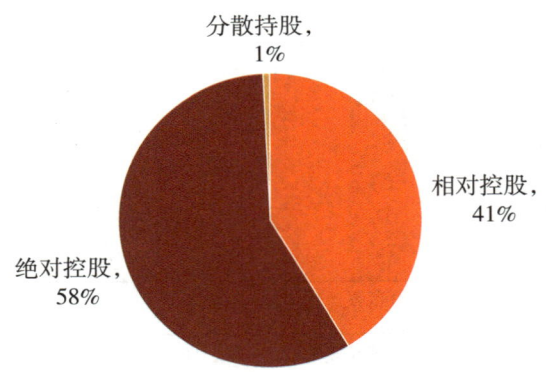

图6-7　2019年基金管理机构股权结构数量分布

（资料来源：Wind，上海证券基金评价研究中心）

从公司性质来看，分散持股与相对控股在民营企业与其他企业中占比较大，合计超过50%，而在国有企业与中外合资企业中绝对控股占大多数，占比均在60%以上（见图6-8）。

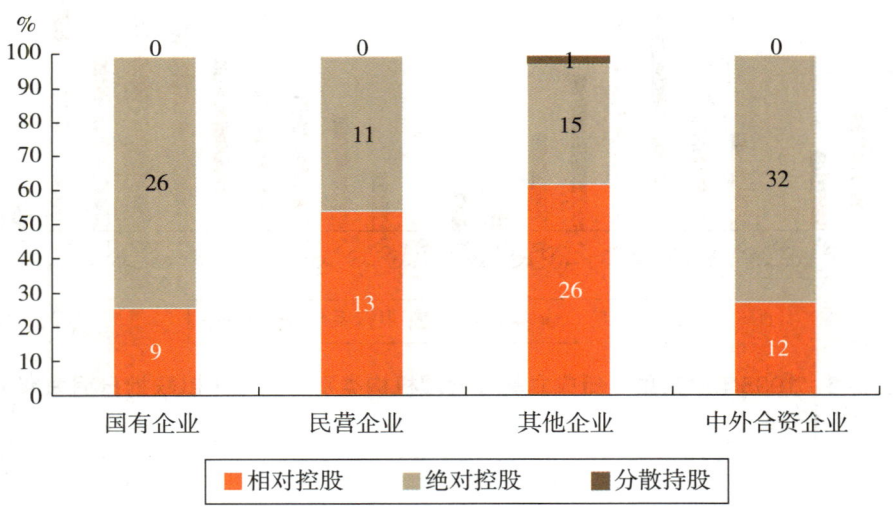

图6-8　2019年各类型基金管理机构股权结构（参、控股）

（资料来源：Wind，上海证券基金评价研究中心）

从基金管理机构分布的地域来看（见图6-9），基金管理机构主要分布在上海、深圳、北京三地。其中，上海与北京地区基金管理机构多采用绝对控股模式，而深圳地区的基金管理机构采用相对控股模式较多。

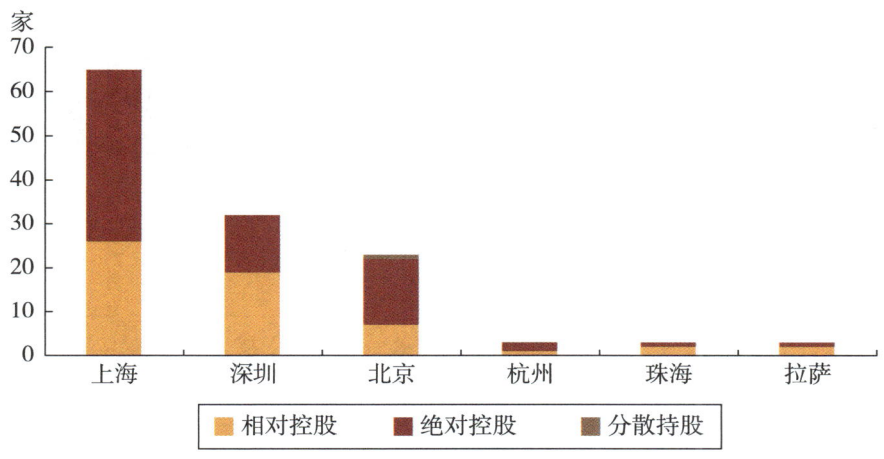

图6-9 基金管理机构注册数量较多的六个区域

（资料来源：Wind，上海证券基金评价研究中心）

从图6-10可以看出基金管理机构在选择控股模式上，大致经历了从以相对控股为主到绝对控股与相对控股持平的过程。从新增基金管理机构股权模式来看，在大多数年份，基金管理机构大概率选择绝对控股，但总体上，相对控股与绝对控股的控股模式趋于平衡。

由于两种模式优势与劣势各不相同，基金管理机构在选择时，都会选择更为适合自己公司的模式，这使得这两者并没有明显的占比优势（见图6-11）。

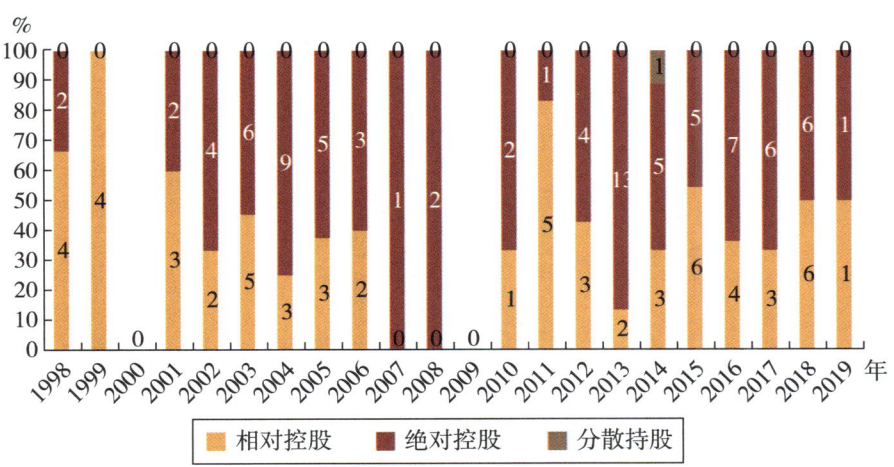

图6-10 每年新增基金管理机构的控股模式选择（以获批日期为准）

（资料来源：Wind，上海证券基金评价研究中心）

注：基金公司与持牌机构的股权数据采用2019年获取的截面数据，假设绝大部分基金公司的股权结构自获批以来并未发生大幅度的变动，以大致展现基金管理机构控股模式的变迁。

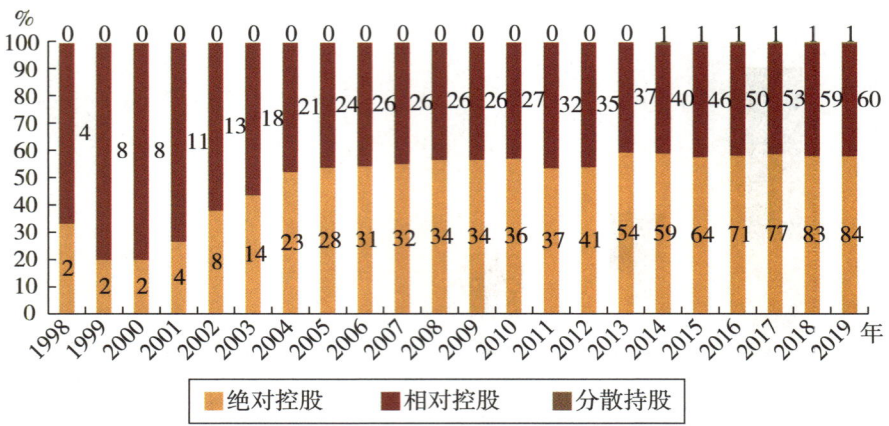

图6-11 基金管理机构整体控股模式占比趋势(以获批日期为准)

(资料来源:Wind,上海证券基金评价研究中心)

二、股权集中度

在纳入统计的145家基金管理机构中,第一大股东持股集中度为57.02%,较2018年略有提升,前两大股东持股集中度平均为83.10%,较2018年有略微提升,前三大股东持股集中度平均为92.38%,较2018年略有下降(见图6-12)。第一大股东的持股比例达到50%以上的有84家基金管理机构,在公司运作中掌握绝对话语权。56家基金管理机构由两家及以下股东控制全部的股份,另有32家基金管理机构由三家股东共同控制100%的股份(见图6-13)。个别基金管理机构股东较为分散,多数股东为个人或民营企业。

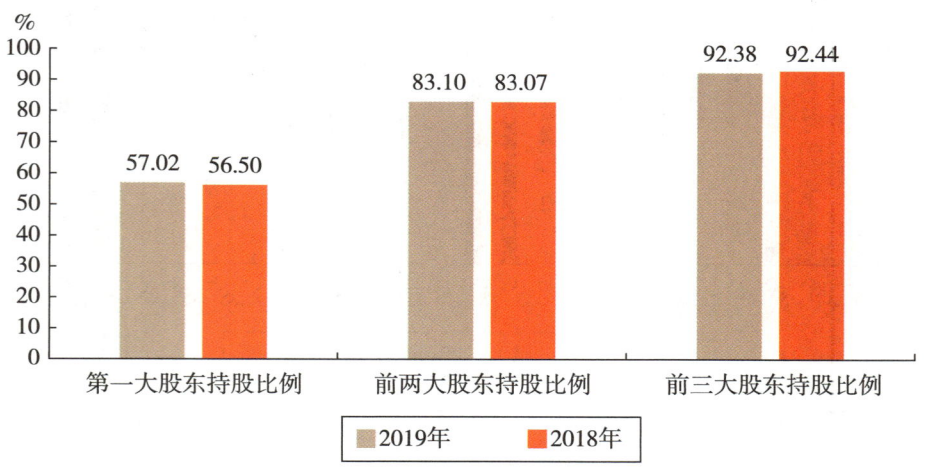

图6-12 2019年与2018年基金管理机构参股机构合资与独资情况

(资料来源:Wind,上海证券基金评价研究中心)

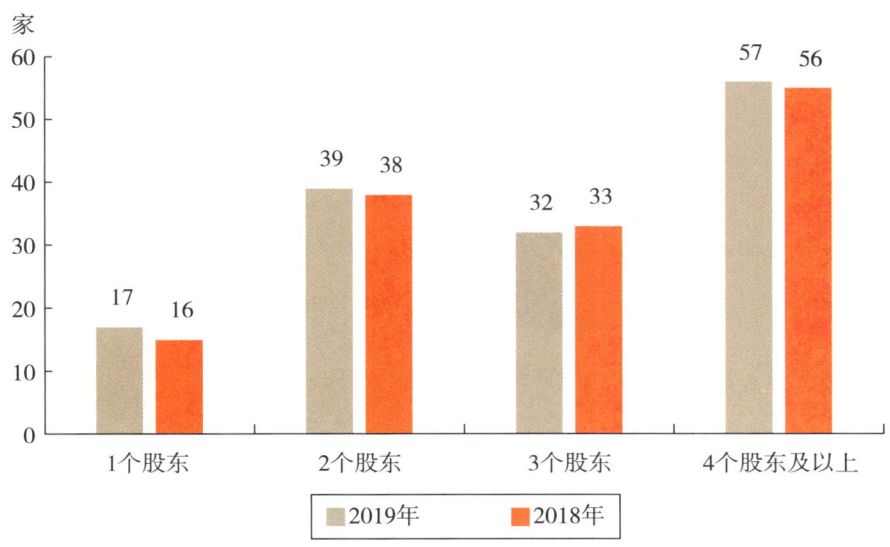

图6-13 2019年与2018年基金管理机构股东数量情况

（资料来源：Wind，上海证券基金评价研究中心）

股权集中度，是指全部股东因持股比例不同所表现出来的股权集中（分散）的数量化指标，是衡量公司的股权分布状态、公司结构、公司稳定性的重要指标。上述数据显示，基金管理机构整体上股权集中度较高，加上股东大部分为金融机构，使得股东之间利益关系较为一致，认知差异较小，较为有利于基金管理机构的稳定发展。

第三节 公募基金管理机构人力资本情况

一、从业人员整体情况

截至2019年末，公募基金管理机构有从业人员24 232人，较2018年末增加869人，增长幅度为3.7%。其中：男性从业人员14 013人，占比为57.8%；女性从业人员10 219人，占比为42.2%。

（一）学历构成

从学历构成来看，公募基金管理机构从业人员中，本科及以上学历占比达98%，其中：博士研究生学历870人，占比为4%；硕士研究生学历14 581人，占比为60%；本科学历8 335人，占比为34%；大专及以下学历446人，占比为2%。

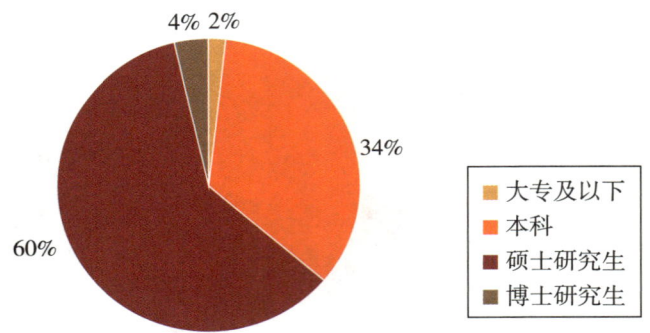

图6-14　2019年公募基金行业从业人员学历构成

（资料来源：中国证券投资基金业协会）

（二）年龄构成

从年龄构成来看，公募基金管理机构从业人员主要是26~35岁人群，其次为36~45岁人群，占比分别为63%、25%。

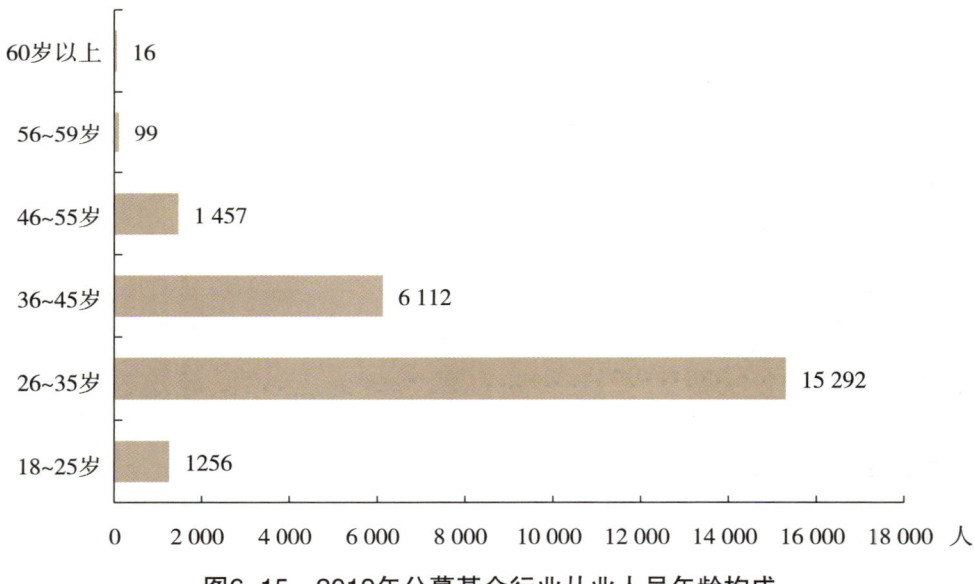

图6-15　2019年公募基金行业从业人员年龄构成

（资料来源：中国证券投资基金业协会）

（三）工作地域分布

从工作地域分布来看，城市密度越大，基金从业人员越多。大城市依然是基金从业人员分布密集的地方。从地域来看，目前基金从业人员依然主要集中于北京、上海、深圳等重点城市，占总人数的比值达到91%。

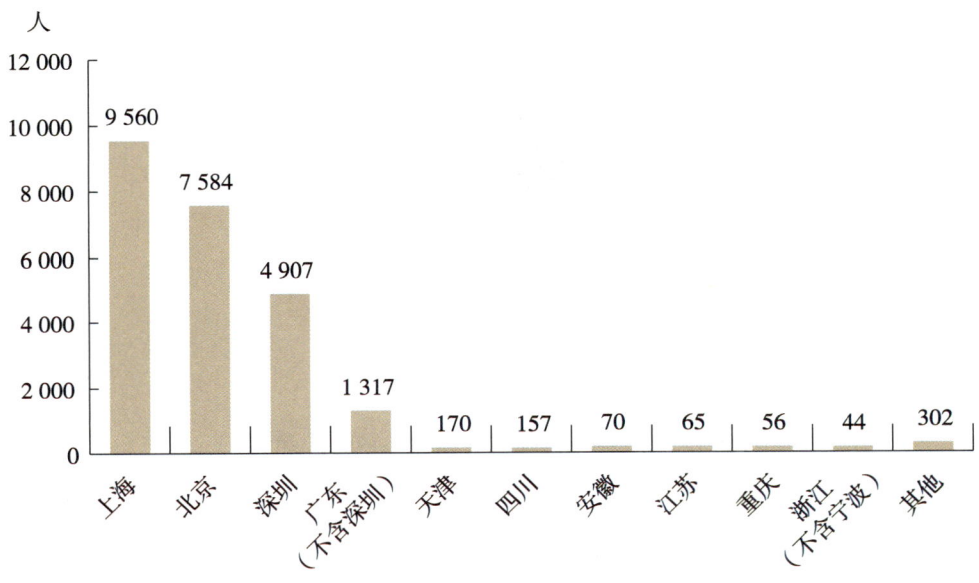

图6-16　2019年公募基金行业从业人员工作地域分布

（资料来源：中国证券投资基金业协会）

二、基金管理人高管情况

（一）基金管理公司高管人员基本情况

截至2019年末，基金管理公司高管人员共计676人，其中，董事长兼法定代表人98人，总经理122人（其中兼任法定代表人的总经理有29位），督察长122人，副总经理317人，总经理助理17人[①]。基金管理公司高管人员人数平均为5人，中位数为5人。

1. 学历构成

从学历结构来看，高管人员学历以硕士研究生为主。其中：博士研究生学历96人，占比为14.20%；硕士研究生学历432人，占比为63.91%；大学本科学历143人，占比为21.15%；大专学历5人，占比为0.74%。

---

① 根据相关法规规定，协会对高管人员的统计口径为法定代表人、总经理、督察长、副总经理及实际履行高管职责的其他人员，没有担任法定代表人的董事长未纳入统计口径。

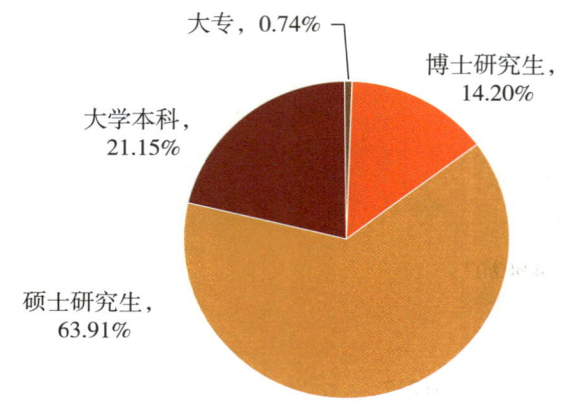

图6-17 基金管理公司高管人员学历结构

（资料来源：中国证券投资基金业协会）

2. 年龄构成

从年龄来看，676名高管人员平均年龄为47岁，年龄主要集中在40岁到50岁之间。具体情况如下：董事长兼法定代表人平均年龄为52岁，总经理平均年龄为47岁，督察长平均年龄为45岁，副总经理平均年龄为46岁，总经理助理平均年龄为44岁。

表6-1 公募基金管理公司高管人员年龄结构

年龄区间	人数（人）	占比（%）
35岁以下	7	1.04
36~40岁	90	13.31
41~45岁	185	27.37
46~50岁	212	31.36
51~55岁	140	20.71
56岁以上	42	6.21
合计	676	100

资料来源：中国证券投资基金业协会。

3. 性别构成

从性别来看，男性高管532人，占比为78.7%，女性高管144人，占比为21.3%。

表6-2　公募基金管理公司高管人员性别结构

高管职位	女（人）	男（人）
董事长兼法定代表人	16	82
总经理（含兼任法定代表人）	19	103
督察长	44	78
副总经理	62	255
总经理助理	3	14
合计	144	532

资料来源：中国证券投资基金业协会。

4. 地域构成

从所属地域来看，676名高管人员中，14人来自国外，9名高管来自中国港台地区，其余653名高管来自中国内地。

5. 聘任和离任情况

除公司内部转任的情况，有84家基金管理公司新聘任了147名高管人员，有65家基金管理公司对92名高管人员进行了解聘。

（二）其他公募基金管理机构高管人员基本情况

截至2019年末，其他公募基金管理机构高管人员共计51人，平均任职年限为2.76年。其中[①]：董事长兼法定代表人9人，总经理（含兼任法定代表人的情况）14人，合规负责人14人，副总经理9人，总经理助理2人，公募业务部门总经理10人，其中有6人存在担任2个及以上职务的情况。[②]

1. 学历构成

从学历结构来看，高管人员学历以硕士研究生为主。其中：博士研究生学历4人，占比为7.84%；硕士研究生学历34人，占比为66.67%；大学本科学历13人，占比为25.49%。

2. 性别构成

从性别来看，男性高管人员40人，占比为78.43%，女性高管人员11人，占比为21.57%。

[①] 各职务人数统计包含兼任情况，有重复计算。
[②] 根据相关法规规定，协会对其他公募基金管理机构高管人员的统计口径为法定代表人、总经理、合规负责人、负责公募业务的副总经理、公募基金业务部门总经理及副总经理，没有担任法定代表人的董事长未纳入统计口径。

表6-3 其他公募基金管理机构高管人员性别结构

高管职位	女（人）	男（人）
董事长兼法定代表人	1	10
总经理	4	5
合规负责人	2	11
副总经理	2	7
总经理助理	0	2
公募业务部门总经理	2	5
合计	11	40

资料来源：中国证券投资基金业协会。

注：因高管存在兼任情况，以所担任的最高职务为统计标准。

3. 聘任和离任情况

从人员流动情况来看，2019年有6家其他公募基金管理机构聘任了8名高管，5家其他公募基金管理机构共计8名高管离任。

三、基金经理情况

截至2019年末，公募基金管理机构中经注册的在职基金经理共计2 236人，较2018年末的2 025人增加10.4%。其中，男性基金经理占75.49%，女性基金经理占24.51%。绝大多数为中国内地的基金经理，来自中国香港、澳门地区的基金经理有26人，来自中国台湾地区的基金经理有17人，外籍人士有15人。

（一）学历构成

从学历构成来看，2 236位基金经理中，具有硕士学历者共计1 831人，占比为82%；具有博士学历者共计251人，占比为11%；本科及以下学历者共计154人，占比为7%。与2018年末相比，基金经理学历构成未发生明显变化，硕士学历者占据八成以上。

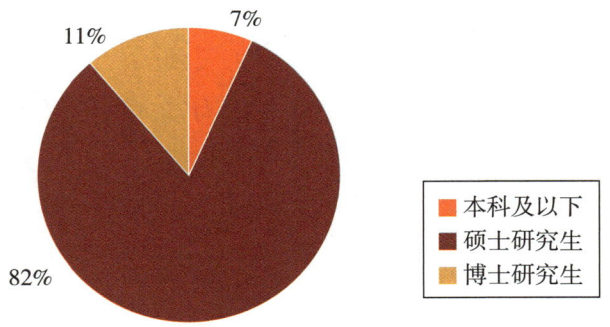

图6-18 2019年基金经理学历构成

（资料来源：中国证券投资基金业协会）

（二）年龄构成

从年龄构成来看，基金经理平均年龄为36.80岁，有44%的基金经理年龄在35岁及以下。基金经理主要为36~45岁人群，其次为31~35岁，占比分别为49%、38%。

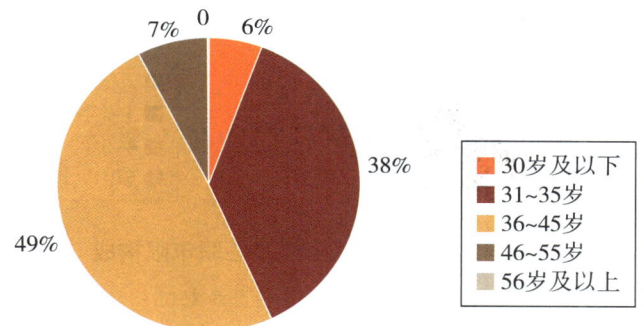

图6-19　2019年基金经理年龄构成

（资料来源：中国证券投资基金业协会）

（三）从业年限

从基金经理的证券从业年限来看，证券从业平均年限为10.45年。2019年从业不超过5年者占比达46%，从业5~10年者占比达39%，10年以上者占比达15%。

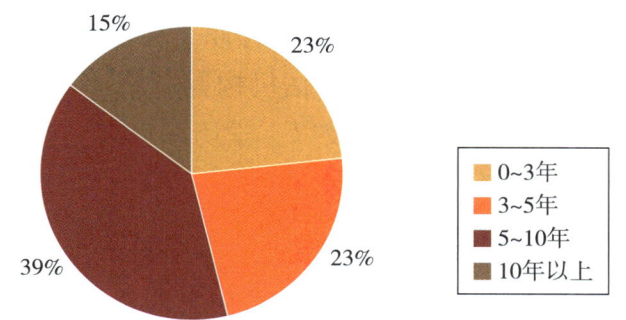

图6-20　2019年基金经理从业年限构成

（资料来源：中国证券投资基金业协会）

（四）任职年限

从担任基金经理职务的年限看，基金经理平均任职年限为3.70年。任职年限在1年以下的有362人，占比为16%；1~2年的有348人，占比为16%；

2~3年的有323人，占比为14%；3~4年的有277人，占比为12%；4~5年的有290人，占比为13%；5年及以上的有636人，占比为28%①。

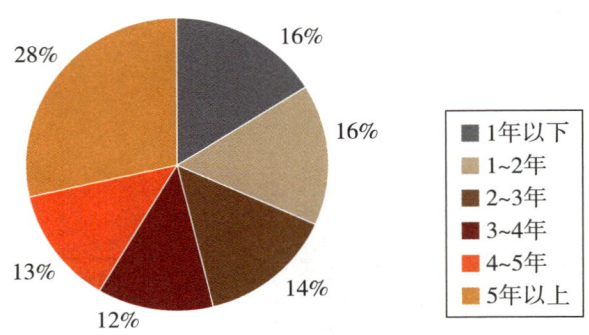

图6-21　2019年基金经理任职年限构成

（资料来源：中国证券投资基金业协会）

（五）基金经理变更情况

2019年，公募基金经理新增注册人数438人，较2018年新注册基金经理人数略有降低（2018年为457人），平均每月注册约为37人。按其曾任职机构类型统计（近3年任职过的单位）②，2019年新注册的基金经理中，有284人曾任职于公募机构，占64.84%；有116人曾任职于券商或券商资管，占26.48%；有68人曾任职于商业银行或政策性银行，占15.53%；有57人曾任职于私募机构；有39人曾任职于保险或保险资管；有35人曾任职于中国香港和台湾，以及国外的金融机构；有21人曾任职于会计事务所、政府机构、政策研究所、期货公司、咨询及资信评估机构等。新注册的基金经理中有超过93.11%的基金经理为硕士研究生及以上学历，仅有1名基金经理是大专学历；有43.16%的基金经理年龄在35岁及以下。

（六）基金经理离职情况

2019年共有来自92家公募基金公司的213名基金经理离职，从公司填报的基金经理离职原因及去向说明来看，有169人是因基金经理个人职业发展的原因，其中，32人在公募基金机构间变动，20人选择了券商（保险）资管机构，15人选择了私募基金；有17人是因个人身体或家庭原因；有7人是因集团内的机构及岗位变动原因；有20人未说明离职原因。

---

① 因对数据进行四舍五入处理，任职年限占比加总为99%。
② 同一基金经理可能存在3年内曾在多种类型机构任职的情况。

第七章

私募基金管理人

截至2019年末,存续私募基金管理人为24 471家[①],较上年末增长0.09%。其中,私募证券投资基金管理人8 857家[②],私募股权、创业投资基金管理人14 882家[③]。

第一节 全部私募基金管理人

一、数量与类型情况

私募基金管理人在经过2014年、2015年的集中登记期之后,新登记数量[④]逐步减少,存续总数量逐步趋于稳定。其中,私募证券投资基金管理人数量占比逐步下降,并稳定在36%左右,而私募股权、创业投资基金管理人数量占比稳步上升至61%左右。

[①] 指登记通过且截至2019年末未注销机构数量,各类型私募基金管理人存量数同此含义。
[②] 私募证券投资基金管理人含未在AMBERS系统中确定自身机构类型但在原备案系统中主要业务类型为私募证券投资基金的管理人,下同。
[③] 私募股权、创业投资基金管理人含未在AMBERS系统中确定自身机构类型但在原备案系统中主要业务类型为私募股权投资基金或创业投资基金的管理人,下同。
[④] 指当季度登记通过的机构(含当季度登记当季度注销的机构)数量,按管理人初始登记日期统计。

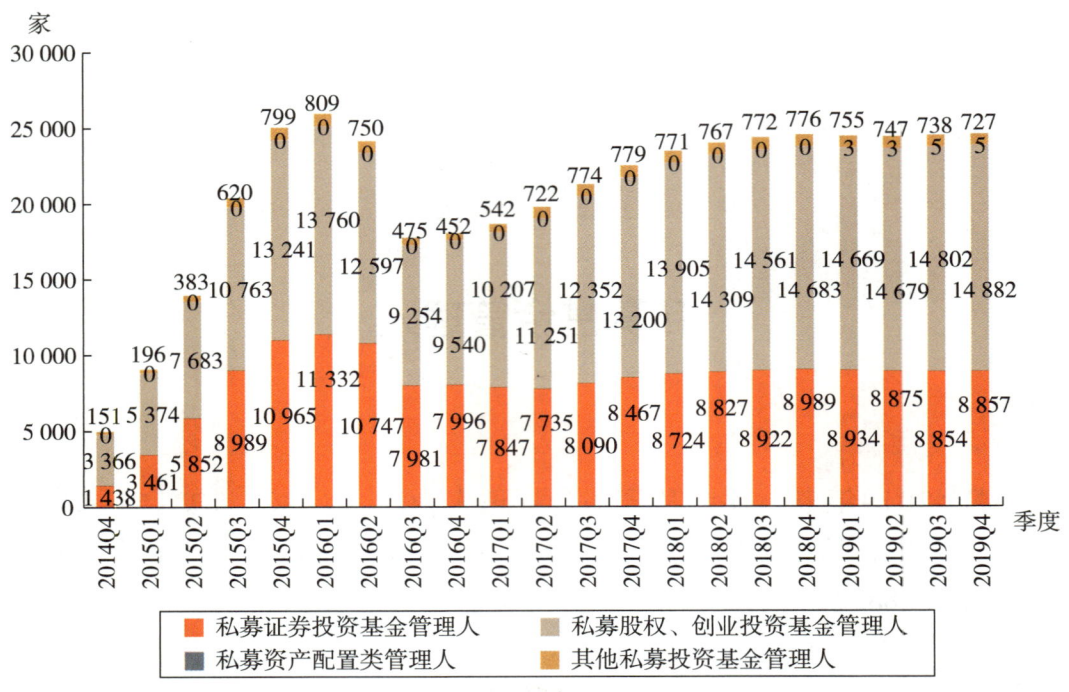

图7-1 存续私募基金管理人数量与类型

(资料来源:中国证券投资基金业协会)

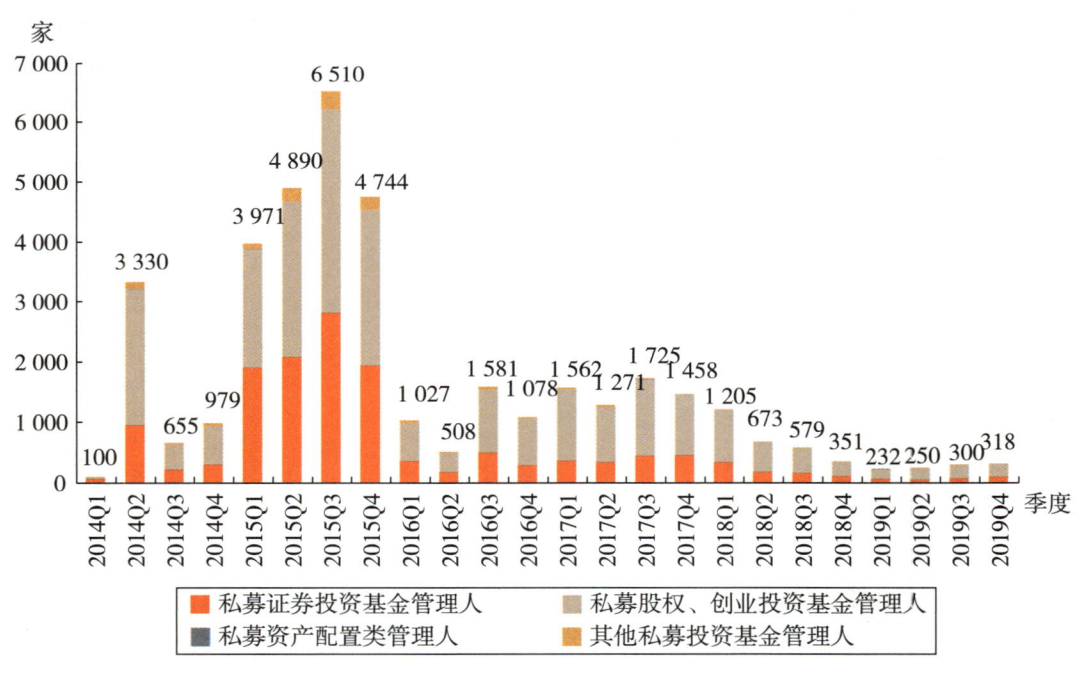

图7-2 当期登记私募基金管理人数量与类型

(资料来源:中国证券投资基金业协会)

二、管理规模集中度情况

截至2019年末，全部私募基金管理人中位列管理规模前20名的管理人管理规模占比为10.75%，较2018年末下降0.5个百分点；管理规模位列行业前20%的管理人管理规模占比为93.99%，较2018年末下降0.41个百分点。

表7-1 私募基金管理人管理规模集中度

单位：%

行业前5管理规模占比	行业前10管理规模占比	行业前20管理规模占比
4.12	6.68	10.75
行业前5%管理规模占比	行业前10%管理规模占比	行业前20%管理规模占比
73.92	85.56	93.99

资料来源：中国证券投资基金业协会。

三、注册资本与实收资本情况

截至2019年末，注册资本1 000万~2 000万元（含左边界，不含右边界，下同）的私募基金管理人共13 016家，占比为53.19%；注册资本2 000万~5 000万元的管理人共3 421家，占比为13.98%。注册资本500万元以下的管理人共1 501家，占比为6.13%。注册资本1亿元及以上的管理人共2 623家，占比为10.72%。

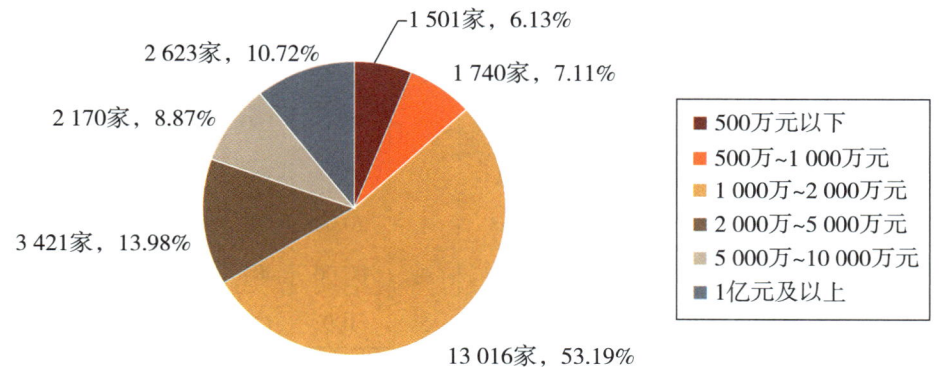

图7-3 私募基金管理人注册资本分布

（资料来源：中国证券投资基金业协会）

截至2019年末，实收资本5 000万元以下的私募基金管理人共21 992家，占比为89.87%；实收资本5 000万~10 000万元的管理人共1 138家，占比为

4.65%;实收资本1亿元及以上的管理人共1 341家,占比为5.48%。

截至2019年末,实收资本占注册资本比例低于25%的管理人共2 137家,占全部私募基金管理人数量的8.73%。

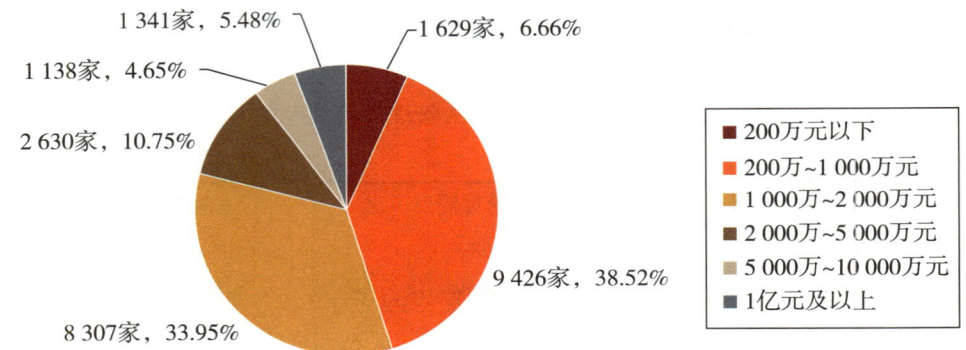

图7-4 私募基金管理人实收资本分布

(资料来源:中国证券投资基金业协会)

表7-2 私募基金管理人实收资本占注册资本比例分布

实收资本占注册资本比例	私募证券投资基金管理人(家)	占比(%)	私募股权、创业投资基金管理人(家)	占比(%)	私募资产配置类管理人(家)	占比(%)	其他私募投资基金管理人(家)	占比(%)	全部管理人(家)	占比(%)
0	70	0.79	100	0.67	0	0.00	4	0.55	174	0.71
(0, 25%)	702	7.93	1 191	8.00	0	0.00	70	9.63	1 963	8.02
[25%, 50%)	2 754	31.09	4 109	27.61	0	0.00	160	22.01	7 023	28.70
[50%, 75%)	904	10.21	1 897	12.75	0	0.00	81	11.14	2 882	11.78
[75%, 100%)	170	1.92	540	3.63	1	20.00	11	1.51	722	2.95
[100%, +)	4 257	48.06	7 045	47.34	4	80.00	401	55.16	11 707	47.84
合计	8 857	100	14 882	100	5	100	727	100	24 471	100

资料来源:中国证券投资基金业协会。

四、组织形式与控股类型情况

从组织形式来看,截至2019年末,公司制的私募基金管理人占比为

92.17%，其余为合伙企业及其他。其中，93.41%的私募证券投资基金管理人为公司制，91.25%的私募股权、创业投资基金管理人为公司制，100%的私募资产配置类管理人为公司制，96.01%的其他私募投资基金管理人为公司制。

从控股类型来看，自然人及其所控制民营企业控股的管理人数量最多，共计20 757家，占所有管理人数量的84.82%。

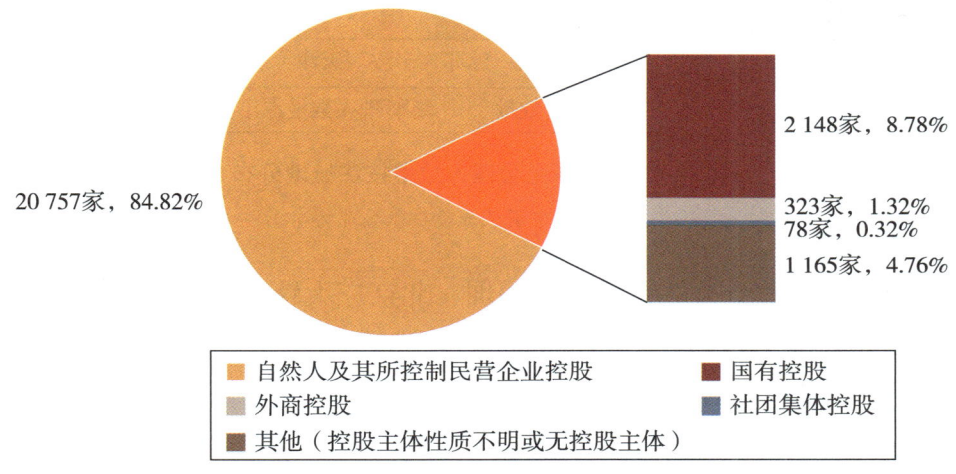

图7-5　2019年末私募基金管理人控股类型分布

（资料来源：中国证券投资基金业协会）

五、地域分布①情况

（一）注册地分布

从注册地分布来看，截至2019年末，上海、深圳和北京三大辖区的私募基金管理人数量合计13 642家，占全国总数的55.75%；上海、深圳、北京、浙江及广东五大辖区的管理人数量合计17 396家，占比为71.09%；管理人数量排名前10的辖区合计有20 652家私募基金管理人，占比为84.39%。

---

① 本章地域分布以证监会派出机构36个证监局监管辖区作为划分依据。

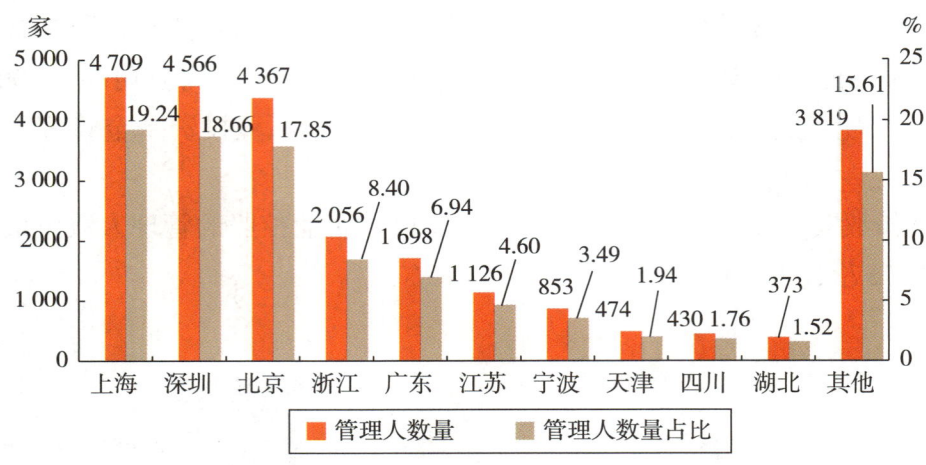

图7-6 私募基金管理人数量按注册地分布

（资料来源：中国证券投资基金业协会）

从管理基金数量来看，上海、深圳、北京三大辖区的私募基金管理人管理的基金数量合计50 805只，占全国总数的62.18%；上海、深圳、北京、浙江、广东五大辖区的管理人管理基金数量合计62 916只，占比为77.00%；排名前10的辖区私募基金管理人管理的基金数量合计72 629只，占比为88.89%。

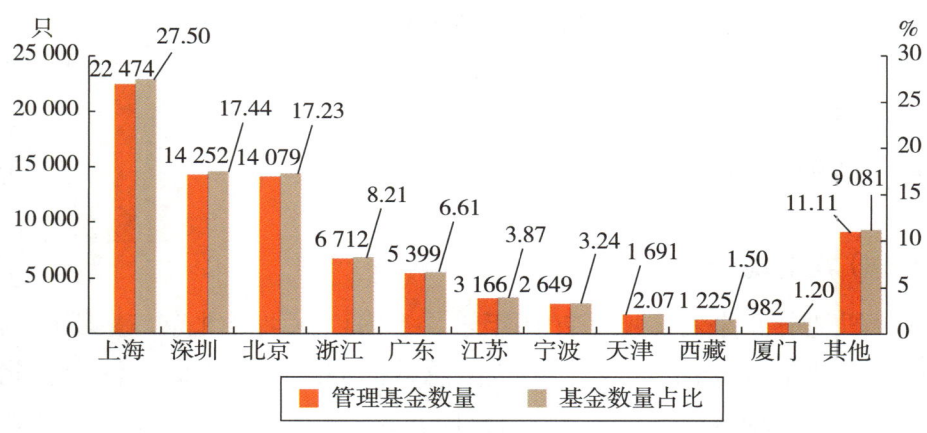

图7-7 私募基金管理人管理基金数量按注册地分布

（资料来源：中国证券投资基金业协会）

从管理基金规模来看，北京、上海、深圳三大辖区的私募基金管理人管理基金规模合计8.10万亿元，占全国总规模的57.55%；北京、上海、深圳、浙江、广东五大辖区的管理人管理基金规模合计9.72万亿元，占比为69.04%；排名前10的辖区私募基金管理人管理基金规模合计12.09万亿元，占比为85.84%。

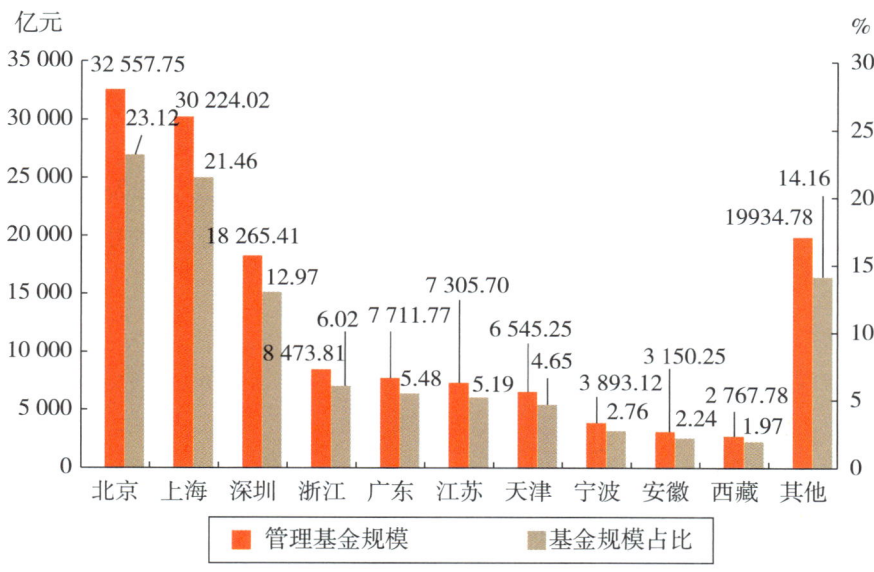

图7-8 私募基金管理人管理基金规模按注册地分布

（资料来源：中国证券投资基金业协会）

2019年登记且截至年末未注销的私募基金管理人中，北京、上海和深圳三大辖区的管理人数量合计450家，占当年登记管理人总数的41.59%；北京、上海、深圳、广东和浙江五大辖区的管理人数量合计619家，占比为57.21%；管理人数量排名前10的辖区合计登记847家私募基金管理人，占比为78.28%。

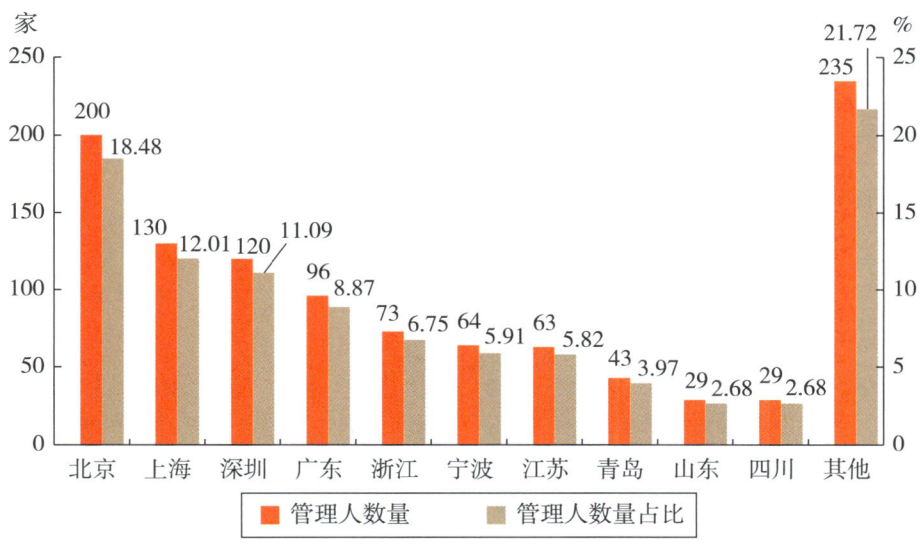

图7-9 2019年登记且截至年末未注销私募基金管理人数量按注册地分布

（资料来源：中国证券投资基金业协会）

（二）办公地分布

从办公地分布来看，截至2019年末，北京、上海和深圳三大辖区的私募基金管理人数量合计14 487家，占全国总数的59.20%；北京、上海、深圳、浙江、广东五大辖区的管理人数量合计17 811家，占比为72.78%；管理人数量排名前10的辖区合计有20 494家私募基金管理人，占比为83.75%。

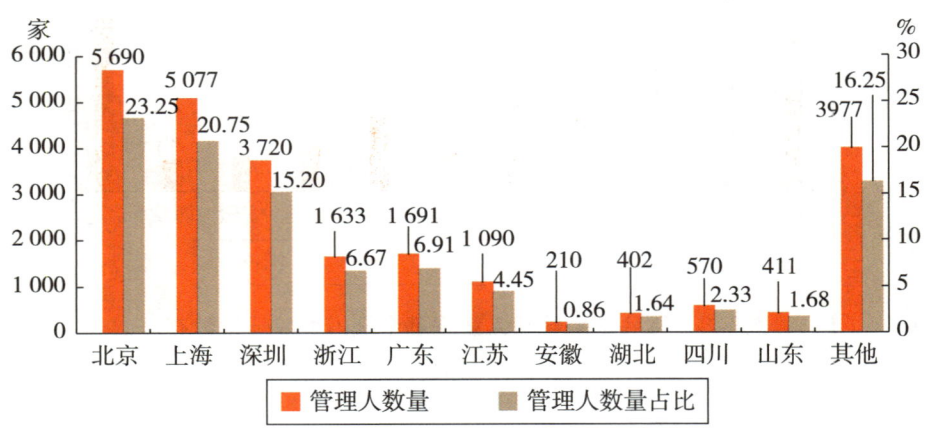

图7-10　私募基金管理人数量按办公地分布

（资料来源：中国证券投资基金业协会）

从管理基金数量来看，上海、北京、深圳三大辖区的私募基金管理人管理的基金数量合计55 194只，占全国总数的67.55%；上海、北京、深圳、浙江、广东五大辖区管理人管理的基金数量合计66 429只，占比为81.30%；排名前10的辖区私募基金管理人管理的基金数量合计73 043只，占比为89.39%。

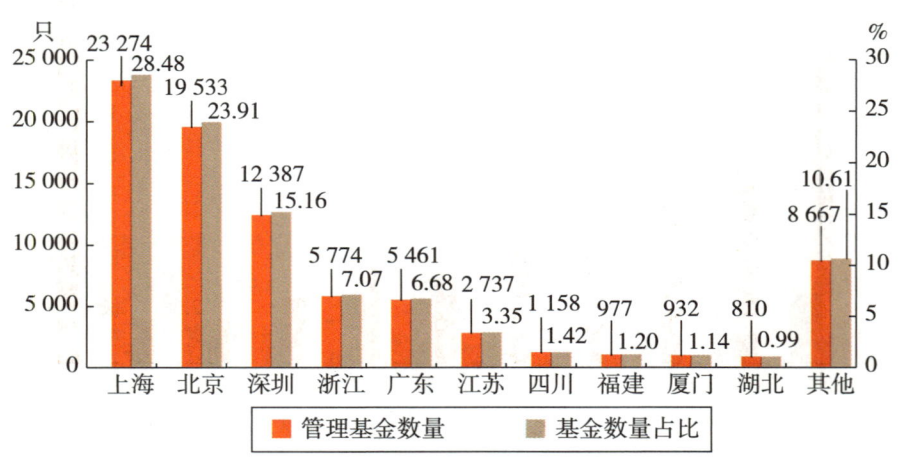

图7-11　私募基金管理人管理基金数量按办公地分布

（资料来源：中国证券投资基金业协会）

从管理基金规模来看，北京、上海、深圳三大辖区的私募基金管理人管理的基金规模合计9.90万亿元，占全国总规模的70.27%；北京、上海、深圳、浙江、广东五大辖区的管理人管理规模合计11.31万亿元，占比为80.34%；排名前10的辖区私募基金管理人管理规模合计12.60万亿元，占比为89.46%。

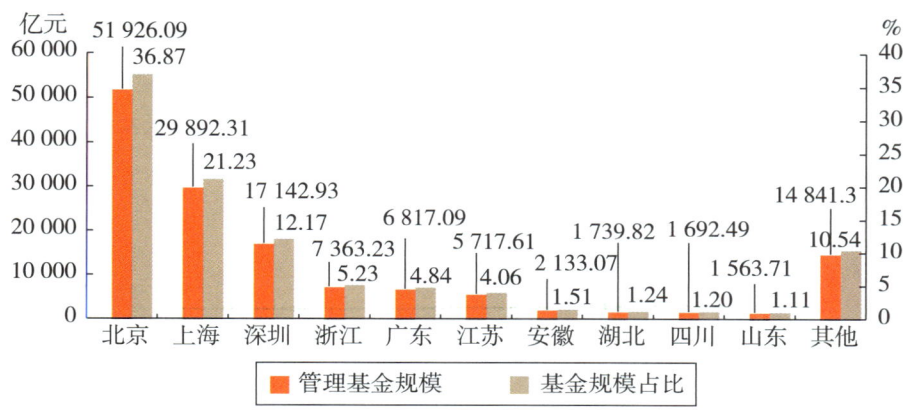

图7-12 私募基金管理人管理基金规模按办公地分布

（资料来源：中国证券投资基金业协会）

2019年登记且截至年末未注销的私募基金管理人中，办公地在北京、上海和深圳三大辖区的管理人数量合计603家，占全国总数的55.73%；北京、上海、深圳、广东、浙江五大辖区的管理人数量合计733家，占比为67.74%；管理人数量排名前10的辖区合计登记898家私募基金管理人，占比为82.99%。

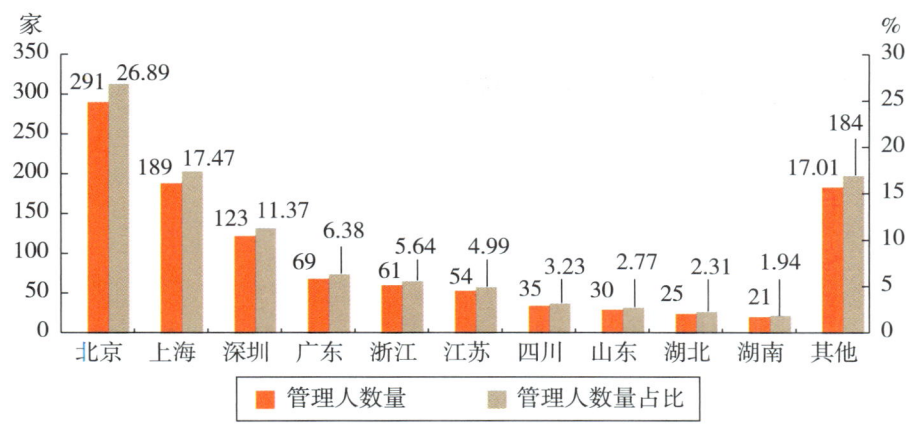

图7-13 2019年登记且截至年末未注销私募基金管理人数量按办公地分布

（资料来源：中国证券投资基金业协会）

第二节　私募证券投资基金管理人

一、数量变化情况

截至2019年末，存续私募证券投资基金管理人8 857家，较2018年末减少132家，同比减少1.47%。2019年登记私募证券投资基金管理人286家（其中有1家当年已注销），占当年登记私募基金管理人总数的26.00%；比2018年登记数量减少501家，下降63.66%。

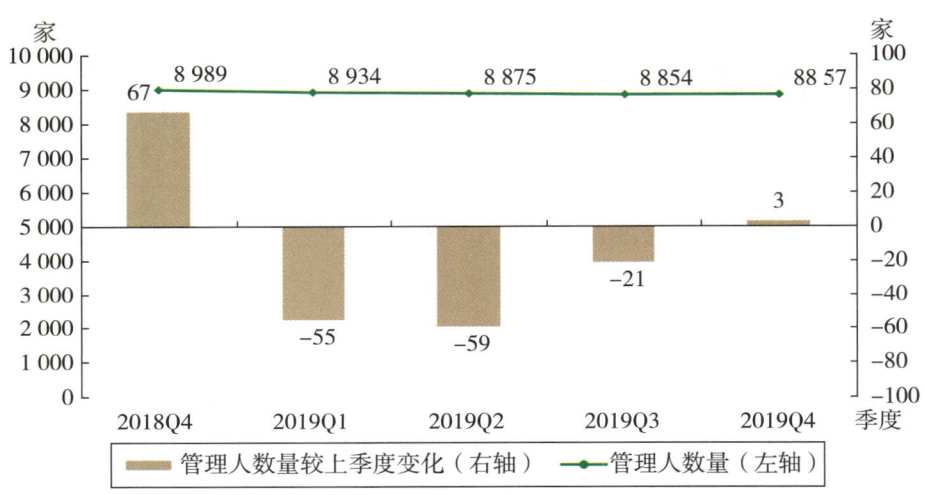

图7-14　私募证券投资基金管理人数量变化

（资料来源：中国证券投资基金业协会）

二、管理基金数量及规模情况

（一）管理基金概况

截至2019年末，私募证券投资基金管理人所管理的正在运作的私募基金共40 586只，较2018年末增加6 326只，同比增长18.46%；管理基金规模[①]合计为2.55万亿元，较2018年末增加5 085.76亿元，同比增长24.88%。

[①] 本书所统计基金数量和基金规模均指截至统计时点正在运作的基金数量及规模，不含已清盘基金数据。管理人管理规模和基金规模以相关管理人填报的基金运行表中期末净资产为准；若相关基金新设立且暂未更新运行表，以基金募集资金规模为准。

第七章　私募基金管理人

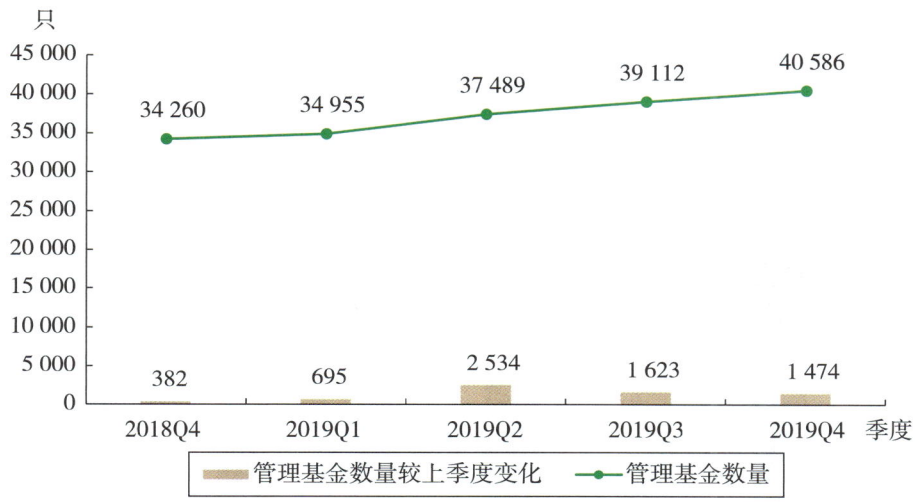

图7-15　私募证券投资基金管理人管理基金数量变化

（资料来源：中国证券投资基金业协会）

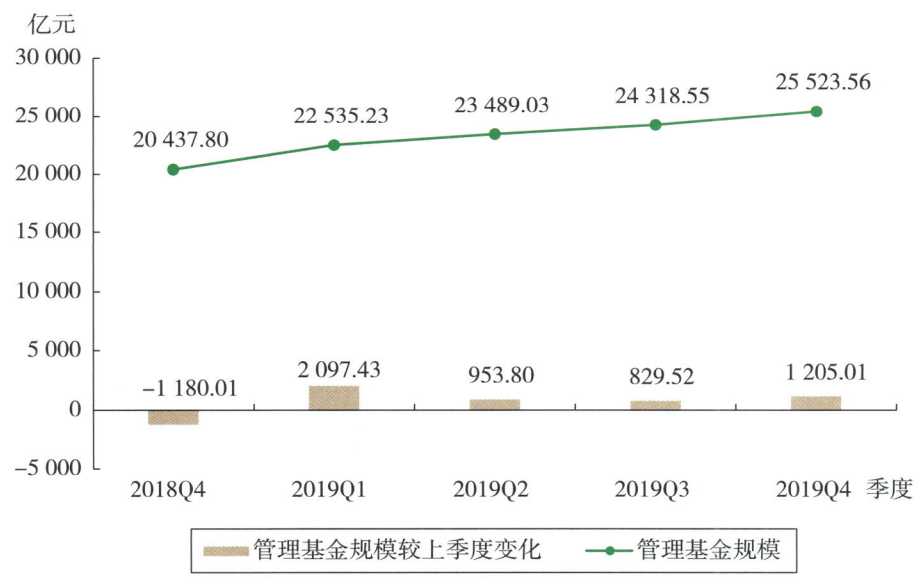

图7-16　私募证券投资基金管理人管理基金规模变化

（资料来源：中国证券投资基金业协会）

2019年登记的私募证券投资基金管理人备案私募基金444只，管理基金规模156.54亿元。

（二）管理基金数量及规模分布情况

截至2019年末，无在管基金的私募证券投资基金管理人有1 078家；有管理正在运作基金的私募证券投资基金管理人共7 779家,占管理人总数的87.82%,平均每家管理人在管基金数量约为5只。

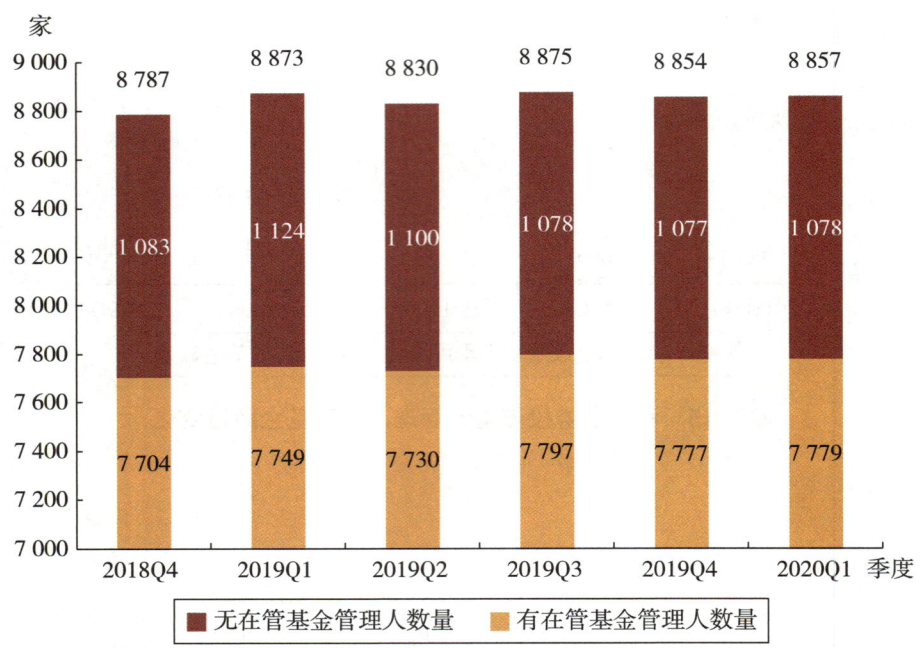

图7-17 私募证券投资基金管理人展业数量对比变化

(资料来源:中国证券投资基金业协会)

从在管基金数量分布来看,私募证券投资基金管理人在管基金数量集中在1~4只。

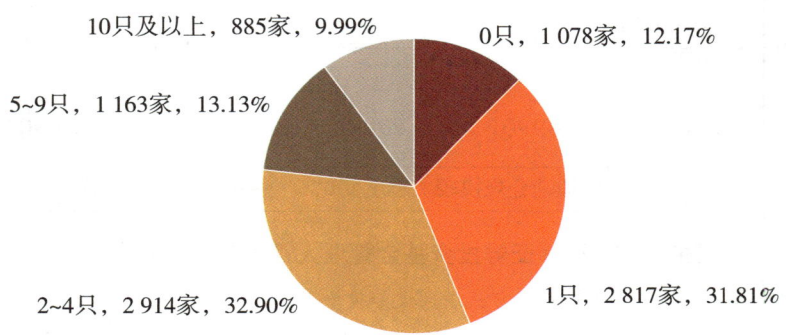

图7-18 私募证券投资基金管理人管理基金数量分布

(资料来源:中国证券投资基金业协会)

截至2019年末,有管理规模的私募证券投资基金管理人为7 744家,其中管理规模在5 000万元以下的管理人数量占比为71.68%。

第七章　私募基金管理人　　225

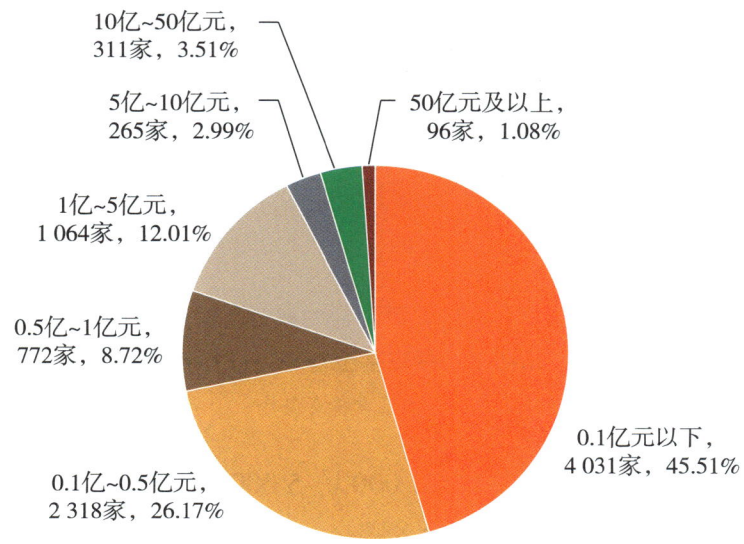

图7-19　私募证券投资基金管理人管理规模分布

（资料来源：中国证券投资基金业协会）

三、管理规模集中度情况

截至2019年末，私募证券投资基金管理人中位列管理规模前20的管理人管理规模占比为26.27%，较2018年末下降1.07个百分点；管理规模位列行业前20%的管理人管理规模占比为94.48%，较2018年末下降0.26个百分点。

表7-3　私募证券投资基金管理人管理规模集中度

单位：%

行业前5管理规模占比	行业前10管理规模占比	行业前20管理规模占比
12.36	18.21	26.27
行业前5%管理规模占比	行业前10%管理规模占比	行业前20%管理规模占比
78.24	87.88	94.48

资料来源：中国证券投资基金业协会。

四、成立时间及注册/实收资本情况

从成立时间来看，截至2019年末，超过一半私募证券投资基金管理人成立时间在3~6年。

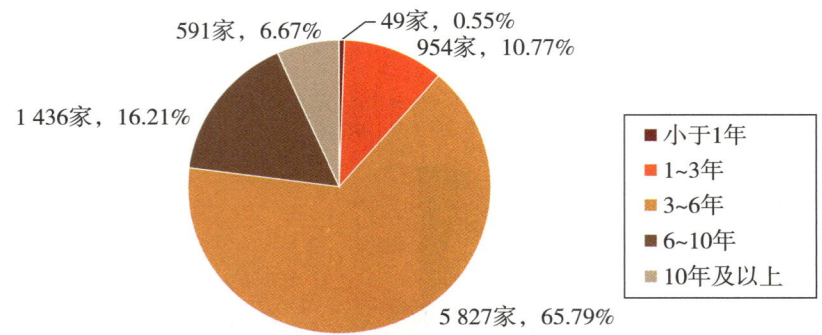

图7-20 私募证券投资基金管理人成立时间分布

（资料来源：中国证券投资基金业协会）

从注册资本来看，注册资本在1 000万~5 000万元的私募证券投资基金管理人共有7 248家，数量占比达到81.83%。

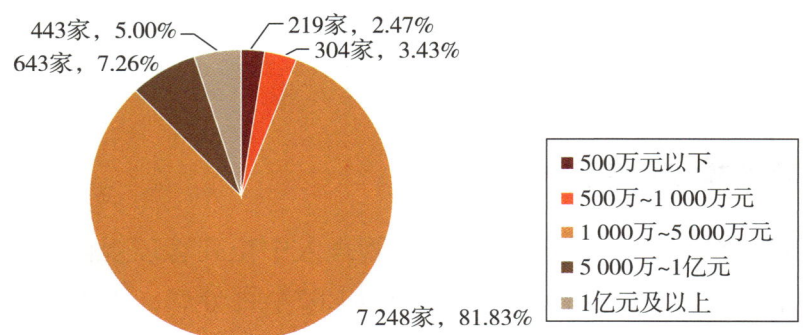

图7-21 私募证券投资基金管理人注册资本分布

（资料来源：中国证券投资基金业协会）

从实收资本来看，超过50%的私募证券投资基金管理人实收资本达到1 000万~5 000万元；2019年登记且截至年末未注销私募证券投资基金管理人实收资本则主要集中在500万元以下，占比为69.47%。

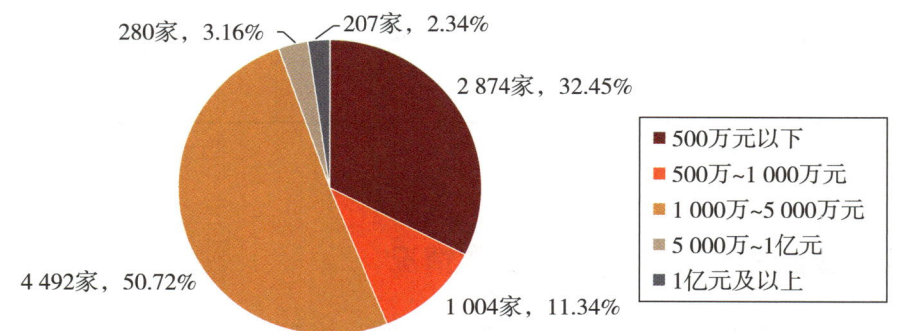

图7-22 私募证券投资基金管理人实收资本分布

（资料来源：中国证券投资基金业协会）

从实收资本比例来看,实收资本比例低于25%的管理人数量共有772家,占比8.72%;2019年登记且截至年末未注销私募证券投资基金管理人中,实收资本比例低于25%的管理人有2家,占比为0.70%。

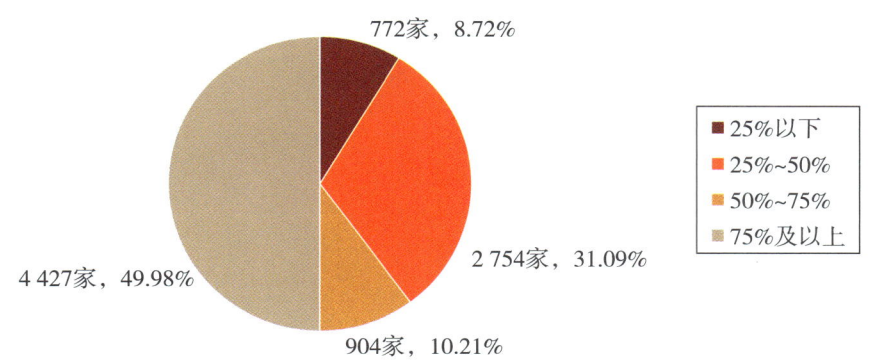

图7-23 私募证券投资基金管理人实收资本比例分布

(资料来源:中国证券投资基金业协会)

五、股东数量分布情况

从股东数量来看,截至2019年末,股东数量为2~4人的私募证券投资基金管理人共计6 440家,占比为72.71%。

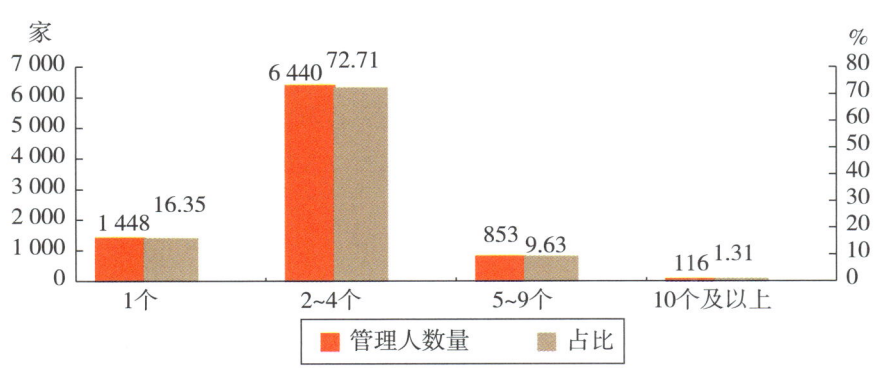

图7-24 私募证券投资基金管理人股东数量分布

(资料来源:中国证券投资基金业协会)

六、地域分布情况

(一)注册地分布

从注册地分布来看,截至2019年末,上海、深圳、北京三大辖区的私募证券投资基金管理人数量合计5 551家，占私募证券投资基金管理人总数的62.67%；上海、深圳、北京、浙江、广东五大辖区的私募证券投资基金管理人数量合计7 071家，占比为79.84%；管理人数量排名前10的辖区合计有7 884家私募证券投资基金管理人，占比为89.01%。

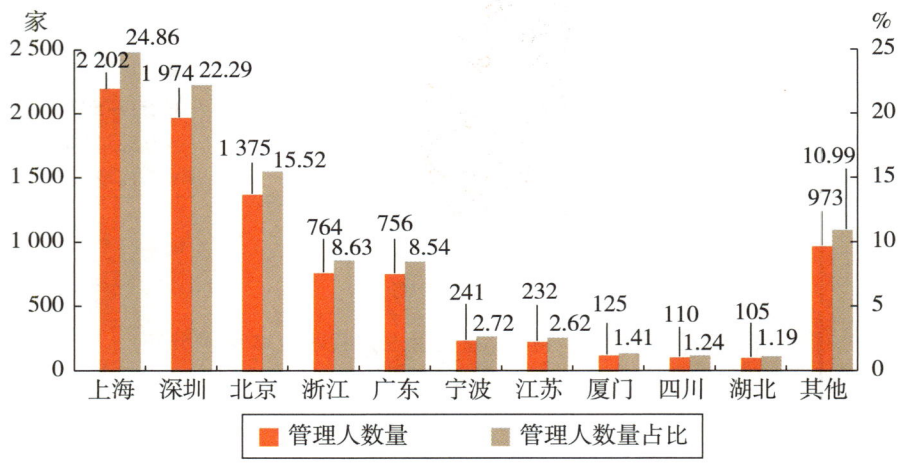

图7-25　私募证券投资基金管理人数量按注册地分布

（资料来源：中国证券投资基金业协会）

从管理基金数量来看，上海、深圳、北京三大辖区的私募证券投资基金管理人管理的基金数量合计27 800只，占私募证券投资基金管理人管理的基金总数的68.50%；上海、深圳、北京、浙江、广东五大辖区的私募证券投资基金管理人管理基金数量合计34 138只，占比为84.11%；排名前10的辖区私募证券投资基金管理人管理的基金数量合计37 570只，占比为92.57%。

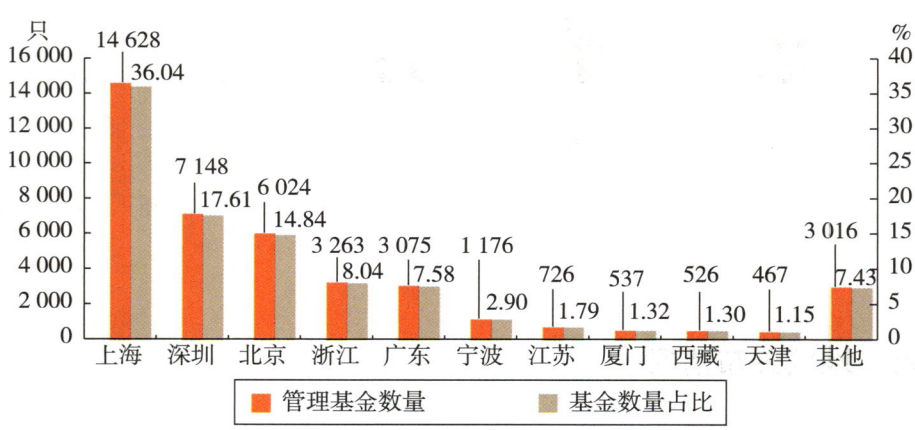

图7-26　私募证券投资基金管理人管理基金数量按注册地分布

（资料来源：中国证券投资基金业协会）

从管理基金规模来看，上海、北京、深圳三大辖区的私募证券投资基金管理人管理基金规模合计1.86万亿元，占私募证券投资基金管理人管理基金总规模的72.88%；上海、北京、深圳、浙江、广东五大辖区的私募证券投资基金管理人管理基金规模合计2.19万亿元，占比为85.80%；排名前10的辖区私募证券投资基金管理人管理基金规模合计2.43万亿元，占比为95.39%。

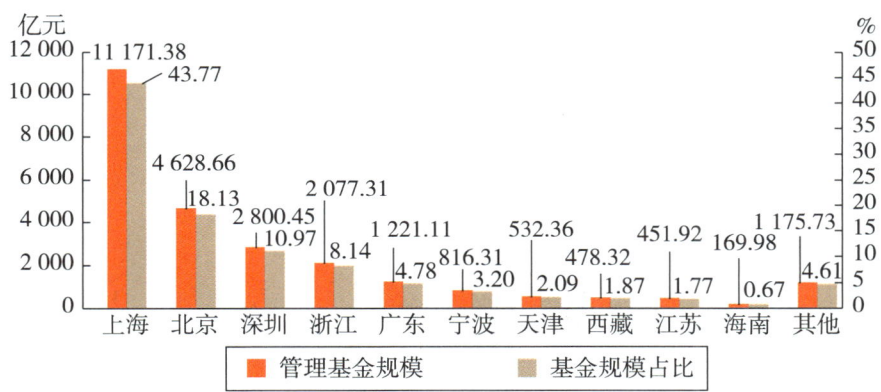

图7-27　私募证券投资基金管理人管理基金规模按注册地分布

（资料来源：中国证券投资基金业协会）

2019年登记且截至年末未注销的私募证券投资基金管理人中，注册地在上海、北京和深圳三大辖区的管理人数量合计135家，占当年登记该类管理人总数的47.37%；上海、北京、深圳、广东和宁波五大辖区的该类管理人数量合计190家，占比为66.67%；管理人数量排名前10的辖区合计登记251家私募证券投资基金管理人，占比为88.07%。

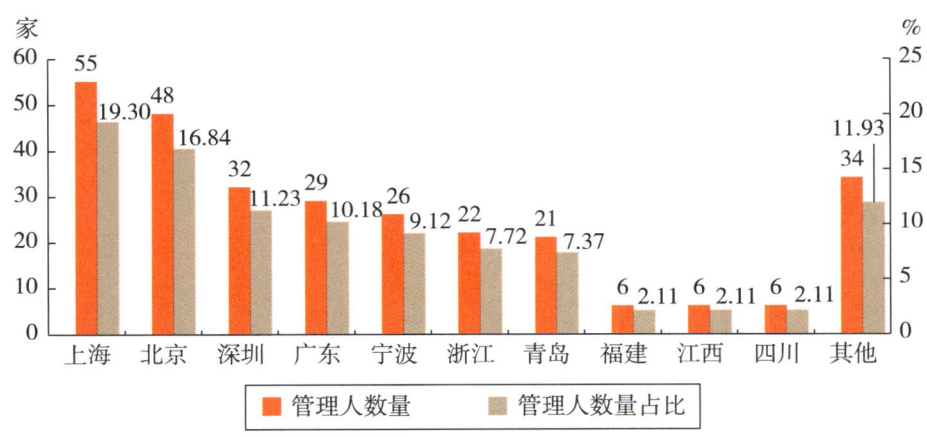

图7-28　2019年登记且截至年末未注销私募证券投资基金管理人数量按注册地分布

（资料来源：中国证券投资基金业协会）

（二）办公地分布

从办公地分布来看，截至2019年末，上海、北京和深圳三大辖区的私募证券投资基金管理人数量合计5 313家，占私募证券投资基金管理人总数的59.99%；上海、北京、深圳、广东、浙江五大辖区的管理人数量合计6 739家，占比为76.09%；管理人数量排名前10的辖区合计有7 603家私募证券投资基金管理人，占比为85.84%。

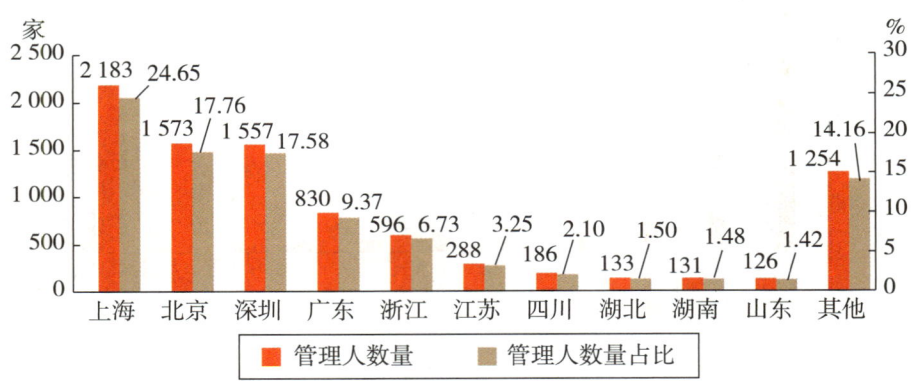

图7-29　私募证券投资基金管理人数量按办公地分布

（资料来源：中国证券投资基金业协会）

从管理基金数量来看，上海、北京、深圳三大辖区的私募证券投资基金管理人管理的基金数量合计28 114只，占私募证券投资基金管理人管理基金总数的69.27%；上海、北京、深圳、广东、浙江五大辖区私募证券投资基金管理人管理的基金数量合计34 068只，占比为83.94%；排名前10的辖区私募证券投资基金管理人管理的基金数量合计37 000只，占比为91.16%。

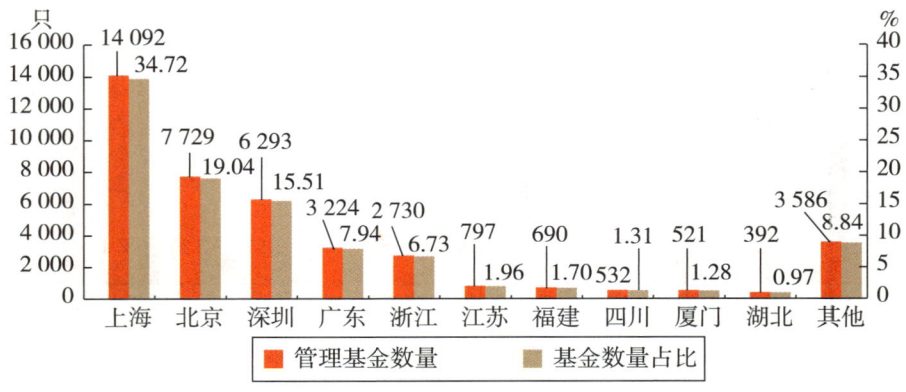

图7-30　私募证券投资基金管理人管理基金数量按办公地分布

（资料来源：中国证券投资基金业协会）

从管理基金规模来看，上海、北京、深圳三大辖区的私募证券投资基金管理人管理基金规模合计1.97万亿元，占私募证券投资基金管理人管理基金总规模的77.24%；上海、北京、深圳、浙江、广东五大辖区的私募证券投资基金管理人管理基金规模合计2.29万亿元，占比为89.59%；排名前10的辖区私募证券投资基金管理人管理基金规模合计2.44万亿元，占比为95.58%。

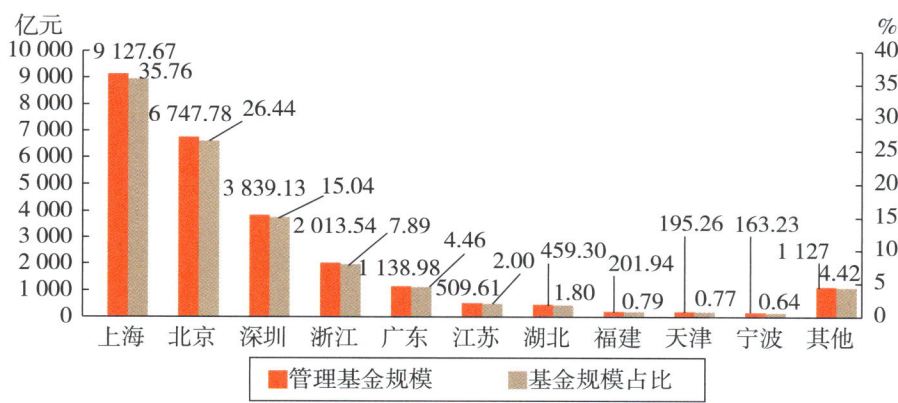

图7-31　私募证券投资基金管理人管理基金规模按办公地分布

（资料来源：中国证券投资基金业协会）

2019年登记且截至年末未注销的私募证券投资基金管理人中，办公地在上海、北京和深圳三大辖区的管理人数量合计184家，占当年登记该类管理人总数的64.56%；上海、北京、深圳、广东和浙江五大辖区的该类管理人数量合计221家，占比为77.54%；管理人数量排名前10的辖区合计登记251家私募证券投资基金管理人，占比为88.07%。

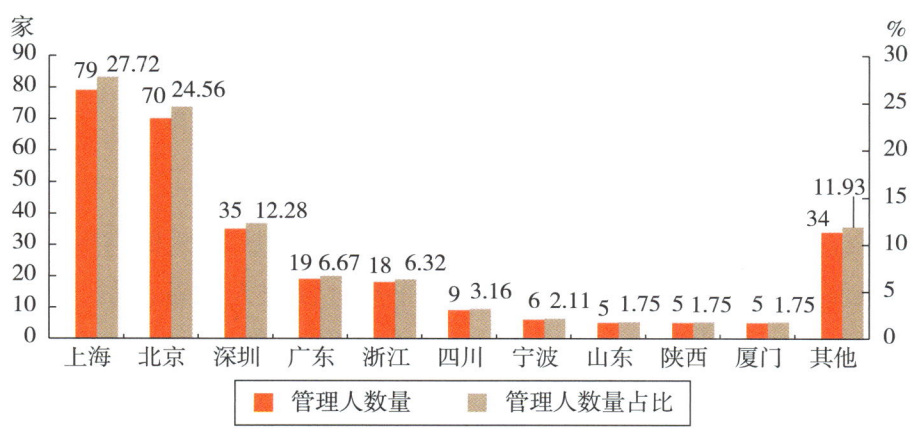

图7-32　2019年登记且截至年末未注销私募证券基金管理人数量按办公地分布

（资料来源：中国证券投资基金业协会）

七、从业人员及高管情况分析

截至2019年末,私募证券投资基金管理人在从业人员管理平台完成注册的全职员工总人数为61 166人,其中,具有从业资格的员工有51 144人,占比为83.62%。私募证券投资基金管理人高管总数为23 121人,具有基金从业资格高管有22 837人,占比达98.77%。

2019年登记且截至年末未注销私募证券投资基金管理人的员工人数为1 748人,其中具有从业资格的有1 511人,占比为86.44%;高管共计729人,均具有从业资格。

(一)从业人员情况分析

截至2019年末,超过95%的私募证券投资基金管理人全职员工数量在20人以下。

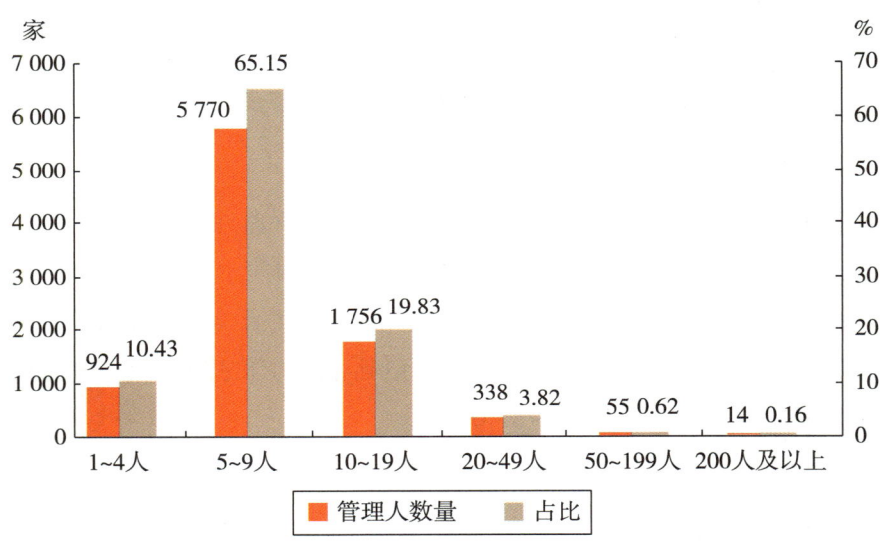

图7-33 私募证券投资基金管理人分布情况(按员工数量)

(资料来源:中国证券投资基金业协会)

私募证券投资基金管理人员工数量与其管理基金规模有明显的正相关性,管理基金规模较大的私募证券投资基金管理人配备的员工数量相对较多。

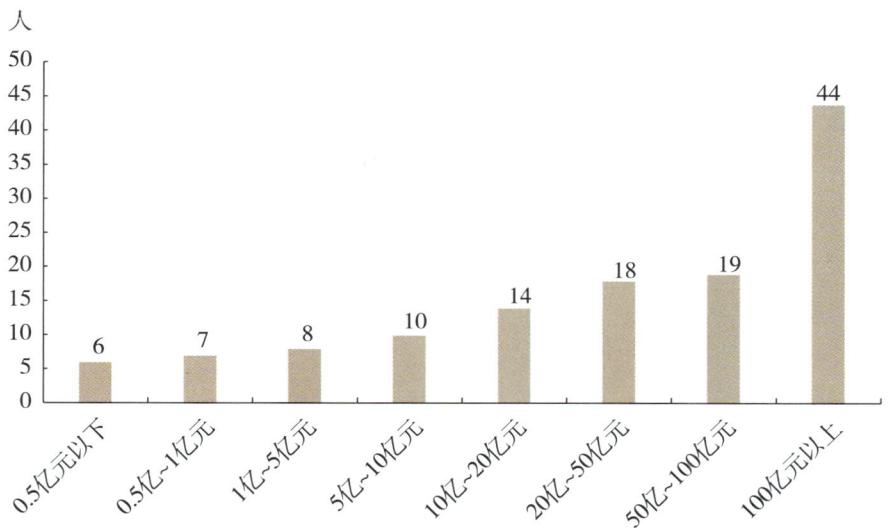

图7-34 私募证券投资基金管理人平均员工数量分布（按管理规模）

（资料来源：中国证券投资基金业协会）

（二）高管情况分析

1. 高管人数分布情况

截至2019年末，从单个私募证券投资基金管理人所配备的高管数量来看，近一半的管理人配备了3名及以上高管。

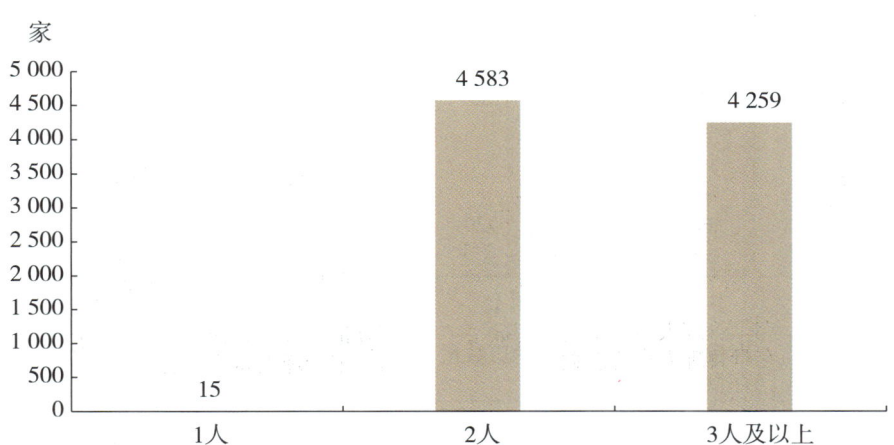

图7-35 私募证券投资基金管理人高管人数分布

（资料来源：中国证券投资基金业协会）

2. 高管取得从业资格情况

截至2019年末，在23 121名私募证券投资基金管理人高管中，有22 837

名高管拥有基金从业资格。其中，20 577名通过参加基金从业考试取得从业资格。

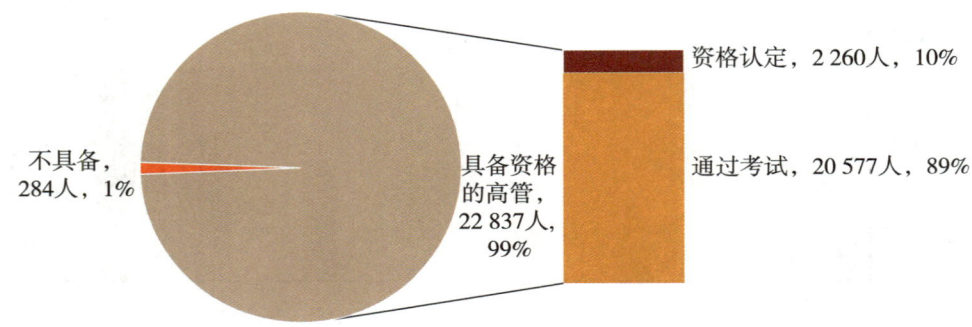

图7-36　私募证券投资基金管理人高管取得从业资格情况

（资料来源：中国证券投资基金业协会）

3. 高管最高学历分布情况

截至2019年末，存量私募证券投资基金管理人高管中，最高学历为本科及以上的占比为85.95%。

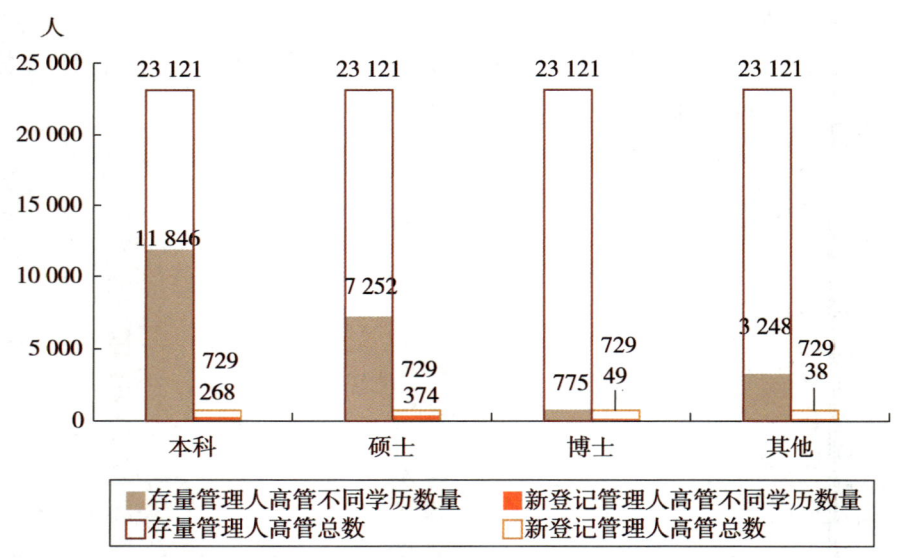

图7-37　私募证券投资基金管理人高管最高学历分布情况

（资料来源：中国证券投资基金业协会）

4. 高管年龄分布情况

从高管年龄分布来看，存量私募证券投资基金管理人的高管年龄主要集中在30~39岁，占比约为50%；30岁以下占比接近10%。

第七章　私募基金管理人

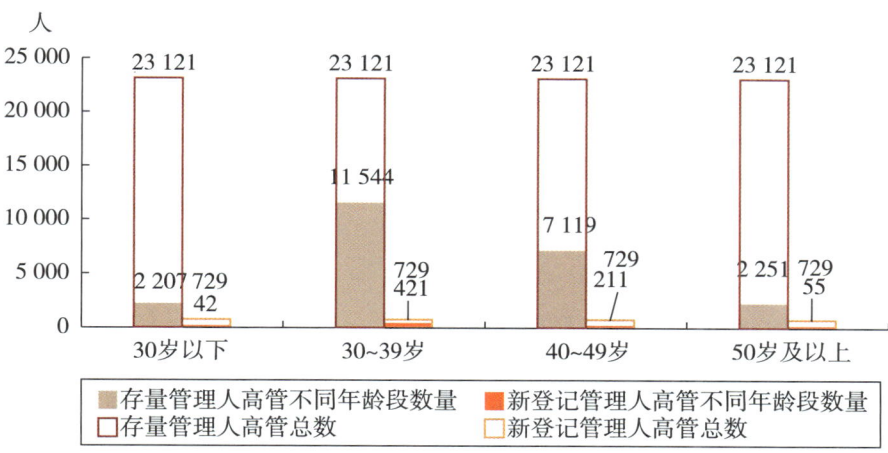

图7-38　私募证券投资基金管理人高管年龄分布情况

（资料来源：中国证券投资基金业协会）

5. 高管从业年限分布情况

从高管从业年限①分布来看，截至2019年末，私募证券投资基金管理人中74.34%的高管从业年限在10年及以上，整体从业年限较长。

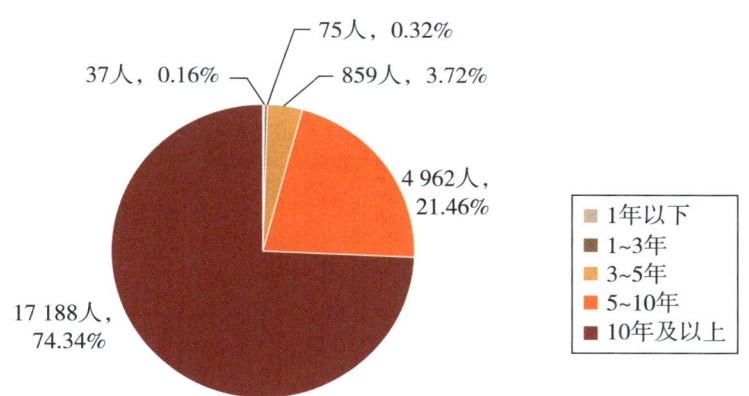

图7-39　私募证券投资基金管理人高管从业年限分布情况

（资料来源：中国证券投资基金业协会）

6. 高管任职年限分布情况

从高管任职年限分布来看，截至2019年末，私募证券投资基金管理人的任职年限主要集中在2~5年，占比为62.94%。

---

① 高管从业年限自高管毕业以来从事第一份工作的起始时间算起。下同。

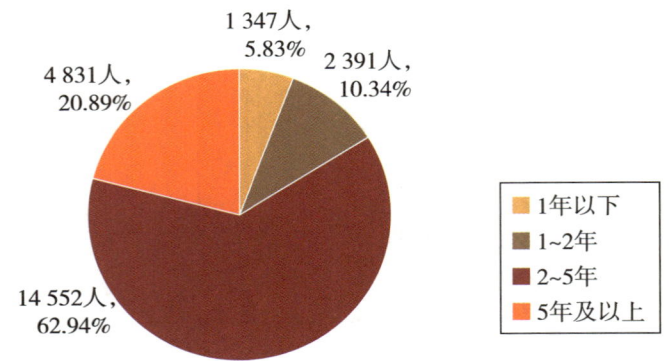

图7-40　私募证券投资基金管理人高管任职年限分布情况

（资料来源：中国证券投资基金业协会）

第三节　私募股权、创业投资基金管理人

一、数量变化情况

截至2019年末，存续私募股权、创业投资基金管理人为14 882家，较2018年末增加199家，同比增长1.36%。2019年登记私募股权、创业投资基金管理人808家（其中16家当年已注销），占当年登记私募基金管理人总数的73.45%；比2018年登记数量减少1 192家，下降59.60%。

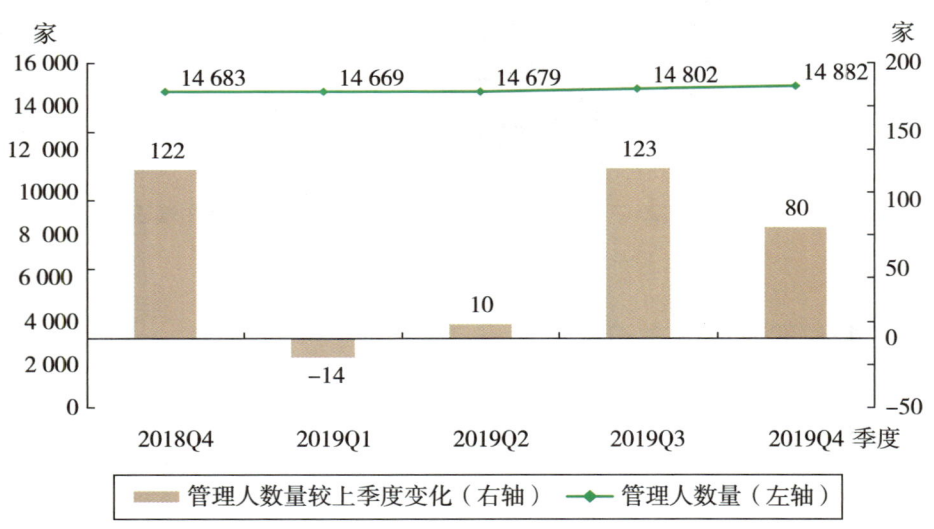

图7-41　私募股权、创业投资基金管理人数量变化

（资料来源：中国证券投资基金业协会）

二、管理基金数量及规模情况

（一）管理基金概况

截至2019年末，私募股权、创业投资基金管理人管理各类型私募基金37 208只，较2018年末增加2 495只，同比增长7.19%；管理基金规模为10.22万亿元，较2018年末增加1.30万亿元，同比增长14.62%。

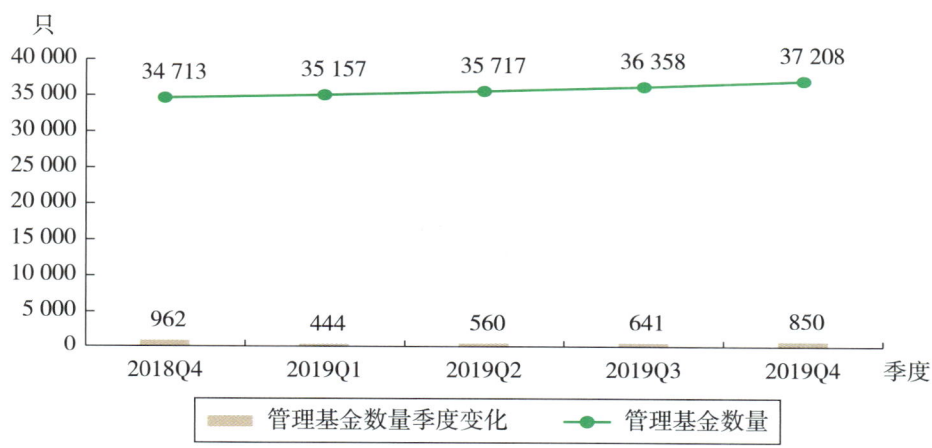

图7-42　私募股权、创业投资基金管理人管理基金数量变化

（资料来源：中国证券投资基金业协会）

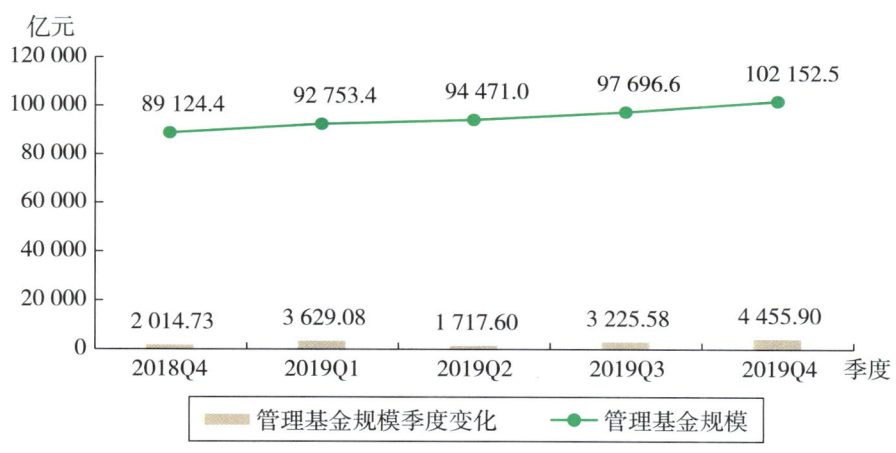

图7-43　私募股权、创业投资基金管理人管理基金规模变化

（资料来源：中国证券投资基金业协会）

2019年登记的私募股权、创业投资基金管理人备案私募基金567只，管理基金规模为1 261.90亿元。

（二）管理基金数量及规模分布情况

截至2019年末，管理1只基金的私募股权、创业投资基金管理人共计6 936家，占比为46.61%，管理10只及以上基金的管理人共计598家，占比为4.02%。平均来看，有在管基金的私募股权、创业投资基金管理人平均管理基金数量近3只。

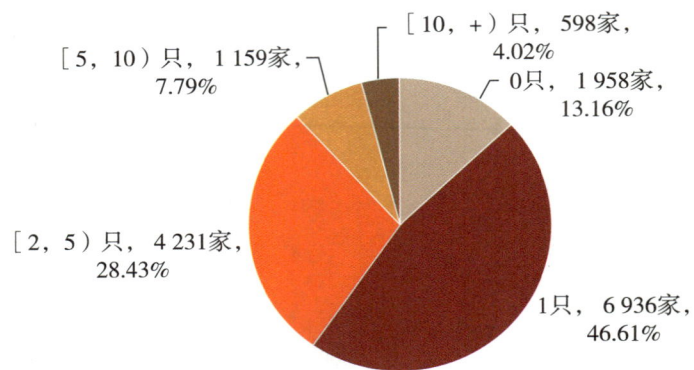

图7-44　私募股权、创业投资基金管理人管理基金数量分布

（资料来源：中国证券投资基金业协会）

截至2019年末，有在管基金的私募股权、创业投资基金管理人中，小型私募股权、创业投资基金管理人仍占多数，管理基金规模在2 000万元以下的私募股权、创业投资基金管理人共计5 783家，占比为38.86%；管理基金规模在5亿元以下的管理人共计12 286家，占比达82.56%。

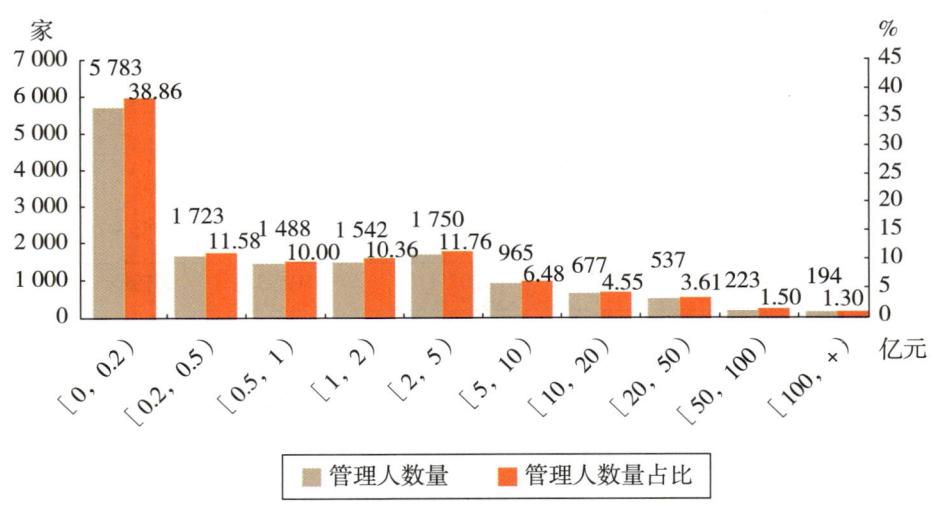

图7-45　私募股权、创业投资基金管理人管理基金规模分布

（资料来源：中国证券投资基金业协会）

三、管理规模集中度情况

截至2019年末,私募股权、创业投资基金管理人中位列管理规模前20的管理人管理规模占比为12.67%,较2018年末下降0.77个百分点;管理规模位列行业前20%的管理人管理规模占比为90.45%,较2018年末下降0.26个百分点。

表7-4 私募股权、创业投资基金管理人管理规模集中度

单位:%

行业前5管理规模占比	行业前10管理规模占比	行业前20管理规模占比
5.02	7.95	12.67
行业管理规模排名前5%机构规模占比	行业管理规模排名前10%机构规模占比	行业管理规模排名前20%机构规模占比
66.95	80.02	90.45

资料来源:中国证券投资基金业协会。

四、成立时间及注册/实收资本情况

从成立时间来看,截至2019年末,超过一半私募股权、创业投资基金管理人成立时间在3~6年。

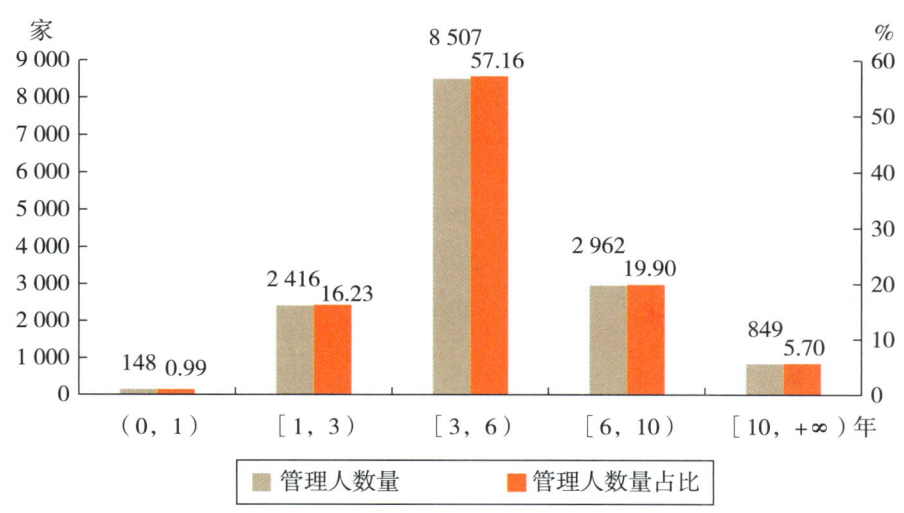

图7-46 私募股权、创业投资基金管理人成立时间分布

(资料来源:中国证券投资基金业协会)

从注册资本来看,注册资本在1 000万~2 000万元的私募股权、创业投资

基金管理人共有6 630家，数量占比为44.55%；注册资本在2 000万元及以上的管理人合计5 622家，数量占比为37.78%。

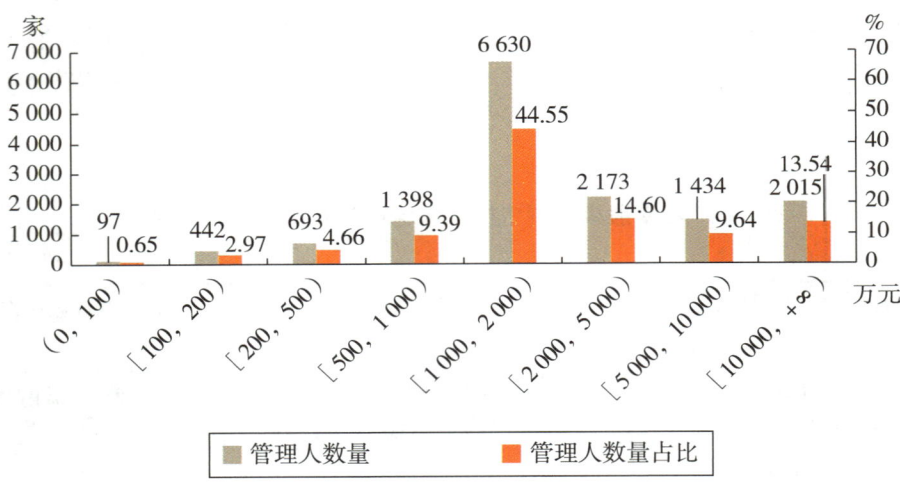

图7-47　私募股权、创业投资基金管理人注册资本分布

（资料来源：中国证券投资基金业协会）

从实收资本来看，92.98%的私募股权、创业投资基金管理人实收资本在200万元及以上。其中，实收资本在200万~500万元、1 000万~2 000万元的管理人数量较为集中。2019年登记且截至年末未注销的私募股权、创业投资基金管理人实收资本主要集中在200万~500万元（不含），占比为39.90%。

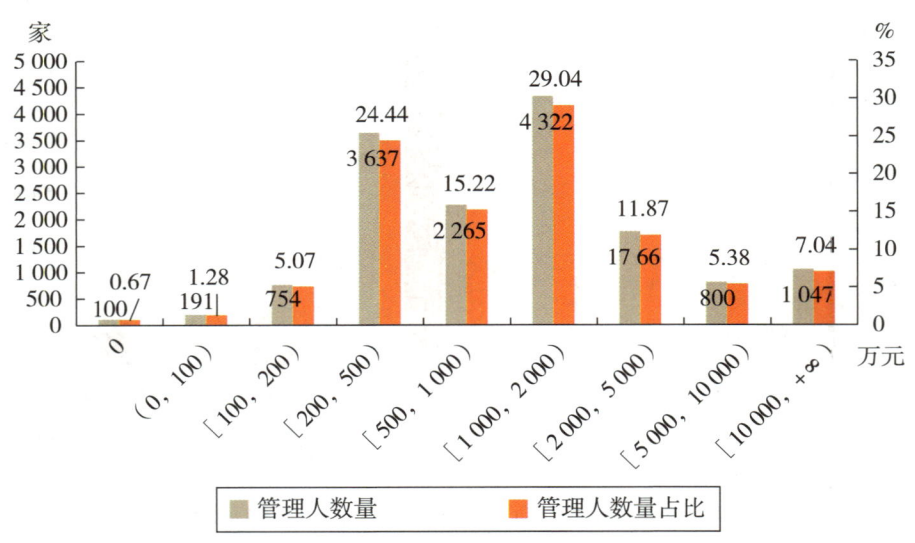

图7-48　私募股权、创业投资基金管理人实收资本分布

（资料来源：中国证券投资基金业协会）

从实收资本比例来看，近半数私募股权、创业投资基金管理人实收资本比例达到100%，实收资本比例在25%及以上的管理人数量占比达91.33%。2019年登记且截至年末未注销的私募股权、创业投资基金管理人中，实收资本比例在25%及以上的管理人数量占比达到97.47%。

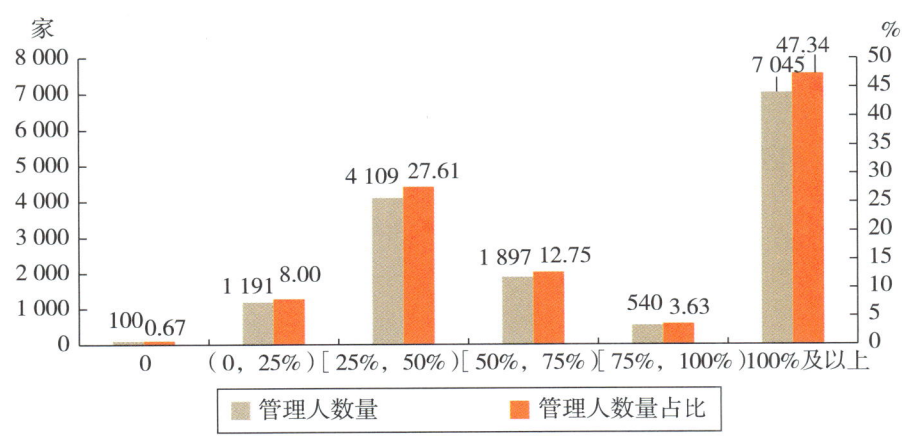

图7-49　私募股权、创业投资基金管理人实收资本比例分布

（资料来源：中国证券投资基金业协会）

五、股东数量分布情况

从股东数量来看，截至2019年末，股东数量在5人以下的私募股权、创业投资基金管理人共计13 182家，占比为88.58%。

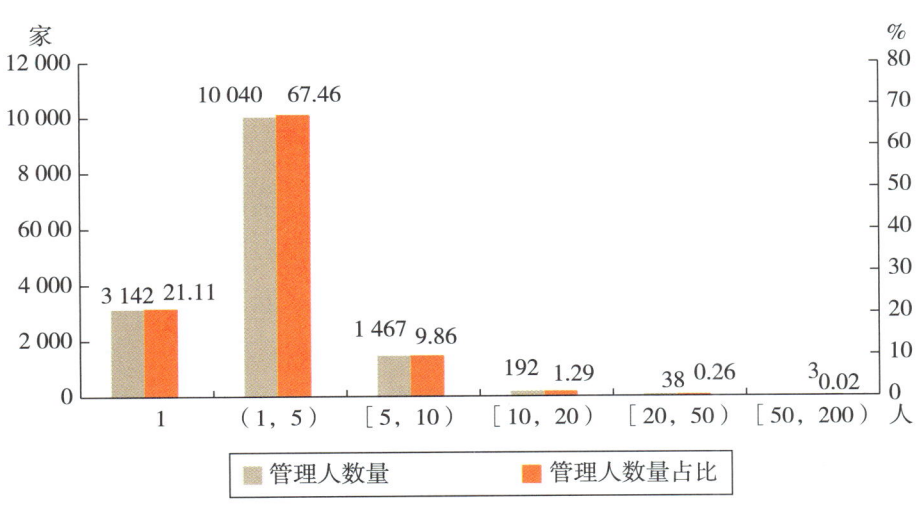

图7-50　私募股权、创业投资基金管理人股东数量分布

（资料来源：中国证券投资基金业协会）

六、地域分布情况

（一）注册地分布

从注册地分布来看，截至2019年末，北京、深圳、上海三大辖区的私募股权、创业投资基金管理人数量合计7 605家，占私募股权、创业投资基金管理人总数的51.1%；北京、深圳、上海、浙江、广东五大辖区的私募股权、创业投资基金管理人数量合计9 753家，占比为65.54%；管理人数量排名前10的辖区合计有12 140家私募股权、创业投资基金管理人，占比为81.58%。

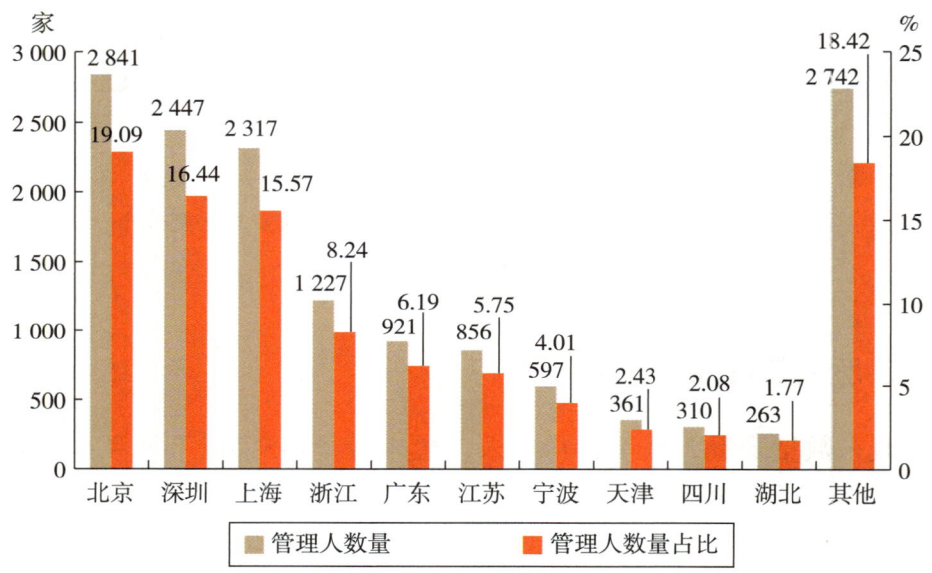

图7-51　私募股权、创业投资基金管理人数量按注册地分布

（资料来源：中国证券投资基金业协会）

从管理基金数量来看，北京、上海、深圳三大辖区的私募股权、创业投资基金管理人管理的基金数量合计20 287只，占私募股权、创业投资基金管理人管理基金总数的54.52%；北京、上海、深圳、浙江、广东五大辖区的私募股权、创业投资基金管理人管理基金数量合计25 712只，占比为69.1%；排名前10的辖区私募股权、创业投资基金管理人管理的基金数量合计31 681，占比为85.15%。

第七章　私募基金管理人　　243

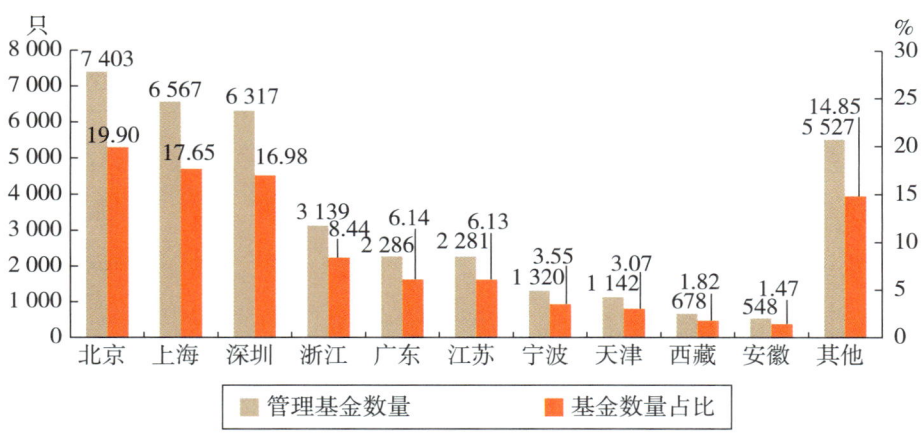

图7-52　私募股权、创业投资基金管理人管理基金数量按注册地分布

（资料来源：中国证券投资基金业协会）

从管理基金规模来看，北京、上海、深圳三大辖区的私募股权、创业投资基金管理人管理基金规模合计5.53万亿元，占私募股权、创业投资基金管理人管理基金总规模的54.13%；北京、上海、深圳、江苏、广东五大辖区的私募股权、创业投资基金管理人管理基金规模合计6.83万亿元，占比为66.90%；排名前10的辖区私募股权、创业投资基金管理人管理规模合计8.54万亿元，占比为83.63%。

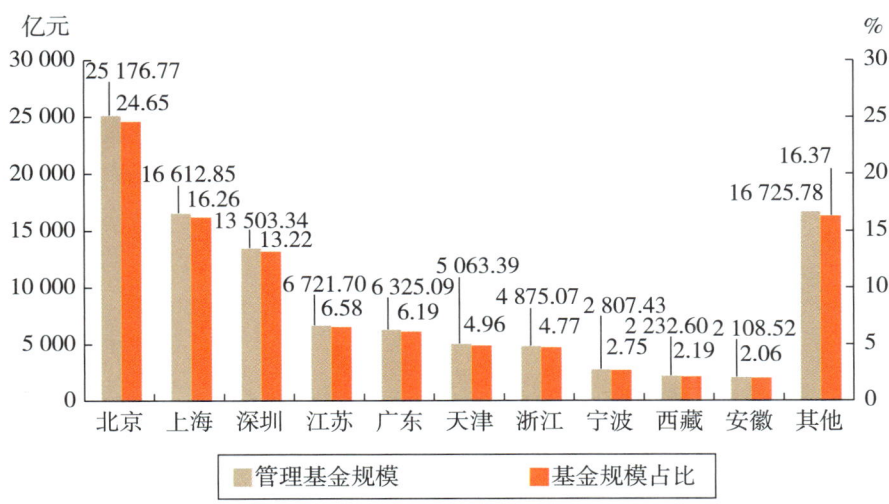

图7-53　私募股权、创业投资基金管理人管理基金规模按注册地分布

（资料来源：中国证券投资基金业协会）

2019年登记且截至年末未注销的私募股权、创业投资基金管理人中，北京、深圳、上海三大辖区的管理人数量合计311家，占当年登记该类管理人

总数的39.27%；北京、深圳、上海、广东和江苏五大辖区的该类管理人数量合计436家，占比为55.05%；管理人数量排名前10的辖区合计有596家私募股权、创业投资基金管理人，占比为75.25%。

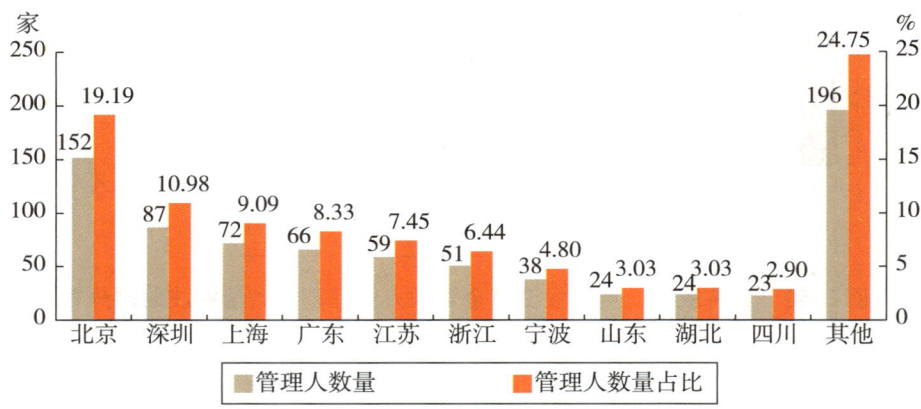

图7-54　2019年登记且截至年末未注销私募股权、创业投资基金管理人数量按注册地分布

（资料来源：中国证券投资基金业协会）

（二）办公地分布

从办公地分布来看，截至2019年末，北京、上海、深圳三大辖区的私募股权、创业投资基金管理人数量合计8 658家，占私募股权、创业投资基金管理人总数的58.18%；北京、上海、深圳、浙江、广东五大辖区的私募股权、创业投资基金管理人数量合计10 480家，占比为70.42%；管理人数量排名前10的辖区合计有12 375家私募股权、创业投资基金管理人，占比为83.15%。

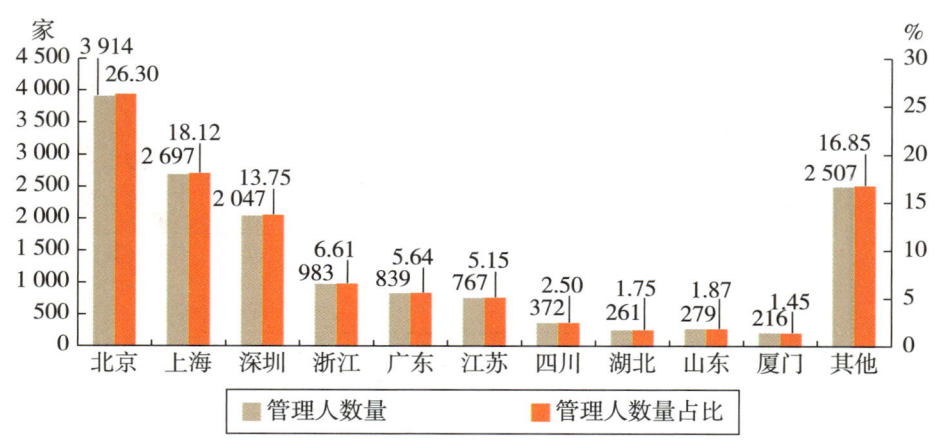

图7-55　私募股权、创业投资基金管理人数量按办公地分布

（资料来源：中国证券投资基金业协会）

从管理基金数量来看，北京、上海、深圳三大辖区的私募股权、创业投资基金管理人管理的基金数量合计24 013只，占私募股权、创业投资基金管理人管理基金总数的64.54%；北京、上海、深圳、浙江、广东五大辖区的私募股权、创业投资基金管理人管理的基金数量合计28 994只，占比为77.92%；排名前10的辖区私募股权、创业投资基金管理人管理的基金数量合计32 603只，占比为87.62%。

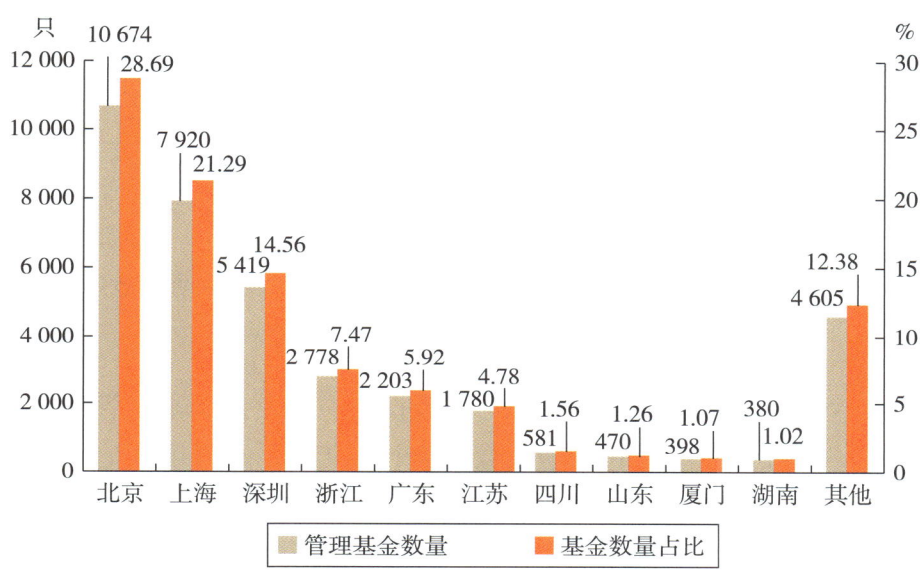

图7-56 私募股权、创业投资基金管理人管理基金数量按办公地分布

（资料来源：中国证券投资基金业协会）

从管理基金规模来看，北京、上海、深圳三大辖区的私募股权、创业投资基金管理人管理的基金规模合计6.93万亿元，占私募股权、创业投资基金管理人管理基金总规模的67.82%；北京、上海、深圳、广东、江苏五大辖区的私募股权、创业投资基金管理人管理规模合计7.99万亿元，占比为78.26%；排名前10的辖区私募股权、创业投资基金管理人管理规模合计8.93万亿元，占比为87.51%。

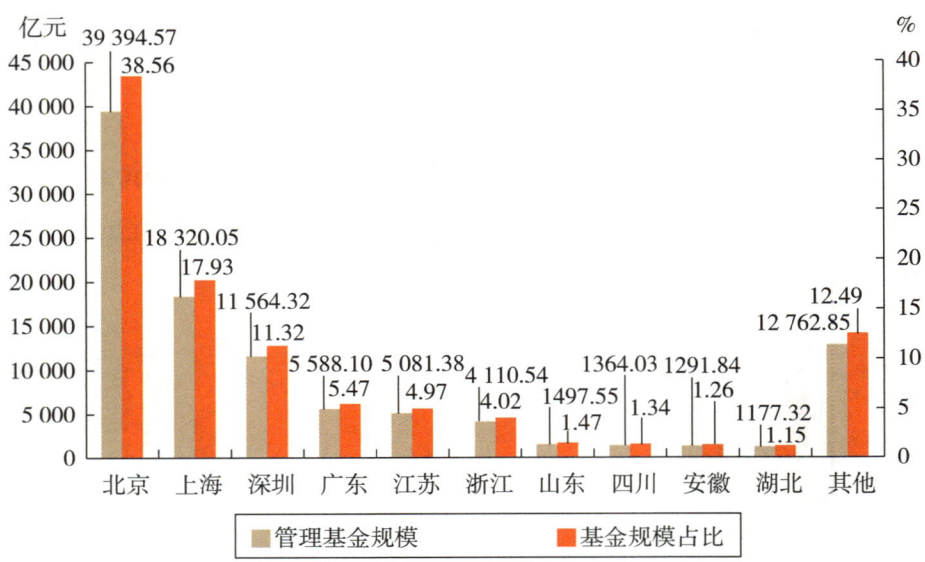

图7-57 私募股权、创业投资基金管理人管理基金规模按办公地分布

(资料来源：中国证券投资基金业协会)

2019年登记且截至年末未注销的私募股权、创业投资基金管理人中，北京、上海、深圳三大辖区的管理人数量合计414家，占当年登记的该类管理人总数的52.27%；北京、上海、深圳、江苏、广东五大辖区的该类管理人数量合计515家，占比为65.03%；管理人数量排名前10的辖区合计有647家私募股权、创业投资基金管理人，占比为81.69%。

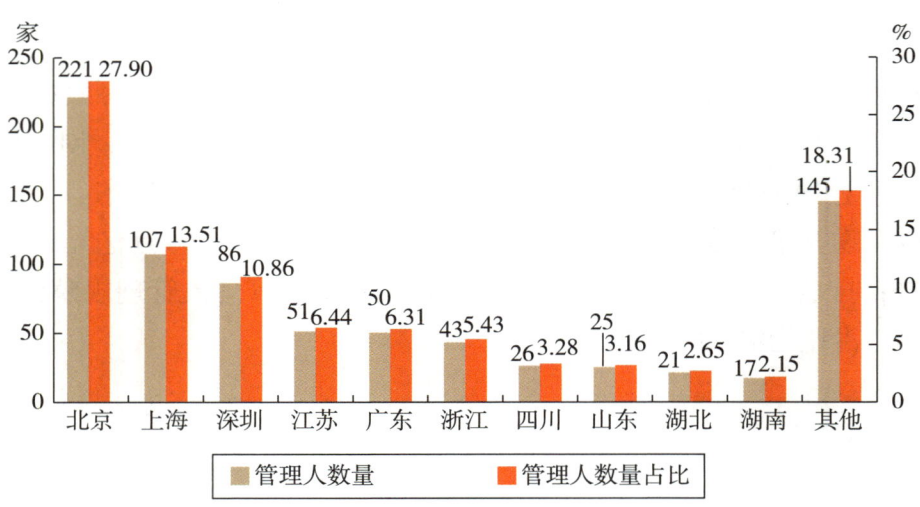

图7-58 2019年登记且截至年末未注销私募股权、创业投资基金管理人数量按办公地分布

(资料来源：中国证券投资基金业协会)

七、从业人员及高管情况分析

截至2019年末,私募股权、创业投资基金管理人在从业人员管理平台完成注册的全职员工总人数为10.71万人。其中,具有基金从业资格的员工有8.51万人,数量占比为79.48%。私募股权、创业投资基金管理人高管总数为3.94万人,具有基金从业资格高管有3.72万人,数量占比达94.49%。

2019年登记且截至年末未注销的私募股权、创业投资基金管理人的员工人数为4 727人,其中具有基金从业资格的员工有3 898人,占比为82.46%。高管共计2 087人,具有基金从业资格的高管有2 031人,占比达97.32%。

(一)从业人员情况分析

截至2019年末,大多数私募股权、创业投资基金管理人的员工数量在10人以下。整体来看,私募股权、创业投资基金管理人平均具有7名员工。

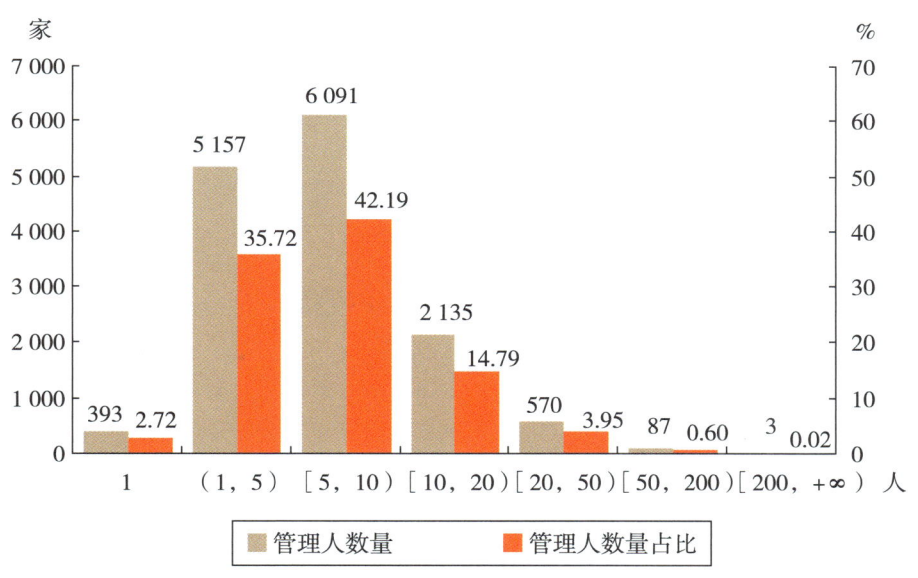

图7-59 私募股权、创业投资基金管理人分布情况(按员工数量)

(资料来源:中国证券投资基金业协会)

注:图为有专职员工的管理人员工数量分布。

从单家管理人从业人员数量来看,管理基金规模较大的私募股权、创业投资基金管理人具有的从业人员普遍较多。截至2019年末,管理规模在5亿元以下的管理人平均具有6名员工,而管理规模在100亿元及以上的管理人平均具有28名员工。

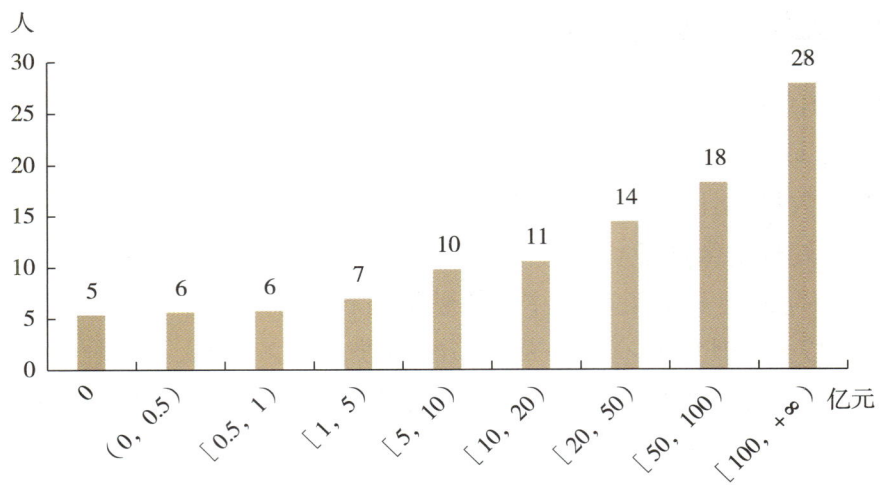

图7-60 私募股权、创业投资基金管理人平均员工数量分布（按管理规模）

（资料来源：中国证券投资基金业协会）

2019年登记且截至年末未注销的私募股权、创业投资基金管理人，从业人员数量主要集中于5~10人（不含），占比达49.05%；平均每家私募基金管理人具有6名员工。

（二）高管情况分析

1. 高管人数分布情况

截至2019年末，从单个私募股权、创业投资基金管理人的高管数量来看，99.58%的管理人具有2名或2名以上高管。

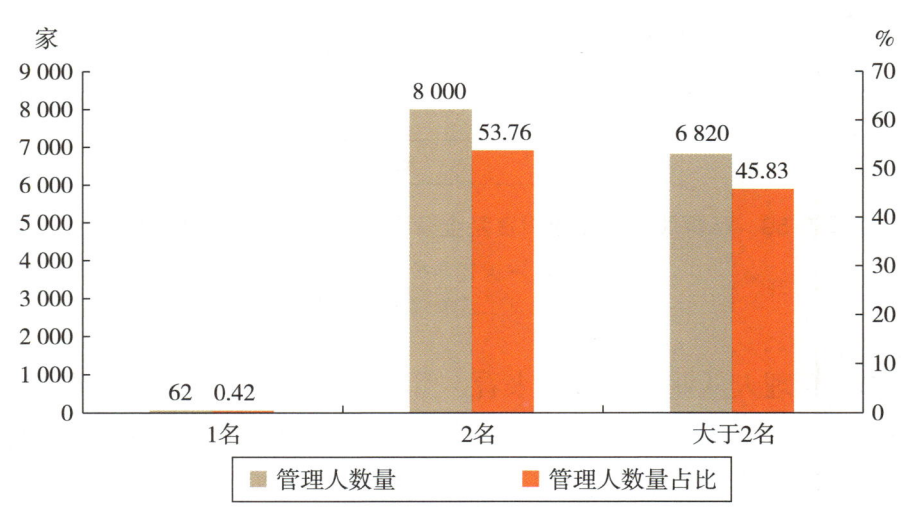

图7-61 私募股权、创业投资基金管理人高管人数分布（按家数统计）

（资料来源：中国证券投资基金业协会）

2. 高管取得从业资格情况

截至2019年末，私募股权、创业投资基金管理人高管中，具备基金从业资格的有3.72万人，占高管总数的94.49%。13 317家管理人的所有高管都具备基金从业资格，占私募股权、创业投资基金管理人数量的89.48%；法定代表人与合规风控负责人具备基金从业资格的管理人有14 387家，占私募股权、创业投资基金管理人数量的96.67%。

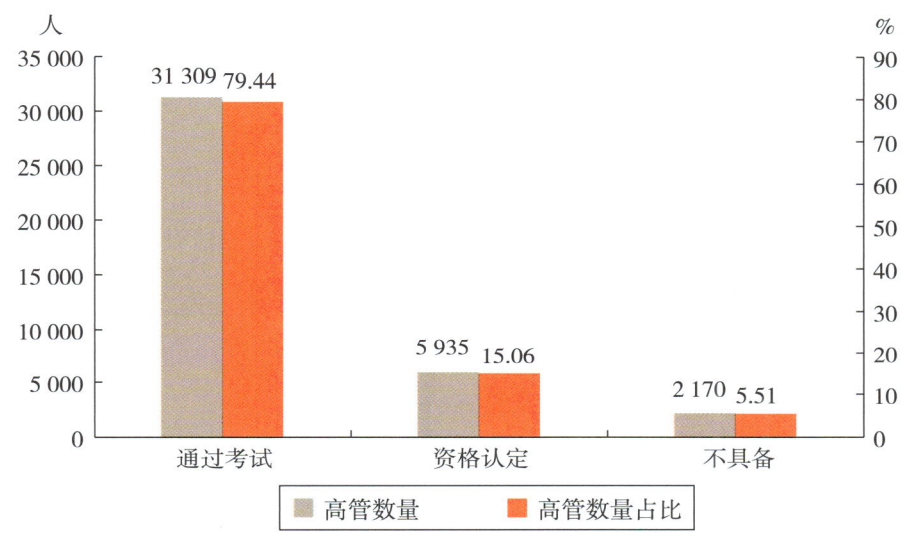

图7-62　私募股权、创业投资基金管理人高管取得从业资格情况（按人数统计）

（资料来源：中国证券投资基金业协会）

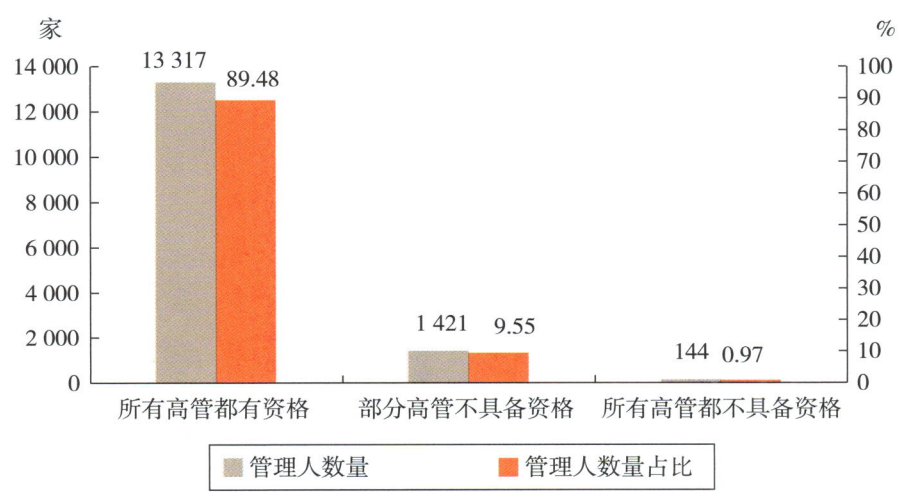

图7-63　私募股权、创业投资基金管理人高管取得从业资格情况（按家数统计）

（资料来源：中国证券投资基金业协会）

3. 高管最高学历分布情况

截至2019年末,私募股权、创业投资基金管理人高管普遍学历背景良好,最高学历为本科及以上的为36 230人,占比为91.92%。2019年当年登记且截至年末未注销的私募股权、创业投资基金管理人学历分布特征与总量特征一致。

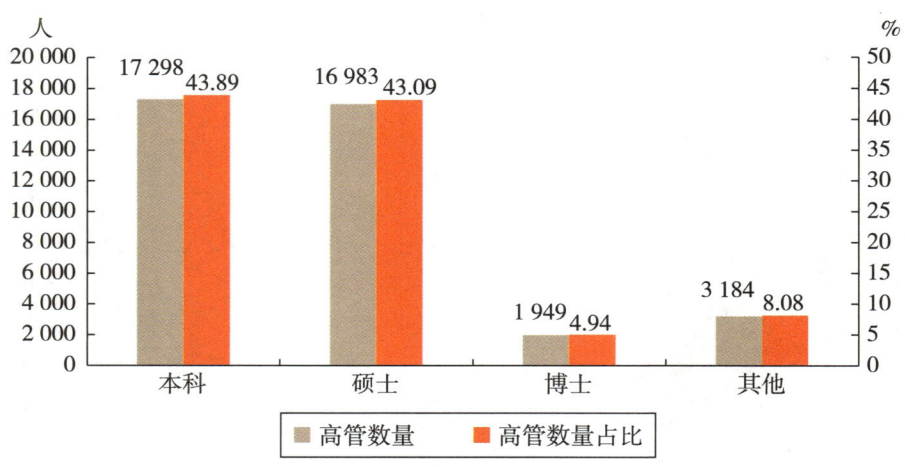

图7-64 私募股权、创业投资基金管理人高管最高学历分布情况(按人数统计)

(资料来源:中国证券投资基金业协会)

4. 高管年龄分布情况

从高管年龄分布来看,截至2019年末,私募股权、创业投资基金管理人高管年龄主要集中在30~50岁,占比为77.16%,30岁以下占比接近7%。

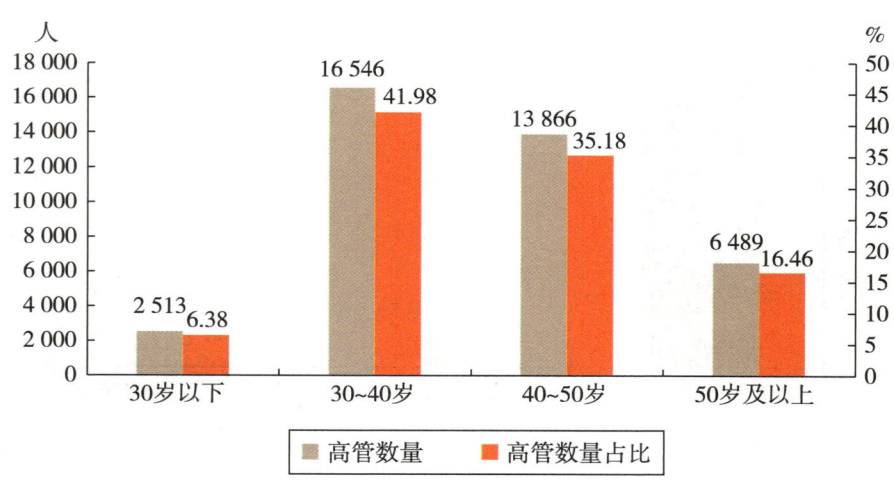

图7-65 私募股权、创业投资基金管理人高管年龄分布情况(按人数统计)

(资料来源:中国证券投资基金业协会)

5. 高管从业年限分布情况

从高管从业年限分布来看，截至2019年末，私募股权、创业投资基金管理人中79.78%的高管从业年限在10年及以上，整体从业年限较长。

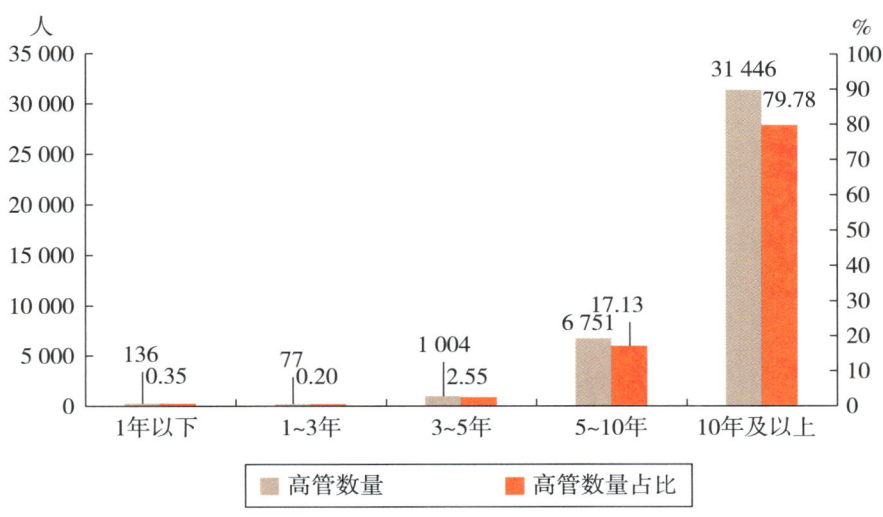

图7-66 私募股权、创业投资基金管理人高管从业年限分布情况（按人数统计）

（资料来源：中国证券投资基金业协会）

6. 高管任职年限分布情况

从高管任职年限分布看，截至2019年末，私募股权、创业投资基金管理人高管在现有管理人任职时间主要集中在2年至5年（不含），占比达60.09%。

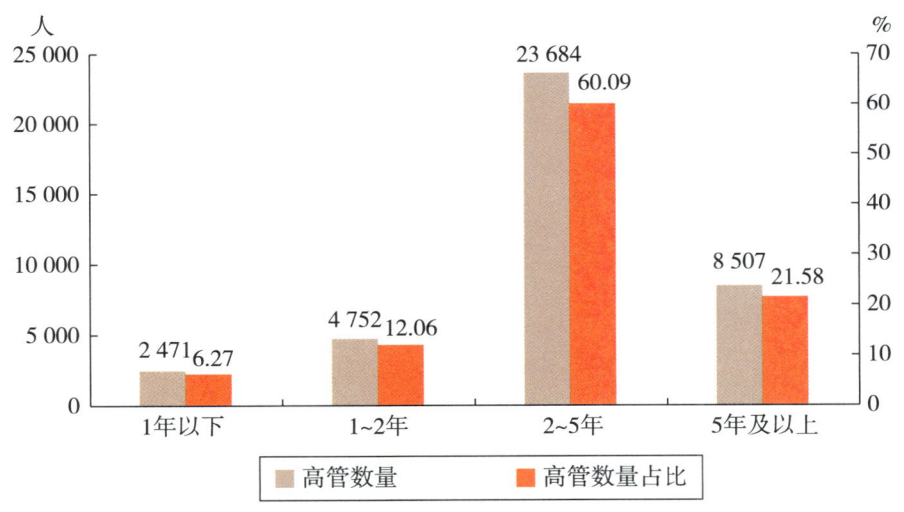

图7-67 私募股权、创业投资基金管理人高管任职年限分布情况（按人数统计）

（资料来源：中国证券投资基金业协会）

第八章

基金托管机构

第一节 托管机构登记情况

一、基金托管人登记情况

金融机构从事基金托管业务，应当经中国证监会核准，依法取得基金托管资格，申请基金托管资格的金融机构应当符合《证券投资基金托管业务管理办法》要求。

截至2019年12月31日，共47家托管人经中国证监会核准，依法取得证券投资基金托管业务资格，其中，包括28家银行、17家证券公司以及2家其他类型托管机构。具体名录见行业数据篇。

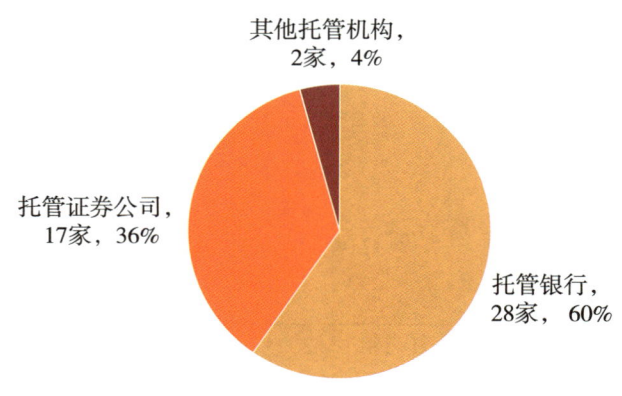

图8-1 机构类型分布

（资料来源：中国证监会官网）

二、合格境外机构投资者托管人登记情况

根据《合格境外机构投资者境内证券投资管理办法》第十二条的要求，"取得托管人资格，必须经中国证监会和国家外汇局审批。中国证监会收到完整的申请文件后，于30个工作日内会签国家外汇局作出托管资格许可"。

截至2019年12月31日，共19家托管人取得合格境外机构投资者托管业务资格，全部为银行类托管机构。具体名录见行业数据篇。

第二节 托管业务发展情况

一、托管产品数量及资产规模

截至2019年末，托管人开展托管业务或资产保管业务的产品共计261 338只，资产规模达到156.43万亿元[①]。从产品类型来看，按照产品数量统计（见图8-2），银行理财、保险、信托的数量最多，总计95 334只，占比为36.48%；公募基金总计6 038只，占比为2.31%；私募基金总计62 483只，占比为23.91%；基金公司、证券公司及其子公司资产管理计划总计37 625只，占比为14.40%；跨境或者管理人为外资的基金总计3 429只，占比为1.31%；其他（包含养老金、其他资产保管业务）总计56 429只，占比为21.59%。

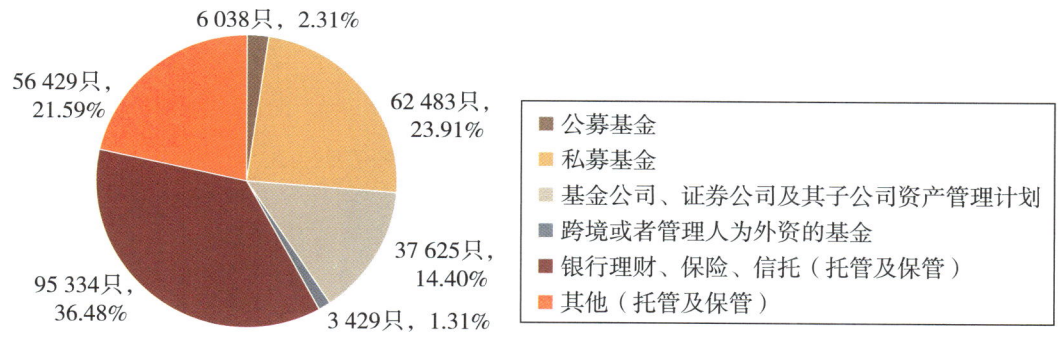

图8-2 托管产品数量占比（按产品类型）

（资料来源：中国证券投资基金业协会）

按照资产规模统计（见图8-3），银行理财、保险、信托的规模最大，总计691 094.53亿元，占比为44.18%；公募基金总计147 006.52亿元，占比为

[①] 本次统计范围从托管机构业务角度出发，不仅包括资管产品托管业务，也包括资产保管等其他业务。

9.4%；私募基金总计120 441.7亿元，占比为7.7%；基金公司、证券公司及其子公司资产管理计划总计219 613.89亿元，占比为14.04%；跨境或者管理人为外资的基金总计11 710.38亿元，占比为0.75%；其他（包含养老金、其他资产保管业务）总计374 392.49亿元，占比为23.93%。

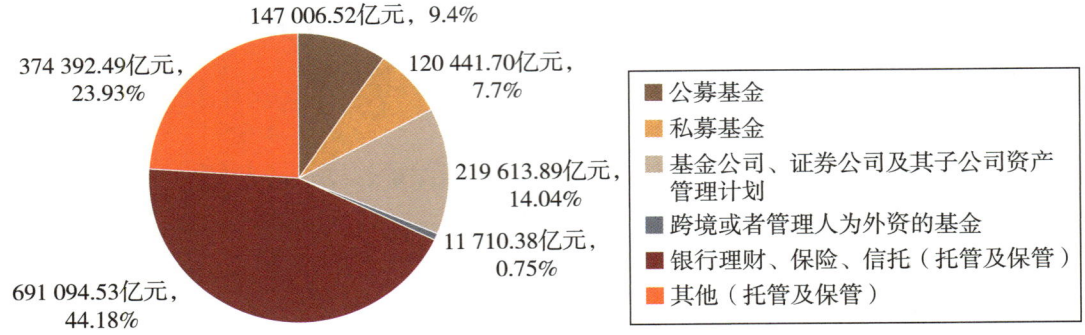

图8-3 托管资产规模占比（按产品类型）

（资料来源：中国证券投资基金业协会）

二、不同类型托管人的基金托管业务开展情况

（一）公募基金的托管业务开展情况

截至2019年末，托管人托管的公募基金产品共计6 038只，资产规模为147 006.52亿元（见图8-4和图8-5）。其中，商业银行托管5 882只公募基金，托管规模为145 051.53亿元；证券公司托管156只公募基金，托管规模为1 954.99亿元；其他类型托管人未托管公募基金。

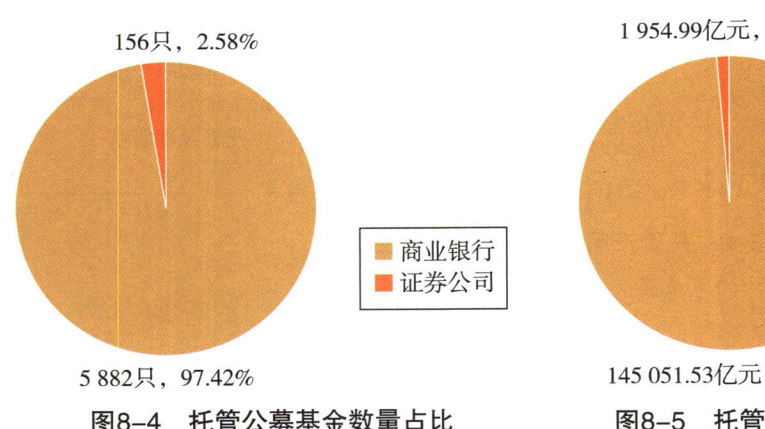

图8-4 托管公募基金数量占比
（按托管人类型）

（资料来源：中国证券投资基金业协会）

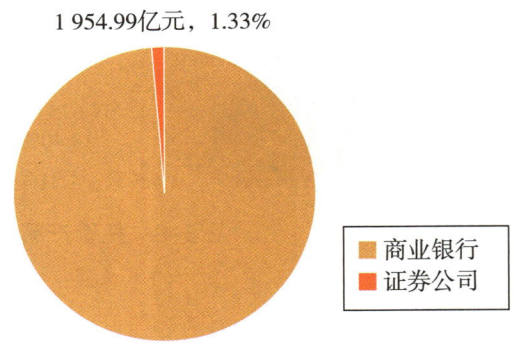

图8-5 托管公募基金资产规模占比
（按托管人类型）

（资料来源：中国证券投资基金业协会）

（二）私募基金的托管业务开展情况

截至2019年末，托管人托管的私募基金产品共计62 483只，资产规模120 441.7亿元（见图8-6和图8-7）。其中，商业银行托管23 823只私募基金，托管规模为99 669.15亿元；证券公司托管38 660只私募基金，托管规模为20 772.55亿元；其他类型托管人未托管私募基金。商业银行和证券公司托管私募基金的产品数量和资产规模占比不匹配的原因是，商业银行托管的私募基金以私募股权投资基金为主，而证券公司托管的私募基金以私募证券投资基金为主，单只证券投资基金的规模一般远小于单只私募股权投资基金。

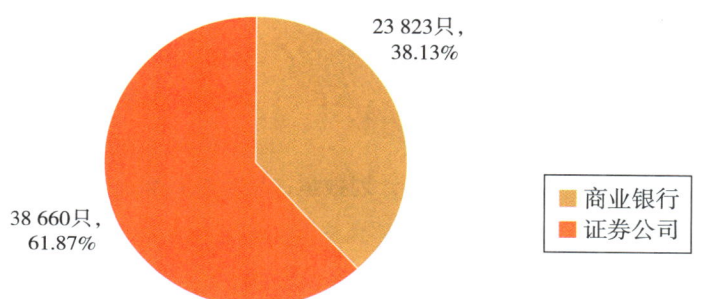

图8-6 托管私募基金数量占比（按托管人类型）

（资料来源：中国证券投资基金业协会）

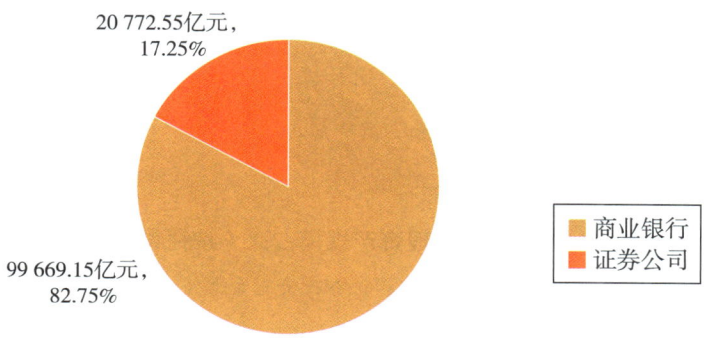

图8-7 托管私募基金资产规模占比（按托管人类型）

（资料来源：中国证券投资基金业协会）

（三）基金公司、证券公司及其子公司资产管理计划的托管业务开展情况

截至2019年末，托管人托管的基金公司、证券公司及其子公司资产管理计划（以下简称资产管理计划）共计37 625只，资产规模为219 613.89亿

元(见图8-8和图8-9)。其中,商业银行托管36 211只资产管理计划,托管规模为214 628.26亿元;证券公司托管1 364只资产管理计划,托管规模为2 347.99亿元;其他类型托管人托管50只资产管理计划,托管规模为2 637.64亿元。

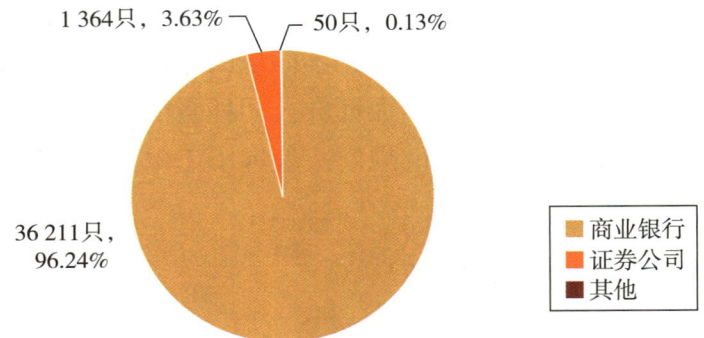

图8-8　托管资产管理计划数量占比(按托管人类型)

(资料来源:中国证券投资基金业协会)

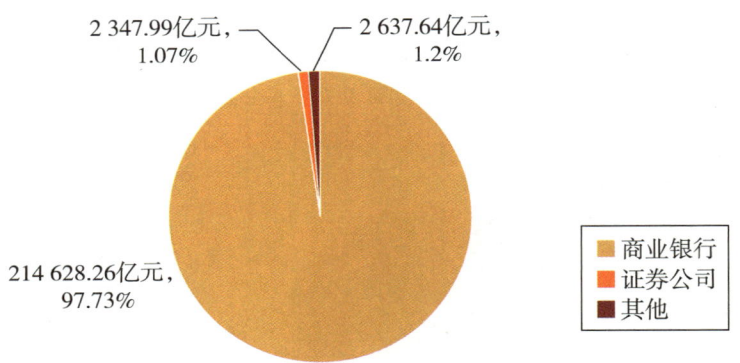

图8-9　托管资产管理资产规模占比(按托管人类型)

(资料来源:中国证券投资基金业协会)

第九章

基金服务机构

第一节 基金服务业务发展历程

我国私募基金服务业务大概可以分为四个阶段。

第一阶段：初创探索阶段（2013—2014年）。

2013年6月1日起开始实施的《基金法》设置"基金服务机构"单独章节，为基金服务业务和基金行业专业化分工奠定了法律基础。首次明确基金管理人可以委托基金服务机构代为办理基金的销售、销售支付、份额登记、核算估值、信息技术系统服务等事项。

第二阶段：蓬勃发展阶段（2015—2016年）。

2015年协会开始对第一批基金服务机构进行备案，专业的基金服务机构不仅帮助私募基金管理人提高了效率，降低了成本，还给与更多的业务支持，包括产品设计、信息披露等服务，基金服务业务有效促进了私募基金行业的发展。

第三阶段：高速创新阶段（2017—2018年）。

从2017年开始，国内服务机构进入高速发展阶段，协会围绕"7+2"自律框架，重新梳理对私募基金服务业务的规范要求，发布《私募投资基金服务业务管理办法（试行）》（以下简称《服务办法》），按照《服务办法》要求改造并重新上线了私募基金服务机构登记系统，通过培育专业的私募基金服务机构梯队，搭建私募基金行业生态体系，促进管理人、托管人和服务机构三类市场主体之间的合作和竞争，提升私募基金行业的专业化水平。

第四阶段：持续评估、扶优限劣阶段（2019年至今）。

2019年7月，协会正式公布第四批完成登记的私募基金服务机构名单。根据《基金法》及其他私募基金法规要求，秉持会员管理标准，依照《基金法》信义义务要求，制定了涵盖合规风控、人力资本、运营能力、金融科技和生态培育五大维度的私募基金服务机构评估体系，筛选符合条件的私募基金服务机构登记入会。其中，"合规风控"考察机构重大处罚、法律意见书、组织架构与风险隔离、管理人准入与协议签署、风险处置和内控及业务审计等情况，"运营能力"维度考察机构估值核算、份额登记等核心服务及服务业务流程整体设计等情况，"金融科技"维度考察机构总体科技战略规划以及接口管理、数据备份、执行程序和源代码测试、系统运维保障、信息安全等情况，"人力资本"维度考察机构人才资质与经验、考核与激励等情况，"生态培育"维度考察机构市场分析与展业策略制定、服务定价合理性和专业化经营等情况。

协会将根据五大维度要求对已登记服务机构进行持续评估，鼓励基金行业专业化、细致化分工，扶优限劣，满足市场差异化需求。

第二节　基金服务机构登记情况

截至2019年12月31日，在协会完成登记的基金服务机构共计49家（具体名录见行业数据篇）。按照机构类型划分，服务机构包括证券公司、商业银行、基金公司、IT公司及第三方独立服务机构5类，其中证券公司的数量最多（见图9-1）。

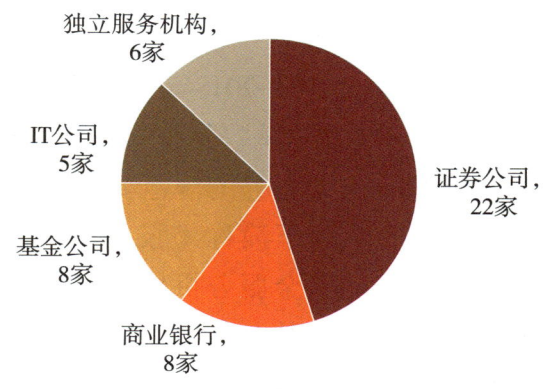

图9-1　机构类型分布

（资料来源：中国证券投资基金业协会）

第三节 基金服务业务开展情况

一、基金服务产品数量和规模

作为《基金法》下的三类主体之一，基金服务机构的发展初衷是提高基金行业专业能力，搭建基金行业良性发展生态圈。服务机构在协会登记以来，服务对象已经从私募投资基金不断扩大至公募基金、券商资管、期货资管、基金公司专户等大资管行业各类产品。服务内容除了份额登记和估值核算两项涉及系统重要性数据的核心业务之外，在围绕信息科技建设、助力基金小镇建设等发展目标下，不断扩展至整个基金运作链条，提供了全方位、多功能的各项专业服务，对基金行业发展起到了重要推动作用。

截至2019年末，服务机构提供份额登记及估值核算服务的基金产品共计56 527只，资产规模达到55 266.17亿元。从服务基金类型来看（见图9-2和图9-3），按照服务业务数量统计，私募基金的数量最多，总计49 084只，占比为86.83%；公募基金（含证券公司大集合产品）总计3只，占比为0.01%；证券期货经营机构发行的私募基金总计3 837只，占比为6.79%；其他"一行两会"持牌机构发行的基金总计3 298只，占比为5.83%；跨境或者管理人为外资的基金总计104只，占比为0.18%；其他基金总计201只，占比为0.36%。

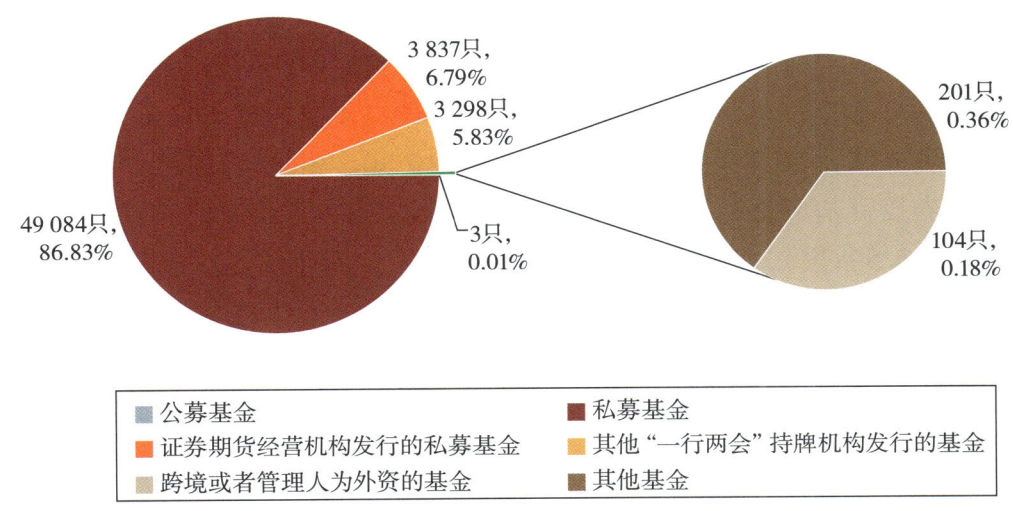

图9-2 服务业务数量占比（按服务基金类型）

（资料来源：中国证券投资基金业协会）

按照服务业务规模统计，私募基金是服务机构服务规模最大的产品类型，总计29 721.83亿元，占比为53.78%；公募基金规模总计17.35亿元，占比为0.03%；证券期货经营机构发行的私募基金规模总计11 544.32亿元，占比为20.89%；其他"一行两会"持牌机构发行的基金总计12 957.12亿元，占比为23.44%；跨境或者管理人为外资的基金总计185.64亿元，占比为0.34%；其他基金总计839.88亿元，占比为1.52%。

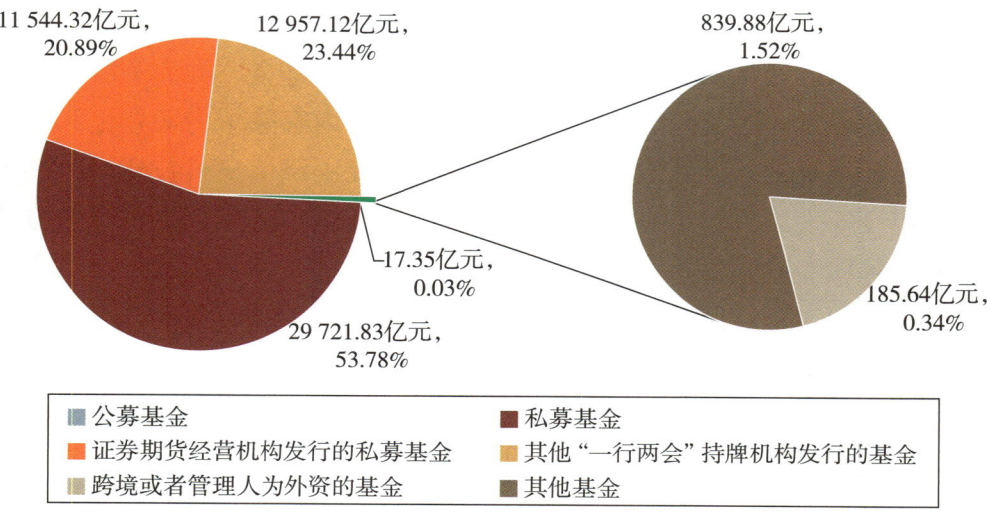

图9-3　服务业务规模占比（按服务基金类型）

（资料来源：中国证券投资基金业协会）

截至2019年末，中国证券投资基金业协会已备案私募证券投资基金41 392只，基金规模为25 610亿元；备案私募股权投资基金28 477只，基金规模为88 713亿元；备案创业投资基金7 978只，基金规模为12 088亿元；备案其他私募基金3 858只，基金规模为14 412亿元。相应地，服务机构服务的私募证券投资基金总计39 405只，基金规模为17 676.58亿元；私募股权投资基金总计6 598只，基金规模总计8 365.54亿元；创业投资基金总计950只，基金规模为460.59亿元；其他类私募基金总计2 131只，基金规模为3 219.13亿元（见图9-4至图9-6）。

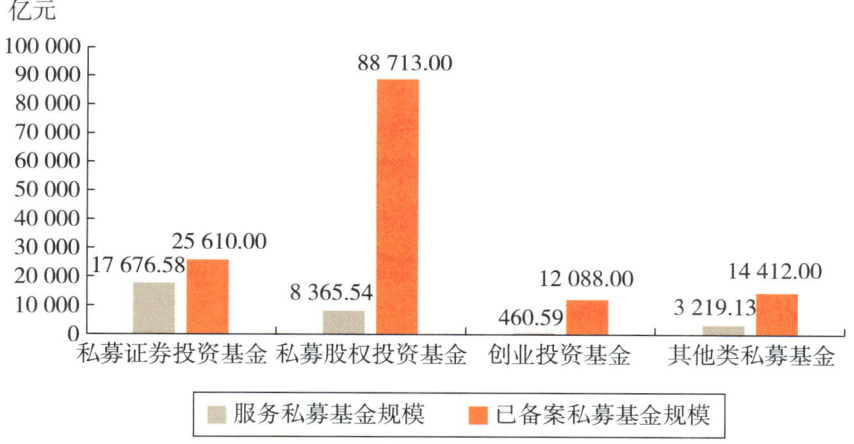

图9-4 服务机构服务的私募基金规模与已备案私募基金规模（按基金类型）

（资料来源：中国证券投资基金业协会）

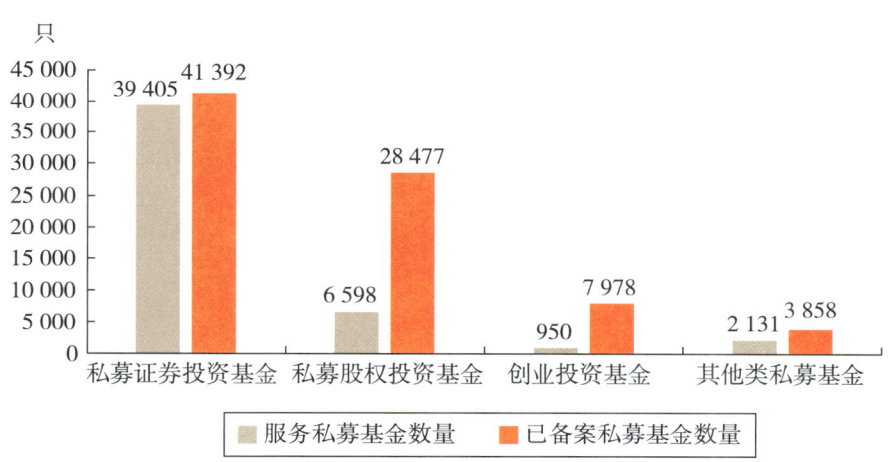

图9-5 服务机构服务的私募基金数量与已备案私募基金数量（按基金类型）

（资料来源：中国证券投资基金业协会）

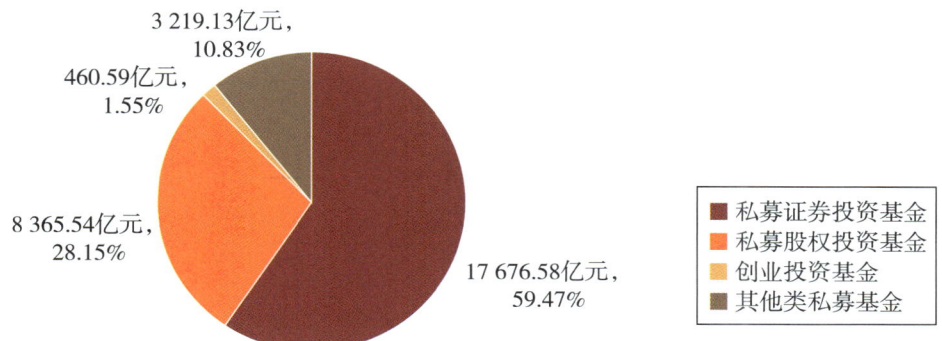

图9-6 私募投资基金服务业务规模占比（按基金类型）

（资料来源：中国证券投资基金业协会）

二、行业集中度情况

排除服务机构服务的来自其母公司或子公司的资管产品,从截至2019年末服务业务规模来看(见表9-1),排名前四的服务机构服务资产规模占总规模的50.83%,排名前十的服务机构服务资产规模占总规模的74.49%,目前行业集中度较高,但相较2018年末,基金服务行业的集中度有所下降,形成了数量庞大的第二梯队,且差距呈逐渐缩小的趋势,具体表现为"3+9+n"的特点(见图9-7)。其中,第一梯队3家,规模均超过4 000亿元,合计占总规模的44.17%;第二梯队9家,规模均在1 000亿~2 500亿元,合计占总规模的35.52%;其余的服务机构为第三梯队,规模均不超过1 000亿元,合计占总规模的20.31%。

表9-1 各服务机构服务的基金规模和数量

序号	机构名称	服务规模(亿元)	数量(只)
1	招商证券	7 560.20	11 335
2	国泰君安	5 465.76	8 150
3	中信中证	4 154.65	5 744
4	国信证券	2 354.89	3 759
5	工商银行	1 820.83	745
6	华夏基金	1 787.49	725
7	华泰证券	1 529.60	2 819
8	上海银行	1 416.23	1 337
9	中信建投	1 273.44	1 993
10	国金道富	1 262.14	2 322

资料来源:中国证券投资基金业协会。

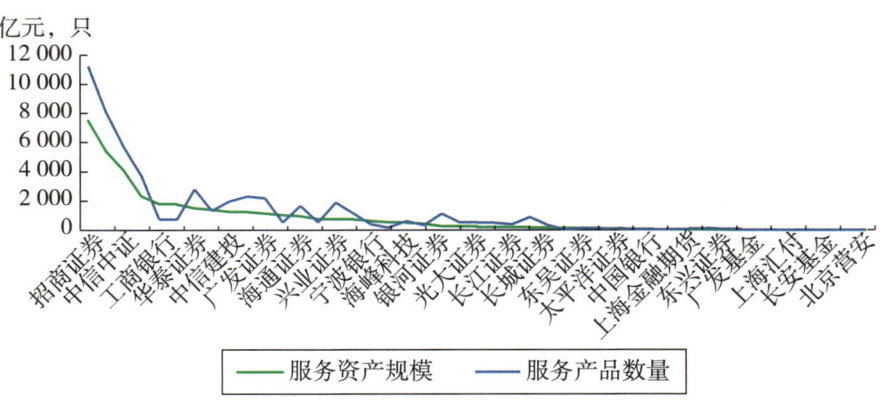

图9-7 排除服务机构服务的集团内部资管产品的行业集中度

(资料来源:中国证券投资基金业协会)

注:图中X轴未能完整显示出所有服务机构。

三、收入情况

2019年基金服务业务总收入（见表9-2）约为8.59亿元，较2018年增长3%，其中，私募证券投资基金对基金服务行业的收入贡献度达73.82%。

表9-2　2019年基金服务业务（份额登记和估值核算）收入情况
（按基金类型分）

服务基金类型	规模（亿元）	收入（亿元）	收入贡献度（%）
私募证券投资基金	17 676.58	6.34	73.82
私募股权投资基金	8 365.54	1.02	11.88
创业投资基金	460.59	0.10	1.10
其他类私募基金	3 219.13	0.52	6.08
证券期货经营机构发行的私募基金	115 44.32	0.27	3.18
其他"一行两会"持牌机构发行的基金	12 957.12	0.16	1.82
其他资管产品	1 042.89	0.18	2.12

资料来源：中国证券投资基金业协会。

第二篇
行业数据篇

一、公开募集证券投资基金数据

表1 公开募集证券投资基金数量

单位：只

年份	封闭式	开放式	其中股票	其中混合	其中货币	其中债券	其中QDII	合计
1998	5	0	—	—	—	—	—	5
1999	16	0	—	—	—	—	—	16
2000	34	0	—	—	—	—	—	34
2001	48	3	—	—	—	—	—	51
2002	54	17	—	—	—	—	—	71
2003	54	41	—	—	—	—	—	95
2004	54	107	—	—	—	—	—	161
2005	54	164	—	—	—	—	—	218
2006	53	254	—	—	—	—	—	307
2007	36	310	—	—	—	—	—	346
2008	33	406	162	138	40	61	10	439
2009	31	516	239	158	43	81	10	547
2010	39	665	332	166	46	103	28	704
2011	57	857	434	192	51	129	51	914
2012	68	1 105	534	218	61	225	67	1 173
2013	137	1 415	611	287	94	341	82	1 552
2014	134	1 763	699	395	171	409	89	1 897
2015	164	2 558	587	1 184	220	466	101	2 722
2016	303	3 564	661	1 707	286	789	121	3 867
2017	480	4 361	791	2 096	348	989	137	4 841
2018	669	4 957	927	2 375	347	1 172	136	5 626
2019	861	5 683	1 135	2 593	335	1 471	149	6 544

注：2008—2010年按投资类型合计与开放式有差异，鉴于历史数据已不可考，无法探究修正。

表2　公开募集证券投资基金份额

单位：亿份

年份	封闭式	开放式	其中股票	其中混合	其中货币	其中债券	其中QDII	合计
1998	100.00	0.00	—	—	—	—	—	100.00
1999	505.00	0.00	—	—	—	—	—	505.00
2000	562.00	0.00	—	—	—	—	—	562.00
2001	686.73	117.50	—	—	—	—	—	804.23
2002	817.00	501.85	—	—	—	—	—	1 318.85
2003	817.00	797.67	—	—	—	—	—	1 614.67
2004	817.00	2 491.79	—	—	—	—	—	3 308.79
2005	817.00	3 897.18	—	—	—	—	—	4 714.18
2006	812.00	5 408.67	—	—	—	—	—	6 220.67
2007	844.14	21 495.70	—	—	—	—	—	22 339.84
2008	890.32	24 851.46	10 866.30	7 395.81	3 891.73	1 745.23	1 094.01	25 741.78
2009	945.02	22 573.53	12 454.50	6 692.64	2 581.41	765.82	1 017.35	23 518.55
2010	1 119.80	22 835.53	12 945.64	6 651.08	1 532.77	1 359.03	940.50	23 955.33
2011	1 371.32	25 139.05	13 323.36	6 771.72	2 948.85	1 181.67	913.45	26 510.37
2012	1 424.85	30 283.56	13 510.10	6 493.14	5 717.28	3 687.60	875.46	31 708.41
2013	2 121.81	29 058.03	11 722.02	5 919.76	7 478.71	3 176.76	760.78	31 179.84
2014	1 253.71	40 758.28	10 772.46	5 525.28	20 804.36	3 039.70	616.48	42 011.99
2015	1 669.54	75 004.59	5 988.13	17 948.31	44 371.59	5 895.92	800.64	76 674.13
2016	6 179.14	82 249.17	6 450.19	18 667.35	42 730.63	13 310.59	1 090.41	88 428.31
2017	5 863.27	104 326.82	5 847.66	16 315.05	67 253.81	14 091.62	818.68	110 190.09
2018	8 706.16	120 263.35	7 716.98	14 152.74	76 150.94	21 552.75	689.94	128 969.51
2019	15 214.30	121 723.12	9 346.83	14 784.25	71 110.11	25 687.88	794.05	136 937.42

注：2008—2010年按投资类型合计与开放式有差异，鉴于历史数据已不可考，无法探究修正。

一、公开募集证券投资基金数据

表3 公开募集证券投资基金资产净值

单位：亿元

年份	封闭式	开放式	其中股票	其中混合	其中货币	其中债券	其中QDII	合计
1998	107.00	0.00	—	—	—	—	—	107.00
1999	577.00	0.00	—	—	—	—	—	577.00
2000	847.35	0.00	—	—	—	—	—	847.35
2001	691.15	118.09	—	—	—	—	—	809.24
2002	717.06	468.50	—	—	—	—	—	1 185.56
2003	862.00	837.22	—	—	—	—	—	1 699.22
2004	809.71	2 436.63	—	—	—	—	—	3 246.34
2005	822.17	3 869.21	—	—	—	—	—	4 691.38
2006	1 623.64	6 941.41	—	—	—	—	—	8 565.05
2007	2 442.17	30 320.15	—	—	—	—	—	32 762.32
2008	758.95	18 644.30	7 242.57	5 193.09	3 892.43	1 880.36	522.41	19 403.25
2009	1 238.78	24 786.02	13 702.50	7 478.45	2 581.41	839.37	742.24	26 024.80
2010	1 299.00	23 741.86	13 214.94	7 300.67	1 532.78	1 449.76	735.50	25 040.86
2011	1 234.15	20 684.40	10 248.35	5 706.69	2 948.86	1 204.47	576.02	21 918.55
2012	1 413.01	27 249.80	11 476.71	5 646.86	5 717.28	3 776.94	632.02	28 662.81
2013	2 150.84	27 869.87	10 958.45	5 626.59	7 475.90	3 224.84	584.09	30 020.71
2014	1 363.79	43 989.82	13 142.02	6 025.23	20 862.43	3 473.40	486.75	45 353.61
2015	1 947.72	82 024.11	7 657.13	22 287.25	44 443.36	6 973.84	662.53	83 971.83
2016	6 340.11	85 252.94	7 059.02	20 090.29	42 840.57	14 239.10	1 023.96	91 593.05
2017	6 097.99	109 898.87	7 602.40	19 378.46	67 357.02	14 647.40	913.59	115 996.86
2018	8 985.29	121 361.21	8 244.63	13 603.91	76 178.14	22 628.80	705.73	130 346.50
2019	16 024.00	131 648.03	12 992.62	18 893.19	71 170.56	27 660.83	930.83	147 672.03

注：2008—2010年按投资类型合计与开放式有差异，鉴于历史数据已不可考，无法探究修正。

表4 开放式基金（认）申购与赎回

单位：亿元

年份	股票型/偏股型			混合型			债券型			货币型			QDII		
	认申购	赎回	净认申赎	认申购	赎回	净认申赎	认申购	赎回	净认申赎	认申购	赎回	净认申赎	认申购	赎回	净认申赎
2011	6 664.00	6 000.00	664.00				1 882.00	1 652.00	230.00	12 122.00	10 763.00	1 359.00	164.00	166.00	-2.00
2012	5 601.00	5 373.00	228.00				9 501.00	6 672.00	2 829.00	25 467.00	22 880.00	2 586.00	249.00	177.00	73.00
2013	8 168.00	9 769.00	-1 602.00				11 495.00	11 176.00	319.00	33 018.00	31 425.00	1 593.00	113.00	209.00	-96.00
2014	10 492.00	11 067.00	-575.00	3 095.00	3 544.00	-448.00	7 732.00	7 523.00	209.00	104 725.00	93 509.00	11 216.00	121.00	216.00	-100.00
2015	42 706.00	44 420.00	-1 715.00	34 667.00	24 981.00	9 686.00	10 913.00	7 412.00	3 501.00	189 558.00	171 904.00	10 363.00	953.00	568.00	385.00
2016	6 611.00	5 552.00	1 059.00	15 994.00	14 929.00	1 065.00	20 818.00	13 213.00	7 605.00	234 377.00	236 051.00	-1 674.00	652.00	417.00	235.00
2017	5 603.11	5 824.86	-221.74	12 655.95	15 207.99	-2 552.04	14 288.37	13 258.71	1 029.66	346 960.79	319 037.21	27 923.58	347.86	633.55	-285.69
2018	5 956.35	4 697.08	1 259.26	7 284.57	10 384.15	-3 099.57	16 704.97	9 990.33	6 714.63	372 288.88	372 392.77	-103.89	363.26	431.61	-68.35
2019	14 638.00	12 903.00	1 735.00	13 794.00	12 589.00	1 205.00	33 685.00	21 508.00	12 177.00	467 820.00	472 928.00	-5 108.00	579.00	526.00	53.00

注：2018年及以前数据来源于中国证监会，2019年数据来自公募基金年报。

表5 开放式公募基金账户情况

单位：万户

年份	基金账户数	基金有效账户数	个人有效账户数	机构有效账户数
2007	14 776.83	9 091.34	9 086.80	4.54
2008	16 846.51	8 459.42	8 454.35	5.07
2009	18 640.66	8 092.47	8 084.09	8.38
2010	19 533.39	7 494.94	7 491.45	3.49
2011	21 636.55	7 973.62	7 968.36	5.26
2012	22 717.42	7 635.71	7 630.14	5.57
2013	28 773.46	8 696.72	8 691.34	5.38
2014	46 408.83	12 742.26	12 734.55	7.71
2015	67 917.39	18 758.55	18 750.76	7.80
2016	94 303.67	26 954.59	26 946.09	8.50
2017	134 903.48	41 891.60	41 880.38	11.23
2018	212 637.27	61 728.43	61 715.86	12.57
2019	279 859.00	79 341.83	79 316.61	25.22

注：数据来源于中国证监会。

二、证券期货经营机构私募资产管理业务数据

表6　基金管理公司私募资产管理计划数量与规模

年份	数量（只）	规模（亿元）
2013	1 668	4 739.01
2014	3 104	12 240.41
2015	5 122	28 943.83
2016	7 147	51 043.24
2017	6 402	49 625.25
2018	5 962	43 701.91
2019	5 374	43 444.46

资料来源：中国证券投资基金业协会。
注：不含基金管理公司管理的养老金。

表7　基金子公司私募资产管理计划数量与规模

年份	数量（只）	规模（亿元）
2013	3 094	9 707.28
2014	9 389	37 390.06
2015	16 092	85 712.74
2016	14 494	105 030.91
2017	9 999	73 098.54
2018	7 592	52 469.94
2019	5 678	41 884.70

资料来源：中国证券投资基金业协会。

表8　证券公司私募资产管理计划数量与规模

年份	数量（只）	规模（亿元）
2013	7 329	52 059.25
2014	12 485	79 463.29
2015	18 228	118 948.07
2016	24 281	173 110.74
2017	22 031	165 152.16
2018	18 923	129 106.07
2019	16 046	103 425.73

资料来源：中国证券投资基金业协会。
注：不含证券公司私募子公司管理的私募基金。

二、证券期货经营机构私募资产管理业务数据

表9　期货公司私募资产管理计划数量与规模

年份	数量（只）	规模（亿元）
2014	—	124.82
2015	3 478	1 063.74
2016	3 644	2 791.72
2017	3 319	2 458.40
2018	1 809	1 276.34
2019	1 219	1 428.62

资料来源：中国证券投资基金业协会。

表10　证券公司私募子公司私募基金数量与规模

年份	数量（只）	规模（亿元）
2015	175	1 193.23
2016	501	2 671.38
2017	714	3 690.79
2018	817	4 463.23
2019	925	4 937.19

资料来源：中国证券投资基金业协会。

表11　资产证券化业务数量与规模

年份	数量（只）	规模（亿元）
2017	915	11 711
2018	1 178	13 308
2019	1 577	16 491

资料来源：中国证券投资基金业协会。
注：资产证券化业务存量规模自2017年第三季度开始统计。

三、私募投资基金数据

（一）私募基金管理人数据

表12　私募基金管理人登记通过情况

单位：家

年份	私募证券投资基金管理人	私募股权、创业投资基金管理人	私募资产配置类基金管理人	其他私募投资基金管理人	合计
2014	1 534	3 346	1	183	5 064
2015	8 730	10 552	1	832	20 115
2016	1 321	2 729	0	144	4 194
2017	1 605	4 329	1	81	6 016
2018	791	2 001	0	16	2 808
2019	286	808	2	4	1 100

资料来源：中国证券投资基金业协会。

注：当期登记通过的机构，含当期登记当期注销的机构，按管理人初始登记日期统计。

表13　私募基金管理人存量

单位：家

年份	私募证券投资基金管理人	私募股权、创业投资基金管理人	私募资产配置类基金管理人	其他私募投资基金管理人	合计
2014	1 438	3 366	0	151	4 955
2015	10 965	13 241	0	799	25 005
2016	7 996	9 540	0	452	17 988
2017	8 467	13 200	0	779	22 446
2018	8 989	14 683	0	776	24 448
2019	8 857	14 882	5	727	24 471

资料来源：中国证券投资基金业协会。

注：存量指登记通过且当期末未注销机构数量。

表14 2019年登记通过且截至年末未注销的私募基金管理人地域分布（按注册地）

注册地	管理人数量（家）	管理人数量占比（%）	基金数量（只）	基金数量占比（%）	基金规模（亿元）	基金规模占比（%）
北京市	200	18.48	199	19.59	669.65	47.04
上海市	130	12.01	146	14.37	79.10	5.56
深圳市	120	11.09	77	7.58	83.61	5.87
广东省（不含深圳市）	96	8.87	94	9.25	36.33	2.55
浙江省（不含宁波市）	73	6.75	90	8.86	121.01	8.50
宁波市	64	5.91	59	5.81	20.36	1.43
江苏省	63	5.82	41	4.04	33.69	2.37
青岛市	43	3.97	45	4.43	18.22	1.28
山东省（不含青岛市）	29	2.68	23	2.26	5.56	0.39
四川省	29	2.68	25	2.46	62.46	4.39
湖北省	28	2.59	25	2.46	15.76	1.11
天津市	23	2.13	24	2.36	34.65	2.43
湖南省	21	1.94	15	1.48	11.60	0.81
江西省	18	1.66	15	1.48	6.13	0.43
陕西省	17	1.57	21	2.07	19.50	1.37
安徽省	14	1.29	11	1.08	7.42	0.52
河南省	14	1.29	15	1.48	19.17	1.35
厦门市	13	1.20	11	1.08	3.26	0.23
福建省（不含厦门市）	12	1.11	20	1.97	6.52	0.46
辽宁省（不含大连市）	8	0.74	6	0.59	3.32	0.23
广西壮族自治区	8	0.74	7	0.69	1.00	0.07
贵州省	8	0.74	4	0.39	3.63	0.26
海南省	8	0.74	11	1.08	20.04	1.41
山西省	7	0.65	10	0.98	34.46	2.42
宁夏回族自治区	6	0.55	4	0.39	0.52	0.04
新疆维吾尔自治区	5	0.46	2	0.20	0.22	0.02
吉林省	5	0.46	3	0.30	7.49	0.53
内蒙古自治区	4	0.37	2	0.20	31.04	2.18
西藏自治区	3	0.28	2	0.20	0.11	0.01
河北省	3	0.28	3	0.30	52.27	3.67
黑龙江省	3	0.28	2	0.20	9.93	0.70
重庆市	2	0.18	2	0.20	0.58	0.04
云南省	2	0.18	1	0.10	0.09	0.01
大连市	2	0.18	1	0.10	5.03	0.35
甘肃省	1	0.09	0	0.00	0.00	0.00
合计	1 082	100	1 016	100	1 423.72	100

资料来源：中国证券投资基金业协会。

注：该统计口径下管理人数量为0的地域未列示。

表15　2019年登记通过且截至年末未注销的私募证券投资基金管理人地域分布（按注册地）

注册地	管理人数量（家）	管理人数量占比（%）	基金数量（只）	基金数量占比（%）	基金规模（亿元）	基金规模占比（%）
上海市	55	19.30	101	22.75	21.41	13.68
北京市	48	16.84	74	16.67	39.21	25.05
深圳市	32	11.23	34	7.66	5.32	3.40
广东省（不含深圳市）	29	10.18	51	11.49	7.34	4.69
宁波市	26	9.12	28	6.31	7.10	4.54
浙江省（不含宁波市）	22	7.72	52	11.71	16.62	10.61
青岛市	21	7.37	31	6.98	6.60	4.22
福建省（不含厦门市）	6	2.11	13	2.93	3.37	2.15
江西省	6	2.11	7	1.58	2.18	1.39
四川省	6	2.11	10	2.25	41.01	26.20
山东省（不含青岛市）	5	1.75	6	1.35	0.31	0.20
江苏省	4	1.40	3	0.68	0.42	0.27
湖北省	4	1.40	6	1.35	0.47	0.30
陕西省	4	1.40	8	1.80	1.39	0.89
河南省	3	1.05	3	0.68	0.25	0.16
天津市	2	0.70	4	0.90	1.51	0.97
湖南省	2	0.70	1	0.23	0.05	0.03
宁夏回族自治区	2	0.70	3	0.68	0.45	0.29
厦门市	2	0.70	3	0.68	0.68	0.44
内蒙古自治区	1	0.35	0	0.00	0.00	0.00
安徽省	1	0.35	1	0.23	0.33	0.21
广西壮族自治区	1	0.35	1	0.23	0.22	0.14
海南省	1	0.35	3	0.68	0.26	0.17
西藏自治区	1	0.35	1	0.23	0.01	0.01
大连市	1	0.35	0	0.00	0.00	0.00
合计	285	100	444	100	156.51	100

资料来源：中国证券投资基金业协会。

注：该统计口径下管理人数量为0的地域未列示。

三、私募投资基金数据

表16　2019年登记且截至年末未注销的私募股权、创业投资基金管理人地域分布（按注册地）

注册地	管理人数量（家）	管理人数量占比（%）	基金数量（只）	基金数量占比（%）	基金规模（亿元）	基金规模占比（%）
北京市	152	19.19	125	22.05	630.43	49.96
深圳市	87	10.98	43	7.58	78.29	6.20
上海市	72	9.09	42	7.41	53.96	4.28
广东省（不含深圳市）	66	8.33	41	7.23	27.43	2.17
江苏省	59	7.45	38	6.70	33.27	2.64
浙江省（不含宁波市）	51	6.44	38	6.70	104.39	8.27
宁波市	38	4.80	31	5.47	13.26	1.05
山东省（不含青岛市）	24	3.03	17	3.00	5.25	0.42
湖北省	24	3.03	19	3.35	15.28	1.21
四川省	23	2.90	15	2.65	21.45	1.70
青岛市	22	2.78	14	2.47	11.61	0.92
天津市	21	2.65	20	3.53	33.14	2.63
湖南省	19	2.40	14	2.47	11.55	0.92
安徽省	13	1.64	10	1.76	7.09	0.56
陕西省	13	1.64	13	2.29	18.11	1.44
江西省	12	1.52	8	1.41	3.95	0.31
河南省	11	1.39	12	2.12	18.92	1.50
厦门市	11	1.39	8	1.41	2.58	0.20
辽宁省（不含大连市）	8	1.01	6	1.06	3.32	0.26
贵州省	8	1.01	4	0.71	3.63	0.29
山西省	7	0.88	10	1.76	34.46	2.73
广西壮族自治区	7	0.88	6	1.06	0.77	0.06
海南省	7	0.88	8	1.41	19.78	1.57
福建省（不含厦门市）	6	0.76	7	1.23	3.15	0.25
吉林省	5	0.63	3	0.53	7.49	0.59
新疆维吾尔自治区	5	0.63	2	0.35	0.22	0.02
宁夏回族自治区	4	0.51	1	0.18	0.07	0.01
河北省	3	0.38	3	0.53	52.27	4.14
内蒙古自治区	3	0.38	2	0.35	31.04	2.46
黑龙江省	3	0.38	2	0.35	9.93	0.79
重庆市	2	0.25	2	0.35	0.58	0.05
云南省	2	0.25	1	0.18	0.09	0.01
西藏自治区	2	0.25	1	0.18	0.10	0.01
甘肃省	1	0.13	0	0.00	0.00	0.00
大连市	1	0.13	1	0.18	5.03	0.40
合计	792	100	567	100	1 261.89	100

资料来源：中国证券投资基金业协会。

注：该统计口径下管理人数量为0的地域未列示。

表17　2019年末存量私募基金管理人地域分布（按注册地）

注册地	管理人数量（家）	管理人数量占比（%）	基金数量（只）	基金数量占比（%）	基金规模（亿元）	基金规模占比（%）
北京市	4 367	17.85	14 079	17.23	32 557.75	23.12
上海市	4 709	19.24	22 474	27.50	30 224.02	21.46
深圳市	4 566	18.66	14 252	17.44	18 265.41	12.97
浙江省（不含宁波市）	2 056	8.40	6 712	8.21	8 473.81	6.02
广东省（不含深圳市）	1 698	6.94	5 399	6.61	7 711.77	5.48
江苏省	1 126	4.60	3 166	3.87	7 305.70	5.19
天津市	474	1.94	1 691	2.07	6 545.25	4.65
宁波市	853	3.49	2 649	3.24	3 893.12	2.76
安徽省	211	0.86	791	0.97	3 150.25	2.24
西藏自治区	219	0.89	1 225	1.50	2 767.78	1.97
四川省	430	1.76	851	1.04	1 920.90	1.36
江西省	255	1.04	641	0.78	1 551.81	1.10
福建省（不含厦门市）	228	0.93	821	1.00	1 501.33	1.07
湖北省	373	1.52	702	0.86	1 482.64	1.05
新疆维吾尔自治区	154	0.63	362	0.44	1 456.79	1.03
重庆市	211	0.86	498	0.61	1 364.90	0.97
山东省（不含青岛市）	316	1.29	647	0.79	1 358.20	0.96
贵州省	83	0.34	202	0.25	1 309.32	0.93
云南省	91	0.37	157	0.19	1 081.23	0.77
陕西省	241	0.98	485	0.59	979.89	0.70
青岛市	271	1.11	552	0.68	863.02	0.61
厦门市	359	1.47	982	1.20	792.14	0.56
湖南省	253	1.03	571	0.70	656.13	0.47
河南省	137	0.56	290	0.35	621.16	0.44
河北省	134	0.55	251	0.31	481.29	0.34
广西壮族自治区	86	0.35	169	0.21	468.53	0.33
内蒙古自治区	45	0.18	94	0.12	366.38	0.26
吉林省	76	0.31	111	0.14	303.51	0.22
宁夏回族自治区	58	0.24	129	0.16	282.63	0.20
山西省	61	0.25	116	0.14	269.33	0.19
海南省	53	0.22	102	0.12	216.07	0.15
甘肃省	34	0.14	48	0.06	177.70	0.13
青海省	15	0.06	36	0.04	136.38	0.10
大连市	91	0.37	249	0.30	125.11	0.09
黑龙江省	64	0.26	95	0.12	85.11	0.06
辽宁省（不含大连市）	73	0.30	111	0.14	83.28	0.06
合计	24 471	100	81 710	100	140 829.64	100

资料来源：中国证券投资基金业协会。

三、私募投资基金数据

表18 2019年末存量私募证券投资基金管理人地域分布（按注册地）

注册地	管理人数量（家）	管理人数量占比（%）	基金数量（只）	基金数量占比（%）	基金规模（亿元）	基金规模占比（%）
上海市	2 202	24.86	14 628	36.04	11 171.38	43.77
深圳市	1 974	22.29	7 148	17.61	2 800.45	10.97
北京市	1 375	15.52	6 024	14.84	4 628.66	18.13
浙江省（不含宁波市）	764	8.63	3 263	8.04	2 077.31	8.14
广东省（不含深圳市）	756	8.54	3 075	7.58	1 221.11	4.78
宁波市	241	2.72	1 176	2.90	816.31	3.20
江苏省	232	2.62	726	1.79	451.92	1.77
厦门市	125	1.41	537	1.32	94.37	0.37
四川省	110	1.24	319	0.79	107.72	0.42
湖北省	105	1.19	267	0.66	74.17	0.29
福建省（不含厦门市）	103	1.16	452	1.11	155.99	0.61
天津市	97	1.10	467	1.15	532.36	2.09
青岛市	90	1.02	233	0.57	58.86	0.23
湖南省	81	0.91	228	0.56	28.14	0.11
江西省	80	0.90	229	0.56	48.38	0.19
山东省（不含青岛市）	67	0.76	213	0.52	107.24	0.42
西藏自治区	63	0.71	526	1.30	478.32	1.87
陕西省	60	0.68	164	0.40	46.38	0.18
安徽省	44	0.50	134	0.33	31.65	0.12
大连市	40	0.45	138	0.34	49.17	0.19
重庆市	39	0.44	136	0.34	40.45	0.16
河南省	37	0.42	111	0.27	53.66	0.21
河北省	24	0.27	38	0.09	4.55	0.02
广西壮族自治区	23	0.26	49	0.12	4.08	0.02
辽宁省（不含大连市）	19	0.21	41	0.10	36.43	0.14
黑龙江省	18	0.20	31	0.08	2.30	0.01
海南省	16	0.18	62	0.15	169.98	0.67
吉林省	14	0.16	28	0.07	17.54	0.07
云南省	13	0.15	32	0.08	30.95	0.12
宁夏回族自治区	12	0.14	24	0.06	21.84	0.09
山西省	10	0.11	13	0.03	4.39	0.02
新疆维吾尔自治区	10	0.11	18	0.04	2.03	0.01
甘肃省	5	0.06	9	0.02	1.04	0.00
贵州省	4	0.05	37	0.09	132.70	0.52
内蒙古自治区	3	0.03	9	0.02	0.29	0.00
青海省	1	0.01	1	0.00	21.41	0.08
合计	8 857	100	40 586	100	25 523.53	100

资料来源：中国证券投资基金业协会。

表19 2019年末存量私募股权、创业投资基金管理人地域分布（按注册地）

注册地	管理人数量（家）	管理人数量占比（%）	基金数量（只）	基金数量占比（%）	基金规模（亿元）	基金规模占比（%）
北京市	2 841	19.09	7 403	19.90	25 176.77	24.65
深圳市	2 447	16.44	6 317	16.98	13 503.34	13.22
上海市	2 317	15.57	6 567	17.65	16 612.85	16.26
浙江省（不含宁波市）	1 227	8.24	3 139	8.44	4 875.07	4.77
广东省（不含深圳市）	921	6.19	2 286	6.14	6 325.09	6.19
江苏省	856	5.75	2 281	6.13	6 721.70	6.58
宁波市	597	4.01	1 320	3.55	2 807.43	2.75
天津市	361	2.43	1 142	3.07	5 063.39	4.96
四川省	310	2.08	502	1.35	1 666.15	1.63
湖北省	263	1.77	392	1.05	1 307.64	1.28
山东省（不含青岛市）	244	1.64	427	1.15	1 232.82	1.21
厦门市	230	1.55	434	1.17	670.81	0.66
青岛市	178	1.20	312	0.84	753.30	0.74
陕西省	177	1.19	311	0.84	931.00	0.91
湖南省	170	1.14	341	0.92	626.80	0.61
江西省	168	1.13	367	0.99	1 187.23	1.16
重庆市	163	1.10	341	0.92	1 293.91	1.27
安徽省	156	1.05	548	1.47	2 108.52	2.06
西藏自治区	153	1.03	678	1.82	2 232.60	2.19
新疆维吾尔自治区	140	0.94	288	0.77	1 068.98	1.05
福建省（不含厦门市）	121	0.81	335	0.90	969.94	0.95
河北省	108	0.73	211	0.57	476.56	0.47
河南省	98	0.66	174	0.47	535.42	0.52
云南省	76	0.51	109	0.29	1 004.99	0.98
贵州省	75	0.50	158	0.42	986.47	0.97
广西壮族自治区	63	0.42	120	0.32	464.45	0.45
吉林省	62	0.42	83	0.22	285.96	0.28
辽宁省（不含大连市）	53	0.36	69	0.19	46.60	0.05
山西省	51	0.34	103	0.28	264.93	0.26
大连市	48	0.32	101	0.27	72.88	0.07
黑龙江省	46	0.31	64	0.17	82.81	0.08
宁夏回族自治区	45	0.30	98	0.26	190.36	0.19
内蒙古自治区	41	0.28	84	0.23	364.18	0.36
海南省	35	0.24	35	0.09	39.41	0.04
甘肃省	28	0.19	38	0.10	127.93	0.13
青海省	13	0.09	30	0.08	74.23	0.07
合计	14 882	100	37 208	100	102 152.55	100

资料来源：中国证券投资基金业协会。

三、私募投资基金数据

表20　2019年登记通过且截至年末未注销的私募基金管理人地域分布（按办公地）

办公地	管理人数量（家）	管理人数量占比（%）	基金数量（只）	基金数量占比（%）	基金规模（亿元）	基金规模占比（%）
北京市	291	26.89	283	27.85	745.87	52.39
上海市	189	17.47	198	19.49	99.06	6.96
深圳市	123	11.37	87	8.56	82.04	5.76
广东省（不含深圳市）	69	6.38	57	5.61	25.70	1.80
浙江省（不含宁波市）	61	5.64	75	7.38	109.09	7.66
江苏省	54	4.99	38	3.74	29.72	2.09
四川省	35	3.23	25	2.46	55.12	3.87
山东省（不含青岛市）	30	2.77	28	2.76	5.91	0.41
湖北省	25	2.31	24	2.36	14.68	1.03
湖南省	21	1.94	17	1.67	11.80	0.83
陕西省	17	1.57	19	1.87	9.18	0.65
厦门市	17	1.57	14	1.38	4.62	0.32
宁波市	15	1.39	14	1.38	7.67	0.54
安徽省	14	1.29	12	1.18	7.52	0.53
河南省	14	1.29	15	1.48	19.17	1.35
青岛市	11	1.02	18	1.77	15.43	1.08
江西省	10	0.92	6	0.59	11.00	0.77
辽宁省（不含大连市）	9	0.83	7	0.69	3.37	0.24
福建省（不含厦门市）	8	0.74	20	1.97	6.25	0.44
贵州省	8	0.74	4	0.39	3.63	0.26
山西省	8	0.74	10	0.98	34.46	2.42
天津市	7	0.65	9	0.89	4.50	0.32
广西壮族自治区	7	0.65	6	0.59	0.77	0.05
宁夏回族自治区	6	0.55	4	0.39	0.52	0.04
吉林省	5	0.46	3	0.30	7.49	0.53
内蒙古自治区	5	0.46	3	0.30	31.14	2.19
云南省	5	0.46	5	0.49	0.45	0.03
海南省	4	0.37	6	0.59	9.64	0.68
新疆维吾尔自治区	3	0.28	1	0.10	0.09	0.01
河北省	3	0.28	3	0.30	52.27	3.67
黑龙江省	3	0.28	2	0.20	9.93	0.70
重庆市	2	0.18	2	0.20	0.58	0.04
大连市	2	0.18	1	0.10	5.03	0.35
甘肃省	1	0.09	0	0.00	0.00	0.00
合计	1 082	100	1 016	100	1 423.72	100

资料来源：中国证券投资基金业协会。

注：该统计口径下管理人数量为0的地域未列示。

表21 2019年登记通过且截至年末未注销的私募证券投资基金管理人地域分布（按办公地）

办公地	管理人数量（家）	管理人数量占比（%）	基金数量（只）	基金数量占比（%）	基金规模（亿元）	基金规模占比（%）
上海市	79	27.72	132	29.73	27.06	17.29
北京市	70	24.56	110	24.77	48.67	31.09
深圳市	35	12.28	38	8.56	5.41	3.46
广东省（不含深圳市）	19	6.67	25	5.63	2.81	1.79
浙江省（不含宁波市）	18	6.32	40	9.01	13.81	8.83
四川省	9	3.16	10	2.25	41.12	26.27
宁波市	6	2.11	6	1.35	0.57	0.36
山东省（不含青岛市）	5	1.75	11	2.48	0.68	0.43
陕西省	5	1.75	8	1.80	1.39	0.89
厦门市	5	1.75	7	1.58	2.26	1.44
福建省（不含厦门市）	4	1.40	14	3.15	3.43	2.19
湖北省	4	1.40	8	1.80	0.49	0.31
湖南省	4	1.40	4	0.90	0.83	0.53
江苏省	3	1.05	2	0.45	0.31	0.20
河南省	3	1.05	3	0.68	0.25	0.16
青岛市	3	1.05	13	2.93	4.58	2.92
天津市	2	0.70	4	0.90	1.51	0.97
内蒙古自治区	2	0.70	1	0.23	0.11	0.07
安徽省	2	0.70	2	0.45	0.43	0.27
云南省	2	0.70	3	0.68	0.34	0.22
宁夏回族自治区	2	0.70	3	0.68	0.45	0.29
河北省	1	0.35	0	0.00	0.00	0.00
江西省	1	0.35	0	0.00	0.00	0.00
大连市	1	0.35	0	0.00	0.00	0.00
合计	285	100	444	100	156.51	100

资料来源：中国证券投资基金业协会。

注：该统计口径下管理人数量为0的地域未列示。

表22 2019年登记通过且截至年末未注销的私募股权、
创业投资基金管理人地域分布（按办公地）

办公地	管理人数量（家）	管理人数量占比（%）	基金数量（只）	基金数量占比（%）	基金规模（亿元）	基金规模占比（%）
北京市	221	27.90	173	30.51	697.20	55.25
上海市	107	13.51	63	11.11	68.27	5.41
深圳市	86	10.86	47	8.29	75.07	5.95
江苏省	51	6.44	36	6.35	29.40	2.33
广东省（不含深圳市）	50	6.31	32	5.64	22.89	1.81
浙江省（不含宁波市）	43	5.43	35	6.17	95.28	7.55
四川省	26	3.28	15	2.65	14.00	1.11
山东省（不含青岛市）	25	3.16	17	3.00	5.23	0.41
湖北省	21	2.65	16	2.82	14.19	1.12
湖南省	17	2.15	13	2.29	10.97	0.87
安徽省	12	1.52	10	1.76	7.09	0.56
陕西省	12	1.52	11	1.94	7.79	0.62
厦门市	12	1.52	7	1.23	2.36	0.19
河南省	11	1.39	12	2.12	18.92	1.50
辽宁省（不含大连市）	9	1.14	7	1.23	3.37	0.27
江西省	9	1.14	6	1.06	11.00	0.87
宁波市	9	1.14	8	1.41	7.10	0.56
山西省	8	1.01	10	1.76	34.46	2.73
贵州省	8	1.01	4	0.71	3.63	0.29
青岛市	8	1.01	5	0.88	10.85	0.86
广西壮族自治区	7	0.88	6	1.06	0.77	0.06
天津市	5	0.63	5	0.88	2.99	0.24
吉林省	5	0.63	3	0.53	7.49	0.59
福建省（不含厦门市）	4	0.51	6	1.06	2.82	0.22
海南省	4	0.51	6	1.06	9.64	0.76
宁夏回族自治区	4	0.51	1	0.18	0.07	0.01
内蒙古自治区	3	0.38	2	0.35	31.04	2.46
黑龙江省	3	0.38	2	0.35	9.93	0.79
云南省	3	0.38	2	0.35	0.11	0.01
新疆维吾尔自治区	3	0.38	1	0.18	0.09	0.01
河北省	2	0.25	3	0.53	52.27	4.14
重庆市	2	0.25	2	0.35	0.58	0.05
甘肃省	1	0.13	0	0.00	0.00	0.00
大连市	1	0.13	1	0.18	5.03	0.40
合计	792	100	567	100	1 261.90	100

资料来源：中国证券投资基金业协会。

注：该统计口径下管理人数量为0的地域未列示。

表23 2019年末存量私募基金管理人地域分布（按办公地）

办公地	管理人数量（家）	管理人数量占比（%）	基金数量（只）	基金数量占比（%）	基金规模（亿元）	基金规模占比（%）
北京市	5 690	23.25	19 533	23.91	51 926.09	36.87
上海市	5 077	20.75	23 274	28.48	29 892.31	21.23
深圳市	3 720	15.20	12 387	15.16	17 142.93	12.17
浙江省（不含宁波市）	1 633	6.67	5 774	7.07	7 363.23	5.23
广东省（不含深圳市）	1 691	6.91	5 461	6.68	6 817.09	4.84
江苏省	1 090	4.45	2 737	3.35	5 717.61	4.06
安徽省	210	0.86	505	0.62	2 133.07	1.51
湖北省	402	1.64	810	0.99	1 739.82	1.24
四川省	570	2.33	1 158	1.42	1 692.49	1.20
山东省（不含青岛市）	411	1.68	800	0.98	1 563.71	1.11
天津市	265	1.08	662	0.81	1 389.40	0.99
贵州省	91	0.37	219	0.27	1 317.81	0.94
重庆市	284	1.16	636	0.78	1 162.89	0.83
云南省	114	0.47	326	0.40	1 132.77	0.80
河南省	313	1.28	663	0.81	1 071.20	0.76
陕西省	308	1.26	651	0.80	1 067.85	0.76
福建省（不含厦门市）	239	0.98	977	1.20	1 058.41	0.75
江西省	148	0.60	305	0.37	985.13	0.70
湖南省	331	1.35	749	0.92	728.99	0.52
厦门市	341	1.39	932	1.14	682.87	0.48
青岛市	215	0.88	447	0.55	529.84	0.38
宁波市	264	1.08	733	0.90	517.05	0.37
广西壮族自治区	89	0.36	175	0.21	488.75	0.35
新疆维吾尔自治区	72	0.29	124	0.15	423.44	0.30
内蒙古自治区	50	0.20	99	0.12	365.23	0.26
山西省	103	0.42	216	0.26	336.46	0.24
吉林省	92	0.38	135	0.17	335.55	0.24
河北省	200	0.82	366	0.45	307.55	0.22
青海省	15	0.06	40	0.05	195.23	0.14
宁夏回族自治区	40	0.16	75	0.09	184.47	0.13
大连市	131	0.54	329	0.40	143.01	0.10
海南省	51	0.21	54	0.07	98.77	0.07
辽宁省（不含大连市）	104	0.42	159	0.19	92.62	0.07
甘肃省	32	0.13	38	0.05	82.61	0.06
黑龙江省	72	0.29	106	0.13	81.65	0.06
西藏自治区	12	0.05	54	0.07	61.72	0.04
中国香港	1	0.00	1	0.00	0.02	0.00
合计	24 471	100	81 710	100	140 829.62	100

资料来源：中国证券投资基金业协会。

表24 2019年末存量私募证券投资基金管理人地域分布(按办公地)

办公地	管理人数量(家)	管理人数量占比(%)	基金数量(只)	基金数量占比(%)	基金规模(亿元)	基金规模占比(%)
上海市	2 183	24.65	14 092	34.72	9 127.67	35.76
北京市	1 573	17.76	7 729	19.04	6 747.78	26.44
深圳市	1 557	17.58	6 293	15.51	3 839.13	15.04
广东省(不含深圳市)	830	9.37	3 224	7.94	1 138.98	4.46
浙江省(不含宁波市)	596	6.73	2 730	6.73	2 013.54	7.89
江苏省	288	3.25	797	1.96	509.61	2.00
四川省	186	2.10	532	1.31	161.59	0.63
湖北省	133	1.50	392	0.97	459.30	1.80
湖南省	131	1.48	367	0.90	52.09	0.20
山东省(不含青岛市)	126	1.42	320	0.79	47.74	0.19
福建省(不含厦门市)	125	1.41	690	1.70	201.94	0.79
厦门市	120	1.35	521	1.28	96.36	0.38
河南省	117	1.32	296	0.73	79.13	0.31
陕西省	101	1.14	279	0.69	66.39	0.26
宁波市	98	1.11	381	0.94	163.23	0.64
天津市	89	1.00	272	0.67	195.26	0.77
重庆市	75	0.85	265	0.65	55.51	0.22
河北省	69	0.78	168	0.41	45.51	0.18
大连市	63	0.71	198	0.49	60.44	0.24
青岛市	61	0.69	183	0.45	33.93	0.13
江西省	55	0.62	128	0.32	15.54	0.06
安徽省	48	0.54	122	0.30	18.55	0.07
辽宁省(不含大连市)	38	0.43	78	0.19	39.44	0.15
山西省	35	0.40	68	0.17	19.83	0.08
广西壮族自治区	29	0.33	56	0.14	4.46	0.02
黑龙江省	25	0.28	41	0.10	3.63	0.01
云南省	25	0.28	192	0.47	122.28	0.48
吉林省	21	0.24	48	0.12	20.41	0.08
海南省	15	0.17	17	0.04	2.57	0.01
新疆维吾尔自治区	11	0.12	16	0.04	1.32	0.01
宁夏回族自治区	10	0.11	20	0.05	16.75	0.07
贵州省	7	0.08	48	0.12	140.76	0.55
甘肃省	6	0.07	9	0.02	1.04	0.00
内蒙古自治区	5	0.06	10	0.02	0.40	0.00
西藏自治区	3	0.03	0	0.00	0.00	0.00
青海省	2	0.02	3	0.01	21.44	0.08
中国香港	1	0.01	1	0.00	0.02	0.00
合计	8 857	100	40 586	100	25 523.57	100

资料来源:中国证券投资基金业协会。

表25 2019年末存量私募股权、创业投资基金管理人地域分布（按办公地）

办公地	管理人数量（家）	管理人数量占比（%）	基金数量（只）	基金数量占比（%）	基金规模（亿元）	基金规模占比（%）
北京市	3 914	26.30	10 674	28.69	39 394.57	38.56
上海市	2 697	18.12	7 920	21.29	18 320.05	17.93
深圳市	2 047	13.75	5 419	14.56	11 564.32	11.32
浙江省（不含宁波市）	983	6.61	2 778	7.47	4 110.54	4.02
广东省（不含深圳市）	839	5.64	2 203	5.92	5 588.10	5.47
江苏省	767	5.15	1 780	4.78	5 081.38	4.97
四川省	372	2.50	581	1.56	1 364.03	1.34
湖北省	261	1.75	371	1.00	1 177.32	1.15
山东省（不含青岛市）	279	1.87	470	1.26	1 497.55	1.47
厦门市	216	1.45	398	1.07	558.92	0.55
重庆市	201	1.35	354	0.95	1 088.68	1.07
陕西省	200	1.34	347	0.93	961.54	0.94
湖南省	198	1.33	380	1.02	675.71	0.66
河南省	187	1.26	337	0.91	889.90	0.87
天津市	168	1.13	371	1.00	1 175.64	1.15
安徽省	155	1.04	288	0.77	1 291.84	1.26
宁波市	162	1.09	339	0.91	344.12	0.34
青岛市	151	1.01	260	0.70	494.39	0.48
河北省	128	0.86	194	0.52	261.79	0.26
福建省（不含厦门市）	111	0.75	281	0.76	852.35	0.83
云南省	86	0.58	116	0.31	964.26	0.94
江西省	90	0.60	170	0.46	926.93	0.91
贵州省	80	0.54	164	0.44	986.89	0.97
吉林省	71	0.48	87	0.23	315.14	0.31
大连市	64	0.43	119	0.32	78.53	0.08
山西省	68	0.46	148	0.40	316.63	0.31
新疆维吾尔自治区	61	0.41	108	0.29	422.12	0.41
辽宁省（不含大连市）	65	0.44	80	0.22	52.91	0.05
广西壮族自治区	58	0.39	117	0.31	483.69	0.47
黑龙江省	47	0.32	65	0.17	78.02	0.08
内蒙古自治区	45	0.30	89	0.24	364.83	0.36
海南省	35	0.24	37	0.10	96.20	0.09
宁夏回族自治区	29	0.19	48	0.13	97.29	0.10
甘肃省	26	0.17	29	0.08	81.58	0.08
青海省	12	0.08	32	0.09	133.05	0.13
西藏自治区	9	0.06	54	0.15	61.72	0.06
合计	14 882	100	37 208	100	102 152.53	100

资料来源：中国证券投资基金业协会。

（二）私募基金数据

表26　私募基金备案通过情况（备案数量）

单位：只

年份	私募证券投资基金	私募股权投资基金	创业投资基金	私募资产配置类基金	其他私募投资基金	合计
2017	13 678	8 912	2 252	0	3 169	28 011
2018	11 178	7 544	2 501	0	1 285	22 508
2019	13 036	4 047	1 866	5	5	18 959

注：指当期备案通过的产品（含当期备案当期清盘的产品）。

表27　私募基金备案通过情况（备案规模）

单位：亿元

年份	私募证券投资基金	私募股权投资基金	创业投资基金	私募资产配置类基金	其他私募投资基金	合计
2017	4 118.54	15 299.26	1 469.10	0.00	4 598.91	25 485.80
2018	2 144.50	9 839.86	1 771.07	0.00	1 107.36	14 862.79
2019	1 512.18	6 057.51	1 148.68	5.38	0.57	8 724.31

注：备案规模指当期备案通过产品（含当期备案当期清盘的产品）初始备案时的募集规模（非契约型产品取实缴规模）。

表28　私募基金存量（基金数量）

单位：只

年份	私募证券投资基金	私募股权投资基金	创业投资基金	私募资产配置类基金	其他私募投资基金	合计
2014	3 766	2 699	718	0	482	7 665
2015	15 182	6 806	1 481	0	1 900	25 369
2016	25 578	14 073	2 206	0	4 153	46 010
2017	34 097	21 827	4 372	0	6 121	66 417
2018	35 675	27 175	6 508	0	5 271	74 629
2019	41 392	28 477	7 978	5	3 858	81 710

注：存量指备案通过且当期末正在运作产品。

表29　私募基金存量（基金规模）

单位：亿元

年份	私募证券投资基金	私募股权投资基金	创业投资基金	私募资产配置类基金	其他私募投资基金	合计
2014	4 639.67	8 038.17	1 060.10	0.00	1 207.75	14 945.69
2015	17 289.59	17 270.20	2 119.51	0.00	4 882.15	41 561.45
2016	25 496.32	37 602.75	3 612.37	0.00	15 752.72	82 464.16
2017	25 671.95	62 910.99	6 076.68	0.00	20 332.91	114 992.53
2018	21 385.06	78 014.08	9 094.61	0.00	18 570.44	127 064.20
2019	25 610.41	88 713.18	12 088.26	5.48	14 412.29	140 829.62

注：存量指备案通过且当期末正在运作产品，基金规模指当期末最新季报报送的净资产规模。

表30 私募股权、创业投资基金投资案例地域分布

地区	2019年末在投案例		2019年新增案例	
	案例数量（个）	在投金额（亿元）	案例数量（个）	投资金额（亿元）
广东省	13 625	8 992.42	2 986	2 706.85
北京市	17 841	8 472.98	2 844	1 178.24
上海市	11 766	6 995.50	2 242	1 229.05
江苏省	8 304	5 147.76	1 947	1 053.94
浙江省	8 447	4 456.81	1 753	980.50
山东省	2 788	2 580.53	619	551.85
四川省	2 110	1 970.02	538	554.97
湖北省	2 209	1 692.82	424	474.34
江西省	743	1 558.74	173	198.25
天津市	1 431	1 538.22	326	247.29
云南省	568	1 533.80	120	274.18
河南省	1 266	1 528.13	302	257.43
福建省	1 943	1 490.09	418	287.61
安徽省	1 724	1 442.49	479	300.31
内蒙古自治区	389	1 368.14	89	157.43
重庆市	952	1 308.94	193	189.29
陕西省	1 390	1 287.70	291	189.80
贵州省	693	1 235.46	176	170.59
湖南省	1 507	1 169.46	285	251.89
河北省	923	1 153.81	197	311.13
广西壮族自治区	388	946.13	130	137.65
新疆维吾尔自治区	507	899.51	61	183.18
辽宁省	862	810.22	154	104.81
海南省	351	527.53	58	49.71
山西省	363	483.44	115	176.86
吉林省	520	416.96	110	62.18
青海省	130	310.98	42	100.11
黑龙江省	428	260.16	52	70.65
西藏自治区	256	259.14	29	14.54
甘肃省	172	246.59	43	61.75
宁夏回族自治区	188	178.73	37	27.57
中国香港	0	0.00	13	8.21
其他境外	1 470	1 924.68	360	288.07
合计	86 254	64 187.89	17 606	12 850.23

资料来源：中国证券投资基金业协会。

三、私募投资基金数据

表31 私募股权、创业投资基金投资案例行业分布

行业分类	2019年末在投案例		2019年新增案例	
	案例数量（个）	在投金额（亿元）	案例数量（个）	投资金额（亿元）
资本品	10 036	9 758.88	2 016	1 480.53
房地产	2 665	7 983.09	1 036	2 419.68
计算机运用	25 322	6 751.40	4 208	1 088.87
交通运输	1 452	5 254.82	368	1 290.48
其他金融	3 048	4 605.56	550	593.10
公用事业	1 099	3 535.71	268	578.32
原材料	4 568	3 398.22	928	636.32
半导体	2 397	3 129.65	945	790.96
医药生物	5 619	2 247.61	1 386	469.55
能源	1 138	2 017.53	228	221.90
医疗器械与服务	5 702	1 989.18	1 364	381.64
计算机及电子设备	3 825	1 577.87	835	374.07
商业服务与用品	2 139	1 534.18	434	421.62
汽车与汽车零部件	1 879	1 472.52	384	290.70
传媒	3 860	1 394.00	432	217.00
资本市场	913	1 390.09	138	94.27
消费者服务	2 423	1 257.96	550	224.03
耐用消费品与服装	1 390	1 114.10	176	527.57
食品、饮料与烟草	1 986	1 102.99	373	218.38
零售业	2 642	888.30	532	216.00
通信设备	696	467.74	174	114.21
电信业务	244	450.53	30	7.58
食品与主要用品零售	818	405.80	179	154.43
保险	109	254.52	19	1.73
银行	60	154.60	9	20.01
家庭与个人用品	224	51.05	44	17.28
合计	86 254	64 187.90	17 606	12 850.23

资料来源：中国证券投资基金业协会。

表32 私募股权、创业投资基金退出案例地域分布

地区	2019年末累计退出案例			2019年当年退出案例		
	案例数量（个）	退出本金（亿元）	退出金额（亿元）	案例数量（个）	退出本金（亿元）	退出金额（亿元）
上海市	2 669	1 621.30	2 255.77	1 085	559.16	722.36
广东省	3 068	1 409.94	2 236.15	1 278	684.02	900.24
北京市	3 588	1 440.09	2 101.62	1 238	446.63	547.68
江苏省	2 040	828.89	1 217.05	823	322.94	420.53
浙江省	1 866	751.78	1 179.61	830	416.40	533.73
山东省	855	534.18	792.45	367	197.83	283.76
四川省	550	360.57	498.37	213	112.89	147.76
天津市	345	339.87	429.86	152	183.38	196.97
河南省	342	339.35	395.99	166	161.32	180.12
重庆市	260	319.03	381.85	113	120.62	138.60
安徽省	372	259.57	377.06	152	125.44	141.08
福建省	446	240.29	372.39	176	112.14	154.42
湖南省	470	208.97	345.01	194	90.20	93.49
湖北省	494	230.14	302.41	182	62.08	65.46
辽宁省	231	131.77	293.38	97	33.82	33.92
山西省	93	125.20	239.42	44	46.99	47.45
云南省	151	145.72	195.96	69	52.04	56.41
广西壮族自治区	125	170.34	195.89	60	55.96	59.06
陕西省	264	125.46	194.52	126	41.68	51.08
贵州省	190	165.26	188.18	88	78.92	79.71
新疆维吾尔自治区	145	121.03	170.41	59	18.22	19.98
河北省	223	144.42	169.49	104	47.34	54.73
海南省	116	133.45	165.73	54	24.45	30.62
青海省	40	128.24	136.62	15	113.43	115.39
江西省	184	66.03	100.28	79	29.75	40.25
内蒙古自治区	131	77.01	87.05	76	50.67	53.53
吉林省	153	48.98	62.85	53	9.64	11.58
黑龙江省	87	23.04	57.95	27	4.42	6.47
西藏自治区	62	33.29	43.45	23	17.75	18.07
甘肃省	39	29.12	40.32	8	1.01	1.16
宁夏回族自治区	46	11.25	12.28	22	2.43	2.48
中国香港	20	12.55	21.27	11	3.33	8.31
其他境外	260	286.57	402.70	96	133.15	174.97
合计	19 925	10 862.70	15 663.34	8 080	4 360.05	5 391.37

资料来源：中国证券投资基金业协会。

三、私募投资基金数据

表33 私募股权、创业投资基金退出案例行业分布

行业分类	2019年末累计退出案例			2019年当年退出案例		
	案例数量（个）	退出本金（亿元）	退出金额（亿元）	案例数量（个）	退出本金（亿元）	退出金额（亿元）
房地产	1 003	2 363.27	2 873.77	560	1 021.70	1 199.89
资本品	2 766	1 249.92	1 815.83	1 034	495.63	576.98
计算机运用	4 721	1 030.85	1 545.44	1 725	365.22	470.71
其他金融	841	896.26	1 067.80	429	360.78	385.86
原材料	1 500	569.77	971.23	574	193.29	273.02
医药生物	1 265	371.37	740.81	523	131.43	206.20
交通运输	349	564.94	711.37	185	232.11	265.01
传媒	906	346.18	602.80	302	104.25	171.80
公用事业	292	535.96	590.43	148	286.13	305.87
医疗器械与服务	993	327.70	581.24	466	157.27	258.16
计算机及电子设备	884	231.63	453.46	313	130.97	176.24
能源	329	318.46	437.15	133	131.33	143.70
商业服务与用品	459	372.21	433.10	202	158.70	163.64
零售业	576	243.74	390.21	231	99.37	130.84
半导体	320	235.87	374.26	146	109.97	155.53
资本市场	268	271.19	369.56	108	98.21	114.06
食品、饮料与烟草	553	144.05	359.49	202	46.65	51.88
汽车与汽车零部件	444	235.65	343.13	206	77.75	119.73
消费者服务	439	166.08	228.04	226	65.72	76.16
耐用消费品与服装	399	103.14	190.90	145	22.72	26.44
食品与主要用品零售	189	58.24	142.25	58	8.47	10.34
保险	32	69.64	131.95	7	4.54	5.71
银行	29	68.77	125.34	12	33.70	66.29
通信设备	244	52.40	114.81	101	15.83	26.09
家庭与个人用品	55	17.17	34.78	18	1.31	1.66
电信业务	69	18.21	34.17	26	7.01	9.52
合计	19 925	10 862.67	15 663.32	8 080	4 360.06	5 391.33

资料来源：中国证券投资基金业协会。

四、托管与基金服务机构名录

表34　证券投资基金托管服务概况（2019年）

序号	托管人名称	类型	注册地域	证监会核准批复托管资格时间
1	中国工商银行股份有限公司	银行	北京	1998/02/24
2	中国建设银行股份有限公司	银行	北京	1998/03/18
3	中国农业银行股份有限公司	银行	北京	1998/05/29
4	交通银行股份有限公司	银行	上海	1998/07/03
5	中国银行股份有限公司	银行	北京	1998/07/07
6	中国光大银行股份有限公司	银行	北京	2002/10/23
7	招商银行股份有限公司	银行	深圳	2002/11/06
8	上海浦东发展银行股份有限公司	银行	上海	2003/09/10
9	中国民生银行股份有限公司	银行	北京	2004/07/09
10	中信银行股份有限公司	银行	北京	2004/08/18
11	华夏银行股份有限公司	银行	北京	2005/02/23
12	兴业银行股份有限公司	银行	福建	2005/04/26
13	北京银行股份有限公司	银行	北京	2008/06/03
14	平安银行股份有限公司	银行	深圳	2008/08/06
15	广东发展银行股份有限公司	银行	广东	2009/05/04
16	中国邮政储蓄银行有限责任公司	银行	北京	2009/07/16
17	上海银行股份有限公司	银行	上海	2009/08/18
18	渤海银行股份有限公司	银行	天津	2010/06/29
19	宁波银行股份有限公司	银行	浙江	2012/11/05
20	浙商银行股份有限公司	银行	浙江	2013/11/29
21	海通证券股份有限公司	银行	上海	2013/12/27
22	国信证券股份有限公司	证券公司	深圳	2013/12/31
23	徽商银行股份有限公司	银行	安徽	2014/01/03
24	广州农村商业银行股份有限公司	银行	广东	2014/01/09
25	招商证券股份有限公司	证券公司	深圳	2014/01/10
26	恒丰银行股份有限公司	银行	上海	2014/02/10
27	包商银行股份有限公司	银行	内蒙古	2014/02/10
28	中国证券登记结算有限责任公司	证券登记结算机构	北京	2014/03/04
29	杭州银行股份有限公司	银行	浙江	2014/03/17
30	南京银行股份有限公司	银行	南京	2014/04/09
31	国泰君安证券股份有限公司	证券公司	上海	2014/05/20
32	广发证券股份有限公司	证券公司	广东	2014/05/20
33	江苏银行股份有限公司	证券公司	南京	2014/05/20
34	中国银河证券股份有限公司	证券公司	北京	2014/06/24
35	华泰证券股份有限公司	证券公司	南京	2014/09/29
36	中信证券股份有限公司	证券公司	深圳	2014/10/10

四、托管与基金服务机构名录

续表

序号	托管人名称	类型	注册地域	证监会核准批复托管资格时间
37	兴业证券股份有限公司	证券公司	福建	2014/11/05
38	中信建投证券股份有限公司	证券公司	北京	2015/02/06
39	中国国际金融股份有限公司	证券公司	北京	2015/06/30
40	中国证券金融股份有限公司	证券金融公司	北京	2015/06/30
41	恒泰证券股份有限公司	证券公司	内蒙古	2015/08/24
42	中泰证券股份有限公司	证券公司	山东	2015/12/23
43	国金证券股份有限公司	证券公司	四川	2017/06/22
44	安信证券股份有限公司	证券公司	深圳	2018/09/26
45	申万宏源证券有限公司	证券公司	上海	2019/07/01
46	东方证券股份有限公司	证券公司	上海	2018/10/24
47	渣打银行（中国）有限公司	银行	上海	2018/10/16

资料来源：中国证监会。

注：上述名单以证监会核准批复托管业务资格时间为标准。

表35 合格境外机构投资者托管人名录（截至2019年末）

序号	QFII托管行中文名称	QFII托管行英文名称
1	汇丰银行（中国）有限公司	HSBC Bank (China) Company Limited
2	花旗银行（中国）有限公司	CitiBank (China) Company Limited
3	渣打银行（中国）有限公司	Standard Chartered Bank (China) Company Limited
4	中国工商银行股份有限公司	Industrial & Commercial Bank of China
5	中国银行股份有限公司	Bank of China
6	中国农业银行股份有限公司	Agricultural Bank of China
7	交通银行股份有限公司	Bank of Communications
8	中国建设银行股份有限公司	China Construction Bank
9	中国光大银行股份有限公司	China Everbright Bank
10	中国招商银行股份有限公司	China Merchants Bank
11	德意志银行（中国）有限公司	Deutsche Bank(China) Company Limited
12	星展银行（中国）有限公司	DBS Bank (China) Limited
13	中国中信银行股份有限公司	China Citic Bank
14	上海浦东发展银行股份有限公司	Shanghai Pudong Development Bank Co.,Ltd.
15	中国民生银行股份有限公司	China Minsheng Bankingcorp.,Ltd.
16	三菱东京日联银行（中国）有限公司	Bank of Tokyo-Mitsubishi UFJ (China)
17	兴业银行股份有限公司	Industrial Bank Co.,Ltd.
18	平安银行股份有限公司	Ping An Bank Co., Ltd.
19	华夏银行股份有限公司	Hua Xia Bank Co., Ltd.

资料来源：中国证监会。

表36 基金服务机构名录（截至2019年末）

序号	服务机构名称	注册地
1	招商证券股份有限公司	深圳市
2	国信证券股份有限公司	深圳市
3	中国工商银行股份有限公司	北京市
4	招商银行股份有限公司	深圳市
5	财通基金管理有限公司	上海市
6	国泰君安证券股份有限公司	上海市
7	国金道富投资服务有限公司	上海市
8	中国建设银行股份有限公司	北京市
9	华泰证券股份有限公司	南京市
10	华夏基金管理有限公司	北京市
11	平安银行股份有限公司	深圳市
12	中国银河证券股份有限公司	北京市
13	招商基金管理有限公司	深圳市
14	第一创业证券股份有限公司	深圳市
15	上海银行股份有限公司	上海市
16	中信建投证券股份有限公司	北京市
17	长江证券股份有限公司	武汉市
18	广发证券股份有限公司	广州市
19	中国银行股份有限公司	北京市
20	长安基金管理有限公司	上海市
21	创金合信基金管理有限公司	深圳市
22	广发基金管理有限公司	珠海市
23	工银瑞信基金管理有限公司	北京市
24	金鹰基金管理有限公司	珠海市

四、托管与基金服务机构名录

续表

序号	服务机构名称	注册地
25	渤海银行股份有限公司	天津市
26	长城证券有限责任公司	深圳市
27	东兴证券股份有限公司	北京市
28	光大证券股份有限公司	上海市
29	申万宏源证券有限公司	上海市
30	太平洋证券股份有限公司	昆明市
31	中泰证券股份有限公司	济南市
32	中银国际证券股份有限公司	上海市
33	东方证券股份有限公司	上海市
34	东吴证券股份有限公司	苏州市
35	宁波银行股份有限公司	宁波市
36	上海元年金融信息服务有限公司	上海市
37	上海金融期货信息技术有限公司	上海市
38	浙商证券股份有限公司	杭州市
39	中国国际金融股份有限公司	北京市
40	上海汇付信息技术有限公司	上海市
41	北京海峰科技有限责任公司	北京市
42	北京营安金融信息服务有限公司	北京市
43	海通证券股份有限公司	上海市
44	兴业证券股份有限公司	福州市
45	深圳证券通信有限公司	深圳市
46	深圳市金证科技股份有限公司	深圳市
47	深圳市赢时胜信息技术股份有限公司	深圳市
48	杭州恒生网络技术服务有限公司	杭州市
49	上海金融期货信息技术有限公司	上海市

资料来源：中国证券投资基金业协会。

五、全球开放式基金数据

表37 全球开放式基金资产净值、净销售额及基金数目统计
（截至2019年第四季度末）

单位：百万美元，只

地区	不包括FOF			包括FOF		
	净资产（季度末）	净销售额（按季度）	基金数目（季度末）	净资产（季度末）	净销售额（按季度）	基金数目（季度末）
全球	54 882 571	836 034	122 528	59 232 387	894 386	136 736
美洲	28 640 793	430 943	28 734	32 410 390	476 362	38 931
阿根廷	13 796	−2 087	577	13 796	−2 087	577
巴西	1 333 617	−2 714	11 099	2 099 881	−2 714	19 052
加拿大	1 412 987	33 615	3 524	1 867 815	43 184	4 242
智利	59 089	4 961	2 820	59 089	4 961	2 820
哥斯达黎加	2 610		66	2 610		66
墨西哥	123 269	−2 099	553	128 679	−2 767	610
特立尼达和多巴哥	7 697	106	54	7 697	106	54
美国	25 687 728	399 161	10 041	28 230 823	435 679	11 510
欧洲	18 808 011	189 978	56 924	19 321 513	203 107	59 046
奥地利	182 076	3 080	1 554	218 033	3 761	1 941
比利时	108 416		603	185 677		839
保加利亚	913	25	121	916	25	122
克罗地亚	3 409	36	99	3 409	36	99
塞浦路斯	3 578	179	84	3 578	179	84
捷克	15 123	383	170	16 431	389	182
丹麦	151 253	547	621	161 993	1 044	695
芬兰	110 191	133	389	140 098	224	480
法国	2 197 472	−27 788	10 715	2 197 472	−27 788	10 715
德国	2 488 705	41 210	6 392	2 636 316	49 531	6 698
希腊	6 328	266	180	6 837	270	210
匈牙利	14 591	167	286	19 281	336	432
爱尔兰	3 424 577	88 518	7 646	3 424 577	88 518	7 646
意大利	239 513	−1 729	912	276 802	−1 509	1 197
列支敦士登	60 130	1 572	1 713	60 568	1 564	1 753

五、全球开放式基金数据

续表

地区	不包括 FOF			包括 FOF		
	净资产 (季度末)	净销售额 (按季度)	基金数目 (季度末)	净资产 (季度末)	净销售额 (按季度)	基金数目 (季度末)
卢森堡	5 301 228	70 573	14 808	5 301 228	70 573	14 808
马耳他	3 658	93	128	3 676	95	131
荷兰	960 230	−23 237	962	960 230	−23 237	962
挪威	151 216	805	1 000	151 216	805	1 000
波兰	40 205	706	511	42 563	735	645
葡萄牙	14 839	527	134	19 297	695	174
罗马尼亚	5 263	218	81	5 263	218	81
斯洛伐克	8 329	95	94	8 329	95	94
斯洛文尼亚	3 279	41	98	3 381	43	100
西班牙	340 883	1 829	2 651	340 883	1 829	2 651
瑞典	412 641	6 283	522	473 186	7 287	635
瑞士	653 328	15 372	915	675 566	16 378	964
土耳其	17 294	2 830	401	17 294	2 830	401
英国	1 889 343	7 244	3 134	1 967 413	8 181	3 307
亚洲和太平洋地区	7 256 321	215 317	35 260	7 293 516	215 735	36 704
澳大利亚	2 201 142			2 201 142		
中国	1 890 624	148 892	5 683	1 890 624	148 892	5 683
中国台湾	128 498	9 292	893	133 525	9 226	978
印度	345 602	18 009	927	345 971	18 032	956
日本	2 064 166	29 535	12 863	2 064 166	29 535	12 863
韩国	538 215	8 305	13 967	569 859	8 793	15 206
新西兰	78 447	894	656	78 447	894	656
巴基斯坦	4 018	322	204	4 173	295	295
菲律宾	5 609	68	67	5 609	68	67
非洲	177 446	−204	1 610	206 968	−818	2 055
南非	177 446	−204	1 610	206 968	−818	2 055

注：所有基金均为开放式基金，基金份额可赎回，接受实质性监管，且在报告国注册成立。新西兰、特立尼达和多巴哥数据包含本国注册基金和海外注册基金。克罗地亚、塞浦路斯、法国、印度、爱尔兰、日本、卢森堡、荷兰、挪威、罗马尼亚、斯洛伐克、西班牙和土耳其数据包含FOF基金。总计项包括ETF基金和机构基金。显示为零的项目表示该值位于−49.9万美元至49.9万美元区间。

表38 全球开放式基金按基金类别的资产净值统计
（截至2019年第四季度末，不包括FOF基金）

单位：百万美元

地区	合计	股票基金	债券基金	平衡/混合基金	货币市场基金	保本/保障基金	房地产基金	其他基金	ETF基金	备注项 机构基金
全球	54 882 571	24 511 954	11 795 557	6 844 491	6 936 926	49 710	1 131 703	3 612 237	6 159 768	5 071 721
美洲	28 640 793	15 504 101	6 441 305	2 590 609	3 845 099	481	29 559	229 642	4 561 222	555 131
阿根廷	13 796	447	4 568	2 946	5 834					
巴西	1 333 617	135 479	651 941	311 742	84 425	481	29 559	119 990	6 975	555 128
加拿大	1 412 987	507 099	218 657	636 392	26 991			23 849	157 892	
智利	59 089	3 129	14 854	12 615	27 620			872	144	
哥斯达黎加	2 610	10	144		2 456					
墨西哥	123 269	14 227	26 728	16 541	65 773					
特立尼达和多巴哥	7 697	80	6 304	1 313						
美国	25 687 728	14 843 630	5 518 109	1 609 060	3 632 000			84 931	4 396 211	3
欧洲	18 808 011	5 709 681	4 599 600	3 764 633	1 489 699	48 807	767 424	2 428 170	965 221	3 586 471
奥地利	182 076	28 493	73 694	63 063		730	10 318	5 778		106 990
比利时	108 416	52 704	10 039	17 476	6 940	5 790		15 468	1 586	
保加利亚	913	213	105	580	1			14		
克罗地亚	3 409	273	2 782	149				204	20	
塞浦路斯	3 578	1 391	117	190			492	1 389		
捷克	15 123	2 380	4 462	5 805	701	36	1 739	1 332		
丹麦	151 253	66 041	68 419	15 424	37					

续表

地区	合计	股票基金	债券基金	平衡/混合基金	货币市场基金	保本/保障基金	房地产基金	其他基金	备注项	
									ETF基金	机构基金
芬兰	110 191	47 269	45 382	9 768	274	60	7	7 431	309	
法国	2 197 472	370 424	320 066	388 520	352 344	21 676	197 044	547 397	40 408	
德国	2 488 705	369 758	563 018	1 056 767	8 874	228	234 081	255 981	54 921	2 028 810
希腊	6 328	1 386	2 582	1 983	377			2 706	21	
匈牙利	14 591	1 180	4 527	988	261	96	4 833		6	2 056
爱尔兰	3 424 577	1 031 099	924 669	342 715	632 293		19 418	474 383	606 562	784 002
意大利	239 513	25 628	54 512	94 831	1 991	28		62 523		2 084
列支敦士登	60 130	12 689	11 669	20 000	3 903		226	11 643		
卢森堡	5 301 228	1 605 315	1 585 022	1 102 361	408 108		94 568	505 855	247 997	662 233
马耳他	3 658	391	1 572	775	44		69	808		208
荷兰	960 230	440 900	225 929	28 558			128 776	136 066	2 367	
挪威	151 216	77 177	52 234	8 834	11 765			1 207		
波兰	40 205	5 812	27 445	6 671		34		244		
葡萄牙	14 839	1 972	3 069	2 356	277		4 717	2 448		
罗马尼亚	5 263	157	3 751	304		65		986	2	
斯洛伐克	8 329	647	1 843	4 146			1 692			88
斯洛文尼亚	3 279	1 983	270	963	63			1		
西班牙	340 883	99 370	93 487	110 661	4 240	19 910		13 216	257	

续表

地区	合计	股票基金	债券基金	平衡/混合基金	货币市场基金	保本/保障基金	房地产基金	其他基金	ETF基金	备注项 机构基金
瑞典	412 641	288 378	64 377	55 942				3 944	4 724	
瑞士	653 328	239 539	189 641	161 687	21 874		40 588	3 505	5 992	
土耳其	17 294	626	4 623	1 679	6 706	154			49	
英国	1 889 343	936 486	260 294	261 437	28 626		28 856	373 641		
亚洲和太平洋地区	7 256 321	3 257 866	748 467	403 613	1 577 100	422	329 821	939 033	633 325	930 119
澳大利亚	2 201 142	968 625	86 146		243 093		223 047	680 232		
中国	1 890 624	186 590	397 243	271 329	1 022 095			13 368	108 123	
中国台湾	128 498	19 305	20 547	4 995	26 715	297	350	56 288	55 694	
印度	345 602	107 980	88 386	50 102	69 675			29 459	25 700	
日本	2 064 166	1 884 523	44 187	22 118	116 226		19 230		399 078	930 119
韩国	538 215	76 839	102 975	54 297	91 334		87 194	157 755	44 697	
新西兰	78 447	10 603	7 392	207	4 409	125		1 745		
巴基斯坦	4 018	1 142	16	565	2 342			186		
菲律宾	5 609	2 259	1 575		1 211				33	
非洲	177 446	40 306	6 185	85 636	25 028		4 899	15 392		
南非	177 446	40 306	6 185	85 636	25 028		4 899	15 392		

注：由于舍入和数据缺失，各分项之和与总计项略有误差。总计项包括ETF基金和机构基金。克罗地亚、塞浦路斯、法国、印度、爱尔兰、日本、卢森堡、荷兰、挪威、罗马尼亚、斯洛伐克、西班牙和土耳其的数据包含本国注册基金和海外注册基金。新西兰、特立尼达和多巴哥的数据包括FOF基金。显示为零的项目表示该值小于50万美元。

五、全球开放式基金数据

表39 全球开放式基金按基金类别的净销售额统计
（截至2019年第四季度末，不包括FOF基金）

单位：百万美元

地区	合计	股票基金	债券基金	平衡/混合基金	货币市场基金	保本/保障基金	房地产基金	其他基金	备注项	
									ETF基金	机构基金
全球	836 034	142 934	256 845	87 016	287 099	−3 057	16 359	48 834	203 516	79 182
美洲	430 943	54 724	154 572	19 058	199 870	−23		2 741	136 034	−789
阿根廷	−2 087	−83	−3 935	416	1 515					
巴西	−2 714	10 557	−20 143	5 176	−232			1 952	149	−792
加拿大	33 615	10 545	9 195	9 767	1 955			2 153	9 437	
智利	4 961	128	−4 690	−262	9 875			−90	−77	
哥斯达黎加										
墨西哥	−2 099	1 662	−1 029	−97	−2 635			−1 274		
特立尼达和多巴哥	106		102	3						3
美国	399 161	31 915	175 072	4 055	189 392	−3 051	10 811		126 525	58 791
欧洲	189 978	60 368	40 613	55 547	−5 546	−22	111	31 235	50 680	845
奥地利	3 080	1 009	108	1 881				−7		
比利时										
保加利亚	25	8	3	13				−1	2	
克罗地亚	36	3	11	6				15		
塞浦路斯	179	93	7	2			9	69		
捷克	383	−32	273	40	42	3	58			
丹麦	547	892	−930	582				3		

续表

地区	合计	股票基金	债券基金	平衡/混合基金	货币市场基金	保本/保障基金	房地产基金	其他基金	备注项 ETF基金	备注项 机构基金
芬兰	133	61	-351	69	-1		-1	355		
法国	-27 788	-2 103	2 325	886	-27 013	-1 882	7 577	13 518	595	44 408
德国	41 210	461	3 577	16 571	-495				-1 615	
希腊	266	38	280	27	-68			-12		
匈牙利	167	14	138	11	11		3	-9		205
爱尔兰	88 518	19 929	38 481	9 876	12 601		1 185	6 447	37 401	7 185
意大利	-1 729	-245	-203	2 715	-394	-1		-3 601		-149
列支敦士登	1 572	-19	121	456	198		27	789		
卢森堡	70 573	22 924	21 454	11 782	7 802		1 732	4 880	14 164	6 254
马耳他	93	-3	33	-6	-3		48	23		
荷兰	-23 237	-3 126	-32 581	2 633			415	9 423	13	41
挪威	805	354	1 016	113	-676			-2		
波兰	706	-158	819	60		-1		-14		
葡萄牙	527	71	214	232	41	-7		-31		
罗马尼亚	218	15	164	28				18		
斯洛伐克	95	17	-38	53	-1		64			2
斯洛文尼亚	41	4	14	23						
西班牙	1 829	1 595	-886	2 400	-32	-1 190		-59	-56	

续表

地区	合计	股票基金	债券基金	平衡/混合基金	货币市场基金	保本/保障基金	房地产基金	其他基金	ETF基金	机构基金
瑞典	6 283	3 590	2 316	362	1 872			15	155	
瑞士	15 372	8 470	1 802	1 951	522		1 278	849	18	
土耳其	2 830	110	708	591	48	49	-1 695	-1 433	3	
英国	7 244	6 396	1 738	2 190						
亚洲和太平洋地区	215 317	28 360	61 394	11 933	93 852	17	5 642	14 116	16 802	21 180
澳大利亚										
中国	148 892	10 154	54 272	11 168	73 448		-50	-151	757	
中国台湾	9 292	-671	1 128	449	939	-9		7 505	7 550	
印度	18 009	1 662	7 919	-202	5 295			3 335	3 023	
日本	29 535	14 134	2 886	-785	12 193		323	3 598	2 300	21 180
韩国	8 305	3 174	-4 716	1 322	1 665	26	5 369	-175	3 171	
新西兰	894	-158	-99	-3	4			4		
巴基斯坦	322	41	4	-16	253					
菲律宾	68	24			55				1	
非洲	-204	-518	266	478	-1 077		-94	742		
南非	-204	-518	266	478	-1 077		-94	742		

注：由于舍入和数据缺失，各分项之和与总计项略有误差。总计项包括ETF基金和机构基金。克罗地亚、塞浦路斯、法国、印度、爱尔兰、日本、卢森堡、荷兰、挪威、罗马尼亚、斯洛伐克、西班牙和土耳其的数据包含FOF基金。新西兰、特立尼达和多巴哥的数据包含本国注册基金和海外注册基金。显示为零的项目表示该值位于-49.9万美元至49.9万美元区间。

表40 全球开放式基金按基金类别的基金数目统计
（截至2019年第四季度末，不包括FOF基金）

单位：只

地区		合计	股票基金	债券基金	平衡/混合基金	货币市场基金	保本/保障基金	房地产基金	其他基金	备注项	
										ETF基金	机构基金
全球		122 528	42 017	21 971	28 989	2 484	805	4 375	21 887	5 832	21 697
美洲		28 734	10 593	6 235	8 069	1 012	22	429	2 374	2 865	3 630
	阿根廷	577	62	316	165	34					
	巴西	11 099	1 441	1 806	5 334	116	22	429	1 951	20	3 629
	加拿大	3 524	2 045	679	451	102			247	746	
	智利	2 820	601	664	1 208	260			87	3	
	哥斯达黎加	66	2	20		44					
	墨西哥	553	189	191	81	92					
	特立尼达和多巴哥	54	13	23	18						1
	美国	10 041	6 240	2 536	812	364			89	2 096	
欧洲		56 924	15 489	10 562	15 185	682	761	1 887	12 358	1 766	11 238
	奥地利	1 554	255	461	746	10	27	13	52		963
	比利时	603	199	52	79		243		20	8	
	保加利亚	121	48	9	59	2			5	11	
	克罗地亚	99	23	39	9				26		
	塞浦路斯	84	9	8	30			13	24		
	捷克	170	34	44	79	1	5	7			
	丹麦	621	318	229	69	1			4		

五、全球开放式基金数据

续表

地区	合计	股票基金	债券基金	平衡/混合基金	货币市场基金	保本/保障基金	房地产基金	其他基金	备注项 ETF基金	备注项 机构基金
芬兰	389	189	99	70	1	1	1	28	1	
法国	10 715	1 725	1 060	3 045	116	248	515	4 006	111	
德国	6 392	996	1 028	3 223	16	1	507	621	114	4 035
希腊	180	59	72	39	9			1	1	
匈牙利	286	69	64	39	12	5	9	88	1	61
爱尔兰	7 646	2 638	1 470	1 186	115	1	290	1 947	893	2 748
意大利	912	97	205	293	4			312		18
列支敦士登	1 713	375	288	240	34		13	763	14	1
卢森堡	14 808	4 069	3 207	3 846	240		325	3 121	561	3 389
马耳他	128	30	24	19	1		5	49		20
荷兰	962	375	227	119			103	138		
挪威	1 000	560	245	105	51			39		
波兰	511	144	159	187		3		18		
葡萄牙	134	41	27	35	2		16	13		
罗马尼亚	81	17	17	28		2		17		
斯洛伐克	94	11	25	49	3		9		1	3
斯洛文尼亚	98	69	10	15				1		
西班牙	2 651	1 055	681	551	9	214		141	2	

续表

地区	合计	股票基金	债券基金	平衡/混合基金	货币市场基金	保本/保障基金	房地产基金	其他基金	备注项 ETF基金	备注项 机构基金
瑞典	522	319	112	74				17	15	
瑞士	915	428	255	182	18		32	175	17	
土耳其	401	56	71	66	22	11			16	
英国	3 134	1 281	374	703	15		29	732		
亚洲和太平洋地区	35 260	15 518	5 107	4 788	739	22	1 981	7 105	1 201	6 829
澳大利亚										
中国	5 683	1 135	1 471	2 593	335			149	284	
中国台湾	893	324	187	78	55	8	13	228	208	
印度	927	327	261	130	59			150	85	
日本	12 863	11 678	1 138		12		35		176	
韩国	13 967	1 791	1 953	1 646	141	14	1 933	6 503	447	6 829
新西兰	656	188	76	292	45			55		
巴基斯坦	204	52	1	31	86			20		
菲律宾	67	23	20	18	6				1	
非洲	1 610	417	67	947	51		78	50		
南非	1 610	417	67	947	51		78	50		

注：由于舍入和数据缺失，各分项之和与总计项略有误差。总计项包括ETF基金和机构基金。克罗地亚、塞浦路斯、法国、印度、爱尔兰、日本、卢森堡、荷兰、挪威、罗马尼亚、斯洛伐克、西班牙和土耳其的数据包含FOF基金。新西兰、特立尼达和多巴哥的数据包含本国注册基金和海外注册基金。

附录

基金行业发展进程

1992年10月，国务院证券委员会和中国证监会成立，证券市场迎来统一监管的过渡期。

1997年11月，国务院证券委员会发布《证券投资基金管理暂行办法》，该办法成为规范证券投资基金运作的首部行政法规。

1997年11月，《证券投资基金管理暂行办法》实施准则第一号至第四号：《证券投资基金基金契约的内容与格式（试行）》《证券投资基金托管协议的内容与格式（试行）》《证券投资基金招募说明书的内容与格式（试行）》《基金管理公司章程必备条款指引（试行）》发布。

1998年3月，首批基金管理公司国泰、南方基金管理公司成立。

1998年4月7日，基金开元、基金金泰上市。

1998年8月，《关于证券投资基金税收问题的通知》（财税字〔1998〕55号）发布，对发行基金募集资金不征收营业税、对投资者买卖基金暂不征收印花税、对基金从证券市场取得的收入和个人投资者买卖基金取得的价差收入暂不征收所得税，避免双重征税。

2000年10月，中国证监会发布实施《开放式证券投资基金试点办法》。

2001年9月，首只开放式基金华安创新设立。

2002年7月，《外资参股基金管理公司设立规则》正式实施。

2002年11月，《合格境外机构投资者境内证券投资管理暂行办法》发布。

2002年12月，6家基金管理公司被确定为首批全国社保基金投资管理人。

2002年12月，首家中外合资基金管理公司招商基金管理公司设立。

2003年5月，中国证监会批准首批瑞士银行有限公司、野村证券株式会社的QFII资格。

2003年12月，首只货币市场基金华安现金富利设立。

2004年6月，《基金法》正式实施。

2004年7月，《证券投资基金信息披露管理办法》《证券投资基金运作管理办法》《证券投资基金销售管理办法》正式实施。

2004年7月，上海证券交易所获准推出交易所交易基金。

2004年8月，深圳证券交易所获准推出交易所交易基金。

2004年8月，中国证监会发布《货币市场基金管理暂行规定》，2004年9月，中国证监会发布《证券投资基金管理公司管理办法》《证券投资基金行业高级管理人员任职管理办法》。

2004年11月，《证券投资基金托管资格管理办法》出台。

2004年12月30日，首只交易型开放式指数基金华夏上证50基金设立。

2004年，深国投推出"赤子之心"的证券投资集合资金信托计划，开创了以信托为平台的阳光私募发行方式。

2005年，基金管理公司外资股东持股比例上限提升至49%，合资基金管理公司迎来发展高峰。

2005年8月1日，海富通、华夏、南方、易方达、嘉实、招商、富国、博时、银华9家基金管理公司获得第一批企业年金投资管理人资格。

2007年4月，监管层整顿基金业内"老鼠仓"事件。

2007年6月1日，修订后的《合伙企业法》正式实施，为私募基金引入有限合伙制的组织形式。

2007年7月，《合格境内机构投资者境外证券投资管理试行办法》施行。

2007年7月9日，首只分级基金产品国投瑞银瑞福优先发行。

2007年10月，《证券投资基金销售机构内部控制指导意见》《证券投资基金销售适用性指导意见》出台。

2007年11月，《基金管理公司特定客户资产管理业务试点办法》出台。

2008年3月，中国证监会发布《证券投资基金管理公司公平交易制度指导意见》。

2008年8月，中国证监会发布《证券投资基金信息披露XBRL标引规范（Taxonomy）》和《证券投资基金信息披露XBRL模板》，在基金信息披露中正式应用可扩展商业报告语言。

2008年9月，中国证监会发布《关于进一步规范证券投资基金估值业务的指导意见》。

2009年9月，中银基金管理公司推出首只"一对多"产品——"中银专户主题1号"。

2009年11月，中国证监会发布《证券投资基金评价业务管理暂行办法》。

2009年12月，中国证监会发布《开放式证券投资基金销售费用管理规定》。

2011年5月，《合格境外机构投资者参与股指期货交易指引》发布。

2011年6月，新《证券投资基金销售管理办法》发布，引入第三方渠道，由中国证监会颁发第三方销售牌照。

2011年8月，中国证监会发布修订后的《证券投资基金管理公司公平交易制度指导意见》。

2011年8月，修订后的《基金管理公司特定客户资产管理业务试点办法》发布。

2011年12月，《基金管理公司、证券公司人民币合格境外机构投资者境内证券投资试点办法》发布。

2012年6月6日，中国证券投资基金业协会（以下简称基金业协会）成立。

2012年9月，新《基金管理公司特定客户资产管理业务试点办法》发布。

2012年10月，《证券投资基金管理公司子公司管理暂行规定》发布。

2012年12月，修订后的《基金法》审议通过。

2013年2月，中国证监会发布《资产管理机构开展公募证券投资基金管理业务暂行规定》，对证券公司、保险公司、私募基金管理机构等直接申请公募业务牌照进行了规范。

2013年3月，中国证监会、中国人民银行、国家外汇管理局发布《人民币合格境外机构投资者境内证券投资试点办法》。

2013年3月，中国证监会发布修订后的《证券投资基金销售管理办法》《证券投资基金销售机构通过第三方电子商务平台开展业务管理暂行规定》《非银行金融机构开展证券投资基金托管业务暂行规定》。

2013年4月，中国证监会、中国银监会发布《证券投资基金托管业务管理办法》。

2013年6月1日,新《基金法》实施,对非公开募集基金作出规定。

2013年6月,与天弘增利宝货币基金对接的余额宝产品推出。

2013年6月,中国证监会、中国保监会发布《保险机构投资设立基金管理公司试点办法》。

2013年6月,中国证监会公布修订后的《证券公司客户资产管理业务管理办法》《证券公司集合资产管理业务实施细则》。

2013年6月,中央编办发布《关于私募股权基金管理职责分工的通知》,私募股权基金纳入中国证监会统一监管。

2013年9月,中国证监会发布《公开募集证券投资基金风险准备金监督管理暂行办法》。

2013年12月,《国务院关于管理公开募集基金的基金管理公司有关问题的批复》公布。

2014年1月,基金业协会发布《私募投资基金管理人登记和基金备案办法(试行)》,2014年2月7日施行,私募投资基金管理人登记、产品备案工作正式启动。

2014年5月,国务院发布《关于进一步促进资本市场健康发展的若干意见》。

2014年4月,中国人民银行、中国银监会、中国证监会、中国保监会、国家外汇管理局发布《关于规范金融机构同业业务的通知》。

2014年6月,中国证监会发布《沪港股票市场交易互联互通机制试点若干规定》。

2014年7月,中国证监会发布《公开募集证券投资基金运作管理办法》及其实施规定。

2014年7月,基金业协会正式承担证券公司、基金管理公司及其子公司私募产品备案管理、风险(统计)监测等职责。

2014年8月,中国证监会颁布实施《私募投资基金监督管理暂行办法》,私募股权投资基金正式纳入《基金法》调整范围。

2014年10月31日,财政部、国家税务总局、中国证监会发布《关于QFII和RQFII取得中国境内的股票等权益性投资资产转让所得暂免征收企业所得税问题的通知》。

2014年11月,中国证监会发布《证券公司及基金管理公司子公司资产证券化业务管理规定》及配套规则。

2014年11月，基金业协会发布《基金业务外包服务指引（试行）》。

2014年12月，基金业协会发布《资产支持专项计划备案管理办法》《资产证券化业务基础资产负面清单指引》《资产证券化业务风险控制指引》等自律规则及相关文件。

2015年1月1日，基金业协会实行私募基金登记备案电子证明，不再发放私募基金管理机构登记证书。

2015年3月，基金业协会制定发布《证券期货经营机构落实资产管理业务"八条底线"禁止行为细则（2015年3月版）》。

2015年3月，国务院办公厅发布《关于发展众创空间推进大众创新创业的指导意见》。

2015年3月，国务院办公厅发布《关于创新投资管理方式建立协同监管机制的若干意见》。

2015年3月，第一家由专业人士作为发起人的基金管理公司泓德基金成立。

2015年3月，中国证监会发布《公开募集证券投资基金参与沪港通交易指引》。

2015年5月，中国证监会公布《香港互认基金管理暂行规定》。

2015年6月，《国务院关于大力推进大众创业万众创新若干政策措施的意见》发布。

2015年8月，国务院印发《基本养老保险基金投资管理办法》。

2015年10月，国务院印发《国务院关于"先照后证"改革后加强事中事后监管的意见》。

2015年11月，中国证监会发布《关于进一步推进全国中小企业股份转让系统发展的若干意见》。

2015年12月，中国证监会与中国人民银行联合发布《货币市场基金监督管理办法》。

2015年12月，中国证监会与香港证监会正式注册了首批3只香港互认基金。

2015年12月，全国人大常委会审议通过股票发行注册制改革授权决定。

2016年2月，基金业协会发布《私募投资基金信息披露管理办法》。

2016年4月，基金业协会发布《私募投资基金募集行为管理办法》。

2016年4月，中国证监会联合财政部、中国人民银行发布修订后的《证券投资者保护基金管理办法》。

2016年7月，中国证监会发布《证券期货经营机构私募资产管理业务运作管理暂行规定》。

2016年9月，中国证监会正式发布实施《公开募集证券投资基金运作指引第2号——基金中基金指引》。

2016年10月，基金业协会发布《证券期货经营机构私募资产管理计划备案管理规范第1号——备案核查与自律管理》《证券期货经营机构私募资产管理计划备案管理规范第2号——委托第三方机构提供投资建议服务》《证券期货经营机构私募资产管理计划备案管理规范第3号——结构化资产管理计划》。

2016年11月，中国证监会批复上海证券交易所和深圳证券交易所分别发布《上海证券交易所分级基金业务管理指引》和《深圳证券交易所分级基金业务管理指引》。

2016年11月，中国证监会发布《基金管理公司子公司管理规定》《基金管理公司特定客户资产管理子公司风险控制指标管理暂行规定》。

2016年12月5日，深港股票市场交易互联互通机制正式启动。

2016年12月，中国证监会发布《证券期货投资者适当性管理办法》。

2017年1月，中国证监会发布实施《关于避险策略基金的指导意见》。

2017年2月，基金业协会发布《证券期货经营机构私募资产管理计划备案管理规范第4号——私募资产管理计划投资房地产开发企业、项目》。

2017年3月，基金业协会发布实施《私募投资基金服务业务管理办法（试行）》。

2017年6月，中国证监会发布《证券公司和证券投资基金管理公司合规管理办法》。

2017年6月21日，明晟公司宣布将A股纳入MSCI指数。

2017年8月，国务院法制办发布《私募投资基金管理暂行条例（征求意见稿）》，向社会公开征求意见。

2017年8月，中国证监会发布《公开募集开放式证券投资基金流动性风险管理规定》。

2017年9月，中国证监会发布《关于证券投资基金估值业务的指导意见》，对基金各类投资品种的估值原则进行规范。

2017年9月，基金业协会发布《证券投资基金管理公司合规管理规范》。

2017年12月，基金业协会发布《私募基金管理人登记须知》。

2018年1月，基金业协会发布《私募投资基金备案须知》。

2018年2月，中国证监会发布《养老目标证券投资基金指引（试行）》，养老型公募基金产品正式诞生。

2018年3月，中国证监会发布《上市公司创业投资基金股东减持股份的特别规定》。

2018年4月，《关于开展个人税收递延型商业养老保险试点的通知》发布，提出试点结束后，将根据相关情况有序扩大参与的金融机构和产品范围，将公募基金等产品纳入个人商业养老账户投资范围。

2018年4月，基金管理公司外资持股比例放宽至51%，且三年之后外资持股比例将不受限制。

2018年4月27日，中国人民银行、中国银保监会、中国证监会、国家外汇管理局联合正式发布《关于规范金融机构资产管理业务的指导意见》。

2018年5月，中国证监会发布《关于进一步规范货币市场基金互联网销售、赎回相关服务的指导意见》，将互联网货币市场基金T+0单日赎回额度限制在1万元。

2018年9月，中国证监会发布《证券公司和证券投资基金管理公司境外设立、收购、参股经营机构管理办法》。

2018年10月，中国证监会发布《证券期货经营机构私募资产管理业务管理办法》《证券期货经营机构私募资产管理计划运作管理规定》。

2018年11月，中国证监会发布《证券公司大集合资产管理业务适用〈关于规范金融机构资产管理业务的指导意见〉操作指引》。

2018年12月，基金业协会发布《私募基金管理人登记须知》更新版。

2019年1月，中国证监会发布《公开募集证券投资基金投资信用衍生品指引》。

2019年1月，基金业协会发布《证券投资基金投资信用衍生品估值指引（试行）》。

2019年3月，基金业协会发布《集合资产管理计划资产管理合同内容与格式指引（试行）》《单一资产管理计划资产管理合同内容与格式指引（试行）》《资产管理计划风险揭示书内容与格式指引（试行）》。

2019年6月，基金业协会发布《证券期货经营机构私募资产管理计划备案管理办法（试行）》。

2019年6月，中国证监会发布《公开募集证券投资基金参与转融通证券出借业务指引（试行）》。

2019年6月，基金业协会发布《证券投资基金参与转融通证券出借业务会计核算和估值业务指引（试行）》。

2019年6月，基金业协会发布《政府和社会资本合作（PPP）项目资产证券化业务尽职调查工作细则》《企业应收账款资产证券化业务尽职调查工作细则》《融资租赁债权资产证券化业务尽职调查工作细则》。

2019年7月，国务院金融稳定发展委员会办公室对外发布《关于进一步扩大金融业对外开放的有关举措》，将原定于2021年取消证券公司、基金管理公司和期货公司外资股比限制的时点提前到2020年。

2019年7月，中国证监会发布《公开募集证券投资基金信息披露管理办法》。

2019年10月，基金业协会发布《证券期货经营机构私募集合资产管理计划适用简易备案核查程序条件清单》。

2019年10月，国家发展改革委、中国人民银行、财政部、中国银保监会、中国证监会、国家外汇管理局联合发布《关于进一步明确规范金融机构资产管理产品投资创业投资基金和政府出资产业投资基金有关事项的通知》。

2019年10月，国家发展改革委、商务部发布《市场准入负面清单（2019年版）》。

2019年12月，中国证监会发布《证券期货经营机构管理人中管理人（MOM）产品指引（试行）》。

2019年12月，基金业协会发布《私募投资基金备案须知》更新版。

2019年12月，中国人民银行、中国银保监会、中国证监会、国家外汇管理局联合发布《关于进一步规范金融营销宣传行为的通知》。

2019年12月，全国人大常委会发布修订后的《证券法》。

后记

《中国证券投资基金业年报（2020）》在编写过程中，得到了中国证监会证券基金机构监管部和中证数据有限责任公司的大力支持，为年报提供了大量基础性数据。

在具体内容方面，上海证券基金评价研究中心、中国银河证券股份有限公司基金研究中心为年报撰写了部分内容，在此表示感谢！

最后，感谢中国金融出版社的大力支持，在他们的努力下，本报告才得以更完美地呈现给大家。